Jürgen Kriz/Helmut E. Lück/Horst Heidbrink

Wissenschafts- und Erkenntnistheorie

Eine Einführung für Psychologen
und Humanwissenschaftler

Mit einem Beitrag von
Walter Zitterbarth und Hans Werbik

2. durchgesehene Auflage

Leske Verlag + Budrich GmbH, Opladen 1990

Die Autoren:

Jürgen Kriz ist Professor am Fachbereich Psychologie, Fach Klinische Psychologie, und am Fachbereich Sozialwissenschaften, Fach Empirische Sozialforschung, Statistik, Wissenschaftstheorie der Universität Osnabrück. Er ist Autor mehrerer Bücher über Entscheidungstheorie, Statistik, Datenverarbeitung, Methodenkritik und Psychotherapie.

Helmut E. Lück ist Professor für Psychologie mit dem Schwerpunkt Psychologie sozialer Prozesse an der Fernuniversität in Hagen. Er ist Autor mehrerer Bücher über Methodenprobleme, prosoziales Verhalten sowie mehrerer Psychologielehrbücher und zahlreicher Fachaufsätze. Geschäftsführender Herausgeber der Zeitschriften „Gruppendynamik" und „Psychologie und Geschichte".

Horst Heidbrink ist wissenschaftlicher Angestellter im Lehrgebiet Psychologie an der Fernuniversität in Hagen und Redakteur der Zeitschrift „Gruppendynamik". Er ist Autor von Veröffentlichungen zum Bereich der Pädagogischen Psychologie sowie zu methodischen und theoretischen Fragen der Moralentwicklung, ihrer Erfassung und Veränderung.

Der Titel zeigt einen um 1530 entstandenen Holzschnitt eines unbekannten Künstlers. Der Holzschnitt stellt den Durchbruch des Menschen durch das Himmelsgewölbe und die Erkenntnis neuer Sphären dar.

CIP-Kurztitelaufnahme der Deutschen Bibliothek

Kriz, Jürgen: Wissenschafts- und Erkenntnistheorie. E. Einf. f. Psychologen u. Humanwissenschaftler/Helmut E. Lück, Horst Heidbrink. — 2. durchgesehene Aufl. — Opladen: Leske und Budrich 1990

ISBN 3-8100-0862-1

Satz: Leske + Budrich
Druck und Verarbeitung: Druckhaus Beltz, Hemsbach/Bergstraße
Printed in Germany

Vorwort zur zweiten Auflage

Eher als erwartet ist eine Neuauflage dieser Einführung erforderlich geworden, denn dieses Lehrbuch ist inzwischen an mehreren Hochschulen eingeführt und gut aufgenommen worden. Wünsche und kritische Hinweise — vor allem von Studierenden — haben wir gern für die vorliegende zweite Auflage berücksichtigt. So wurden Druckfehler beseitigt, Textpassagen geglättet, einige Abbildungen neu gestaltet und andere hinzugefügt. Aufbau und Struktur des Textes wurden jedoch beibehalten.

Osnabrück und Hagen, Januar 1990

Vorwort zur ersten Auflage

Bei einer intensiveren Beschäftigung mit psychologischen und sozialwissenschaftlichen Fragen kann der Wert der Wissenschafts- und Erkenntnistheorie nicht hoch genug eingeschätzt werden. Dieses Gebiet gilt allerdings zu Unrecht als trocken und langweilig. Da eine verständliche Einführung bislang fehlte, haben wir den Versuch unternommen, eine didaktisch aufbereitete Einführung zu verfassen, die an alltäglichen Erfahrungen anknüpft und daher auch für Laien bzw. Studienanfänger verständlich ist.

Das vorliegende Buch ist für das Selbststudium konzipiert und aus der Lehrerfahrung an verschiedenen Hochschulen erwachsen. Es enthält Übungsaufgaben, Lösungshinweise dazu, Randbemerkungen und Stichworte am Rand zum Wiederfinden einzelner Textpassagen. Wir empfehlen, dieses Buch als Arbeitsbuch zu verwenden und keine Übungsaufgabe auszulassen. Es lohnt sich erfahrungsgemäß die Bildung von Arbeitsgemeinschaften. Einige der Übungsaufgaben setzen sogar die Arbeit in Gruppen voraus.

Kapitel 1 und 2 wurden von Jürgen Kriz verfaßt, Kapitel 3 und 4 in enger Zusammenarbeit von Helmut E. Lück und Horst Heidbrink. Kurt Röttgers und Gerhard Ströhlein danken wir für hilfreiche Kritik an Teilen des Manuskriptes.

Osnabrück und Hagen, Juli 1987

Inhalt

1. Erfahrung im Alltag

Große Bereiche der Psychologie sowie der anderen Human- und Sozialwissenschaften haben Erkenntnisprozesse im weitesten Sinne als zentralen Gegenstand: Begriffe wie „Wahrnehmung“, „Kognition“, „Diagnostik“, „Erziehung“, „Verständigung“, „Persönlichkeit“ usw. verweisen darauf, daß die Fähigkeiten des Menschen, Erkenntnisse zu gewinnen, zu verarbeiten und in angemessene Handlungen umzusetzen, im Mittelpunkt der wissenschaftlichen Betrachtungen stehen — einschließlich der Bedingungen und Veränderungen (z.B. Entwicklungen) dieser Fähigkeiten. Kurz gesagt: Es geht letztlich um die Bedingungen der Möglichkeiten von Erkenntnis-prozessen.

Wenn nun Wissenschaftler sich mit Erkenntnisprozessen auseinandersetzen, so liegt dem zwangsläufig jeweils der eigene Erkenntnisprozeß zugrunde. Dieser findet offenbar auf der Basis sowohl allgemeiner, alltäglicher Erkenntnisprinzipien als auch wissenschaftsspezifischer Prinzipien statt. Obwohl Wissenschafts- und Erkenntnistheorie lange als kaum beachtenswerter Randbereich, besonders in der Psychologie, angesehen wurde, ist eigentlich kaum vorstellbar, wie man sich den oben skizzierten Fragen adäquat stellen will, wenn man nicht zumindest ansatzweise seine eigene Position als erkennender Mensch relativ zu den Regeln der Alltagserkenntnis und seiner Wissenschaftsdisziplin reflektiert hat.

Dieses erste Kapitel wird einige wesentliche Aspekte der Alltagserfahrung thematisieren. Dabei ist zu beachten, daß die Erörterung von Alltagserfahrung selbstverständlich kein Gegenstand dieser Alltagserfahrung ist, sondern eben reflektierendes Tun. Reflexion heißt aber gleichzeitig, einen anderen Standpunkt einzunehmen als den „üblichen, alltäglichen, selbstverständlichen“ der unmittelbaren Erfahrung selbst. Diese Standpunkt-Verschiebung ist eine wesentliche Grundlage von Wissenschaft.

1.1 Einführung: Die „selbstverständliche“ Alltagswelt

In diesem Abschnitt geht es darum, einige Grundaspekte von Erfahrung und Erkenntnis im Alltag ins Bewußtsein zu rücken und sich mit dem Nachdenken über alltägliche „Selbstverständlichkeiten“ vertraut zu machen. Dabei soll weitgehend bei Ihrer persönlichen Alltagserfahrung angesetzt werden.

Obwohl Sie möglicherweise schon recht begierig darauf sind zu lesen, was man über ,,Erfahrung im Alltag" alles sagen kann und was hierzu an Erkenntnissen der Wissenschaftler vorliegt, soll dennoch gleich mit einigen erfahrungsbezogenen Übungsaufgaben begonnen werden. Diese Aufgaben sollen Ihnen zeigen, daß Sie selbst am kompetentesten sind, was Ihre persönliche Alltagserfahrung betrifft. Ferner sollen diese Aufgaben Ihnen schon zu Beginn des Buches ein wichtiges Anliegen näherbringen und verdeutlichen: Daß nämlich der Erwerb von Wissen — ganz besonders zum Thema dieses Buches — nicht nur über Lesen und Lernen von Sätzen geschehen kann. Daher ist es hier wenig sinnvoll, Feststellungen wie ,,A sagt dies", ,,B meint jenes", ,,C unterscheidet sich von A darin, daß .." , usw. zu treffen. (Dies kann erst dann sinnvoll sein, wenn solche Feststellungen helfen, Ihr eigenes Wissen zu strukturieren.) Vielmehr ist es zunächst notwendig, daß Sie gelesene Sätze mit Ihrem bisherigen Wissen und Ihrer bisherigen Erfahrung konfrontieren, nach Bekanntem und nach Widersprüchen suchen und sich den Stellenwert klarmachen, den diese neuen Sätze im Rahmen Ihres bisherigen Wissens (auch: Erfahrungswissens) einnehmen können.

Da an Ihrer Alltagserfahrung angesetzt werden soll, sind die Übungsaufgaben 1-3 auch etwas ,,ungewöhnlich": Während üblicherweise Übungsaufgaben dazu dienen, daß Sie den Erwerb des vermittelten Wissens nochmals selbst überprüfen können, soll hier zu Erfahrungen und zum Nachdenken über Erfahrungen angeregt werden. Es werden also keine vollständigen oder perfekten Antworten von Ihnen erwartet. Vielmehr geht es darum, daß Sie — auf der Basis Ihres bisherigen Wissens — einige Aspekte von Erfahrung für sich thematisieren.

1.1.1 Erkenntnis im Brennpunkt der Perspektiven

Es soll mit einer praktischen Aufgabe begonnen werden. Sie können dabei nichts ,,falsch" machen — außer, daß Sie den Text nur lesen, ohne sich auf die Erfahrungen einzulassen, über die dann geredet werden soll:

Aufgabe *Vorübung*

Lehnen Sie sich bitte mit dem Text in der Hand bequem zurück. Jedesmal, wenn Sie im Text auf die folgende Zeichenfolge «» stoßen, führen Sie für mindestens 1-2 Minuten die jeweilige Übung unmittelbar aus:

Lassen Sie Ihren Blick langsam umherschweifen und nehmen Sie einige Dinge um sich herum möglichst intensiv wahr. «»

Schließen Sie die Augen und hören Sie möglichst intensiv auf die Geräusche um Sie herum. «»

Nehmen Sie die Gerüche ebenfalls intensiv wahr. «»

Spüren Sie nun Wärme, Kälte, Druck (Kleidung), und Körpergefühle (Magengegend, Kopf). «»

Lesen Sie nun nochmals den ersten Absatz. Versuchen Sie dabei, möglichst schnell die Anzahl aller Wörter mit 3 Buchstaben zu zählen. «»

Nehmen Sie nun nochmals Gerüche, Geräusche, Empfindungen intensiv wahr. — Machen Sie sich klar, daß für Sie eben, beim Zählen, kaum etwas davon präsent war. «»

Wahrnehmung und Erfahrung (beide Begriffe sollen zunächst synonym verwendet werden) finden im Individuum statt. So gesehen, handelt es sich um etwas höchst Subjektives. Nur das einzelne Individuum macht die Erfahrungen genau so, wie es diese macht, und ist daher allein kompetent für seine persönliche unmittelbare Erfahrung. — Nur Sie allein wissen genau, wie Ihre Erfahrungen eben waren.

Dennoch gehen wir üblicherweise ,,selbstverständlich" davon aus, daß die meisten Wahrnehmungen in der Alltagswelt reale "Dinge" betreffen, die ,,wirklich" vorhanden sind — d.h. die ihre weitgehend gleiche Wirkung auch auf andere haben. Gewiß: Manche Wahrnehmungen und Erfahrungen schreiben wir eher uns allein zu — wie z.B. die Körpergefühle in der Übung oben (dennoch halten wir diese üblicherweise für genauso real existent wie andere ,,Dinge"). Auch demonstrierte die Übung, daß Wahrnehmung selektiv ist: Nicht alles, was unsere Sinnesorgane aufnehmen, wird uns präsent. Je nach Interesse, Bedürfnislage, Standort etc. werden also auch Personen im selben Raum mit uns andere Wahrnehmungen haben. Ja, selbst wenn man z.B. konzentriert auf dieselbe Lampe blickt, haben verschiedene Personen wegen des je anderen Standortes eine etwas andere Perspektive und daher nicht genau dasselbe Bild vor Augen.

Doch die eben gemachten Einschränkungen sind für unser Verhalten in der Alltagswelt weitgehend unbedeutend. Unsere Alltagswelt ist eine Welt der Realitäten, die wir mit anderen teilen, und - was genau so wichtig ist - von denen wir und andere wechselseitig wissen, daß wir sie miteinander teilen. Wir haben in unserer Alltagswelt weder Zeit noch Lust, diese selbstverständlichen Gemeinsamkeiten zu problematisieren oder gar in Frage zu stellen — zumindest solange nicht, bis Mißverständnisse offenkundig werden. Erst dann sehen wir uns jeweils gezwungen, die Unterschiedlichkeit von Standpunkten (im wörtlichen und im übertragenen Sinne) zur Kenntnis zu nehmen.

Übungsaufgabe 1

Übungsaufgabe 1

Blicken Sie nun nochmals auf einige Dinge um Sie herum. Machen Sie sich deren Verwendung klar. «»

Erfinden Sie zu 2 oder 3 Dingen möglichst mehrere ungewöhnliche (aber mögliche) Verwendungsarten. Überlegen Sie, warum diese Dinge dennoch üblicherweise nicht so verwendet werden. «»

Notieren Sie die Gründe «»

Es gibt wesentlich mehr Wahrnehmungs-, Deutungs- und Handlungsalternativen, als sie in der Alltagswelt realisiert werden. Schon ab der frühesten Kindheit wird gelernt, ,,Dinge" so zu sehen, ,,wie sie sind". Bestimmte Bedeutungen, Handlungen und Verwendungsweisen werden von Generation auf Generation als ,,Selbstverständichkeit" weitergegeben.

Diese gemeinsam geteilten ,,Selbstverständlichkeiten" der Alltagswelt beschränken zwar erheblich die Möglichkeiten zu alternativen Deutungen und Handlungen, schaffen damit aber die notwendige Sicherheit, sich ,,routinemäßig" in dieser Alltagswelt bewegen zu können. Das Individuum wird von ständigen Entscheidungs-, Klärungs- und Verhandlungsprozessen entlastet. Gemeinsames Handeln auf der Basis dieser Selbstverständlichkeiten wird weitgehend problemlos möglich, ohne daß an jeder Stelle im Handlungsablauf neue Verständigungsprozesse über gemeinsame Deutungen notwendig werden.

Übungsaufgabe 2

Übungsaufgabe 2

Suchen Sie sich nochmals die Gegenstände aus Ihrer Umgebung aus. Überlegen und notieren Sie, was Sie noch aus der Schule über die physikalische, chemische (ggf.: biologische) Beschaffenheit dieser Dinge wissen.«»

Selbstverständlich können Wahrnehmungs-, Deutungs- und Handlungsalternativen prinzipiell jederzeit entwickelt und/oder aktualisiert werden. So ist es z.B. eine Aufgabe der sich immer stärker differenzierenden Wissenschaftsdisziplinen, möglichst viele alternative Fragestellungen, Betrachtungsweisen, Deutungen und Handlungsweisen systematisch zu entwickeln und zu erproben. (Dies wird im 2. Kapitel, ,,Wissenschaftliche Erfahrung", diskutiert — dort werden freilich auch die Grenzen und Einschränkungen der Möglichkeiten, Alternativen zu entwickeln, deutlich).

So kann man, wie in der Übungsaufgabe 2, nicht nur nach der physikalischen, chemischen oder biologischen Beschaffenheit der Dinge des alltäglichen Lebens fragen, sondern auch deren historische Veränderung im Gebrauch durch die Menschheit, die Bedingungen, unter denen sie produziert und verteilt werden, den Nutzwert im Vergleich zum Preis usw. usw. thematisieren. Dies alles sind unterschiedliche Perspektiven, aus denen heraus man einen Gegenstand sehen kann. Diese Perspektiven sind wesentlich durch die Fragestellungen und das Erkenntnisinteresse geprägt.

Doch obgleich wir z.B. prinzipiell wissen, daß der Holztisch, von dem wir essen, eine Zellstruktur hat, daß diese Zellen aus Molekülen und Atomen bestehen (und diese wiederum aus kleineren Teilchen ...), sind dies Kenntnisse, von denen wir üblicherweise beim Umgang mit diesen Dingen in der Alltagswelt keinen Gebrauch machen.

Die Erörterungen dieses Buches über erkenntnistheoretische Grundlagen insgesamt und auch die im vorliegenden Kapitel über Erfahrung im Alltag sind nun selbstverständlich keine Bestandteile der Alltagswelt, sondern Bestandteil der Wissenschaft. Aus diesem Grunde ist es angebracht und notwendig, den Gegenstand dieses Kapitels ,,Erfahrung im Alltag" (als unterste Ebene für das Verständnis von Erkenntnisprozessen) unter möglichst vielen alternativen Aspekten zu betrachten. Wie noch gezeigt werden soll, schafft nämlich gerade die Vielfalt der Perspektiven, die sich auf einen Gegenstand richten u.a. die Möglichkeit, diesen immer deutlicher erfassen und erkennen zu können. Für Karl *Mannheim,* den großen deutschen Wissens-Soziologen Anfang dieses Jahrhunderts, ist dieser Klärungsprozeß die Hauptaufgabe ,,der Wissenssoziologie, die damit zu einem wichtigen Hilfsmittel für das richtige Verständnis jedes menschlichen Geschehens wird" (nach *Berger & Luckmann,* 1970, S. 11 — ein Werk, das uns noch in Abschnitt 1.5 begegnen wird).

Um den Prozeß und die vielfältigen Einflüsse darauf, wie Erfahrung im Alltag vor sich geht, möglichst deutlich zu verstehen, sollen in diesem Kapitel Erfahrungs- und Erkenntnisprozesse von sehr vielen unterschiedlichen Perspektiven aus betrachtet werden. Die folgende Übungsaufgabe soll Ihnen zumindest auf der Basis Ihrer bisherigen Kenntnis einen ersten groben Eindruck geben, welche Aspekte bereits beim Nachdenken über eine sonst ,,selbstverständliche" elementare und alltägliche Tätigkeit ins Auge fallen (und daher als Perspektiven bei einer wissenschaftlichen Analyse mindestens zu berücksichtigen sind).

Übungsaufgabe 3 **Übungsaufgabe 3**

Nehmen Sie die Wörter und Buchstaben auf diesem Blatt Papier bewußt als solche wahr. Machen Sie sich klar, daß die Buchstaben nichts anderes sind als Verteilungen von Druckerschwärze auf einem Blatt Papier.
Machen Sie sich klar, daß alles, was Sie in dieser Übung bisher getan haben, ausschließlich durch diese Druckerschwärze hervorgerufen wurde.
Nennen wir nun X irgendein Lebewesen. Machen Sie sich klar, daß für viele X (z.B. X= ,,Hund" oder X= ,,Wurm") diese Druckerschwärze kaum etwas bewirkt hätte (mit Sicherheit nicht Ihre Tätigkeiten). Überlegen und notieren Sie unten, welche Voraussetzungen für ein X gegeben sein müssen, damit X (ungefähr so) wie Sie reagiert.

Auch bei dieser Aufgabe geht es nicht um eine erschöpfende Antwort, sondern darum, daß Sie in ca. 10-15 Min. einige der Ihnen wichtigen Aspekte thematisieren und stichwortartig (bzw. im ,,Telegramm-Stil") aufschreiben. Versuchen Sie dabei aber, zumindest die folgenden Hilfs-Fragen mit zu berücksichtigen (,,Wann ..." soll dabei bedeuten: ,,Was sind wesentliche Bedingungen dafür, daß...."):

— Wann nimmt X überhaupt Druckerschwärze wahr?

— Wann nimmt X die Schwärze als Zeichen wahr?

— Wann versteht X die Bedeutung der Zeichen (und: Wie kann X sicher sein, daß es ,,richtig" versteht)?

— Wann reagiert X auf Zeichen mit Handlungen (z.B. den von Ihnen vorhin ausgeführten) — d.h.: Was gibt Zeichen die ,,Macht", Handlungen hervorzubringen?

Für die vorhergehende Übung wurde deshalb ein so alltäglicher Vorgang wie das Lesen eines Textes gewählt, weil damit einerseits genau das thematisiert wird, was Sie bisher taten (und jetzt auch gerade tun). Andererseits macht das ,,Lesen" und die daraufhin erfolgten ,,Handlungen" besonders deutlich, daß das Verständnis dieser Vorgänge allein weder in der Beschaffenheit der ,,Dinge" (Zeichen auf dem Papier) noch in ihrer individuellen Wahrnehmung zu suchen ist, sondern daß ganz erheblich soziale Aspekte eine Rolle spielen — auch dann, wenn Sie gerade ganz allein in Ihrem Zimmer sitzen (,,Da ist ein Autor, der mittels dieser Zeichen mir etwas vermitteln will. In meiner Rolle als Leser/Studierender kann ich diese Zeichen sinnvoll interpretieren und es macht auch Sinn, bestimmte Anweisungen in Handlungen umzusetzen"). Dies zeigt exemplarisch, daß gerade im Zusammenhang mit menschlichen Erfahrungs- und Erkenntnisprozessen zumindest die folgenden Perspektiv-Ebenen bedeutungsvoll sind:

Perspektiv-Ebenen

Man kann fragen, welche biologisch/physiologisch/neurologischen Grundbedingungen vorliegen müssen (z.B. Eigenschaften der Rezeptoren, physiologische Organisation der Reizweiterleitung, Bedingungen für eine adäquate Verarbeitung im Gehirn),

man kann fragen, wie der Organismus (primär das Gehirn) die Reize so organisiert, daß subjektiv so etwas entsteht wie sinnvolle Gebilde (hier: Zeichen),

man kann fragen, wieso man den Sinn, den andere einem Text beigemessen haben, verstehen kann, wie stark wichtige Personen durch Vorinformation diesen Sinn verändern können, wovon der Einfluß unterschiedlicher Informanden auf die Sinndeutungen beim Lesen abhängt,

man kann fragen, wie ein Text strukturiert sein muß, damit man ihn grammatisch oder aber inhaltlich verstehen kann, welche Bedingungen Zeichensysteme haben müssen, damit sie möglichst brauchbar Information transportieren können,

man kann fragen, welche Funktion schriftliche Information in einer Gesellschaft hat, was überhaupt die Entwicklung von Zeichensystemen begünstigt hat, wie bestimmte Wortbedeutungen von Generation zu Generation weitergegeben werden und wie (und warum) sich andere gewandelt haben,

man kann fragen, welche Bedeutung Schrift und Lesefähigkeit in anderen Kulturen haben, wie hier und dort der Wahrheitsgehalt von Geschriebenem jeweils beurteilt wird, welche Information in den verschiedenen Völkern eher schriftlich, welche eher mündlich vermittelt wird,

und man kann insbesondere fragen, wie die eben skizzierten sehr unterschiedlichen Ebenen, auf denen ,,Lesen" betrachtet werden kann, zusammenwirken.

Dies waren nur einige Perspektivebenen (gekennzeichnet durch Absätze, und zu jedem Absatz nur einige Fragestellungen als ,,Unterperspektiven"), unter denen man ,,Lesen" betrachten kann. Diese Perspektivebenen wurden hier ausgewählt, weil sie der Struktur der folgenden Abschnitte entsprechen.

Arbeitsanweisung

Arbeitsanweisung:

Bitte vergleichen Sie die obigen Absätze mit dem Inhaltsverzeichnis zu diesem Kapitel. Schreiben Sie dazu die Überschriften der Abschnitte rechts an den Rand neben die entsprechenden Absätze.

Selbstverständlich gibt es weitere Perspektiven, so z.B. die Frage nach der optimalen physikalischen Reizbeschaffenheit beim Lesen, bei Lesepausen, Lesestrategien etc. (Fragen, die man als ,,arbeitspsychologische" Perspektive zusammenfassen könnte) oder die Frage nach typischen Mißdeutungen, psychologischer Lese-unfähigkeit, Leseunlust etc. (als ,,psychopathologische" Perspektive zusammenfaßbar) usw. usw.

Es zeigte sich auch, daß alle diese unterschiedlichen Perspektiven sich jeweils wiederum in weitere (,,Unter"-) Perspektiven auffächern lassen. Die Vielfalt dieser (und weiterer) Fragen trägt, bei ihrer Erörterung, sicher zum Gesamtverständnis des Phänomens ,,Lesen" bei. Keine dieser Fragestellungen allein könnte eine vollständige Antwort auf die Frage erzeugen: „Was geschieht beim Lesen?" Es zeigt sich aber auch, daß die Wichtigkeit einer Frage und der Nutzen, den man aus ihrer Beantwortung zieht, keine „objektive" Größe sein kann, sondern davon abhängt, was man gerade wissen möchte. Und dies hängt zweifellos damit zusammen, welche Handlungen (dazu gehören auch Sprachhandlungen) man gerade vorhat. Will man ein Hinweisschild aufstellen, so geht es wohl eher um die wahrnehmungspsychologische Perspektive beim Lesen als um die ethnologische. Anders aber sieht es aus, wenn man als Entwicklungshelfer eine Schule plant.

Übungsaufgabe 4: **Übungsaufgabe 4**

Bisher wurden die Begriffe „Erkenntnis", „Wahrnehmung" und „Erfahrung" in ähnlicher Weise verwendet.

a) Überlegen Sie nun bitte einmal selbst, worin sich diese Begriffe unterscheiden könnten und wie sie zusammenhängen!

b) Sehen Sie danach (!) bitte in mindestens einem allgemeinen, einem psychologischen und einem philosophischen Wörterbuch nach, wie diese drei Begriffe jeweils erklärt/definiert werden.

1.1.2 Erfahrung als Konstitution von Wirklichkeit

Im vorigen Abschnitt wurde festgestellt, daß im Alltag die „Wirklichkeit" dieser Alltagswelt kaum je in Frage gestellt wird. Dazu gehört auch, daß wir den Dingen dieser Alltagswelt weitgehend ein „So-sein" unterstellen und uns ihnen gegenüber so verhalten, wie es dem üblichen Verwendungsgebrauch entspricht. Eine Holz-Tischplatte ist fest, eben, und man kann darauf Essen stellen (daß man sie auch verheizen, sie als Mordwaffe benutzen, ein Kunstwerk daraus schnitzen etc. könnte, ist üblicherweise ebenso irrelevant wie die atomare Struktur, aus der sich ergibt, daß die „feste" Platte letztlich kaum aus Materie besteht).

Mit den bisherigen Überlegungen wurde dieses selbstverständliche „So-sein" der Welt dadurch problematisiert, daß auf die Vielfalt möglicher alternativer Perspektiven (u.a. die eben in Klammern aufgeführten) verwiesen wurde, mit denen prinzipiell unterschiedliche Aspekte dieser Welt ins Zentrum der Betrachtung gerückt werden können. Im folgenden soll dieses „So-sein" noch auf einer viel grundsätzlicheren Ebene angezweifelt werden. Daß die Wirklichkeit (oder besser: jeder Aspekt von Realität) erst durch einen spezifischen Konstitutions-Prozeß erzeugt wird, soll zunächst durch eine Geschichte demonstriert werden:

Superagent X wird eines Tages von Herrn Y angerufen und zu einem Treffpunkt bestellt. Als X den Ort des Treffens erreicht, sieht er gerade noch, wie zwei Männer einen dritten (aufgrund des verabredeten Erkennungszeichens offensichtlich Y) in eine schwarze Limousine zerren und davonbrausen. Y kann aber X gerade noch ein Kuvert zuwerfen und rufen: „Enthält eine wichtige Nachricht". Mehr erfährt X nicht, er kennt weder Y noch irgendwelche Begleitumstände zu der Nachricht.

X entnimmt dem Kuvert ein 17 m langes braunes Kunststoffband, das X ,,selbstverständlich" sofort als Tonband identifiziert. Und als X dieses Band in ein Tonbandgerät legt, hört er nach einigem Herumprobieren (es gibt unterschiedliche Aufzeichnungsverfahren) etwas gestörte Laute, die er aber klar als Wörter identifizieren kann. Dennoch ergeben die Wörter keinen eindeutigen Sinn. Sollten es geheime Kodierungen sein, die in Wirklichkeit etwas anderes bedeuten. Da hat X eine Idee: Versuchsweise legt er das Band in einen Videorecorder. Und siehe da: Auf dem Bildschirm erscheint (ebenfalls leicht gestört) ein Text. Doch auch dieser Text, schließt X, könnte ja eine Kodierung für eine andere Nachricht sein. Und überhaupt: X ist mißtrauisch geworden. Er geht zu einem Bekannten, Z, der einen Computer mit mehreren Magnetbandstationen besitzt. Wieder wird das Band eingelegt, und tatsächlich, auch in der digitalen Computer-Decodierung der Magnetisierung ergibt sich auf dem Drucker ein Text (der nun aber ebenfalls auch wieder etwas anderes bedeuten könnte). Als Z das Band herausnimmt und X übergibt, sagt er plötzlich: ,,Aber sehen Sie doch, hier steht ja was drauf." Und tatsächlich: Auf dem Band stehen, mit einem Spezialstift geschrieben, Buchstaben und Wörter — darauf war X bisher nicht gekommen. Doch wieder ist kein eindeutiger Sinn auszumachen. ,,Auch der Rand ist ganz ungleichmäßig — und die Farbe ...!" sagt Z, bevor X geht. Zuhause sieht X sich den Rand unter dem Mikroskop an — in der Tat: ganz ungleichmäßig. Das könnte natürlich eine Codierung für eine ganz geheime Nachricht bedeuten. Aber auch das ,,Braun" weist Ungleichmäßigkeiten auf. Vielleicht ist die Nachricht in Form unterschiedlicher Brauntöne kodiert, oder in Schwankungen der chemischen Zusammensetzung, oder, oder, oder — X brummt der Kopf: Wie nur soll er die ,,wirkliche" Nachricht herausfinden, das, was ,,in Wahrheit" auf dem Band ist?...

Wir wollen X und unser Beispiel verlassen. Offensichtlich hätte man sich mit etwas Kreativität noch viele (wenn nicht gar unbegrenzt viele) Aspekte einfallen lassen können, unter denen man das ,,braune Plastikband" untersuchen könnte. Es handelt sich bei der Vielfalt der Untersuchungsmöglichkeiten um eine Variante der bereits im vorigen Abschnitt herausgearbeiteten Vielfalt der Perspektiven, die sich auf einen Gegenstand richten lassen. Wesentlich ist dabei nun aber folgendes:

— Alle Untersuchungsmöglichkeiten (bzw. Perspektiven) sind ,,an sich" gleichwertig (d.h. ohne zusätzliche Information — ,,Begleitumstände", ,,Sinnhaftigkeit", ,,Bevorzugung einer spezifischen Fragestellung" etc. — kann zwischen den Alternativen keine Rangordnung aufgestellt werden), das bedeutet aber auch

— Keine Untersuchungsmöglichkeit (bzw. Perspektive) liefert ,,die" ,,Wirklichkeit" oder ,,Wahrheit" — vielmehr werden auf unterschiedliche Weise unterschiedliche Fragestellungen beantwortet. Diese Fragen mögen unterschiedlich wichtig sein (dafür bedarf es jedoch eben falls eines Zusatzkriteriums) — insbesondere aber ist die ,,Wichtigkeit" etwas anderes als "Wahrheit" oder ,,Wirklichkeit".

— Jede konkrete Feststellung über den Gegenstand (hier: das ,,braune Plastikband") ist an eine spezifische Untersuchungshandlung gebunden, bei welcher der zu untersuchende Gegenstand auf eine bestimmte Weise mit den Untersuchungsapparaturen (und dann mit dem Untersucher selbst) interagiert: ,,Töne" entstanden aus der Interaktion zwischen ,,Magnetband" und

,,Magnetband" und ,,Tonbandköpfen" (und dann: ,,Luftschwingungen" und ,,Ohr"), ,,Bild" als Interaktion zwischen ,,Magnetband" und ,,Videoköpfen" (und dann: ,,Licht vom Bildschirm" und ,,Auge"), oder ,,Chemische Struktur" als Interaktion zwischen ,,Tonband" und ,,chemischen Reagenzien" (und dann, je nach Reagenz und Apparatur, analog zu oben, über ,,sehen" oder ,,hören" etc.).

Diese Erörterungen sollen nun noch stärker verallgemeinert und dabei schon einige grundlegende Aspekte der folgenden Abschnitte angeschnitten werden (dies geschieht anhand einer geringfügig modifizierten Argumentation von *Kriz* 1981, S.18-21):

Das, was wir üblicherweise unter ,,Realität" verstehen, nämlich unsere Wirklichkeit, ist bereits Ergebnis eines aktiven Erkenntnisprozesses: Jede Realität (oder jeder Aspekt von Wirklichkeit) wird durch Interaktion zweier Systeme konstituiert, und zwar eines ,,zu erfahrenden Systems" (im obigen Beispiel: das ,,braune Plastikband") und eines ,,erfahrenden Systems" (im obigen Beispiel: ,,Magnetköpfe mit Tonbandgerät", ,,Magnetköpfe mit Videogerät", ,,Ohr mit Gehirn bzw. Mensch" etc.).

Realität wird *konstituiert* durch Interaktion eines erfahrenden Systems mit einem zu erfahrenden System

Es sei angemerkt, daß in der Wissenschaftstheorie, speziell der Meßtheorie, folgende Sichtweise allgemein akzeptiert wird: Der Prozeß der Messung (dazu zählt z.B. aber auch physikalische Beobachtung) besteht in einer spezifischen Wechselwirkung zwischen einem ,,zu messenden System" und einem ,,messenden System". Erst in einem solchen Interaktionsprozeß kann sinnvoll von der zu messenden Eigenschaft gesprochen werden. — Dieses Konzept wird hier auf die allgmeine Konstitution jeder Wirklichkeit ausgedehnt).

Messen = Interaktion eines Meßsystems mit einem zu messenden System

Realität ist also immer an die Wechselwirkung beider Systeme gebunden. Selbst wenn ein Mensch nicht ein ,,Tonband", sondern ,,nur" ein ,,braunes Plastikband" erkennt, wäre es ebenso unsinnig, extrem idealistisch, das braune Plastikband nur für eine subjektive Fiktion zu halten, wie extrem materialistisch zu meinen, auch ohne den erkennenden Menschen läge dort dies ,,braune Plastikband". Schon die Qualität ,,braun" ist, in physikalischen Kontexten interpretiert, nichts anderes als die Tatsache, daß das ,,etwas" bevorzugt elektromagnetische Schwingungen von einer bestimmten Wellenlänge reflektiert; erst in Interaktion mit dem Menschen (also den Rezeptoren im Auge und der Verarbeitung im zentralen Nervensystem, ZNS) wird die subjektive Qualität ,,braun" konstituiert.

Da — wieder in physikalischen Kontexten gesprochen — unterschiedliche Atome des Plastikbandes von unterschiedlichen Atomen der Unterlage und unterschiedlichen Atomen der Luft umgeben sind, bedarf es zunächst einer aktiven Ordnungsleistung seitens des erfahrenden Systems, die Atome von Unterlage, Luft und Plastikband zu trennen, d.h. eine Wahrnehmungsfigur durch Heraushebung aus ihrem Hintergrund zu identifizieren. Soweit wir heute wissen, ist der größte Teil dieser Leistung bereits angeboren.

Natürlich können wir als Erwachsene gar kein ,,braunes Plastikband" wahrnehmungsmäßig konstituieren, ohne daß nicht zusätzlich unsere persönliche und gesellschaftliche Erfahrung im Zusammenhang mit den Begriffen

„braun", „Plastik", „Band" etc. und sehr viele damit verbundene Assoziationen ungewollt wachgerufen werden würden. Doch auch der Säugling oder die isoliert aufgezogene Katze greifen nach dem (sich bewegenden) „etwas". Auch sie konstituieren dies „etwas" zu einem Teil ihrer Wirklichkeit — einer Wirklichkeit also, die nicht begrifflich oder gesellschaftlich strukturiert ist.

Allerdings ist es faktisch unmöglich, über das „etwas" vor seiner Konstitution etwas auszusagen. Radiosterne gab es für uns erst, als man entsprechende Apparate baute, die in Interaktion mit den ausgestrahlten Schwingungen treten konnten (obwohl es ebenso klar ist, daß auch vorher schon „etwas" da war, was man dann als Radiostern identifizierte). Daher war es oben unkorrekt, vom „zu erfahrenden System" zu reden, denn „System" ist ebenso wie „braun" oder „Schwingung" ein Begriff, der sich nur auf bereits konstituierte Wirklichkeit bezieht. Mit dem „zu erfahrenden System" ist daher potentielle oder latente Realität gemeint, die dann eben erst durch die Interaktion mit einem bestimmten erfahrenden System konstituiert und damit als spezifische Realität manifest wird.

Rezeptoren

Ein erfahrendes System bedarf bestimmter Rezeptoren, mit denen es in Interaktion mit der Welt treten kann, und in Abhängigkeit davon wird eine begrenzte und spezifische Realität konstituiert. Was in Interaktion mit dem menschlichen Auge (und dem Verarbeitungsapparat im zentralen Nervensystem) zur Realität „braunes Plastikband" führte, kann, wie im obigen Beispiel gezeigt wurde, in spezifischer Interaktion mit den Magnetköpfen eines Tonbandgerätes zu elektrischen bzw. durch den Verstärker und den Lautsprecher zu akustischen Schwingungen führen (die dann in Interaktion mit dem Menschen über das Ohr zu „Wörtern" werden), oder sich in Interaktion mit den Reagenzien, die ein Chemiker benutzt, als Realität „Polyester mit Eisenoxyd" herausstellen. Seine angeborenen Rezeptoren hat der Mensch also (besonders im Laufe der letzten Jahrhunderte) um eine große Anzahl künstlicher Erfassungsinstrumente erweitert, nämlich z.B. physikalische Apparate, die eine bis dahin völlig unbekannte Realität konstituiert haben (z.B. „Radioaktivität", „Protonen", „Radiosterne" etc.).

Erfaßte Realität ist ferner vom Gesamtzustand des erfahrenden Systems abhängig; d.h. wie bei der Konstitution die Wirklichkeit strukturiert und weiterverarbeitet wird. Im Falle des Menschen ist die Wirklichkeit nicht nur von den natürlichen und künstlichen Rezeptoren, sondern auch vom Zustand des dahinterliegenden Verarbeitungsapparates (dem ZNS und seinen Einsatzmöglichkeiten) abhängig. Damit ist nicht nur die biologische Ausstattung gemeint, sondern der entwicklungsmäßige Zustand des ZNS, der beim untersuchenden Forscher insbesondere durch Fragestellung, Interesse und bisherige Erfahrung beeinflußt wird. So zeigt die Gestaltpsychologie, daß bei „derselben" Vorlage unterschiedliche Figuren aus dem Grund hervorgehoben werden. Im obigen Beispiel war nicht nur eine Interaktion des braunen Bandes mit den Köpfen eines Tonbandgerätes möglich und „ergab" dann beim Menschen „Wörter", sondern die Interaktion mit den ähnlichen Rezeptoren (Magnetköpfen) eines Videorecorders ergab „Bilder von Text" oder die Magnetbandstation eines Computers strukturierte die unterschiedliche Magnetisierung auf demselben

demselben Band in Interaktion mit ihren Magnetköpfen zu alphanumerischen Zeichen, die dann auf dem Drucker ausgegeben und vom Menschen als ,,Text" gelesen werden konnten (wobei dieses ,,Lesen" dann wieder selektiven Wahrnehmungs- und Deutungsmechanismen unterliegt).

Rezeptoren und Verarbeitungsapparat wirken somit bei der Erfahrung praktisch untrennbar zusammen. Beim heutigen Menschen ist nun dieser Verarbeitungsapparat nicht nur durch seine biologische Struktur bestimmt, sondern insbesondere auch durch die Kultur, in die er hineingeboren wird und die seine Erfahrungsmöglichkeiten steuert (vgl. Abschnitt 1.5). Trotzdem ist ganz am Anfang der Menschwerdung — sowohl phylogenetisch (d.h. stammesgeschichtlich) als auch jeweils ontogenetisch (d.h. individualgeschichtlich) — Erfahrung eben zunächst rein subjektiv und individuell. Ebenso ist die Erfahrung von Wirklichkeit unterschiedlicher Menschen trotz weitgehend gleichem Gehirn und gleichen Rezeptoren, selbst wenn sie in derselben Familie aufgewachsen sind, eben nicht identisch, d.h. es gibt auch noch beim voll sozialisierten Menschen eine nicht zu unterschätzende Komponente rein individueller Erfahrung.

Phylogenese

Ontogenese

In den folgenden Abschnitten wird der Prozeß von ,,Erfahrung im Alltag" aus sehr unterschiedlichen Perspektiven behandelt und dabei der Bogen von der Mikro-Ebene biologisch/physiologisch/neurologischer Aspekte bis hin zu gesamtgesellschaftlichen und interkulturellen Aspekten geschlagen. Dabei ist eine der wichtigen Fragen im Hintergrund, wie trotz der Tatsache, daß jeder Mensch individuelle Rezeptoren und sein ZNS hat, so etwas wie gesellschaftliche Erfahrung, d.h. intersubjektiv gültige Wirklichkeit entstehen kann. Denn Psychologie als Wissenschaft, um deren wissenschafts- und erkenntnistheoretische Grundlagen es ja letztlich in diesem Buch insgesamt geht, ist zweifellos ein gesellschaftlich organisiertes Wissens- und Handlungssystem, für das somit gerade die intersubjektiven Aspekte von Bedeutung sind. Die Gleichheit der biologischen Struktur und eine gleiche Umwelt erklären nur, daß jedes Individuum Wirklichkeit für sich in ähnlicher Weise konstituiert (und das tun zwei Katzen in gleicher Umgebung wohl auch). Wesentlich aber für den Alltag wie für Wissenschaft (deren spezifische Besonderheiten im 2. Kapitel näher betrachtet werden) ist, daß ich weiß, daß ich meine Wirklichkeit weitgehend mit anderen teile und daß sie das auch wissen, d.h. daß wir uns über die gemeinsame Wirklichkeit verständigen und sie miteinander intentional verändern können. Die zentrale Frage lautet also, was sind die wesentlichen Komponenten individueller Erfahrung und wie wird daraus interindividuelle Faktizität konstituiert?

Übungsaufgabe 5:

Übungsaufgabe 5

Warum ist es angemessener, von ,,Konstitution der Wirklichkeit" zu reden als von ,,Wahrnehmung der Wirklichkeit?" (Überlegen Sie dazu, was beide Formulierungen jeweils für Vorstellungen in Ihnen wecken.)

1.2 Die biologische / physiologische / neurologische Perspektive

Im vorangegangenen Abschnitt wurde bereits herausgearbeitet, daß Erfahrung als Konstitution von Wirklichkeit, unmittelbar von den Rezeptoren des ,,erfahrenden Systems" abhängt. Im Falle des Menschen eröffnet also die spezifische biologische Ausstattung mit Sinnesorganen den Bereich möglicher Erfahrung. So kann Licht im Bereich des sichtbaren elektromagnetischen Spektrums oder es können Luftschwingungen im Bereich des hörbaren Frequenzspektrums Erfahrungen vermitteln. Ultraviolettes Licht hingegen (auf das z. B. Bienen reagieren) oder die Ultraschall- ,,Rufe" der Fledermäuse bedeuten (im wörtlichen Sinne) dem Menschen nichts. Zwar zeichnet sich gerade der Mensch, wie ebenfalls bereits betont wurde, durch eine gewaltige Erweiterung seines natürlichen Wahrnehmungsraumes mittels künstlicher Wahrnehmungsapparate aus — Röntgengeräte, radioastronomische Apparaturen etc. — doch müssen diese Phänomene von den technisch erweiterten in die unmittelbaren biologischen Wahrnehmungsmodalitäten des Menschen umgewandelt werden, um erfahren werden zu können. Es ist mit Sicherheit anzunehmen, daß es Phänomene gibt, von denen wir nur deshalb nichts wissen, weil wir (derzeit) weder biologische noch technisch-künstliche Rezeptoren dafür entwickelt haben. Die begrenzte Verfügbarkeit über Rezeptoren (biologische wie technische) wirkt somit als erheblicher Filter bei der Konstitution von Wirklichkeit.

In diesem Abschnitt sollen nun die Möglichkeiten und Grenzen des ,,Verarbeitungsapparates" näher ins Auge gefaßt werden. Es geht also um die Frage, wie die Information aus den Rezeptoren in den Erfahrungsprozeß eingebracht wird.

1.2.1 Angeborene Bedingungen der Möglichkeit von Erkenntnis

Neben der eben nochmals betonten Begrenzung der möglichen Informationsaufnahme durch die Rezeptoren ergibt sich eine weitere Filterwirkung daraus, daß der Mensch das seinen Sinnesorganen zugängliche Spektrum an Reizen nur selektiv und diskontinuierlich aufnehmen kann. So erfolgt z. B. die visuelle

Fixation

Reizaufnahme mit Hilfe der Augen sprunghaft in Form einzelner, kurzer Fixationen. Diese dauern ca. 0,1 bis 0,3 Sekunden und werden von Augenbewegungen unterschiedlichster Art unterbrochen. (Neben einigen Mikrobewegungen findet man verschiedene Makrobewegungen, insbesondere die sogenannten

Macrosaccaden

Makrosaccaden, die gezielt von einem Fixationspunkt zum anderen führen). ,,Sehen" erfolgt also in Form einzelner Informationsbruchstücke.

Aus dieser Diskontinuität der Informationsaufnahme ergibt sich, daß Wahrnehmung, die das Bild einer Situation oder eines Gegenstandes vermitteln soll, in einer strukturierten Abfolge dieser Informations-Bruchstücke zu erfolgen hat.

Darüber hinaus kann die von den Sinnesorganen an das Nervensystem weitergegebene neuronale Informationsstruktur nur in einem sehr geringen Umfang und über sehr kurze Zeit gespeichert werden. So ist ein Großteil der im sogenannten ,,Ultrakurzzeitgedächtnis" (oder auch: ,,Reizspeicher") vorhandenen Informationsmenge bereits nach ca. 0,25 Sekunden nicht mehr verfügbar: Nur ein kleiner Teil dieser Information im Reizspeicher wird in Verbindung mit bereits gespeicherter Sinneserfahrung (aus Kurzzeitgedächtnis und Langzeitgedächtnis) durch angeborene und erlernte Leistungen des zentralen Nervensystems zu einem Ergebnis verarbeitet, das den Kern des eigentlichen Wahrnehmungserlebnisses darstellt. Beispielsweise spielt bei *Murch und Woodworth* (1978) in ihrem Buch über Wahrnehmung im ,,Modell des Wahrnehmungsprozesses" dieses Wahrnehmungserlebnis, das sog. ,,Perzept" eine zentrale Rolle (vgl. Schema 1.1). Auch sie betonen (was im Laufe dieses und der folgenden Abschnitte noch deutlicher herausgeabeitet wird), daß Wahrnehmen ein komplexer Prozeß ist, bei dem Information aus dem Ultrakurzzeitgedächtnis, dem Kurzzeitgedächtnis und dem Langzeitgedächtnis zusammen verarbeitet wird und keinesfalls nur in einer unmittelbaren Aufnahme von Umweltreizen besteht. ,,Mit dem Wahrnehmungserlebnis meinen wir das Erkennen, die Deutung und das Verstehen eines Objektes, das in der Umwelt lokalisiert wird" (*Murch & Woodworth* 1978, S. 25).

Ultrakurzzeitgedächtnis, Reizspeicher und auch der Begriff ,,sensorischer Speicher" werden in der Literatur synonym verwendet

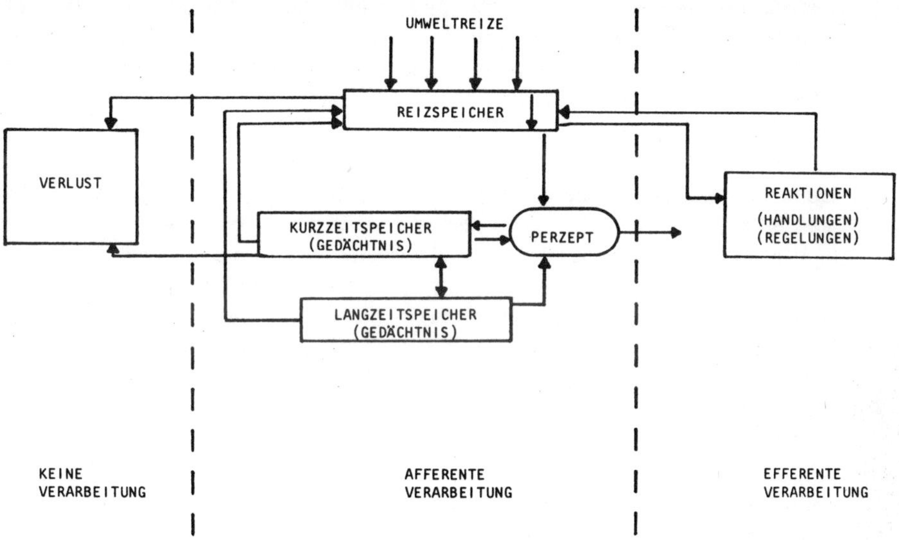

Abb. 1: Ein Modell des Wahrnehmungsprozesses

Neben den Rezeptoren ist also die Leistung des Verarbeitungssystems (beim Menschen das zentrale Nervensystem ,,ZNS", und hier wiederum besonders das Großhirn) von entscheidender Bedeutung für die Erfahrung. Im Falle der visuellen Wahrnehmung weiß man, daß die Reize von den Fotorezeptoren (Stäbchen/Zapfen) im Auge mittels der Neuronen über drei Schaltstellen zunächst zur ,,primären Sehrinde" gelangen. Von hier aus werden die Nervenerregungen zum ,,sekundären" und dann zum ,,tertiären" visuellen Feld weitergeleitet, wo jeweils eine weitergehende Synthese dieser visuell erzeugten Erregungskonstel-

David H. *Hubel* (*1926) u. Thorsten N. *Wiesel* (*1924), amerikanische Neurophysiologen, erhielten 1981 zusammen mit *Sperry* (s.u.) den Nobelpreis für Entdeckungen im Bereich der ,,Informationsverarbeitung im Sehwahrnehmungssystem“. (Die wesentlichen Arbeiten wurden in den 60er Jahren publiziert).

Roger W. *Sperry*) (*1913), amerik. Zoologe, erhielt 1981 den Nobelpreis für Medizin u. Physiologie — gemeins. mit. *Hubel* u. *Wiesel* — für seine Entdeckungen in bezug auf die ,,funktionale Spezialisierung der Gehirnhemisphären“

Charles *Darwin* (1809 - 82) engl. Naturforscher und Biologe. Begründer der Abstammungslehre

lationen vonstatten geht. Hier liegen auch die von *Hubel* und *Wiesel* entdeckten ,,komplexen“ und ”hyperkomplexen“ Zellen, die auf komplizierte visuelle Muster optimal reagieren. So gibt es hier Nervenzellen, die dann maximal erregt werden, wenn im Blickfeld ,,Balken“ bestimmter Länge, oder aber spezifische ,,Winkel“ erscheinen, oder die auf ,,Kontrast“ oder aber ,,Bewegung“ usw. reagieren. Hier haben wir es offensichtlich mit biologisch-neurologischen Grundlagen elementarer Erkenntnisprozesse zu tun.

Daß und wie einzelne Teile des Gehirns bei ,,üblicher“ Erfahrung zusammenwirken, weiß man insbesondere seit den wichtigen Arbeiten von Roger *Sperry* an Menschen, denen man aus medizinischen Gründen die Verbindung zwischen beiden Gehirnhälften durchtrennt hatte. Solche Personen kommen üblicherweise im Alltag zwar sehr gut zurecht, doch konnte *Sperry* durch geschickte experimentelle Anordnungen erreichen, daß jeweils nur eine Gehirnhälfte bestimmte Informationen erhielt: Gibt man ins linke Gesichtsfeld (dessen Information zur rechten Gehirnhälfte gelangt) z.B. das Wort ”Schraubenmutter“, so kann diese Person mit der verdeckten linken Hand (die ebenfalls von der rechten Gehirnhälfte geführt wird) aus einer Reihe von Gegenständen korrekt die Schraubenmutter heraussuchen. Dennoch kann diese Person nicht sagen, was sie da eigentlich tut (die sprachlichen Fähigkeiten befinden sich bei den meisten Personen fast ausschließlich in der linken Gehirnhälfte). In einem anderen Versuch wurde ein Bild mit einem Gesicht dargeboten, das aus zwei halben Fotos von sehr unterschiedlichen Gesichtern zusammenmontiert war. Durch die experimentelle Anordnung erhielt aber die rechte Hirnhälfte nur die Information des linken Halbfotos, die linke Hirnhälfte die Information des rechten Halbfotos. Jede Hemisphäre ergänzte offensichtlich das jeweils halbe Bild zu einem ganzen, d. h. die Montage der unterschiedlichen Gesichtshälften wurde nicht erkannt. Entsprechend wurde bei verbaler Benennung (also von der linken Gehirnhälfte) von dieser Person das Bild so beschrieben, wie es dem rechten Halbbild entsprach, beim Heraussuchen eines gleichartigen Bildes mit der linken Hand (also von der rechten Gehirnhälfte) wurde das entsprechende Bild herausgesucht, das in der rechten Gehirnhälfte präsentiert war. Dies zeigt die weitgehende Autonomie einzelner Teilleitungen in den Gehirnhälften dieser speziellen Patienten — deutet aber gleichzeitig auf die üblicherweise hohe integrative Leistung beider Gehirnhälften im Rahmen der Verarbeitung von Reizen bei ,,normalen“ Personen hin.

So sehr auch die in diesem Abschnitt verfolgte Perspektive die Erkenntnismöglichkeiten am einzelnen Individuum — oder sogar an Teilsystemen eines Individuums — festmacht, treten dennoch selbst auf dieser Ebene die Einflüsse von Umwelt und von Handlungen bereits deutlich hervor: Es dürfte kaum bestritten werden, daß die biologisch-neurologischen Grundlagen, welche die Möglichkeiten der Erfahrung strukturieren (also z. B. die Art der Rezeptoren, die skizzierte Struktur und Leistungsfähigkeit neuronaler Subsysteme etc.), keine Zufallslaune der Natur sein können. Vielmehr muß im Sinne von Charles *Darwin* davon ausgegangen werden, daß es sich um eine funktionale Anpassung des menschlichen Organismus an sein Lebensfeld handelt. Insofern hat die Umwelt immer schon die Möglichkeiten der Erfahrung mitstrukturiert: Ecken und

Kanten, auf welche die „komplexen Zellen“ optimal reagieren, Kontraste, die überbetont werden usw., haben ihre Basis in der konkreten Umwelt. Und die speziellen Wahrnehmungsleistungen sind offensichtlich stammesgeschichtlich als funktionell für die Auseinandersetzung mit dieser Umwelt und für erfolgreiches Handeln in ihr entstanden.

Verlegt man den Blickwinkel von der stammesgeschichtlichen Entwicklung auf die Entwicklung des einzelnen Individuums, so zeigt sich, daß z.B. die Bedingungen für die Form- und Figurenwahrnehmung als biologische Grundausstattung zwar offensichtlich angeboren sind, daß aber eben auch nur die Bedingungen angeboren sind: die Umsetzung (und Ausdifferenzierung) dieser Bedingungen zu konkreten Strategien, mit denen die Erfahrung strukturiert wird, erfolgt konkret erst im Laufe der Entwicklung eines Individuums. Dies wird deutlich, wenn man die Fähigkeiten von Babys untersucht:

Es zeigt sich nämlich, daß Neugeborene über ein Wahrnehmungssystem verfügen, das sehr allgemein und abstrakt Informationen verarbeiten kann und das damit viele Möglichkeiten hat, Erfahrung zu strukturieren. Sehr bald gewöhnt sich dann aber das Wahrnehmungssystem an spezifische Reizeingaben, so daß die Anzahl der Möglichkeiten für Erfahrungen abnimmt zugunsten einer Differenzierung innerhalb dieser weniger gewordenen Möglichkeiten: Beispielsweise kann man mittels Einzelbildanalysen von gefilmter menschlicher Kommunikation zeigen, daß bei der Unterhaltung zweier Erwachsener sich beide synchron mit bestimmten sprachlichen Einheiten (sogenannten Phonemen) des jeweils sprechenden Partners (minimal) bewegen. Schon wenige Stunden alte Neugeborene können sich jedenfalls synchron zur Sprachstruktur bewegen — und dies offenbar in jeglicher Sprache. Das Neugeborene besitzt also die erstaunliche Fähigkeit, den Strom der Laute in einer jeglichen Sprache in seine Komponenten zu zerlegen. Bald jedoch stellt sich ein Kind auf die Lautbilder der jeweiligen Sprachgemeinschaft ein, in der es lebt. Nach und nach verliert es dann aber auch die Fähigkeit, auf jede beliebige Sprache zu reagieren (vgl. *Bower* 1978, S. 36, 89).

Kommunikationsfähigkeit Neugeborener

In einem noch eindrucksvolleren Beispiel berichtet *Bower* von einem blindgeborenen Baby, das ein Echoortungsgerät erhielt, bei dem jedes Objekt im Umkreis von 2 m mit Hilfe dieses Apparates in hörbare Frequenzen umgewandelt wurde. Dabei ging aus der Höhe des Tones die Entfernung, aus der Amplitude die Größe des Objektes hervor. Bewegte sich nun ein Objekt auf das Kind zu, so änderten sich die Höhe und die Amplitude des Tones gleichzeitig. „Wenige Sekunden nach dem Anlegen des Gerätes wußte das Baby, daß diese Veränderung das Näherkommen eines Objektes in Richtung auf sein Gesicht signalisierte. Der wichtige Punkt ist nun der: Kein Baby war je zuvor mit dieser Art von spezifischer Information konfrontiert worden“ (*Bower* 1978, S. 90). Offensichtlich konnte also das Baby die Strukturgleichheit der akustischen Information zur sonst üblichen optischen Information sofort verwerten und gezielt darauf reagieren. Beide Beispiele von *Bower* sind deutliche Belege dafür, daß die Grundlagen für diese Fähigkeiten angeboren sind, nicht aber die spezifischen Ausgestaltungen selbst.

Informationstransfer (Übertragung in einen Bereich) bei Neugeborenen

Damit soll abschließend noch auf eine letzte wichtige angeborene Fähigkeit verwiesen werden: zumindest die Fähigkeit zum Lernen muß genetisch vorpro-

Lernfähigkeit Neugeborener

grammiert sein. Daß bereits im frühen Säuglingsalter gelernt wird (oder zumindest: gelernt werden kann), wurde von *Papousek* (1977) mit eindrucksvollen Experimenten gezeigt: Bei dreitägigen, dreimonatigen und fünfmonatigen Säuglingen wurden auf Glockenton bedingte Kopfwendungen konditioniert und wieder gelöscht. Ebenso wurden bedingte Differenzierungen zwischen Glockenton und Summerklang sowie zweimaliges Umdifferenzieren (Wechsel der Reaktions-Seiten erlernt). Ferner konnten durch geschickte Längsschnittuntersuchungen z.B. fünfmonatige Säuglinge, die bereits früher anders (!) konditioniert worden waren, mit gleichaltrigen Säuglingen ohne solche frühe Lernerfahrung verglichen werden. Die Ergebnisse zeigten (übereinstimmend mit anderen Autoren) nicht nur die Lernfähigkeit des Neugeborenen bereits in der ersten Lebenswoche, sondern auch u. a., daß die mit dem Alter einhergehende Verbesserung der Lernfähigkeit nicht nur von der Reifung, sondern auch von den vorausgegangenen Lernerfahrungen, d. h. von der Einübung der Lernmechanismen, abhängt. Ein weiteres wesentliches Ergebnis ist, daß viermonatige Säuglinge fähig sind, in der Struktur der Umgebung einfache Regeln zu entdecken. Sie konnten sich nämlich bestimmten Verstärkerplänen wie ,,zwei mal rechts", ,,drei mal rechts", ,,rechts-links-Wechsel" rasch anpassen. Da erst eine Kopfwendung im bestimmten Ausmaße als richtige ,,Reaktion" verstärkt wurde, blieben bei Reaktionen unter diesem Kriterium Verstärker aus. Dies führte zunächst zu falschen ,,Konzepten", bis die Säuglinge aufgrund des ,,Tests" verschiedener ,,Hypothesen" zur richtigen Strategie kamen. Auch diese Befunde können als Beleg dafür angesehen werden, in wie hohem Ausmaß strukturierende Fähigkeiten bei der Erfahrung der Umwelt bereits angeboren sind.

1.2.2 Transformationen, Pathologien und Sonderformen

In der Zeitung ,,USA Today" vom 30. 9. 84 stand die Nachricht, daß in Roanoke, Virginia, seit 21 1/2 Monaten ein kleiner Junge, Andrew, ,,ohne Gehirn" ,,lebt". Eine Zyste hatte schon im Fötus die Ausbildung dieses Organes verhindert (,,ohne Gehirn" heißt aber zweifellos: ,,ohne große Teile des Großhirns" — Kleinhirn, Hirnstamm etc. müssen selbstverständlich intakt sein, sonst wären nicht einmal die allernotwendigsten Funktionen zum Überleben, wie Atmung usw., möglich).

Es ist fraglich, wie weit diese Nachricht zuverlässig ist. Unbekannt ist auch, wie weit ,,Leben" (wenn schon nicht jenseits totaler Abhängigkeit von Hilfspersonen) zumindest weitgehend ohne das ständige Angeschlossensein an technische Apparaturen möglich ist! — oder ob es sich hier um eine besonders perfide Demonstration des medizinisch-technokratischen ,,Fortschritts" handelt (bei Millionen verhungernder Kinder jährlich). Es kann aber davon ausgegangen werden, daß nach heutiger Erkenntnis ein solches Lebewesen auch nicht ansatzweise das entwickeln könnte, was im vorigen Abschnitt als wesentliche Bedingungen menschlicher Erfahrung gekennzeichnet wurde: die Konstitution von Wirklichkeit aufgrund angeborener Strukturierungsmöglichkeiten der von den Rezeptoren aufgenommenen Reize. Damit stellt sich aber die Frage: Welche Variation für die Bedingung menschlicher Erfahrung ist möglich, und wie sind die Auswirkungen dieser Variation auf den Erfahrungsprozeß?

Wie selbst bei erheblichen Beeinträchtigungen im Rezeptor- System ein Teil der spezifischen Erfahrung über andere Sinnesmodalitäten gewonnen und eine solche Variation auch vom Menschen gemeistert werden kann, wurde im vorigen Abschnitt am Beispiel des blinden Babys demonstriert, das die akustischen Transformationen von üblicherweise visueller Erfahrung unmittelbar „verstehen" konnte. Dennoch ist davon auszugehen, daß Schäden im Rezeptor-System zu wesentlichen Begrenzungen der Erfahrungsmöglichkeiten führen und nicht voll ausgeglichen werden können. — So ist es eigentlich kaum vorstellbar, daß z. B. die Erfahrungen von Normalsichtigen hinsichtlich „Farben" in irgendeiner Weise so für die verbleibenden Sinnesmodalitäten eines Blinden transformiert werden könnten, daß eine äquivalente Erfahrung möglich würde. Die Erkenntnisse an Farbenblinden, die oft ihre Farbblindheit erst über ausgeklügelte Tests überraschend feststellen, zeigen allerdings, daß auch bei fehlender gemeinsamer Erfahrung eine Verständigung über „Begriffe" und ein hinreichend korrekter Gebrauch derselben möglich ist. (Dies zeigt aber auch andersherum, daß aus einer korrekten und üblichen Verwendung von Begriffen nicht unbedingt auf eine entsprechende Erfahrung geschlossen werden kann.)

Daß auch neuronale Transformationen möglich sind, läßt sich am Beispiel der Sprache belegen: Bei den meisten Menschen sind sprachliche Fähigkeiten in der linken Hemisphäre des Großhirns verankert. Bei sehr früher Beschädigung dieser linken Hemisphäre ergeben nun die empirischen Befunde, daß weitgehend eine Verlagerung der Sprachfähigkeiten in die rechte Hemisphäre erfolgen kann. Manche Wissenschaftler vertreten zwar die Auffassung, daß Sprache bei sehr kleinen Kindern ohnedies in beiden Hemisphären angelegt ist und erst in den ersten drei Lebensjahren eine zunehmende Spezialisierung auf eine Hemisphäre erfolgt. Doch gibt es auch Befunde an wesentlich älteren Kindern (10 Jahre und darüber), wo durch plötzliche Beeinträchtigung der linken Hemisphäre (und deren operativer Entfernung) zumindest ein Teil der Sprachfunktionen in die rechte Hemisphäre verlagert wurde. (Jedenfalls sehr viel umfangreichere sprachliche Fähigkeiten, als die Untersuchung von *Sperry* — vgl. Abschnitt 1.2.1 — an den Patienten mit „gespaltenem" Gehirn für die rechte Hemisphäre allein ergab.)

linkshemisphärische Dominanz der Sprachfähigkeit

Die weitreichende Flexibilität des Gehirns in der frühen Kindheit würde mit unserer im vorhergehenden Abschnitt betonten Konzeption übereinstimmen, daß nämlich eine Reihe von Fähigkeiten zweifellos angeboren ist (z. B. Schallwellenortung, Wahrnehmung der Entfernungsveränderung von Dingen, Raumsehen etc.), daß viele dieser Fähigkeiten aber zunächst „nur" recht abstrakt vorhanden sind und erst im Verlauf der Entwicklung an bestimmte Reizmodalitäten gebunden werden. Der Mechanismus, wie die angeborenen, eher allgemeinen Möglichkeiten für Erfahrungsleistungen dann an Allgemeinheit verlieren, dafür aber an Spezifität zunehmen, muß in der Auseinandersetzung mit dem Angebot der Umwelt und der Möglichkeit, Umweltreize strukturieren zu können, gesucht werden.

Experimente zum Nachweis früher Erfahrung auf die Entwicklung des Wahrnehmungssystems

Auch hier muß also bereits auf elementarer, physiologischer Ebene dem Einfluß der Umwelt auf die Ausbildung der Möglichkeiten von Erfahrung eine zentrale Rolle eingeräumt werden. So zeigen Untersuchungen, daß bei Katzen und Schimpansen, die in Dunkelheit aufgezogen wurden, die entsprechende Ganglienschicht im Gehirn fast völlig zum Verschwinden gebracht worden war. Auch diffuses Licht beugt nur der Degeneration dieser Zellen vor, kann aber eine mangelhafte Entwicklung der visuellen Felder im Gehirn nicht verhindern: Schon nach drei Monaten ergab sich eine fast völlige Blindheit, die nicht mehr heilbar war. Aber selbst eine „einseitige" Struktur ist nicht hinreichend: Bei Tieren, die während der ersten Lebensmonate durch eine Vorrichtung am Auge auf einer Seite nur vertikale, auf der anderen nur horizontale Streifen zu sehen bekamen, reagierten die entsprechenden Neuronen im Gehirn jeweils nur noch auf vertikale bzw. horizontale Linien (*Hirsch & Spinelli* 1970).

Welche Rolle frühe Erfahrung bei der Herausbildung von Wahrnehmungsleistung spielt, zeigen auch Untersuchungen an Menschen, die durch Starerkrankungen oder Hornhauttrübungen von Geburt an zwar diffuses Licht wahrnehmen konnten (so daß die entsprechenden Zellen im Gehirn weitgehend normal ausreiften), bei denen aber keine strukturierte Reizung die Netzhaut erreichte. Wenn solche Menschen dann durch spätere Operationen am Auge (dort) die körperlichen Bedingungen für eine normale Wahrnehmung wiedererhielten, ergaben die Befunde, daß ganz beträchtliche Schwierigkeiten vorhanden waren, auch nur einfache unterschiedliche Formmerkmale zu erfassen (z. B. einen Kreis von einem Dreieck zu unterscheiden). Selbst intelligente Patienten konnten z. B. noch zwei Jahre nach der Operation nicht mehr als fünf Gesichter von sie ständig umgebenden Freunden und Bekannten identifizieren. Eine andere Patientin konnte auch nach über tausend Versuchen noch nicht einen Kreis von einem Quadrat besser als mit Zufallswahrscheinlichkeit unterscheiden. In der Literatur wird berichtet, daß nach solchen Mißerfolgen Operierte wieder zu ihren Lebensgewohnheiten als Blinde zurückkehrten.

1.3 Die (mikro-)psychologische Perspektive

Bereits im vorangehenden Abschnitt wurde deutlich, daß Wahrnehmung nicht aus der nur unmittelbaren Aufnahme der Umweltreize besteht, sondern daß Erfahrung, Auswahl, Interpretation usw. untrennbar in den Wahrnehmungsakt mit einfließen. Diese aktive Leistung des menschlichen Organismus bei der Konstitution von Wirklichkeit, sowie einige grundsätzliche Aspekte dieser aktiven Strukturierung und Deutung sollen nun erörtert werden.

1.3.1 Wahrnehmung als aktiver Prozeß

Die biologische Grundlage für die figurale Strukturierung wurde ebenfalls bereits im vorigen Abschnitt besprochen: So sorgen auf elementarer Ebene bereits die ersten Nervenzellen, welche die Reize von der Netzhaut zum primären visuellen Feld weiterleiten, durch gegenseitige Verknüpfung dafür, daß bestimmte Erregungen verstärkt, andere wiederum verringert werden. In bezug auf einen Reiz, der die Netzhaut trifft, handelt es sich also um eine komplexe Feldorganisation der Verarbeitung und Weiterleitung durch die retinalen Ganglienzellen. Nicht Licht schlechthin, nicht einmal langsame Helligkeitsänderungen, lösen eine Reaktion der retinalen Ganglienzellen aus (das heißt: ändern die Aktivität dieser Zellen), sondern nur strukturiertes Licht. Daß dann auf höherer Ebene, im sekundären und tertiären visuellen Feld bestimmte Zellen besonders auf komplexe Muster (Balken, Winkel, Kontrast etc.) ansprechen, wurde ebenfalls bereits gesagt.

Letztlich wurde auch schon darauf hingewiesen, daß die visuelle Reizaufnahme sprunghaft, in Form kurzer Informationsbruchstücke erfolgt. Es gibt auf der Netzhaut nämlich nur einen sehr kleinen Bereich von etwa 2 Grad (genannt: *Fovea*), wo scharfes Sehen und hohe Farbauflösung möglich sind. Die weitere Umgebung dieses sehr kleinen Netzhautbereiches liefert eher ein diffuses und farbloses Bild der Umgebung. Was scharf und farbig gesehen werden soll, muß also mittels kleiner Augenbewegungen (Makrosaccaden) in den Bereich der Fovea gebracht werden und wird dann für 0,1 bis 0,3 Sekunden fixiert.

Das Interessante ist nun, daß die Richtung dieser gezielten Blickwendungen offenbar festgelegt ist, noch bevor die Augenbewegungen ausgeführt werden. Die Blickwendungen fungieren dabei nach *Hochberg* (1968) im Sinne von Hypothesentests: Es geht dabei um genauere Untersuchungen zu den erwarteten Antworten auf die Frage, was jeweils gesehen wird, wenn ein Teil der peripher erblickten Szene in den Bereich des scharfen Sehens gebracht wird.

Wahrnehmung als ,,Hypothesentest"

Daß diese Abfolge einzelner Informationsbruchstücke keinesfalls nur durch die Struktur des optischen Reizes bestimmt wird (wenn dieser zweifelsfrei auch mit dazu beiträgt), zeigen registrierte Augenbewegungen bei der Wahrnehmung: Dasselbe ,,objektive" Reizmuster wird in Abhängigkeit von unterschiedlichen Aufgabenstellungen durch eine unterschiedliche Folge von Blickwendungen abgetastet. Dies ist ein deutlicher Beleg dafür, daß ,,Informationsverarbeitung von Reizen" immer auch aktive, gezielte Informationssuche und hypothesengesteuerte Strukturierung ist.

Ein klassisches Experiment hierzu ist auf der Abbildung 2 wiedergegeben.

Um bei diesem Experiment je nach Aufgabenstellung unterschiedliche Blickwendungen durchführen zu können, muß also aus der Erinnerung (z.B. daran, daß jede Person ein Gesicht hat, das etwas über ihr Alter aussagen könnte — vgl. dazu Instruktionsbedingung (3) in der Abb. — eine bestimmte Erwartung aufgebaut werden: Es müsssen Hypothesen gebildet werden im Hinblick darauf, welche Informationsbruchstücke für diese Aufgabe bedeutsam und welche Blickwendungen daher sinnvoll sind. Danach muß u.a. entschieden werden, wieweit das Erblickte dem Erwarteten entspricht, und davon abhängig müssen neue Blickbewegungen durchgeführt, gegebenenfalls weitere Erinnerungen abgerufen, die Erwartungen modifiziert, neu gedeutet, neu entschieden werden usw. Und eben deshalb sind im Wahrnehmungsakt Selektion, Erinnerung, Deutung und Entscheidung untrennbar miteinander verschmolzen. Dies ist ein weiterer Aspekt der aktiven Wahrnehmungsleistung im Gegensatz zur Vorstellung einer passiven Reizaufnahme.

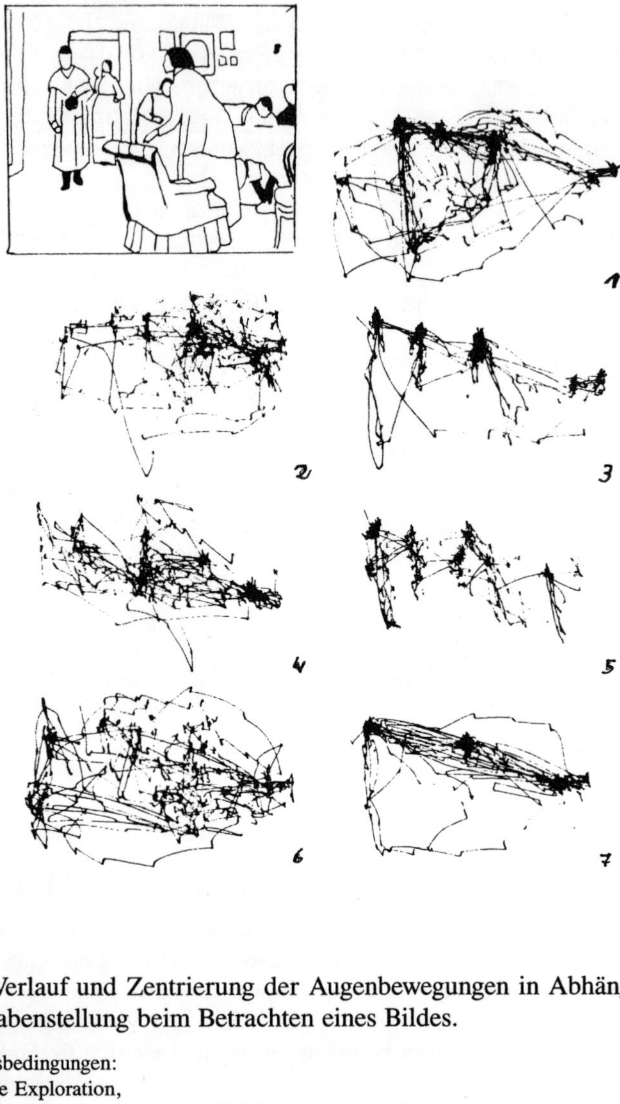

Abb. 2: Verlauf und Zentrierung der Augenbewegungen in Abhängigkeit von der Aufgabenstellung beim Betrachten eines Bildes.

Instruktionsbedingungen:

(1) freie Exploration,
(2) Beurteilung der materiellen Verhältnisse der Familie,
(3) Beurteilung des Alters der abgebildeten Personen,
(4) Beurteilung der momentanen Aktivitäten dieser Personen,
(5) Einprägung der Kleidung der anwesenden Personen,
(6) Einprägung der Lokalisation aller Personen und Objekte im Raum,
(7) Beurteilung der Abwesenheitsdauer des eintretenden Gastes.

Aus *Yarbus* 1967

Da nun ferner, wie bereits gesagt, nur ein sehr kleiner Teil der Information aus dem Ultrakurzzeitgedächtnis zusammen mit Information aus dem Kurzzeitgedächtnis und dem Langzeitgedächtnis gemeinsam ein bestimmtes Wahrnehmungserlebnis konstituiert (da der größte Teil der Informationsmenge bereits nach 0,25 Sekunden nicht mehr verfügbar ist), erfolgt auf diesem Wege eine weitere Auswahl dessen, was für die Erfahrung relevant wird. Im Rahmen der Alltagserfahrung ist uns gewöhnlich auch diese Auswahl nicht bewußt. Dennoch ist klar, daß ein Passant, der um 12 Uhr mittags in Hamburg am ,,Jungfernstieg" auf Besichtigungstour ist, die Umwelt anders wahrnimmt als sein Nachbar, der hungrig nach einem Restaurant sucht. Üblicherweise wird die unterschiedliche und selektive Art, Wahrnehmung zu organisieren und Erfahrungen zu machen nur deutlich, wenn mehrere Personen an derselben Szene teilgenommen haben und sich hinterher wundern, daß jeder in der gleichen Situation sehr unterschiedliche Erfahrungen gemacht hat.

Motivationsabhängigkeit der Wahrnehmung

Zu den aktiven Selektionsmechanismen der Wahrnehmung gehören auch die bekannten Experimente zur ,,unterschwelligen Wahrnehmung" bzw. zur ,,Wahrnehmungsabwehr": Wenn man einer Person für Bruchteile von Sekunden Wörter optisch darbietet (oder akustisch: stark verzerrt und kaum zu hören), so werden insbesondere solche Wörter nicht wahrgenommen (besser müßte man sagen: nicht bewußt wahrgenommen), die für die Person bedrohlich oder belastend sind. (Dies hängt mit der oben erwähnten Verdrängung aus dem Ultrakurzzeitgedächtnis zusammen.) Auch diese Befunde belegen, daß unterschwellig das Wort, das verdrängt wird, zunächst einmal wahrgenommen, verstanden und einer ,,Entscheidungsinstanz" vorgelegt wurde, denn wenn sein Inhalt nicht verstanden worden wäre, hätte es auch nicht gezielt verdrängt werden können.

Wahrnehmungsabwehr

Bekannt ist auch der ,,Party-Effekt": Obwohl alle Leute ähnlich laut durcheinander reden, kann man ohne große Schwierigkeit einer herausgesuchten ,,Stimme" zuhören — der ,,Rest" wird ,,Hintergrund" (auch dann, wenn man sich im Nebenraum befindet und die Personen nicht sieht). Man kann sich auch auf eine andere Stimme einstellen — d.h. die Zentrierung der Wahrnehmung wechseln. Wenn aber irgendwo im ,,Hintergrund" etwas für die Person sehr Wichtiges gesagt wird — z.B. auch, wenn der eigene Name fällt — tritt diese ,,Klangfigur" (im Sinne der Gestaltpsychologie) sofort aus dem Hinter-,,Grund" heraus.

Letztlich trivial, aber in diesem Zusammenhang zumindest erinnernswert, ist die Tatsache, daß der Mensch durch seine hohe Beweglichkeit das Umfeld, in dem er Erfahrungen machen will, natürlich zusätzlich auswählen kann. Während es hier aber um bewußte Auswahl geht (beim ,,Party-Effekt" um eine teilweise bewußte), sind die anderen Strukturierungs- und Selektionsmechanismen nicht bewußt.

1.3.2 Struktur und Kausalität

Da die Wahrnehmung, wie ausgeführt, im Sinne von Hypothesentests funktioniert, ist es natürlich interessant zu überlegen, welche Hypothesen denn über die ,,Wirklichkeit" bestehen und woher diese Hypothesen kommen.

In Abschnitt 1.2.1 wurden bereits angeborene Strukturierungs-Fähigkeiten erörtert, die durchaus auch als solche ,,Hypothesen im Wahrnehmungsprozeß" gedeutet werden können: Wenn Säuglinge natürliche Sprache jeglicher Art in ihre Bestandteile (Phoneme) zerlegen können, so kann das als angeborenes Verhalten im Sinne der Hypothese ,,Sprache ist in Phonemen strukturiert" interpretiert werden. Auch die Befunde, daß Säuglinge verschiedene Strategien und Hypothesen über mögliche Reizfolgen bei Lernexperimenten entwickeln, deuten darauf hin, daß Hypothesen über eine ,,regelhafte Struktur von Reizfolgen" ebenfalls angeboren sind.

Es gibt eine große Anzahl von komplexen Phänomenen, bei denen bestimmte Strukturierungen im Wahrnehmungsakt unmittelbar und zwingend erfahren werden — so unmittelbar und zwingend, daß diese Strukturen ,,selbstverständlich" als außerhalb von uns ,,real existent" angenommen werden (solange man nicht anfängt, erkenntnistheoretisch darüber zu reflektieren). Einige zentrale ,,klassische" Befunde sollen kurz erwähnt werden:

Scheinbewegung:

Zwei Lichtpunkte, die in nicht zu großem Abstand voneinander und in nicht zu großem zeitlichen Abstand nacheinander aufleuchten, werden als ,,ein Lichtpunkt, der sich bewegt" wahrgenommen. Ähnliches gilt für andere Reizmuster — letztlich die Basis von Film und Fernsehen.

Form- und Bewegungsgradienten

Eine Milchglasscheibe wird von hinten beleuchtet. Zwischen Lichtquelle und Scheibe wird ein Gitter eingeführt (oder etwas Ähnliches, das teilweise durchsichtig ist, teilweise Schatten wirft) und senkrecht zur Glasscheibe bewegt, gedreht oder verbogen. Obwohl das Schattenbild auf der Glasscheibe natürlich immer zweidimensional bleibt, werden "Bewegungen in der dritten Dimension" wahrgenommen (was in diesem Falle ja auch der ,,Realität", die wiederum dem zweidimensionalen Bild zugrundeliegt, entspricht). — Diese Leistung des Wahrnehmungssystems ist ebenfalls eine wichtige Basis von Film und Fernsehen.

Fantasie-Muster I

Eine Anordnung von 25 Glimmlampen in einer 5x5-Matrix (oder eine ähnliche Lampenkonfiguration) wird so geschaltet, daß die einzelnen Lampen völlig unabhängig voneinander und jeweils rein zufällig aufleuchten. Dieses völlig unstrukturierte, chaotische Aufleuchten von Lampen aber wird ,,als sich bewegende Figuren" wahrgenommen.

Fantasie-Muster II

Zwei kleine Glühlämpchen werden mittels einer Brille vor je einem Auge angebracht. Leuchten diese Glühlämpchen nun in fester Frequenz wechselseitig auf (ca. 8 - 25 Hertz), so werden bei geschlossenen Augen ,,farbige Muster" wahrgenommen, wobei sich bei der Umschaltung auf eine andere Frequenz Farben und/oder Muster ändern.

Soziale und kausale Wahrnehmung

Mithilfe eines Zeichentrickfilmes (oder in Form von Schatten an der Wand) werden Figuren — z.B. ,,Kreis", ,,Dreieck" etc. bewegt. Bewegt sich z.B. ein Kreis auf ein ruhendes Dreieck zu und bewegt sich dann nach ,,der Berührung" dieses Dreieck, so entsteht unabweisbar der Eindruck, der Kreis habe die Bewegung des Dreieckes ,,verursacht", bzw. das Dreieck werde vom Kreis ,,fortgestoßen". Bei bestimmten Bewegungsfolgen werden zusätzlich ,,soziale Beziehungsmuster" wahrgenommen: So wird z.B. bei langsamer, gelegentlich unterbrochener Bewegung des Kreises in Richtung auf das Dreieck eine ,,zaghafte Annäherung" wahrgenommen, bei anderen Bewegungsfolgen ,,entkommt das Dreieck den Nachstellungen des Kreises" usw. (die Frage nach der Berechtigung, von ,,Wahrnehmung" statt von ,,Interpretation" zu sprechen, wird unten noch in einem Exkurs erörtert werden). Experimente der ersten Art gehen auf *Michotte* zurück, der auch von ,,nichtmodaler Wahrnehmung" sprach! Experimente der zweiten Art fußen auf Arbeiten von *Heider*.

All dies sind klassische Beispiele aus der experimentellen Psychologie, die belegen, daß Wirklichkeit ,,konstituieren" insbesondere aktives ,,Strukturieren" heißt. Wie stark das Bedürfnis des Organismus nach strukturierten Reizen ist, zeigen u.a. auch die Befunde zur ,,sensorischen Deprivation" (Abschirmung von externen Reizen): Personen, die durch spezielle Kleidung, akustische Isolierung, etc. weitgehend von externen Reizen abgeschirmt werden, fangen nach kurzer Zeit an zu ,,halluzinieren" — d.h. der Organismus produziert nun selbst strukturierte Reize, die als in der Umwelt ,,real vorhandene" Bilder, Töne etc. wahrnehmungsmäßig erlebt werden.

Sensorische Deprivation

Auch solche Halluzinationen sind zweifellos authentische und in gewissem Sinne auch wiederholbare und intersubjektive Erfahrungen (denn Menschen unter den gleichen Bedingungen werden ebensolche Erfahrungen machen) — hingegen sind es keine Erfahrungen dessen, was im Alltag mit ,,Realität" bezeichnet wird. Ein wesentlicher Grund dafür liegt offensichtlich darin, daß unterschiedliche Personen unter diesen Bedingungen jeweils eine so unterschiedliche Wirklichkeit konstituieren, daß eine gemeinsame Verständigung darüber kaum möglich erscheint. (Dies ist in gewissem Sinne auch bei Gefühlen oder bei mystischen Erfahrungen der Fall. Der Unterschied zu Halluzinationen liegt aber darin, daß z.B. bei mystischen Erfahrungen das Wissen um die begrenzte Verständigung über diese Phänomene Bestandteil solcher Erfahrung ist, während über die ,,Gegenstände" der Halluzinationen — etwa ein ,,Tisch" oder eine ,,Farberscheinung an der Wand" — Verständigung möglich wäre, sofern diese real wären.) Und eben deshalb würde man diese Phänomene nicht real nennen.

Hinzu kommt aber auch, daß Handlungen aufgrund solcher Halluzinationen in der Regel scheitern: Eine Tasse, die man auf einen nur halluzinierten Tisch stellt, wird am Boden zerspringen. Wir sehen an dieser Stelle (genauer in Abschnitt 1.5), daß gemeinsame Verständigung und erfolgreiche Handlungen in bezug auf Phänomene zwei wichtige Kriterien für deren Realität darstellen.

Dennoch ist das, was ,,Wirklichkeit" ist, durchaus auch unter Wissenschaftlern kontrovers (auch unter Berücksichtigung der bisher erarbeiteten Einsicht, daß ,,Wirklichkeit" immer Ergebnis einer Konstitution ist). Einige typische unterschiedliche Positionen zu diesem Problem werden Sie im dritten und vierten Kapitel kennenlernen. Im folgenden Exkurs sollen Sie aber anhand einer kontroversen Diskussion zumindest an einer Stelle den Begriff von ,,Wirklichkeit" stärker problematisieren lernen:

Exkurs:
Wirklichkeit, Beobachtung und Interpretation.

Die meisten Wissenschaftler sind sich heute darin einig, daß Beobachtungen immer schon bestimmte Vermutungen, Konzepte, etc. enthalten — kurz: daß sie theoriegeleitet sind. Dennoch wird z.B. gefordert, Beobachtung von Interpretation zu trennen.

In bezug auf die oben beschriebene soziale bzw. kausale Wahrnehmung läuft diese (gängige) Trennung von Beobachtung der Wirklichkeit und ihrer Interpretation letztlich auf die folgende Auffassung hinaus:

Bei der Beobachtung eines Filmes zur phänomenalen Kausalität ist die Beschreibung: ,,Ein Dreieck wird von einem Kreis fortgestoßen" nicht sehr adäquat, sondern hoch interpretativ. Denn in Wirklichkeit könne nur festgestellt werden: ,,Ein Kreis bewegt sich auf ein feststehendes Dreieck zu. Die Linien berühren sich. Dann bewegt sich das Dreieck, und der Kreis bleibt stehen". Der Grund, dieser letzteren Formulierung einen höheren Realitätsgehalt zuzuordnen, läge darin, daß reine Beobachtungen eher objektiv seien, während Interpretation eher auf Konvention beruhe.

Es sollen nun aber Argumente dafür aufgeführt werden, daß man die Beziehung von Wirklichkeit, Beobachtung und Interpretation auch ganz anders sehen kann:

a) Man kann es für unzulässig halten, beobachteten Phänomenen wie ,,Kreis", ,,Dreieck", ,,Bewegung", etc. einen höheren Realitätsgehalt zuzuordnen als kausalen/sozialen Phänomenen wie ,,Wegstoßen", ,,A tut das, weil B jenes tat", etc., sofern diese unmittelbar erlebt werden: Da als Beispiel ein Film gewählt wurde, ist klar, daß auch ,,Bewegung" nicht ,,wirklich" ist, vielmehr handelt es sich um die zeitliche Abfolge einzelner Bilder. Es ist auch nicht ,,das Dreieck", sondern es sind viele Filmbilder mit je einem Dreieck gegeben.

b) Das Film-Beispiel und die Zurückführung der ,,Realität" von ,,Kreis", ,,Dreieck" und ,,Bewegung" auf ,,Interpretation" könnte nun als ,,Trick" der Argumentation gewertet werden. Es wurde aber oben gezeigt, daß auch außerhalb der Filmsituation die optische Reizaufnahme in Form von Informationsbruchstücken erfolgt. Es wird also (bei entsprechender Größe) gar kein ,,Dreieck" auf die relevante Stelle (Fovea) der Netzhaut gebracht, sondern in zeitlicher Abfolge werden Ecken, Linien, etc. kurz fixiert, die dann erst im Geist zu dem Wahrnehmungserlebnis ,,Dreieck" zusammengesetzt werden. Dasselbe gilt für ,,Kreis" oder ,,Bewegung".

c) Dennoch werden nicht ,,Ecken", ,,Linien", etc. wahrgenommen, sondern ein sich ,,bewegendes Dreieck", weil eben Wahrnehmung nicht aus den Einzelbruchstücken der Reizaufnahme besteht, sondern eine aktive integrative Leistung ist. Es ist daher sinnvoll, diesen Phänomenen ,,Realitätsgehalt" zuzuordnen. Genauso ,,real" oder ,,zwingend" wie Form und Bewegung wird aber, wie oben gezeigt wurde, z.B. auch Kausalität wahrgenommen. Das bedeutet, ,,Wegstoßen" wird bei der obigen Beobachtung als zwingendes, unmittelbares Wahrnehmungserlebnis erfahren. Erst unser Wissen um die Begleitumstände (und über Wahrnehmung) ermöglicht es, dieses unmittelbare Wahrnehmungserlebnis im Nachhinein gedanklich in Komponenten zu zerlegen und die kausale Komponente herauszufiltern.

Somit stellt sich bei genauerer Analyse heraus, daß die Phänomene der ,,Phänomenalen Kausalität" wie z.B. ,,Wegstoßen" die eigentliche, unmittelbare Wahrnehmung (Beobachtung) sind, die zudem (innerhalb unseres Kulturkreises) von verschiedenen Personen in der gleichen Weise zwingend erfahren werden. Erst dann wird diese Erfahrung ,,bereinigt", indem man ,,interpretiert", daß es sich dabei ,,eigentlich" nur um eine ,,beobachtete Bewegungsfolge" gehandelt haben kann. Die geforderte ,,reine Beobachtung" ergibt sich also paradoxerweise erst als Zerlegung eines unmittelbaren Wahrnehmungserlebnisses durch eine gedankliche (analytische) Leistung, also letztlich eine ,,Interpretation" aufgrund von Wissen. (Und Wissen ist weit eher durch Konvention bestimmt als unmittelbare, zwingende — und teilweise biologisch gegebene — Erfahrung.)

Unabhängig davon, ob Sie die Argumente in diesem Exkurs nun überzeugt haben oder nicht, hat die Diskussion hoffentlich zumindest dazu beigetragen, daß Sie im ,,selbstverständlichen" Umgang mit dem Begriff ,,Wirklichkeit" noch vorsichtiger und kritischer geworden sind.

1.4 Die sozialpsychologische Perspektive

In den vorangegangenen Abschnitten wurde immer deutlicher herausgearbeitet, daß Wahrnehmung und Erfahrung keinesfalls nur die bloße Aufnahme von Umweltreizen darstellt. Vielmehr wurde gezeigt, daß trotz der Abhängigkeit von einer gewissen biologischen Grundausstattung (z.B. dem Rezeptorensystem und einer bestimmten Struktur des Gehirns) die Bedingungen für die Möglichkeit von Erkenntnis nur sehr allgemein vorgegeben sind. Eine genauere Spezifizierung und Ausdifferenzierung erfolgt erst im Laufe der Entwicklung eines Menschen in Auseinandersetzung mit seiner Umwelt. Wahrnehmung wurde dabei als ein aktiver Prozeß gekennzeichnet, bei dem eine bestimmte Konstituierung und Strukturierung von Wirklichkeit in Abhängigkeit von Hypothesen, Bedürfnissen, Stimmungslagen usw. — insbesondere aber auch von vorausgegangener Erfahrung — abhängt. Es wurde an vielen eindrucksvollen experimentellen Ergebnissen gezeigt, wie stark die Erfahrung in der Auseinandersetzung mit der Umwelt die Strukturierung weiterer Erfahrung bestimmt.

Diese Auseinandersetzung mit seiner Umwelt ist für den Menschen aber immer schon insbesondere eine Auseinandersetzung mit anderen Menschen. Auf ihre Hilfe ist er angewiesen, ihre Zuneigung und Anerkennung sind ihm wesentlich. (Und — wie im nächsten Abschnitt noch genauer gezeigt werden soll — der Mensch hat nur in Kooperation mit anderen das mächtigste Instrument für die Struktur seiner Erfahrung schaffen können: Eine differenzierte Kultur.)

In diesem Abschnitt geht es um einige Aspekte, wie der Erfahrungsprozeß bei der Auseinandersetzung mit Menschen der unmittelbaren Umgebung und im direkten Kontakt strukturiert wird. Es sei betont, daß hier nur ein sehr kleiner

Teilbereich der sozialpsychologischen Perspektive herausgegriffen wird. Immerhin beschäftigt sich die Sozialpsychologie insbesondere auch mit Einstellungen, Personenwahrnehmung, Sozialisation und sozialem Lernen sowie Gruppenprozessen bis hin zur Massenkommunikation — alles Gegenstände, bei denen ein hoher Einfluß auf Erfahrung im Alltag und Erkenntnisprozesse thematisiert werden kann. Einerseits gibt es ohnedies starke Überschneidungen zur psychologischen und soziologischen Perspektive (z.B. was Sozialisation anbelangt — vgl. Abschnitt 1.5). Andererseits ging es darum, im Zusammenhang dieser Einführung exemplarisch einzelne leicht überschaubare Befunde zu diskutieren, welche die soziale Komponente bei der Konstitution von Wirklichkeit und die Beziehung zwischen individueller Erfahrung und intersubjektiven ,,Fakten" etwas verdeutlichen.

1.4.1 Erkenntnis in der sozialen Kontroverse (I): Konformität und Zweifel

Bereits im vorigen Abschnitt wurde gezeigt, wie wichtig für das Zustandekommen von alltäglich akzeptierter Wirklichkeit Erfahrung ist. Es gibt wohl kaum etwas Schlimmeres für den Menschen, als wenn er ständig befürchten muß, mit seiner Konstitution von Wirklichkeit eine Welt zu schaffen, die andere nicht teilen, und ihn daher für verrückt oder böswillig halten.

Was also, wenn einem die Zustimmung der anderen über die Korrektheit der eigenen Wahrnehmungen versagt wird. Ein klassisches Experiment von *Asch* (1951) hat dies untersucht:

Experiment von *Asch*

In Gruppen zu je 8 Personen wurden angeblich Wahrnehmungsexperimente durchgeführt. Es ging um den Vergleich von jeweils drei Strecken mit einer ,,Standardstrecke". Dabei waren diese Strecken so ausgewählt, daß praktisch jede normalsichtige Person korrekt urteilen konnte. Von den 8 Personen war aber jeweils nur eine ,,echte" Versuchsperson (Vp), die anderen 7 waren Mitarbeiter des Versuchsleiters (Vl). Die Urteile waren nacheinander laut abzugeben; durch die Sitzanordnung war der Versuch so arrangiert, daß die "echte" Vp ihr Urteil jeweils als letzte abgab. Es gab in jeder Gruppe 18 Durchgänge; in 12 davon gaben die 7 anderen "Vp" übereinstimmend falsche Urteile ab.

Arbeitsanweisung

Machen Sie hier eine kleine Lesepause und stellen Sie sich vor, wie es Ihnen als ,,echte" Vp wohl in einer solchen Situation ergehen würde.

Von insgesamt 50 ,,echten" Vp machten nur 13 keinen Fehler, d.h. sie ließen sich durch die jeweils 7 falschen Urteile in keinem der 12 entsprechenden Durchgänge von ihrem Urteil abbringen. Die anderen 37 Vp machten Zugeständnisse in Richtung auf die falschen Urteile. Dabei waren die Unterschiede sehr groß: 15 Vp machten 1-3 Fehler, 8 Vp machten 4-6 Fehler, die anderen 14 Vp lagen darüber.

Wichtiger als dieses zahlenmäßige Ergebnis ist, daß fast alle Vp sich bei diesem Experiment außerordentlich unwohl fühlten, und viele waren sehr erleichtert, als sie am Schluß des Experimentes über den Sachverhalt aufgeklärt wurden. Dies zeigt, daß selbst schon in Situationen, in denen es um nichts Wesentliches geht — wie eben Strecken vergleichen — der Druck zur Konformität sehr stark erlebt wird.

Das (oft unbewußte) Streben nach Konformität ist natürlich noch wirksamer, wenn nicht wie eben, der ,,wahre" (physikalisch korrekte) Sachverhalt unter üblichen Umständen eindeutig ist, sondern wenn ohnedies die Urteilsfindung schwierig und mit Unsicherheit behaftet ist. In einem ebenfalls klassischen Versuch von *Sherif* (1935) mußten Vp die Bewegung eines Licht-Punktes im dunklen Raum abschätzen. Physikalisch gesehen änderte der Punkt seine Position aber nicht — die üblicherweise wahrgenommene Bewegung ist auf die Eigenbewegung der Augen (in dem sonst orientierungslosen dunklen Raum) zurückzuführen. Nachdem die Vp ihre Schätzungen zunächst allein abgegeben hatten, wurde der Versuch in Gruppen wiederholt, wobei die Schätzungen laut zu nennen waren. Es zeigte sich ein deutlicher Hang zur Konformität: die Unterschiede zwischen den Urteilen wurden wesentlich geringer und pendelten sich etwa beim Gruppenmittelwert ein. Diese Beurteilung wurde von den Personen später dann auch in Einzelversuchen — also ohne aktuellen ,,Gruppendruck" — beibehalten.

Die Basis für die Urteilsfindung des Einzelnen in den beiden referierten Experimenten ist recht unterschiedlich: Im ersten Experiment ("Strecken") spiegelt der zu beurteilende Sachverhalt ziemlich klare, physikalisch eindeutige Beziehungen wieder. Über diesen Sachverhalt ist daher — abgesehen von einem so böswilligen Experiment — von Mitgliedern dieser Kultur immer schon ein Konsens ,,selbstverständlich" vorauszusetzen, er gilt allgemein als ,,objektiv". (Umso bedrohlicher werden allerdings auch hartnäckige Abweichungen erlebt.) Beim zweiten Experiment ("Scheinbewegung") handelt es sich hingegen um eine subjektive Größe, die von Person zu Person verschieden ist (deren Ursache zwar auch in die ,,objektive Realität" projiziert wird, deren Ausmaß gleichwohl als ,,unklar" gilt). Abweichungen in bestimmten Grenzen sind daher tolerierbar.

1.4.2 Erkenntnis in der sozialen Kontroverse (II): Interpunktion und Perspektivität

Die meisten Erfahrungen in der Alltagswelt und die daraus resultierenden Erkenntnisse dürften eine Mischung aus beidem sein. Abweichungen in der Erfahrung werden dabei dann offenbar um so weniger toleriert, je mehr das Augenmerk auf die ,,objektiven" Aspekte gelegt wird. Denn dann kann der andere den Konsens eigentlich nur aus Verrücktheit oder aus Böswilligkeit verweigern, oder man muß am eigenen Verstand zweifeln — alles keine angenehmen Alternativen.

Eine typische Konstellation, in der solche Kontroverse wirksam wird, haben *Watzlawick* u.a. (1969) ,,Interpunktion" genannt: Es geht dabei um unterschiedliche ,,Zerlegungen" (oder Strukturierungen) einer langen Interaktionskette in unterschiedliche Einheiten. Ein elementares Beispiel hierfür wäre die ,,be-

Paul *Watzlawick* (*1921 in Österreich), in USA lehrender Psychologe, der besonders die Strukturen menschlicher Kommunikation untersucht

rühmte“ Frage nach dem Ei und der Henne, bei der die Abfolge

... Henne — Ei — Henne — Ei — Henne — Ei ....

von einem so interpunktiert werden kann:

... Henne — Ei / Henne — Ei / Henne — Ei/ ...

vom anderen aber so:

... Henne / Ei — Henne / Ei — Henne / Ei ...

d.h. für den einen ist ,,selbstverständlich“, daß immer zuerst die Henne da war und das Ei ,,natürlich“ von dieser stammt, für den anderen ist ebenso ,,selbstverständlich“, daß immer zuerst das Ei da war und die Henne ,,natürlich“ aus diesem geschlüpft ist. Während diese Frage nicht sehr lebensrelevant ist und vielleicht beiden Kontrahenten die Einsicht kommt, daß das Problem auf dieser elementaren Ebene gar nicht lösbar ist, dürfte das folgende Beispiel schon relevanter sein und — wie die Praxis zeigt — viel seltener zur Einigung führen:

Ein Ehemann trinkt gern nach der Arbeit mit seinen Kollegen noch ein Bier. Seine Frau, die ihn lieber pünktlich zuhause hätte, nörgelt ziemlich herum. Es kommt zur Krise; beide sind sich über ihre Verhaltensweisen (,,Wegbleiben“ und ,,Nörgeln“) im klaren, und sogar darin einig, daß diese in letzter Zeit noch zugenommen haben, aber jeder gibt dem anderen die Schuld, denn die ,,Fakten“ sind ja ,,eindeutig klar“, wer diese ,,klaren Zusammenhänge“ bestreite, sei böswillig oder verrückt.

Übungsaufgabe 6

Übungsaufgabe 6

Zeigen Sie, daß es sich bei diesem Problem um unterschiedliche Interpunktionen handelt. Geben Sie diese und die darauf aufbauenden Sichtweisen des Problems bzw. Argumente von beiden Seiten an.

Eine zweite typische Konstellation, in der von beiden Seiten die ,,objektiven Fakten“ bemüht werden, welche ,,klar“ für ihre Sichtweise sprechen und die der andere daher auch ,,nicht bestreiten“ dürfe, ist die unterschiedliche Perspektivität hinsichtlich der Dimensionen eines komplexen Problemes. Dies läßt sich gut an Abbildung 3 verdeutlichen:

Person X und Y schauen auf das Phänomen P (Längenvergleich zweier Linien) aus unterschiedlichen Perspektiven. Jeder ist überzeugt, daß P ein eindimensionales Problem ist. Und da ebenfalls darüber Einigkeit besteht, daß ,,Längen“ schließlich ,,objektive Fakten“ sind, wäre es besonders bedrohlich, wenn der andere bei diesem ,,klaren Sachverhalt“ jeweils die ”Wahrheit bestreiten“ wollte. Tatsächlich ist P aber komplexer (hier: zweidimensional). Da jeder einen anderen Teilaspekt konstituiert, ergeben sich für X und Y unterschiedliche ,,objektive Fakten“ — für X nämlich: ,,A länger als B“, für Y: ,,A kürzer als B“.

Die Kontroversen aus Interpunktion und Perspektivität lassen sich nur auf jeweils höherer Ebene lösen. Verständigung ist (zumindest) unter solchen Bedingungen nur möglich, wenn jeder trotz der ,,eindeutigen Fakten“ dem Partner

Demonstrationsbeispiel für unterschiedliche Perspektivität

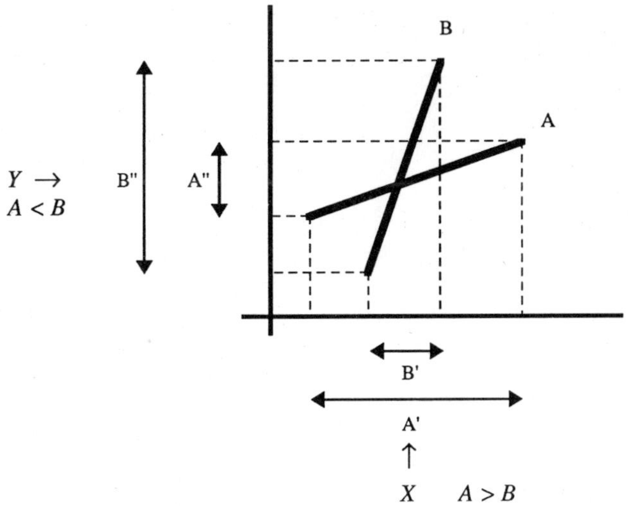

Abb. 3: Beispiel für die inadäquate Reduktion eines komplexen Sachverhaltes

dasselbe Recht auf dessen („abweichende“) Sichtweise und Erfahrung einräumt, grundsätzlich die aktive Strukturierung bei Wahrnehmung und Erfahrung anerkennt und somit zu der Einsicht kommt, daß soetwas wie „Wahrheit“ nicht im Gegensatz der Aspekte, sondern in ihrer Synthese auf komplexerer Ebene zu finden ist.

1.5 Die soziologische Perspektive

Im vorangegangenen Abschnitt wurde insbesondere hervorgehoben, daß Erfahrung sowohl bei ihrem Entstehen (als unmittelbare Konstitution von Wirklichkeit) als auch in der Verarbeitung zu Erkenntnis (als intersubjektiv geteilte Wirklichkeit) die „Feuerprobe“ in der sozialen Kontroverse zu bestehen hat. Niemand kann es sich leisten, auf Dauer als böswillig oder verrückt — in jedem Falle: als nicht konsensfähig — von seiner Umwelt gesehen zu werden.

Alltag vs. Wissenschaft

Erfreulicherweise ist die Anzahl solcher Kontroversen in der Alltagswelt recht begrenzt (während sie in der Wissenschaft geradezu systematisiert werden — wenn auch durch Verweis auf einen bestimmten Minimalkonsens ebenfalls stark relativiert — vgl. Kapitel 2). Entscheidend hierfür ist, daß vieles, was prinzipiell durchaus kontrovers geraten könnte, durch die Sozialisation in Form verbindlicher Sichtweisen, Handlungsanleitungen, Wahrheiten etc. — kurz als „Selbstverständlichkeit“ — vermittelt und damit üblicherweise der Diskussion entzogen wird.

Diese Selbstverständlichkeiten können deswegen so leicht als verbindlich vermittelt werden, weil, wie gezeigt wurde, die spezifische Entwicklung des

Wahrnehmungssystems und der Strukturierungsgewohnheiten in Auseinandersetzung mit der Umwelt vor sich geht. Und diese Auseinandersetzung mit der Umwelt des Menschen ist eben immer schon sozial geprägt:

1. sind von der allerersten Lebensstunde an auch Menschen in der Umgebung (Mutter, Eltern, Familie, Schule usw.), die mindestens so wichtig sind wie die Dinge;
2. sind in der Umgebung eines Menschen dieser Gesellschaft kaum noch Dinge, die nicht von Menschen in irgendeiner Weise verändert worden sind; und
3. wird gerade in den ersten Lebensjahren die Auseinandersetzung mit der dinglichen Umwelt ebenfalls durch Menschen gesteuert und strukturiert (bestimmtes Spielzeug wird gereicht, das Kind wird an bestimmte Orte getragen, Spielanleitungen erfolgen durch die Eltern usw.).

Gerade die ersten Erfahrungen eines Menschen, die ganz besonders entscheidend sind für die Strukturierung weiterer Erfahrungen, sind somit immer schon dadurch bestimmt, daß er in ein bestimmtes Sozialgefüge hineingeboren wird. In diesem Abschnitt sollen daher einige Aspekte auf dieser Ebene näher behandelt werden.

1.5.1 Erfahrung und soziale Umwelt

Auch beim Tier werden bestimmte Erfahrungen durch dessen soziale Umwelt bestimmt: So lernt z.B. eine Katze spezifische Umgangsweisen mit einer Maus durch andere Katzen. Auch muß ein Tier — abgesehen von seinem hohen Anteil an ererbtem Verhaltensrepertoire — nicht alle Leistungen bei der Auseinandersetzung mit der Umwelt in jeder Generation neu erbringen: So kann z. B. ein Bau oder ein Nest benutzt werden, der bzw. das von der Vorgeneration errichtet worden ist. Dennoch sind die Möglichkeiten beim Tier, Erfahrungen und deren Ergebnisse von Generation zu Generation weiterzugeben, recht begrenzt.

Für den Menschen hingegen ist eine solche Weitergabe von Erfahrungen und deren Ergebnissen über die Generationen hinweg geradezu ein typisches Merkmal; und die Bestände dieser zusammengetragenen und konservierten Erfahrungen werden zudem fortlaufend vergrößert. Diese gesellschaftliche Ansammlung und Vermehrung von Erfahrung schlägt sich dabei insbesondere in folgenden Bereichen nieder:

a) in veränderter Materie
b) in sozialen Handlungsmustern
c) in Kommunikationsmöglichkeiten
d) in Wissensbeständen

Diese Aspekte sollen im einzelnen etwas erläutert werden:

Zu a (Veränderung von Materie):
Ein heute in unsere Kultur hineingeborenes Kind muß selbstverständlich nicht das Rad, bestimmte Werkzeuge, ein Mikroskop, Telefon usw. neu erfin-

den. Alle diese Dinge, die man als materiell geronnene gesellschaftliche Erfahrung kennzeichnen könnte, liegen bereits vor, und der Mensch wird in frühester Kindheit mit einem bestimmten Gebrauch dieser Dinge vertraut gemacht.

Zu b (soziale Handlungsmuster):
In hohem Ausmaß ist unser Leben (gemeint ist: in unserer Kultur) durch relativ klar definierte Rollen strukturiert, was einen erheblichen Anteil der Unsicherheit im Umgang mit anderen Menschen vermindert. So ist zumindest einigermaßen klar, was mich erwartet, wenn ich mich an einen Finanzbeamten oder einen Polizisten oder einen Auskunftsbeamten am Bahnhof wende, wenn ich morgens zum Bäcker gehe, und wenn die Fernsehansagerin auf dem Bildschirm erscheint. Diese Tatsache, daß es Rollen und Institutionen gibt (was nichts anderes bedeutet, als daß es unabhängig von den konkret jeweils lebenden und handelnden Personen allgemeinere akzeptierte Handlungsmuster gibt, auf die man sich verlassen kann) ist ebenfalls eine spezifische Form von geronnener gesellschaftlicher Erfahrung.

Zu c (Kommunikationsmöglichkeiten):
Die Entwicklung von Sprache (die in einfachen Formen auch schon bei Tieren zu finden ist) und insbesondere von Schrift ermöglichen es, Erfahrung vom „Hier und Jetzt" des unmittelbaren Erfahrens abzulösen und räumlich sowie zeitlich zu transportieren. Wenn mir jemand erzählt, was er vor drei Wochen in Amerika erlebt hat, so kann ich jetzt seine räumlich und zeitlich entfernt liegende Erfahrung (zumindest teilweise) nacherfahren. Veränderte Materie (Schreibpapier, Telefon, Fernseher) erhöht zudem diese Möglichkeiten.

Zu d (Wissensbestände):
Ein besonderes Ergebnis der eben genannten Kommunikationsmöglichkeiten ist die Konservierung bestimmter Erfahrung in systematischer Form mittels bestimmter Informationsträger (z.B. Bücher, Tonbänder, Computerchips usw.). Gerade diese systematische Erzeugung von bestimmten Wissensbeständen und die Zugriffsmöglichkeit darauf ist ein wichtiger Aspekt von Wissenschaft (der daher im zweiten Kapitel noch behandelt werden wird).

Es ist klar, daß durch dieses ungeheure Ausmaß an gesammelter gesellschaftlicher Erfahrung die Erfahrungsmöglichkeiten des einzelnen im hohen Ausmaße bestimmt werden. Dazu trägt auch bei, daß der Mensch nach der Geburt zwar biologisch vom Versorgungssystem der Mutter abgenabelt wird, aber hilfloser und weniger lebensfähig ist als fast alle Tiere. Daher braucht er auch länger als jedes andere Lebewesen, bevor er für seine elementarsten Bedürfnisse selbst sorgen kann. Schon deshalb ist es lebensnotwendig, Realität so zu konstituieren, daß zwischen Menschen (zunächst den Eltern, die alle wichtigen Bedürfnisse befriedigen) und anderer Realität unterschieden werden kann. Insbesondere muß erfahren und gelernt werden, daß und wie mit diesen Menschen Kommunikation möglich ist.

Zum Überleben ist der Mensch also mehr als andere Lebewesen auf seine soziale Umwelt angewiesen. Und lange bevor der erste Satz gesprochen wird, ist ein Teil des Werkzeuggebrauches, der sozialen Handlungsmuster, der Kommunikationsmöglichkeiten und der Wissensbestände bereits in Form von ,,Selbstverständlichkeiten" übernommen worden.

Übungsaufgabe 7

Übungsaufgabe 7:

Machen Sie sich klar, in welcher Weise die eben genannten Formen gesammelter und manifestierter menschlicher Erfahrung in diesem Augenblick für Sie eine Rolle spielen.

Es ist einsichtig, daß bei dem äußerst großen Spektrum an gesellschaftlich geronnener Erfahrung der Sprache eine besondere Funktion im Vermittlungsprozeß zwischen den Generationen zukommt. Selbst die materielle Weitergabe von ,,Erfindungen" ist wesentlich dadurch erleichtert, daß durch den kommunikativen Kontakt neben dem ,,Vorzeigen" der Verwendung auch durch weitere Gesten und Laute gemeinsamer Sinn gestiftet wird. Viele Dinge der modernen Technik z.B. lassen sich nicht mehr so unmittelbar vorzeigen und in ihrer Funktion erfahren; hier dient Sprache (auch formalisierte Sprache und Handlungsanweisungen in Form der Mathematik zum Beispiel) als Sinnstifter und Vermittlungsinstanz.

Sprache als Sinnstifter und Vermittlungsinstanz

Wenn man davon ausgehen darf, daß in der Evolution insbesondere solche Fähigkeiten ,,gefördert" werden, welche die Überlebenschancen einer Spezies verbessern, so ist verständlich, daß sich vorwiegend solche Erfahrungen manifest niedergeschlagen und angesammelt haben, die zu einer besseren Lebensbewältigung in Form von kooperativem Handeln beitragen konnten. (Daß dabei wohl schon immer ein Macht- und Herrschaftsgefälle dafür sorgte, daß nicht alle gleichermaßen von den Ergebnissen profitieren konnten, steht auf einem anderen Blatt.) Es sind dies die Realitäsbereiche, die gesellschaftlich relevant sind. Deshalb ist die Intersubjektivität der Erfahrung von ,,Tisch", ,,Brot" oder ,,Eisenbahn" auch eine andere als die meiner Empfindungen beim Anhören einer Symphonie. Für das erstere gibt es klare Begriffe, die jeder versteht, der diese alltägliche gesellschaftliche Realität teilt, und die er mit typischen alltäglichen Handlungen verbindet; das letztere hingegen läßt sich kaum durch Sprache vermitteln.

Intersubjektivität vs. Subjektivität von Erfahrung

Die obigen vier Bereiche leisten also in der Auseinandersetzung mit den lebensnotwendigen Aspekten der Welt die Koordination von individueller Erfahrung im gemeinschaftlichen Handeln.

1.5.2 Die gesellschaftliche Konstruktion der Wirklichkeit

Peter L. *Berger* (*1929 in Wien), seit 1946 in USA, Prof. für Soziologie
Thomas *Luckmann* (*1927 in Jugoslawien), Soziologieprofessor in Konstanz, vertritt einen phänomenologischen Ansatz

Dieser Abschnitt wurde bewußt mit dem Titel eines Buches von *Berger* und *Luckmann* (1970) überschrieben, in welchem der Frage nach der Beziehung zwischen individueller Wirklichkeitskonstitution und den objektiven Fakten bzw. den von der Gesellschaft hervorgebrachten ,,Sachen" nachgegangen wird. Obwohl das Buch, das inzwischen auch in preiswerter deutscher Taschenbuchausgabe vorliegt (vgl. Literaturverzeichnis), in Amerika vor 2 Jahrzehnten verfaßt wurde und sich scheinbar eher an Soziologen richtet, ist die Lektüre dieses ebenso spannenden wie fundierten Werkes auch heute noch allen Humanwissenschaftlern ans Herz zu legen. Viele der in diesem (und im 2.) Kapitel durchschimmernden Auffassungen sind nicht zuletzt in Auseindersetzung mit diesem Werk entstanden (was keine bloße „Übernahme" bedeutet). Im folgenden soll allerdings nicht versucht werden, einen Abriß der Gedanken von *Berger* und *Luckmann* zu geben — das wäre in der Kürze unmöglich. Es sollte aber einmal auf einen wesentlichen Bezugspunkt der Ausführungen dieses Textes verwiesen werden: Gerade unter der soziologischen Perspektive sollte deutlich sein, daß die Gedanken eines Autors immer vor dem Hintergrund von zahlreichen wichtigen Beiträgen seiner Sozialgemeinschaft entstehen und formuliert werden.

Geht man von der individuell-entwicklungsgeschichtlichen Abfolge aus, mit der die gesellschaftliche Wirklichkeit konstruiert wird, so muß beim Neugeborenen begonnen werden: Das neugeborene Individuum findet nun nicht nur die gesellschaftlich geronnene Erfahrung vor, sondern seine Auseinandersetzung mit dieser Erfahrung wird immer schon von Vertretern der Vorgeneration kommentiert. Das bedeutet, daß der gemeinsam geteilte Sinn dieser „Dinge" gezielt vermittelt wird. („Das ist ein Hammer; damit macht man ...", „das ist ein Bäcker, der backt Brot, damit wir es essen können", etc.) Die Konstitution der Wirklichkeit erfolgt somit sinnhaft, und dieser Sinn ist gesellschaftlich vorgegeben. Es gibt zwar sicher auch beim Kind Bereiche von Erfahrung, die nicht in der Sozialisation wurzeln, dennoch ist die Welt des Kindes, die es mit den Erwachsenen teilt (gemeint sind also nicht private Märchenwelten), eine Welt unhinterfragter Wirklichkeit. Zweifel werden — wenn überhaupt — erst in späteren Jahren von der sicheren Position der „Selbstverständlichkeiten" aus geäußert.

Viele Auffassungen über die Entwicklung des Selbst-Bewußtseins beim Kind, d.h. des reflektiven Bewußtseins des Menschen seiner selbst, sind durch Arbeiten von *Mead* in den 20er Jahren dieses Jahrhunderts geprägt. Danach ist entscheidend, daß das Kind auf sich selbst aus der Rolle eines anderen zurückblicken kann — z.B. wenn es „Mutter und Kind" mit der Puppe spielt, dabei selbst die „Mutter"-Rolle übernimmt und der Puppe seine eigene „Kind"-Rolle zuweist. In diesem Augenblick ist es sich zumindest Teilen seiner eigenen Rolle bewußt. Wichtig hierfür und für die weitere Menschwerdung ist die Auseinandersetzung mit wichtigen Personen in seiner unmittelbaren Umgebung (den „Signifikanten Anderen"), welche die gesellschaftlich geronnene Erfahrung dem Kind vermitteln und sinnhaft deuten. Durch die Übernahme der Rollen und Einstellungen dieser anderen und durch Generalisierung (Verallgemeinerung) entsteht im Bewußtsein das Normen- und Rollengefüge der Gesellschaft, zu dem er hinfort selbst mit seinen Handlungen beiträgt: Der Mensch ist gleichermaßen Produkt der Gesellschaft, wie die Gesellschaft ein Produkt der Menschen ist.

George Herbert *Mead* (1863 - 1931) amerik. Prof. für Sozialpsych. und Philosophie, wesentlicher Vertreter einer pragmatischen Bewußtseinstheorie und Mitbegründer eines interaktionistischen Ansatzes

Sinnhafte Erfahrung der Welt ist aber immer auch an sinnhaftes Handeln gebunden und umgekehrt: Daß ich jemanden am Bahnhof als Auskunftsbeamten wahrzunehmen vermag, ich um seine Rolle weiß, und auch daß er weiß, daß ich es weiß (dies ist die bereits erwähnte doppelte Reflexivität), erspart uns Entscheidungen und das Aushandeln dieser sozialen Situation: Er weiß, daß ich ihm nicht antragen werde, meine Schuhe zu putzen oder mir beim Umzug zu helfen, und ich weiß, daß er auf meine Fragen nicht anfangen wird, zu jodeln oder mir eine Rechnung für seine Arbeit ins Haus schickt. Sinnhaftes Handeln ist dabei immer auch intentionales (bewußtes und zielgerichtetes) Handeln: Die Honig sammelnde Biene erfahren nur wir als sinnhaft handelnd (d.h. wir konstituieren unzulässigerweise Sinnstrukturen); die Biene handelt so, wie sie handelt (jedenfalls gehen wir davon aus, daß sie sich ihres Handelns nicht bewußt ist).

Sinnhaftes Handeln heißt aber somit auch, daß einzelne Handlungsschritte sowie das Ergebnis des Handelns und der zu erwartenden Erfahrung planend vorausgenommen werden können. Auch im Alltag ist somit Handeln (und die damit verbundene Erfahrung) systematisch organisiert. Solche Handlungs-Pläne sind teilweise sogar als gundlegende Analyseeinheit für die gesamte Psychologie vorgeschlagen worden und werden nach *Miller, Galanter* und *Pribram* (1960) als TOTE-Einheiten gekennzeichnet (TOTE = Test-Operation-Test-Ende). Dabei wird das gewünschte Ergebnis (Soll-Wert) mit dem erfahrenen Zustand (Ist-Wert) verglichen (Test) und eine gezielte Handlung (Operation) so ausgeführt, daß Soll- und Ist-Wert einander nähern, was wieder mit einem Test geprüft wird. Dieses wird solange wiederholt, bis Ist- und Soll-Wert genügend übereinstimmen. Dann ist das Ende erreicht, und es wird zur nächsten TOTE-Einheit übergegangen. Dem Test liegt eine gezielte Erfahrung zugrunde, die Operation ist eine gezielte Handlung. *Miller* u.a. geben als ein Beispiel das Einschlagen eines Nagels mit einem Hammer an: Solange der Nagel noch herausragt (Test) wird mit dem Hammer draufgeschlagen, bis der Nagel genügend weit im Material ist (vgl. Abbildung 4).

George A. *Miller,* als Psycholinguist, Karl *Pribram,* als Neurophysiologe und Steve *Galanter* als Psychologe läuteten mit dem angg. Buch die ,,kognitive Wende" ein

TOTE-Einheit

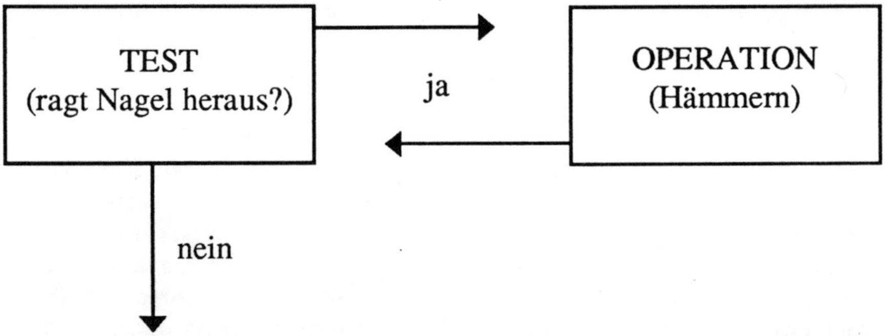

Abb. 4: TOTE-Einheit (Erklärung im Text)

Beispiel

Diese TOTE-Einheiten sind, so *Miller* u.a., gewöhnlich hierarchisch aufgebaut, d.h. ein Plan läßt sich in kleinere Plan-Einheiten aufgliedern und gehört selbst einem größeren Plan als Teil an. So kann man beim obigen Beispiel das Hämmern zerlegen in Hammer-Heben und Hammer-Senken, und das Nagel-Einschlagen kann Teil eines Planes sein, ein Regal zu bauen. Dieses Modell ist wegen seines Verhältnisses von großer Einfachheit zu hohem Erklärungswert sicherlich bedeutsam und faszinierend; allerdings darf nicht übersehen werden, daß damit eine stark funktionalistische Position vertreten wird: Nicht alles Denken und Handeln ist unmittelbar zielgerichtet; für die Erfassung von kreativen, schöpferischen Akten greift dieses Modell zu kurz.

In Verbindung mit sinnhaftem Handeln, kommt nun auch Wahrheit ins Spiel. Es geht dabei offensichtlich zunächst einmal um die Zuordnung von Sprache und Erfahrung (abgesehen von innersprachlichen Spielen, die für die Alltagswelt uninteressant sind): Nicht Wirklichkeit oder Erfahrung können „wahr" sein, sondern nur Aussagen darüber. Wenn geronnene Erfahrung in Form von Aussagen vermittelt wird, so beinhaltet dies gleichzeitig Prognosen über den Erfolg von sinnvollen Handlungen im Hinblick auf diese Erfahrungen. Bei einer wahren Aussage verläßt man sich im Alltag also darauf, daß sich der erwartete Erfolg einstellt. Das gilt zumindest in Bereichen, wo die entsprechenden Handlungen trivial sind. („Mit dem Mikroskop kann man Dinge größer sehen", „Beim Bäcker bekommst du Brot").

Dabei kann es aber durchaus vorkommen, daß sich der Erfolg insbesondere deshalb einstellt, weil Handeln und Erfahrungen im sozialen Bereich wechselseitig miteinander verflochten sind. So wird die Aussage „Rothaarige Menschen sind komisch — sei vorsichtig!" die „Wahrheit" erzeugen, die sie behauptet. Denn wenn man sich solchen Menschen gegenüber anders (z.B. besonders vorsichtig und mißtrauisch) verhält, werden sie sich auch „komisch" verhalten, und zudem wird man bei jedem Menschen „komisches" Verhalten finden, sofern man darauf besonders achtet.

Dieses Beispiel führt uns zu einem Bereich, wo Sinnstrukturen der neuen Generation zwar vermittelt werden sollen, aber deren Sinnhaftigkeit nicht sofort erkannt und auch nicht mittels Handlungen überprüft werden kann. Es geht hier insbesondere um Sinnstrukturen, welche institutionelle Ordnungen regeln sowie Normen und Werte betreffen. Da man nicht sicher sein kann, daß alle diese Sinnstrukturen auch einsehen, werden sie, wenn ihre Akzeptierung notwendig erscheint, einfach gesetzt: Dies führt zu Gesetzen. Natürlich wird auch hier versucht, diese gesetzten Sinnstrukturen dem Individuum sinnvoll erfahrbar zu machen — z.B. durch gedankliches Probehandeln („Was würde passieren, wenn ..."). Aber diese Gesetze sind natürlich hinterfragbar, insbesondere wenn die Mitglieder der Gesellschaft bemerken, daß „anderswo" diese Gesetze nicht, oder zumindest nicht so, gelten. Hier muß dann notfalls mit Erfahrungen gedroht werden („Strafe"), die nicht aus den Handlungen selbst folgen. Dies unterscheidet auch solche normativen Gesetze von wissenschaftlichen Gesetzen, die nur eine möglichst „gute" Beschreibung für Erfahrungen sind, die unmittelbar aus bestimmten Handlungen folgen (wobei viele dieser Handlungen durchaus nicht dem Alltag, sondern der Wissenschaft angehören). Es ist einsichtig, daß der Begriff „gut" dabei unmittelbar mit den Handlungen zusammenhängt, insbesondere aber auf erfolgreiche Prognosen abzielt (mehr darüber wird noch im Teil über wissenschaftliche Erfahrung zu sagen sein).

1.6 Die semiotische, linguistische und ethnologische Perspektive

Zumindest im letzten Kapitel ist die besondere Bedeutung der Sprache beim Aufbau und bei der Vermittlung der gesellschaftlichen Wirklichkeit deutlich geworden. Nun finden wir — gerade auch im Hinblick auf das zweite Kapitel über wissenschaftliche Erfahrung — in unserer Gesellschaft Sprache weitgehend in Form von Schrift geronnen: Gesprochene Sprache ist im Alltag weitgehend an das ,,Hier und Jetzt" gebunden, obwohl die technischen Möglichkeiten (z.B. Rundfunk, Tonkassetten) diesen Unterschied in den letzten Jahrzehnten ziemlich verwischt haben. Dennoch wird geschriebener Sprache allgemein ein höherer Verbindlichkeits- und Wahrheitsgehalt zugeordnet. Man kann auf vorliegende Sprach-Zeichen jederzeit verweisen, sie sortieren und umgruppieren und der individuellen Geschwindigkeit bei der Aufnahme anpassen. Nicht zuletzt deshalb werden auch von allen wichtigen Sprechakten (z.B. in Parlamenten, auf Konferenzen, von Vorlesungen, etc.) letztlich schriftliche Fixierungen der Sprache vorgenommen.

Semiotik = Wissenschaft von den Zeichen und Zeichenprozessen

Dies legt es nahe, zunächst auch einen Blick auf die Zeichenprozesse, Gegenstand der Semiotik, zu werfen. Dabei sind Schriftzeichen (also bei uns: Buchstaben) zwar ein wichtiges, aber keinesfalls das einzige Zeichensystem: Zahlen, Verkehrsschilder, Kunstwerke, Landkarten, etc. sind ebenfalls Zeichen, die von der Semiotik zum Gegenstand der Analyse gemacht werden. Da die Wechselwirkung zwischen Sprache und Erfahrung besonders deutlich wird, wenn man einen Sprachraum verläßt und die Erfahrungswelten in anderen Kulturen, die eine andere Sprachstruktur haben, mit in Betracht zieht, ist es angebracht, zumindest einige Bemerkungen aus der ethnologischen Perspektive beizutragen.

Im folgenden sollen zunächst einige Aspekte kurz angesprochen werden, welche die Beziehung zwischen Zeichen bzw. Sprache und Erfahrung in diesem Rahmen thematisieren können. Es kann und soll dabei nicht um einen Abriß des semiotischen bzw. linguistischen Beitrages zu dieser Frage gehen (geschweige denn um ,,die" Semiotik oder Linguistik). Vielmehr sollen exemplarisch unsere Perspektiven, unter denen der Erfahrungsprozeß betrachtet wurde, abgerundet werden. Diese Einschränkung gilt mindestens ebenso für die ethnologische Perspektive, mit der dieses Kapitel abgeschlossen wird.

1.6.1 Erfahrung und Zeichenprozesse

Die ,,Macht" der Zeichen wurde bereits ganz zu Beginn dieses Kapitels demonstriert: Die Sprachzeichen auf diesem Papier hatten bei Ihnen ,,selbstverständlich" Handlungen hervorgebracht. Dabei wurde allerdings auch deutlich — was in den letzten Kapiteln noch differenzierter erarbeitet wurde —, daß diese Macht natürlich nicht durch Zauberei den ,,Zeichen" als solchen zukommt, sondern nur als Bestandteilen in einem sozialen System, welches über Rollen (und Rollen-Erwartungen), über typisierte Handlungsmuster, etc. den Zeichen Sinn verleiht . Daher sind Zeichen auch nicht von Handlungen, von sozialen Akteuren oder von gemeinsamen Sinndeutungen zu trennen.

Zeichen werden im folgenden im engeren Sinne verstanden, nämlich als künstlich (und gesellschaftlich) geschaffene Reize, deren Sinnbedeutung und intendierte spezifische Reaktionen erst erlernt werden müssen. Im Gegensatz zu den Signalen der Tierwelt gibt es daher keine festen (oder gar ererbten) Zuordnungen zwischen Zeichen und Reaktion bzw. Bedeutung. Erfahrungen im Zusammenhang mit Zeichensystemen werden somit erst in der Sozialisation innerhalb einer Gesellschaft (oder sogar nur innerhalb eines Subsystems) vermittelt: So kann jemand selbstverständlich mit seinem Freund einen ,,Geheimcode" erfinden, den (zunächst) nur diese beiden Menschen verstehen. Die Möglichkeiten, auch Geheimcodes zu ,,knacken" (etwa bei den Geheimdiensten) oder Schriften längst vergangener Kulturen zu entschlüsseln, zeigen, daß Zeichensysteme, welche allgemeine Sinnstrukturen vermitteln, eben nicht beliebig strukturiert auftreten können (z.B. Buchstabenhäufigkeiten der normalen Sprache sich auch in den Geheimcodes niederschlagen müssen) und von daher ihre Bedeutung erschlossen werden kann. Es ist dies nichts anderes als ein Beleg für die obige Feststellung, daß Zeichen letztlich nicht von sozialen Handlungsmustern und Sinndeutungen getrennt werden können.

Definition

Zeichen vs. Signale

Die Tatsache, daß die Bedeutung der Zeichen gelernt werden muß, schließt nicht aus, daß auch auf allgemeine Erfahrungsprinzipien zurückgegriffen werden kann und auch zurückgegriffen wird. So bedient man sich z.B. in der ,,Filmsprache", beim Zusammenschneiden von Szenen, der Prinzipien der in Abschnitt 1.3.2 diskutierten ,,Phänomenalen Kausalität". Während aber z.B. das Wahrnehmungserlebnis ,,A geht durch den k.o.-Schlag von B zu Boden" auch von Kleinkindern zwingend erlebt wird (obwohl dies von den Schauspielern ja nur gestellt ist), weil es sich um eine Erfahrung handelt, die in ihrem Alltag in ähnlicher Form auftritt, wird die abwechselnde Schnittfolge ,,von links nach rechts laufender, sich umsehender Mann" und ,,von links nach rechts laufende Gruppe" usw. vom Erwachsenen und Jugendlichen als ,,Verfolgungsjagd" erlebt, von kleineren Kindern hingegen als zwei getrennte Vorgänge. Es entspricht nicht der alltäglichen Erfahrung, Ereignisse an zwei getrennten Orten schnell abwechselnd bzw. fast gleichzeitig erleben zu können. Doch wird diese Filmsprache schnell erlernt. ,,Rückblenden", als drittes Beispiel, werden hingegen oft nicht einmal von Erwachsenen mit Film-Erfahrung immer richtig verstanden.

Daß die Bedeutung der Zeichen erlernt werden muß, zeigt, daß Zeichen nicht für sich selbst stehen, sondern auf ein Objekt (im allgemeinsten Sinne) verweisen. Dieser Teilaspekt der Semiotik, also die Beziehung zwischen Zeichen und Bezeichnetem, heißt ,,Semantik". Die Beziehung zwischen einem Zeichen und den Benutzern untersucht die ,,Pragmatik" — es geht hier also um den Verwendungszusammenhang der Zeichen. Die Beziehung zwischen den Zeichen selbst, die Struktur (im engeren Sinne) des Zeichensystems, thematisiert die ,,Syntaktik" (oder auch: ,,Syntax"). Diese drei Dimensionen eines Zeichens (nach *Morris* 1938) lassen sich wie in Abbildung 5 darstellen.

Semantik

Pragmatik

Syntaktik

Wesentlich ist dabei, daß Zeichen nur in einem Prozeß (dem ,,Zeichenprozeß") als solche fungieren, d.h. ein Zeichen ist das, was es ist, nur in einem von sozialen Akteuren veranstalteten Funktionsprozeß (der sogenannten ,,Semiose").

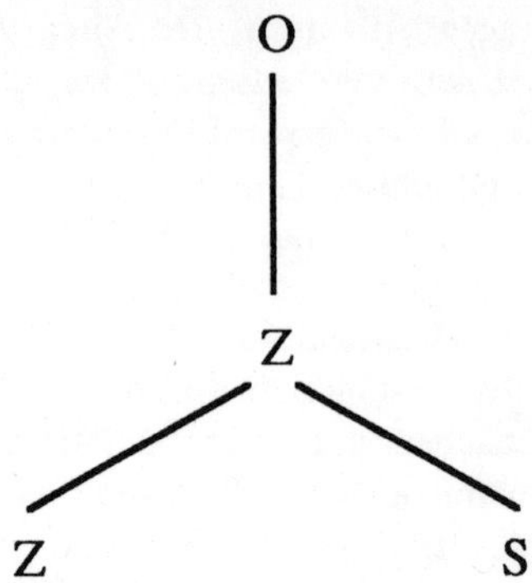

Z = Zeichen, S = Subjekt, Benutzer
O = Objekt, Bezeichnetes

Abb. 5: Semiotische Funktionen eines Zeichens

Wenn man nun für den Fortgang unserer Argumentation im Hinblick auf den Erfahrungsprozeß in etwas freierer Interpretation die Benützer des Zeichens als „Erfahrungssubjekt" (S), das Bezeichnete als „Erfahrungsobjekt" (O) kennzeichnet, so wird deutlich, daß in der obigen Darstellung die Verbindungslinie zwischen S und O fehlt. Wenn man diese Linie, welche die Beziehung zwischen Erfahrungssubjekt und Erfahrungsobjekt darstellt, nun einzeichnet so erhält man dabei ein Dreieck. An dessen Ecken stehen die drei im gesellschaftlichen Erfahrungsprozeß wesentlich beteiligten Elemente und sind über das Dreieck selbst untrennbar miteinander verknüpft: wie die Ecken in dem Dreieck in Abbildung 6:

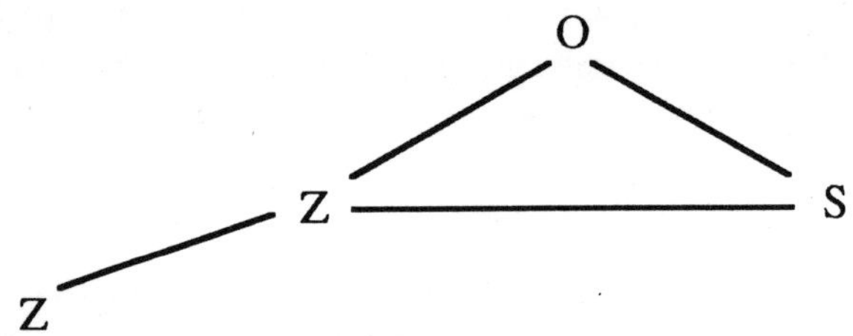

Abb. 6: Erweitertes „semiotisches Dreieck"

Dieses Bild kann nun etwas Wesentliches über den Erfahrungsprozeß, der sich immer schon im sozialen Feld abspielt, vermitteln: Die Darstellung als geschlossenes Dreieck hat dabei nämlich die Funktion, darauf hinzuweisen, daß immer alle drei Elemente wesentlich beteiligt sind : Sowohl eine Betrachtung einzelner Ecken als auch einzelner zweistelliger Beziehungen zwischen zwei Ecken ist dann eine — gegebenenfalls analytisch gerechtfertigte, aber für das Verständnis des Gesamtprozesses unzulässige — Verkürzung. Vielmehr muß bei der nur zweiseitigen Beziehung Zeichen-Objekt mitbedacht werden, daß sie eben nur durch das Subjekt (in Interaktion mit anderen Subjekten) konstituiert wird. Die nur zweiseitige Beziehung Zeichen-Subjekt hat nur Funktion, wenn mitbedacht wird, daß sich das Subjekt in einer materiellen, objektiven Welt behaupten muß und seine Erfahrungen (auch) mit Hilfe der Zeichen zusammenträgt, regelt und weitergibt und damit seine Lebenschancen beträchtlich erhöht. Letztlich kann die zweiseitige Beziehung Objekt-Subjekt in heutigen Gesellschaften nur verstanden werden, wenn mitbedacht wird, daß alle „objektive" Wirklichkeit, sofern sie gesellschaftlich relevant ist, über die Vermittlung von Zeichen erfahren wird.

Zeichen sind also vereinbart und werden nicht einsam verwendet, sondern in einem interaktiven Prozeß von (mindestens) einem Individuum für (mindestens) ein Individuum. Zeichen werden nicht nur (und wohl nicht einmal primär) zur Beschreibung von „Welt" verwendet, sondern als Beziehungsstifter zwischen Subjekten in Auseinandersetzung mit der Welt und zur Konstitution einer gemeinsamen Wirklichkeit. Es wird also die Tatsache in den Vordergrund gerückt, daß Zeichen nicht nur nach bestimmten Regeln mit anderen Zeichen verknüpft werden können (Syntaktische Dimension) und auf Gegenstände (im allgemeinsten Sinne) verweisen (Semantische Dimension), sondern daß beides funktional wird im Hinblick auf Erfahrungssubjekte, die solche Zeichen in einer bestimmten Weise miteinander vereinbart haben, um gemeinsam (gesellschaftliche) Prozesse zu optimieren.

1.6.2 Erfahrung und Sprache

Menschliche Sprache und die in manifesten Zeichen geronnene Form, die Schrift, sind wohl die wesentlichsten Zeichensysteme. Die oben erinnerte „Macht" der Zeichen ist gleichzeitig eine Macht der Sprache (und Schrift) — und vieles, was über Sprache zu sagen wäre, wurde eben schon über Zeichen allgemein gesagt.

Psychotherapie zeigt die „Macht" der Sprache

Wie stark Sprache Erfahrung modifizieren kann, wird z.B. deutlich belegt durch die vielen rein sprachlichen Formen der Psychotherapie (u.a. Gesprächspsychotherapie, Psychoanalyse). Dabei gibt der Psychotherapeut nicht einmal mittels Sprache Verhaltensanweisungen, sondern der Klient macht sich selbst mittels seiner Sprache (begleitet vom Therapeuten) Erfahrungen und Erkenntnisse bewußt, zu denen er vorher so keinen Zugang hatte (dazu gehört auch das deutlichere Erfahren von Gefühlen und gefühlsmäßigen Bewertungen sowie deren Bewußtmachung). Verändert wird — nach Ansicht vieler Therapie-Richtungen — dabei aber insbesondere auch das „innere Selbstgespräch" des Menschen: ein in Gedanken ablaufender Dialog, bei dem z.B. eine Auseinandersetzung mit den Werten und Normen stattfindet, welche oft in Form von übernommenen Sätzen (so wie sie u.a. von den Eltern gehört wurden) repräsentiert sind.

Den Zusammenhang zwischen Handlungen, Erfahrungen und Sprache macht auch die Differenzierung der Begriffe hinsichtlich eines Erfahrungsbereiches deutlich: So unterscheidet der „Flachländer" gewöhnlich nur zwischen „Schnee" und „Eis"; der Skifahrer aber hat schon mehrere Begriffe für verschiedene Formen des Eises/Schnees, und der Eskimo hat über hundert Begriffe, mit denen er seine unterschiedlichen Erfahrungen hinsichtlich Schnee/Eis ausdrückt. Diese Unterscheidungen sind für ihn offensichtlich lebensrelevant, es sind Erfahrungen, die er anderen möglichst präzise mitteilen will und muß, weil mit unterschiedlichem Handeln darauf reagiert werden muß. Gleichzeitig dienen diese vielen Begriffe dazu, daß die Eskimo-Kinder in der Sozialisation auf die vielen unterschiedlichen Formen von Schnee/Eis hingewiesen werden und diese als unterschiedlich wahrnehmen lernen — Unterschiede, die wir zunächst überhaupt nicht bemerken würden und erst in der Lebenswelt der Eskimos nach und nach wahrnehmen und dann auch mit den unterschiedlichen Begriffen belegen könnten. Sprache strukturiert also die Erfahrung mit der Umwelt, und die Erfahrung mit der Umwelt strukturiert Sprache. Und für uns, als in der Welt agierende Wesen, ist der Angelpunkt dieser Wechselbeziehung die Handlung.

1.6.3 Die kulturelle Relativität der Alltagserfahrung

Die eben thematisierte Verknüpfung von Sprache, Handlung und Erfahrung (und damit auch von Denken und Wirklichkeit) läßt sich aus der ethnologischen Perspektive besonders drastisch zeigen. Die Frage, wie man eine fremde Sprache überhaupt verstehen kann, scheint zunächst einmal einfach beantwortbar: Man muß eben die Wörter und die Grammatik lernen und kann dann übersetzen. — So geht man ja auch in der Schule vor. Allerdings stößt man dabei schnell auf große Probleme, wenn es sich nicht um Sprachen handelt, wie z.B. Deutsch und Französisch, die auf einen gemeinsamen Ursprung zurückgehen und daher eine ähnliche Struktur haben, sondern um Sprachen aus einer ganz anderen Kultur. Schon am obigen Beispiel der vielen Begriffe für Schnee/Eis bei den Eskimos wird deutlich, daß es mit der „Übersetzung" offensichtlich hapert — denn wie soll man die Vielfalt der Begriffe übersetzen, wenn man in der eigenen Sprache nur wenige Wörter dafür zur Verfügung hat. Und was sollten zudem auch Begriffe, wenn diese mit Erfahrungen verbunden sind, die in der Sprachgemeinschaft der Übersetzung niemand hat und nachvollziehen kann. Daher haben Ethnologen schon lange die Frage des Verstehens einer fremden Sprache mit Verweis auf die Teilnahme an der Lebenswelt beantwortet (die immer eine Handlungswelt —und hier wieder besonders: eine Arbeitswelt — ist).

Einer der klassischen und auch noch heute lesenswerten Beiträge zu diesem Thema ist der Band „Sprache, Denken, Wirklichkeit" (ein preiswertes Taschenbuch — vgl. Literaturverzeichnis) mit Arbeiten von *Whorf* (1897 - 1941), der heute als einer der bedeutendsten amerikanischen Linguisten dieses Jahrhunderts gilt, obwohl er lange Zeit als Chemie-Ingenieur arbeitete und seine einzige akademische Lehrstelle für kurze Zeit in Anthropologie hatte. *Whorf* untersuchte insbesondere indianische Kulturen und ist mit seinem Lehrer, *Sapir,* für die sog. Sapir-Whorf-Hypothese der „linguistischen Relativität" bekannt geworden. Damit ist eine Prägung des Denkens und der Weltsicht durch die Sprache gemeint. In dieser radikalen einseitigen Form wird diese Hypothese heute allgemein nicht mehr akzeptiert, sondern entgegengehalten, daß Sprache nicht nur Voraussetzung für Welterfahrung, Denken und Handeln ist, sondern auch deren Ergebnis (eine Position, wie sie auch hier vertreten wird).

Benjamin Lee *Whorf*

Edward *Sapir*

Dennoch verdanken wir den Arbeiten dieser beiden Forscher wichtige Einsichten:

Whorf stellte bei seiner Untersuchung der *Hopi*-Indianer fest, daß deren Sprache sehr anders strukturiert ist als unsere (SAE = Standard Average European = Standard-Durchschnitts-Europäisch). So kommt die Sprache der Hopis weitgehend ohne Raum-Zeit-Begriffe aus, stattdessen spiegeln die Wörter eine Anschauung wieder, nach der alles im Fließen ist und zwischen zwei großen Formen, dem schon Manifestierten und dem noch nicht Manifestierten unterscheidet. Substantive bezeichnen in der Hopi-Sprache nicht Allgemeinklassen (Haus, Lampe) sondern individuelle „Gegenstände", und die Allgemeinheit wird durch das Verb ausgedrückt. Ebenso kann ein Hopi Verben ohne Substantive verwenden. Hingegen müssen wir in unserer Sprachstruktur stets jemanden als „Täter" für das Tätigkeitswort benennen — z.B. müssen wir sagen „es blitzt" obwohl völlig unklar ist, wer oder was das „es" sein soll und daher „blitzt" inhaltlich (aber eben nicht grammatisch) viel angemessener wäre.

sprich: Hoppi

Ohne hier auf Details eingehen zu können, ist wohl einsichtig, daß die „Welt" der Hopis „damit" auch anders strukturiert ist als die unsere. Man darf allerdings das eben formulierte „damit" nicht als kausal, sondern als gleichzeitig ansehen: In der Sozialisation wird den Hopi-Kindern zwar mit dieser Sprache auch eine bestimmte Weltsicht vermittelt, aber dies kann nur mit der Bewährung in sinnvollem Handeln verbunden sein: Nicht die Sprache der Hopis ist anders als unsere, sondern die Kultur ist es. Und die manifestiert sich auch in Handlungen, Werkzeugen etc. und wird ihrerseits dadurch bestimmt — ein unauflösbarer Wechselprozeß (denken Sie an die Interpunktionen am Ende von 1.4.2).

Der kulturelle Zusammenhang zwischen Sprache, Wahrnehmung und Handlung wurde auch in einem eindrucksvollen Experiment von *Brown* und *Lenneberg* (1954) nachgewiesen: 24 Farben, die gleichmäßig über das Farbspektrum verteilt waren, sollten möglichst schnell und exakt benannt werden. Registriert wurde u.a. die Reaktionszeit, die Übereinstimmung zwischen unterschiedlichen Personen und die Übereinstimmung der Reaktionen einer Person auf denselben Farbreiz. An dem Versuch nahm eine Gruppe Englisch-sprechender und eine Gruppe Tzotzil-sprechender Personen teil (Tzotzil ist eine Maya-Sprache). Während im Englischen fünf Haupt-Farben unterschieden werden — Rot, Gelb, Grün, Blau, Violett — unterscheidet man in Tzotzil nur vier Farbnamen. Entsprechend unterschiedlich wurde von beiden Gruppen das Farbspektrum eingeteilt (d.h. die Farben gruppiert). In beiden Gruppen gab es jeweils Farben, die leicht zu benennen waren: kurze Reaktionszeit, hohe Übereinstimmung zwischen den Personen (je Gruppe) und je Person. Aber es waren für beide Gruppen nicht dieselben Farben. Auch die Erinnerung wurde getestet: nach Entfernung der 24 vorgegebenen Farben mußten diese etwas später aus 120 Farben herausgesucht werden. Dies war für jede Gruppe für jene Farben besonders erfolgreich, für die sie auch klare Namen hatten. Die sprachliche Strukturierung der Welt hat somit erhebliche Konsequenzen für bestimmte Handlungen (und umgekehrt).

Roger *Brown*, amerik. Sozialpsychologe und Sprachwissenschaftler; Eric H. *Lenneberg*, in Deutschl. geb., heute in USA, Psychologe und Sprachwissenschaftler

1.7 Integrative Aspekte: Skizze eines Modells der Alltagserfahrung

In den vorangegangenen Abschnitten wurde der Prozeß der Alltagserfahrung aus einigen unterschiedlichen Perspektiven betrachtet. Dabei sollte zunehmend deutlich geworden sein, daß die einzelnen Aspekte und Betrachtungsebenen nur auf künstlicher, analytischer Zergliederung beruhen. Zumindest muß bedacht werden, daß für die konkrete Erfahrung die erörterten Erkenntnisprozesse auf komplexe Weise miteinander verwoben sind.

In diesem letzten Abschnitt des ersten Kapitels sollen daher die integrativen Aspekte in den Vordergrund gerückt werden. Mehr noch als schon in den vorangegangenen Abschnitten kann dabei vieles nur exemplarisch aufgegriffen werden; mehr als eine grobe Skizze des Zusammenwirkens einiger weniger wichtiger (analytisch getrennter) Komponenten kann in diesem Rahmen nicht geleistet werden. Sollte nicht nur das Verständnis für die komplexe Vernetzung sonst häufig unterschiedener Bereiche (bzw. Prozesse) beim Leser vertieft werden, sondern vielleicht der eine oder andere angeregt werden, für sich diese Skizze mit seinem vorhandenen Wissen und noch kommenden Informationen weiter auszu„malen", so ist der Zweck dieses Abschnittes voll erfüllt. Es dürfte einleuchten, daß ein Modell von Alltagserfahrung sich in sehr viele Richtungen ausdifferenzieren läßt (so z.B. im Hinblick auf therapeutische Erfahrung und Veränderung — vgl. *Kriz* 1985 — oder auf literaturwissenschaftliche Verstehensprozesse — vgl. *Kriz* 1987).

Zunächst soll auf das elementare Modell der Wahrnehmungs- bzw. Gedächtnispsychologen zurückgegriffen werden, so wie es in 1.2.1 in Übernahme von *Murch* und *Woodworth* (1978) vorgestellt wurde (dabei sind derzeit diskutierte Fragen, ob z.B. ein 3- oder ein 4-Speicher-Modell angemessener wäre, für unsere Zwecke hier ohne Belang). Wegen der Länge und der Unterschiedlichkeit der deutschen Bezeichnungen sollen die üblichen Abkürzungen verwendet werden, nämlich für den „Reizspeicher" VSTM (Very Short Term Memory), für den „Kurzzeitspeicher" STM (Short Term Memory) und für den (kognitiven) „Langzeitspeicher" LTM (Long Term Memory).

Dieses Grundmodell bedarf für unsere Belange einiger Modifikationen und Erweiterungen: So wird der Begriff „Wahrnehmungserlebnis" bzw. Perzept (vgl. 1.2.1) oft nur in bezug auf jeweils einen einzelnen Wahrnehmungskanal verwendet. Für das bewußte Erleben wird aber selbstverständlich die Information im STM, die aus allen (internen und externen — s.u.) Wahrnehmungskanälen über VSTM kam, und die Information aus dem LTM zu einer komplexen Erfahrung integriert, die wir daher nicht Perzept, sondern Bewußtseinserlebnis, BE, nennen wollen. Da es ferner konzeptionell verwirrend ist, einem „Speicher", dem STM, gleichzeitig eine Verarbeitungsfunktion zuzuordnen, soll ein zusätzliches Aggregat eingeführt werden, das die Information aus STM (unter Einbeziehung jener aus VSTM und LTM) zum BE verarbeitet: Es sei „zentraler Informations-Prozessor, ZIP" genannt. (Es sei betont, daß es sich hierbei um ein psychologisches Funktionsmodell handelt, d.h. daß den Aggregaten mit Sicherheit keine histologisch abgrenzbaren Teile des Gehirns entsprechen; möglicherweise besteht allerdings eine Korrelation zu unterscheidbaren neuronalen Prozessen — doch dies ist in diesem Zusammenhang ohne Belang.)

Bei aller Einfachheit lassen sich schon aus diesem Modell einige wichtige Erkenntnisse ableiten. Bekanntlich ist — verbunden mit der Kapazität des STM — der Umfang unseres Bewußtsein auf wenige Elemente und einen sehr kurzen Zeitraum beschränkt (s.u.). Experimente mit dem STM zeigen, daß die Information, die vom ZIP zum BE verarbeitet wird, nur eine Spanne von ca. 10 - 20 sec. im Strom der objektiven Zeit überstreicht: Erfahrenes (im weitesten Sinne, also auch „Wahrgenommenes", „Verstandenes") das länger als 20 sec. zurückliegt, muß also wieder vom LTM ins STM geholt werden, um „jetzt" weiterhin erneut Bestandteil des BE zu sein. Der Ärger über ein bestimmtes Erlebnis kann uns z.B. nur deshalb tagelang beschäftigen, weil die dazu notwendige Information immer wieder erneut ins BE geholt wird. Wenn aus irgendeinem Grunde kein Zugriff mehr zu dieser Information erfolgt, ist damit auch der Ärger im BE verschwunden. Es ist also gar nicht besonders relevant, was „prinzipiell" im LTM ist, oder welche Information über die Rezeptoren in den VSTM kommen, relevant ist vielmehr, was davon in den STM geholt und vom ZIP zum BE verarbeitet wird.

Da alles, was nicht zum BE verarbeitet wird, auch nicht bewußt ist, scheint es gerechtfertigt, das BE mit dem Bewußtsein gleichzusetzen. Es ist allerdings zu beachten, daß insbesondere auch andere Information den Verarbeitungsprozeß (und damit das BE und/oder Regulationsvorgänge im Körper) beeinflussen kann, ohne dabei selbst bewußt zu werden: so kann z.B. ein Schmerz im Magen, der selbst nicht bewußt wahrgenommen wird (etwa weil die Aufmerksamkeit auf andere Dinge gerichtet ist) dennoch Einfluß auf den Zugriff zu bestimmten Inhalten im LTM ausüben und/oder die vielen kleinen unbewußten Augenbewegungen mit steuern und/oder bestimmte Information aus dem VSTM blockieren (Wahrnehmungsabwehr) und/oder die verarbeitende „Interpretation" der Information zum Wahrnehmungserlebnis mit strukturieren (dies wird noch genauer erörtert).

Als wichtige Konsequenz aus der Enge des BE ergibt sich, daß die subjektiv erlebte (relative) Konstanz des Bewußtseins keine Konstanz eines Objektes ist (wie etwa die Konstanz der zylindrischen Form einer Blechdose), sondern die strukturelle Konstanz eines Prozesses (wie beispielsweise die quirlige Struktur eines Wasserstrahles): Obwohl die an der Struktur beteiligten Elemente — „Information" im BE auf der Basis neuronaler Erregungskonstellationen (bzw. im Beispiel: die einzelnen Wassertropfen) — nur sehr kurzlebige Phänomene sind, bleibt die Struktur selbst (hinreichend) konstant.

Damit stellt sich aber die Frage nach der Ökologie, der systemischen Einbettung, dieser Prozesse, d.h. die Frage nach den „Randbedingungen" für die strukturelle Stabilität dieser Prozesse. Diese Frage führt zugleich weg von der subjektiv-individualistischen Komponente des Bewußtseins: Obwohl die zugrundeliegenden neuronalen Prozesse ohne Zweifel auf das individuelle Gehirn beschränkt sind, besteht gerade unter dem Aspekt der stabilen Struktur aus flüchtigen Elementen die Notwendigkeit, die strukturelle Koppelung des Bewußtseins und der Erfahrungsprozesse an die „Umgebung" genauer zu betrachten.

Zur strukturellen Konstanz des Bewußtseins tragen fraglos Speichersysteme bei, die Information über einen weitaus längernen Zeitraum als 10 - 20 sec. verfügbar halten. Ein großes Speichersystem ist der bereits erwähnte kognitive Langzeitspeicher, LTM, der im Alltagsverständnis als ,,das Gedächtnis" angesehen wird, und der nicht nur sprachliche Information, sondern auch Bilder, Klänge, Erinnerungen an Gefühle etc. enthält.

Es erscheint sinnvoll zu sein, von diesem Speicher, dessen Basis direkt das Zentralnervensystem ist, ein anderes körperinternes Informationsspeichersystem zu unterscheiden, dessen Information über die Rezeptoren ins ZNS gelangen muß. Dieser ,,körperliche" Langzeitspeicher enthält Information in Form von Körperparametern (Muskelverspannungen, Körperhaltungen, Blutwerten etc.).

Der Einfluß dieses Körperspeichers ist durchaus bedeutsam; besonders Körpertherapeuten haben z.B. die Bedeutung von Körperhaltungen bzw. Muskelspannungen als Speicher geronnener Erfahrung hervorgehoben und gezeigt, wie lange zurückliegende Erfahrung über Körperparameter das BE unmittelbar mitbestimmt (und wiederum weitgehend, ohne daß dieser Einfluß bewußt würde). Eng mit Körperhaltungen sind andere körperliche Aspekte verbunden: Frühere Lebensweisen (z.B. Alkohol- und Drogenmißbrauch), die Art der Problembewältigung (z.B. psychosomatische Krankheiten) usw. haben sich im Körper manifestiert, verursachen körperinnere Reize und wirken so über innere Rezeptoren auf den Informationsverarbeitungsprozeß ein (vgl. Abbildung 7).

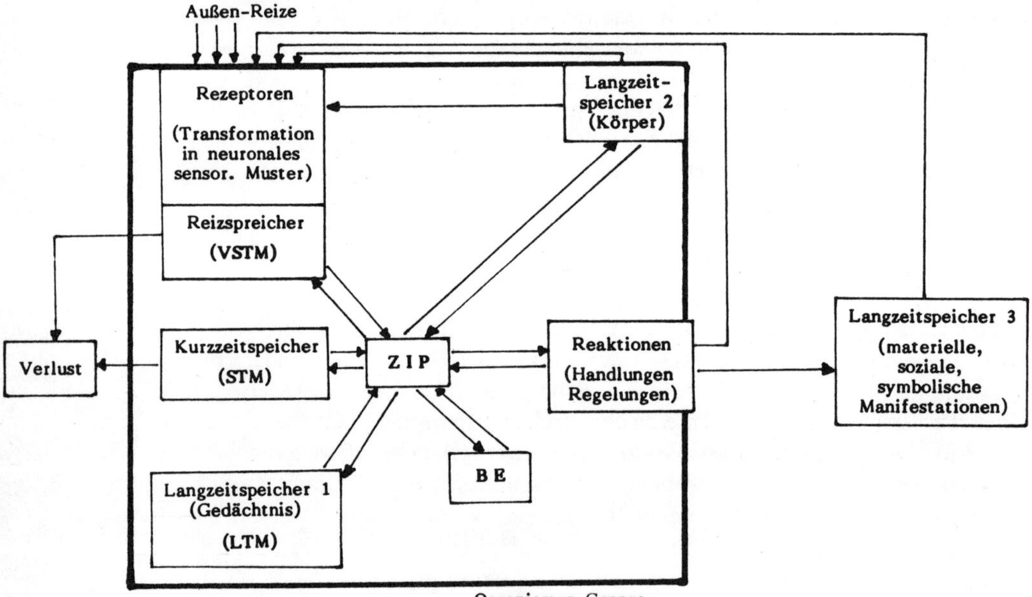

Abb. 7: Zusammenspiel der drei Langzeitspeicher im Hinblick auf das Bewußtseinserlebsnis BE (aus *Kriz* 1987)

Wesentlich wichtiger für unsere Erörterungen sind die ,,externen" Speicher, die zudem auch viel Information enthalten, die man gar nicht selbst produziert hat. Man sehe sich um: auf die Zeichen in diesem Buch, das Buch selbst, den

Tisch, den Raum, das Haus, blicke durchs Fenster auf die Straße, auf andere Häuser, Autos, gepflanzte Bäume, man lausche, und höre ein Radio oder irgendwo einen Fernseher, Stimmengewirr, den Lärm des Verkehrs, ein Flugzeug in der Luft usw. — alle diese Reize, die im „Jetzt“ auf den Organismus einströmen, sind Ergebnisse kumulierter und materiell manifestierter gesellschaftlicher Erfahrung. Dieser gewaltige Strom, der quasi als „Bote“ gesellschaftlicher Wirklichkeit ununterbrochen auf unsere Sinnesorgane trifft, ist ein wesentliches Moment der strukturellen Koppelung des BE an die gesellschaftliche Wirklichkeit.

Wenn man überlegt, welche wichtigen Dinge man in den letzten Tagen getan hat, z.B. bestimmte Arbeiten verrichtet, Kollegen und Freunde getroffen, sich der Familie gewidmet, interessante Dinge gelesen und gehört, ferngesehen und Telefonate geführt, so stehen auch alle diese Vorgänge in unmittelbarem Zusammenhang mit kumulierter gesellschaftlicher Erfahrung. Diese Erfahrung ist allerdings im wesentlichen nicht materiell manifestiert, sondern in Form von sozialen Strukturen: Arbeit, Freunde, Familie usw. beinhalten Sozialbeziehungen, d.h. Rollen, deren Strukturen auch von den anderen in ihrem Handeln bestätigt werden. Es ist völlig klar, daß man sich als Familienvater, als Freund und als Arbeitskollege jeweils anders verhält und in dem jeweils „richtigen“ Verhalten ständig bestätigt wird. Verhalten wird weitgehend davon gesteuert, daß man erwarten kann, was von einem erwartet wird. Und diese gegenseitigen Erwartungserwartungen (sowie ihre Bestätigungen) sind die Bausteine, die Soziologen als die Fundamente sozialer Beziehungen, Institutionen und letztlich Gesellschaften ausgemacht haben (vgl. z.B. *Luhmann* 1984).

Viele Sozialwissenschaftler, besonders die auf G.H. *Mead* zurückgehenden „Symbolischen Interaktionisten“, sehen in den sozialen Rollen sogar die Grundlage für das reflexive Bewußtsein: Wesentlich ist, daß man auf sich selbst aus der Position des Anderen zurückblicken und damit die (bzw. einige) Erwartungen der Anderen an einen selbst abschätzen kann. Dies ermöglicht, z.B. Gesten gezielt einzusetzen (d.h. man weiß, was man tut, wie andere darauf reagieren und wie man selbst auf andere wirkt). Durch Übernahme weiterer Perspektiven und deren Generalisierung entsteht der sog. „Generalisierte Andere“, der letztlich die Normen und Werte der Gesellschaft verkörpert.

Symbolische Interaktionisten verweisen in diesem Zusammenhang darauf, daß die so konstituierte Wirklichkeit aufrechterhalten wird, indem man nicht nur ständig in Interaktion mit anderen gegenseitig auf die Bedeutungen der Objekte (im weitesten Sinne, also auch soziale Objekte) verweist, sondern daß dies auch in einer Art innerem Dialog (der nicht unbedingt nur sprachlich sein muß) ständig vom einzelnen Individuum perpetuiert wird. Dies entspricht dem hier entwickelten Konzept, daß nämlich fortwährend das, was bewußt sein soll, ins STM geholt und zum BE verarbeitet werden muß.

Das Zurückblicken auf sich selbst aus der Perspektive der anderen konstituiert aber noch ein weiteres Phänomen des Erlebens: „Zeit“. Erst durch Distanzierung aus dem unmittelbaren Sein, durch reflexives Bewußt-Sein und die Konstituierung von Zeit als Vergangenheit und Zukunft, wird unsere Lebenswelt zu dem, was sie ist und erhält den wichtigen Aspekt von Geschichtlichkeit.

Alles Erleben aber (einschließlich aller kognitiven Prozesse, also auch des Denkens dieser Gedanken selbst) spielt sich, wie schon betont wurde, ausschließlich im BE, im ,,Hier und Jetzt", ab. Es muß daher unterschieden werden zwischen dem ,,Jetzt" — als dem (objektiven) Zeitraum, in dem gerade Information im obigen Sinne zum BE verarbeitet wird — und dem (subjektiven) Zeit-Inhalt des BE — der weitgehend auf Vergangenheit und Zukunft gerichtet ist: Während wir in dem Bewußtsein einer Wirklichkeit aus Vergangenheit und Zukunft leben (und ,,Angst", ,,Hoffnung", ,,Erwartung" ,,Resignation", ,,Trauer" etc. beziehen sich offenbar allein auf solche Zeit-Projektionen), findet der Informationsverarbeitungsprozeß stets im ,,Jetzt" der objektiven Zeitdimension statt. Nur was vom ,,Damals" jetzt erinnert und vom ,,Bald" jetzt vorgestellt wird, kann jetzt irgendeine Bedeutung haben. Nicht selten aber wird das gesamte Erleben so von diesen (Raum- und) Zeit-Projektionen ausgefüllt, daß vieles, was von den Sinnen hier und jetzt aufgenommen wird, gar nicht ins BE gelangt (z.B. Körpergefühle, Gerüche, Geräusche etc.).

Die gesamte als geschichtliche Wirklichkeit strukturierte Welt eines Menschen ist somit eine Folge des ständigen Zugriffs auf Information, die dann als Ergebnis des Informationsverarbeitungsprozesses im BE jetzt als ,,Vergangenheit" und ,,Zukunft" gedeutet wird. Und die meisten unserer Handlungen bewirken, daß die Spuren unserer Geschichtlichkeit festgehalten und fortgeschrieben werden. Die erlebte Wirklichkeit im BE ist somit auf komplexe Weise in die Produktion und Konsumption von gesellschaftlicher Wirklichkeit eingewoben. Dabei entsteht der Strom der kommunikativen Handlungen in der Gesellschaft allerdings nicht einfach durch Zusammenfluß der vielen Handlungs- und Sinnfindungsprozesse der einzelnen Individuen, sondern dieser Strom ist in viele hierarchisch und nebeneinander strukturierte Subsysteme unterteilt. Das Geflecht aus Subsystemen perpetuiert somit Sinnprovinzen als Segmente gesellschaftlicher Wirklichkeit, die sich zudem teilweise erheblich überlappen. Gerade für den Menschen moderner Industriegesellschaften ist bedeutsam, daß Sinnprovinzen in erheblichem Maße gewechselt werden — morgens Lehrer, mittags Familienvater, abends Kegelbruder (um diesen Aspekt stichwortartig an Rollen festzumachen).

Das Verständnis der Beziehungen zwischen diesen Subsystemen ist natürlich für ein Gesamtverständnis des Spektrums von Erfahrung relevant. Doch würde eine weitere Ausführung den Rahmen dieses Kapitels sprengen. Doch hat beispielsweise jeder in dem von allen Gesellschaftsmitgliedern bestätigten und manifestierten Rahmen allgemeiner Sinnstrukturen auch seine ganz persönlichen ,,externen" Langzeitspeicher angelegt. Man ist nun umgeben von Heim und Haushalt, Möbeln, Bildern, Büchern etc., die einen bestimmten ,,Lebensstil" repräsentieren, den Notizen und Kommunikationsgewohnheiten, die einem als Erwartungen anderer begegnen (bzw. als seine Erwartungserwartungen ständig bestätigt werden), bis hinein in eine familiäre Privatsprache, in der z.B. durch ein bestimmt betontes ,,Ole!" Mann und Frau die gemeinsame Erinnerung an ein gewisses Urlaubserlebnis aktivieren und damit einen bestimmten Kontext für die folgenden kommunikativen Handlungen setzen.

Bei dem, was als Wirklichkeit auf uns wirkt und wir fortschreibend selbst bewirken, wirken alle drei Speichersysteme zusammen — die neuronalen (Gedächtnis), die internen (Körper) und die externen (materielle, soziale und symbolische Manifestationen): Der Ehering am Finger ist Element des externen Speichers und eine materielle Manifestation, sein Symbolgehalt als ,,Ehering" und damit der Hinweis auf die soziale Beziehung zu einer Frau, der Mitgliedschaft in der sozialen Institution Ehe und die Rolle als Ehemann, ist damit ebenfalls wahrnehmbar für andere (in dieser Gesellschaft) — und eben das ist der Sinn des Ringes. Dies setzt allerdings gleichzeitig voraus, daß im Gedächtnis-Speicher die Begriffe ,,Ring", ,,Ehe", ,,Frau" und deren Bedeutungen und Beziehungen zueinander gespeichert sind (sonst würde man sich wundern, was das komische Ding am Finger soll, das erblickt wird). Ebenso muß das Wissen gespeichert sein, daß auch andere in dieser Kultur dieses Wissen haben (sonst hätte der Ring nicht seinen Demonstrations-Sinn). Daneben kann ein durch innere und/oder äußere Konflikte hervorgerufener Hautausschlag am rechten Ringfinger im Zusammenhang mit dem Ring und seinem Symbolgehalt stehen — eine Manifestation im Speicher ,,Körper". Damit ist allerdings das komplexe Zusammenspiel keineswegs vollständig beschrieben: Denn auch die Wahrnehmung und Deutung des Ringes, des Ausschlages etc. seitens des Partners und seine Rückmeldung darüber spielen eine Rolle, und ebenso die Erwartungen an diese Vorstellungen und Reaktion usw. usw.

Versucht man die bisherigen Aspekte auf den Punkt zu bringen, so bleibt festzuhalten, daß ,,Erfahrung" fraglos im Individuum als ein systemischer Prozeß abläuft, der auch keineswegs durch äußere Reize (z.B. Texte) determiniert ist. Vielmehr wird das Bewußtsein von Wirklichkeit in fortwährenden Schöpfungsakten aus Informationen unterschiedlicher Herkunft konstituiert. Doch obwohl, wie Neurobiologen argumentieren, diese Prozesse weitgehend autonom in operationaler Geschlossenheit des Systems ablaufen, und das, was tatsächlich von einem Sinnesorgan kommt, nur ,,eine sanfte Modulation eines kontinuierlichen Summens innerer Aktivität" darstellt (*Varela* 1986, S. 165), sind diese Prozesse dennoch strukturell an die Umgebung des Systems, an die gesellschaftlichen Prozesse, gekoppelt. Konkret bedeutet dies, daß trotz der Kurzlebigkeit der BE im Zeitstrom die strukturelle Stabilität bewußtseinsmäßig erlebter Wirklichkeit dadurch gesichert wird, daß der allergrößte Teil der Information, die aus externen oder internen Reizquellen auf die Rezeptoren einströmt, letztlich niedergelegte Botschaften sind von uns selbst und anderen an uns selbst und andere — Botschaften über Sinnstrukturen im Rahmen gesellschaftlicher Wirklichkeit. Und darin, daß jedes Individuum in diesem komplexen System sinnhaft aufeinander bezogener Handlungen (einschließlich deren Manifestationen: Werkzeuge, Schrift etc.) mitwirkt — als ein ,,Transformator", welcher eingehende Wirkungen (z.B. Wahrnehmungen von ,,Text"-Reizen) sinnhaft verarbeitet und andere Wirkungen (z.B. ,,Textinterpretations"-Handlungen) ausgibt — liegt die strukturelle Koppelung von individueller und gesellschaftlicher Wirklichkeit begründet.

Die moderne Systemtheorie in Nachbardisziplinen hat nun mit Konzepten wie ,,dissipative Strukturen" (vgl. z.B. *Prigogine & Stengers* 1981), ,,autopoietische Systeme" (vgl. z.B. *Maturana & Varela* 1987) und ,,Synergetik" (vgl. z.B. *Haken* 1984) Analysemodelle für das Verhältnis von Sub- und Makrosystemen zur Verfügung gestellt, deren Tragfähigkeit für psychologische/sozialwissenschaftliche Theorienbildung im Detail aber noch geprüft werden müßte.

2. Wissenschaftliche Erfahrung

2.1. Einführung: Wissenschaft, Wahrheit und Gesellschaft

In dieser Einführung sollen zunächst — anknüpfend an die Ergebnisse des ersten Kapitels — einige Fragen im Zusammenhang mit „Wissenschaft" aufgeworfen und das Problembewußtsein für einzelne Aspekte geschärft werden. Viele der hier nur angerissenen Probleme sollen in den folgenden Abschnitten präzisiert und ausführlicher diskutiert werden — wenn auch in keinem Falle eine abschließende Beantwortung möglich ist: Gerade dies ist aber eine Eigenschaft von Wissenschaft, daß sie — im Gegensatz zum häufigen „Das ist so!" des Alltags — keinen ihrer Erkenntnisgegenstände jemals für abgeschlossen betrachtet.

Bei einer Diskussion in einer Abiturientenklasse zu der Frage: „Was ist die Aufgabe von Wissenschaft?" einigte man sich im wesentlichen auf die Antwort: „Die Wahrheit über die Wirklichkeit zu entdecken". Ausgenommen seien hier teilweise „reine Geisteswissenschaften", deren Aussagen sich nicht auf die Wirklichkeit bezögen (z.B. Theologie). Diese Ansicht dürfte auch über diese Schulklasse hinaus weit verbreitet sein. Die drei Kernbegriffe dieser Aussagen sind „Wahrheit", „Wirklichkeit" und „entdecken". Dies soll einführend etwas genauer betrachtet werden.

1. Kernbegriff: Wirklichkeit

Beginnt man mit dem Begriff „Wirklichkeit", so war es eines der wesentlichen Ergebnisse des ersten Kapitels, daß die Wirklichkeit, in der Form, in der wir über sie reden können — und nur so kann sie Gegenstand von Wissenschaft sein (s.u.) — Ergebnis eines komplexen Konstitutionsprozesses ist. Wirklichkeit ist daher immer schon an Erfahrung und an erfahrende Subjekte gebunden. Das bedeutet keinesfalls, wie herausgearbeitet wurde, daß Wirklichkeit ausschließlich in unseren Köpfen „herumspukt" — wie z.B. Halluzinationen. Wer daran zweifelt, daß eine Wand „wirklich" da ist, soll nur dagegen rennen, er wird deren „Wirklichkeit" unzweifelbar als Wirkung erfahren. Dennoch hängen alle Eigenschaften, die letztlich ein spezielles „Stück" Wirklichkeit ausmachen, von den jeweils spezifischen Interaktionen (Handlungen) und bestimmten Rezeptoren (natürlichen wie künstlichen) der erkennenden Subjekte ab — bei der Wand z.B.: „Festigkeit" vom Tasten mittels der Tastorgane, „Farbe" vom Sehen mittels der Augen, „Chemische Zusammensetzung" von den Reagenzien des Chemikers, „Radioaktive Ausstrahlung" vom Geigerzähler des Physikers etc. Wirklichkeit, Handlung und Erfahrung gehören zusammen.

In diesem Zusammenhang war ein zweites wesentliches Ergebnis des ersten Kapitels, daß Erfahrung einerseits eine doppelte Bedeutung aufweist: Sie ist einmal im Sinne von „ich erfahre“ an mein Hier und Jetzt gebunden, zum anderen zielt sie im Sinne von „bisheriger Erfahrung“ auf die Ansammlung des zu unterschiedlichen Zeitpunkten an unterschiedlichen Orten bisher Erfahrenen ab — ein wesentlicher Aspekt von Erkenntnis und Wissen. Andererseits wirken beide Aspekte von Erfahrung stets zusammen: Erfahrung (und damit die Konstitution von Wirklichkeit) kann immer nur im Lichte bisheriger Erfahrung erfolgen. Das bedeutet insgesamt, wie argumentiert wurde, daß Erfahrung immer nur vor dem Hintergrund der Interdependenz stammesgeschichtlicher (phylogenetischer), gesellschaftlicher (soziogenetischer) und individualgeschichtlicher (ontogenetischer) Entwicklung des Erfahrenden verstanden werden darf; das heißt konkret:

Phylogenese
Soziogenese
Ontogenese

phylogenetisch:
das, was ich erfahre, ist gebunden an den stammesgeschichtlichen Entwicklungsstand „Mensch“ — insbesondere an seine spezifischen Sinnesorgane und das zentrale Nervensystem,

soziogenetisch:
meine Erfahrung ist gebunden an den Entwicklungsstand der Gesellschaft, in der ich sozialisiert worden bin (mit ihren spezifischen Interaktionsregeln und materiellen Gegebenheiten),

ontogenetisch:
ich kann bei neuer Erfahrung das bisher Gelernte nicht ignorieren, meine Vergangenheit prägt mit die Erfahrungsstruktur meiner Gegenwart und die in der Zukunft.

Dieser dreifache entwicklungsgeschichtliche Hintergrund für die Erfahrung jedes menschlichen Individuums ist komplex miteinander verwoben, ist Grundlage für die Konstitution jeder Wirklichkeit.

2. Kernbegriff: entdecken

Nimmt man nun das Wort „entdecken“: Von der Wortbedeutung ausgehend steht dahinter die Sichtweise, daß „etwas“ bereits da ist (wenn auch verdeckt), das nur entdeckt werden muß. Ähnlich, wie man ein Kind aufdeckt, das verborgen unter einer Decke schlummert. Und dieses bereits Da-Seiende ist in diesem Zusammenhang offenbar die „Wahrheit“ (über die „Wirklichkeit“). Dieser „substantivistische“ Wahrheitsbegriff (wie er in der Fachsprache der Philosophie treffend heißt) unterstellt also, daß es „Wahrheiten an sich“ gibt, die zwar erkannt und ausgesagt werden können, die aber auch ohne eine solche Erkenntnis so da sind, denen die Erkenntnis also nicht wesentlich ist.

aletheia = Wahrheit

Das „Entdecken“ hat sogar unmittelbaren Bezug zu der Übersetzung des griechischen Begriffes für Wahrheit „aletheia“, der schon Anfang dieses Jahrhunderts von dem Wissenschafts- und Naturphilosophen Nicolai *Hartmann* (1882 - 1950) als „Entbergung“ übersetzt wurde (andere Übersetzungen sind: Offenbarung, Unverborgenheit). Diese Übersetzung kommt der obigen Auffassung offensichtlich sehr nahe — so gibt es denn auch nach *Hartmann* „echte Erkenntnis einer realen Welt“.

3. Kernbegriff: Wahrheit

Dennoch zeigt die ausgedrückte Beziehung „Wahrheit über die Wirklichkeit“ in der obigen Aussage, daß es in der Wissenschaft, die sich auf eine wie immer gefaßte ,,Wirklichkeit" beziehen soll, nicht um ,,Wahrheit" allein gehen kann. Ebenso kann selbstverständlich auch die ,,Wirklichkeit" nicht ,,wahr" sein oder ,,falsch". (Dabei ist es gleichgültig, ob hier Wirklichkeit naiv — oder alltäglich — aufgefaßt wird als die ,,selbstverständlich" immer schon real existierenden Dinge, oder aber, wie im ersten Kapitel, als das Ergebnis eines Konstitutionsprozesses). Der Tisch kann nicht ,,wahr" sein. Auch die — angenommene — Tatsache (oder der Sachverhalt) , daß der Tisch im Zimmer steht, kann nicht ,,wahr" sein: Der Tisch ist so, wie er ist, und ein Sachverhalt verhält sich eben so, oder es liegt ein anderer Sachverhalt vor. ,,Wahr" (oder ,,falsch") kann nur eine Aussage über eine Tatsache sein, also z.B.: ,,der Tisch steht im Zimmer". Wenn der Tisch nämlich ,,tatsächlich" nicht im Zimmer steht, so ist nicht irgendeine Tatsache falsch, sondern der Sachverhalt ist dann eben, daß der Tisch nicht im Zimmer steht. Hingegen wäre die Aussage, ,,der Tisch steht im Zimmer" dann falsch. Man beachte, daß hingegen die Aussage: ,,die Tatsache, daß der Tisch im Zimmer steht, ist falsch" selbst weder ,,falsch" noch ,,richtig", sondern schlicht sinnlos ist.

Abgesehen vom rein substantivistischen Wahrheitsbegriff, der meist auf den religiösen bzw. mystischen Bereich beschränkt ist (und als Substanz eben auch als Mehrzahl auftreten kann: ,,Es gibt Wahrheiten"), kann Wahrheit also nur eine Eigenschaft von satzförmigen Aussagen sein (und kann daher auch nur im Singular ,,Wahrheit" auftreten). In der obigen Aussage ist ,,Wahrheit über die Wirklichkeit" also durch ,,wahre Sätze über die Wirklichkeit" zu ersetzen bzw. zu präzisieren.

Diese Diskussion zeigt, daß grundsätzlich zu unterscheiden ist zwischen

a) dem Sachverhalt selbst,
b) der Aussage über diesen Sachverhalt und
c) der Beziehung zwischen (a) und (b)

Die Frage, die durch (c) aufgeworfen wird, wie also die Beziehung zwischen einer Aussage über einen Sachverhalt und diesem Sachverhalt selbst ist, wird als Kernfrage der Wahrheitstheorien bezeichnet. Die wichtigsten Beantwortungsvorschläge (oder Klassen solcher Vorschläge) sind dabei die folgenden:

Korrespondenztheorie

i) Korrespondenztheorie:

Sie geht davon aus, daß Wahrheit in einer Übereinstimmung zwischen Aussage und Sachverhalt besteht. Das Hauptproblem aber ist, daß sich (a) und (b) auf völlig verschiedenen Ebenen befinden, denn ein brauner Tisch (a) ist eben etwas anderes als ein Satzgebilde (b) über diesen Tisch (,,Der Tisch ist braun"). Was also soll ,,Übereinstimmung" heißen. Ist dies nicht selbst wieder eine Aussage, nämlich der Form:

,,Zwischen dem Sachverhalt, daß der Tisch braun ist, und der Aussage ‚der Tisch ist braun' besteht Übereinstimmung",

eine Aussage, deren Wahrheit wiederum festzustellen wäre — was ohne Ende so weiter ginge. Völlig unklar ist auch, was mit der Aussage ,,Der Tisch ist nicht braun" (und allen anderen Negationen auch) ,,korrespondieren" soll — so fragt schon *Wittgenstein*: ,,Gibt es negative Sachverhalte?" Ein weiterer Kritikpunkt

Ludwig *Wittgenstein* (1889 - 1951), bedeutender Philosoph, der sich als Mitglied des ,,Wiener Kreises" zunächst mit Fragen der Logik, später, in Cambridge, mit Sprachphilosophie auseinandersetzte.

wäre, daß Wahrheit als Übereinstimmung etwas Endgültiges suggeriert. Dies widerspricht aber nicht nur der Wissenschaftsgeschichte, in der sich „Wahrheiten" immer wieder als „falsch" erwiesen haben oder doch zumindest bezweifelt worden sind. Auch handelt man sich damit die Beweislast ein, daß für eine einmal festgestellte Übereinstimmung für alle Zeiten kein begründeter Zweifel mehr möglich sein wird.

ii) Kohärenztheorie: Kohärenztheorie
Sie verlegt die Wahrheit einer Aussage in die Übereinstimmung (= Kohärenz) bzw. Widerspruchsfreiheit mit allen möglichen Aussagen innerhalb eines logisch-axiomatischen Systems. Die Wirklichkeit bzw. die „Welt" ist das Gesamt möglicher Aussagbarkeiten. Damit wird zwar die Feststellung der Übereinstimmung möglich, aber einmal können die Axiome (Voraussetzungen) des Systems selbst nicht dem Wahrheitskriterium unterzogen werden, andererseits sind mehrere Systeme denkbar, die jeweils in sich kohärent sind, aber zwischen denen dennoch Widerspruch besteht.

iii) Konsenstheorie: Konsenstheorie
Sie verlegt Wahrheit in die Übereinstimmung — den Konsens — zwischen allen, die dieselbe Sprache sprechen und hinsichtlich des behaupteten Sachverhaltes kompetent sind. Hier wird Wahrheit am stärksten von den drei Ansätzen mit dem Geltungsanspruch zusammengebracht, der nur in der argumentativen Diskussion — dem Diskurs — einzulösen sei. Problematisch ist hier allerdings, wie ein „Konsens" letztlich festgestellt werden kann, bzw. ob im Falle des Anzweifelns eines solchen, über den „Konsens" wieder ein Konsens herzustellen wäre — und so ohne Ende. Oder — ähnlich — wer sind die Kompetenten, die entscheiden, ob jemand „kompetent" für den Diskurs ist, wer entscheidet wieder über deren Kompetenz, oder wie wird hier ein Konsens über die Kompetenz hergestellt?

In jeder der drei Gruppen gibt es wieder unterschiedliche Ansätze und Sonderformen, auch besteht keineswegs Einigkeit bei Philosophen hinsichtlich der obigen Aufteilung (so ist z.B. die pragmatistische Wahrheitstheorie des Psychologen W. *James*: „Wahr ist, was sich bewährt", kaum in dieses Schema einordbar). Es dürften aber zumindest einige Grundfragen und Probleme deutlich geworden sein. Übereinstimmung besteht jedenfall bei allen obigen Positionen, daß Wahrheit keine Eigenschaft von Dingen, sondern von Sätzen ist, an Erkenntnissubjekte (Menschen) gebunden ist und — ganz offenbar schon wegen der Sätze — mit Verständigung zwischen diesen Menschen zusammenhängt.

pragmatistische Wahrheitstheorie

Mit dieser Feststellung, daß „Wahrheit" sich nur auf satzförmige Gebilde beziehen kann, wird für die Wissenschaft wieder die soziale Ebene bedeutsam: So wurde in Abschnitt 1.5.1 herausgearbeitet, daß Zeichensysteme, und speziell Sprache (und damit Sätze jeglicher Art — auch Formeln), eine gesellschaftliche Leistung sind. Und ebenso, wie die Zeichensysteme selbst, ist auch das damit ausgedrückte Wissen — und in systematischer Form: eben die Wissenschaft — geronnene gesellschaftliche Erfahrung.

Ein solcher Bezug auf soziale Konventionen reduziert gleichzeitig aber auch den Anspruch mancher Wissenschaftler, ihre Forschung „objektiv" in dem

Sinne durchzuführen, daß möglichst nur ,,die harten Fakten“ und weniger so unklare Gebilde wie ,,soziale Übereinkünfte“ eine Rolle spielen sollen.

Wenn aber letztlich eine wissenschaftstheoretisch einwandfreie Korrespondenz zwischen Sprache (Theorie) und Sachverhalt (Empirie) nicht möglich ist, so müssen theoretisch-empirische Aussagen einerseits zunächst auf die Ebene möglicher Erfahrungen transformiert werden — etwa in Form von Prognosen über Erfahrungen, die unter bestimmten Bedingungen (besonders auch: bestimmten Beobachter-Handlungen) eintreten sollten. Hierbei stellt sich u.a. als Methodenproblem die Frage, ob die (zunächst ebenfalls auf der sprachlichen Ebene abgeleiteten) Bedingungen, unter denen die Erfahrungen auftreten, einerseits adäquat verstanden und in Handlungsoperationen umgesetzt werden. Andererseits muß das Erfahrene auf die Ebene der Sprache rücktransformiert werden, wobei sich u.a. das Problem der Glaubwürdigkeit stellt.

Dies muß aber als ein schmerzlicher Schnitt in die scheinbar glatte Oberfläche ,,harter Wissenschaft“ angesehen werden. Denn mit den beiden notwendigen Transformationen zwischen der Sprach- und der Erfahrungsebene wird Wissenschaft untrennbar mit menschlichen Handlungen verbunden. Und offenbar liegt die einzige Möglichkeit, diese Kluft zwischen Sprache und Erfahrung zu überwinden, in der Zuflucht zu so ,,unempirischen“ und ,,unwissenschaftlichen“ Aspekten wie ,,Vertrauen“ in die ,,Kompetenz“ und ,,Glaubwürdigkeit“ der Forscher. Natürlich kann man die erstere Transformation elegant mit der Forderung nach ,,systematischer Methodik“ und letztere mit der nach ,,intersubjektiver Nachprüfbarkeit“ versehen. Dennoch können auch solche Begriffe nicht darüber hinwegtäuschen, daß diese Transformationen weit entfernt von jeder Algorithmisierbarkeit sind (d.h. fernab von formal faßbaren oder zumindest in eindeutige Regeln gießbare Vorgehensweisen). De facto ist der Grund, warum man Prof. P eine bestimmte Forschungsaufgabe überträgt und nicht dem kleinen Fritz, daß letzterer möglicherweise viel zu ,,schlampig“ und ,,unsystematisch“ arbeitet, viel zu ,,unerfahren“ ist etc. Andererseits vertraut man P, daß er seine Erfahrungen wahrheitgemäß berichtet — dazu gehört neben der Vermeidung wissentlicher/unwissentlicher (Ver-)Fälschung auch z.B. eine angemessene sprachliche (ggf. z.B. formal-sprachliche) Repräsentation und Interpretation seiner Erfahrung.

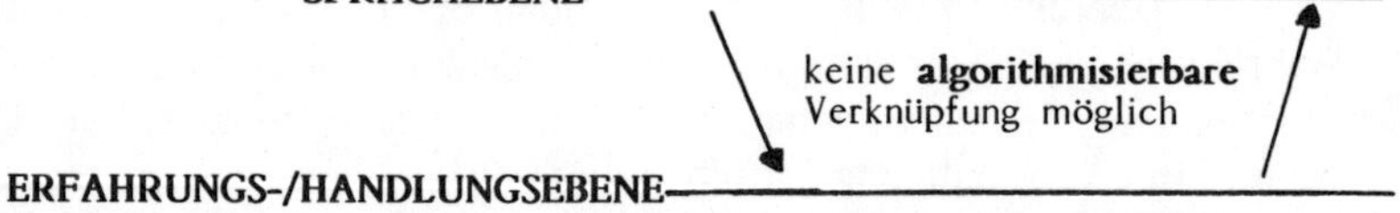

Abb. 8: Zur Prüfbarkeit von Theorien (Sprache) mittels Erfahrung

Unabhängig davon, ob eine (empiriebezogene) Theorie also ,,eigentlich“ richtig ist und unabhängig von den konkreten Erfahrungen, kann ein Scheitern der Überprüfung dieser Theorie im Einzelfall allein schon durch die eine, die andere oder beide beschriebene Transformationen verursacht werden. Zwar gibt es Regeln, hier allzu unangenehme Pannen einzudämmen — z.B. ,,Replikation“ (d.h. Wiederholung) gerade bei unerwarteten Ergebnissen. Doch einerseits setzt die praktische Bedeutung des Begriffes ,,unerwartet“ voraus, daß elaborierte Theorien über das Erwartete vorhanden sind (das dürfte für die Physik in großen Teilen der Fall sein, für die Human- und Sozialwissenschaften hingegen kaum), andererseits werden hiervon systematische Fehler in der Forschergemeinschaft (die sich also ebenfalls replizieren) kaum berührt.

Durch den herausgearbeiteten Bezug der Forschung auf die in einer Sozialgemeinschaft agierenden Menschen wird überdeutlich, daß auch keine wahren Sätze ,,entdeckt" werden können, sondern bestenfalls ,,aufgestellt" (oder ,,behauptet" oder dergleichen). Denn Sprachgebilde lassen sich nicht entdecken; sie sind künstlich geschaffen und lassen sich von erkennenden Menschen, die sie sinn-intendierend produziert haben, nicht trennen (darauf wird in in den nächsten Abschnitten noch einiges ausgeführt).

Konzentriert man sich nun auf den Aspekt des ,,Wissens" im Begriff ,,Wissenschaft", so zeigt sich, daß ,,Wissenschaft" üblicherweise in doppelter Bedeutung gebraucht wird, nämlich (a) einmal für das ,,Wissen" (also eine Menge von Sätzen) selbst, zum anderen (b) für das systematische Unterfangen, zu solchen Sätzen zu kommen — d.h. spezifische Erfahrungen so zu systematisieren (s.o.), daß bestimmte Sätze ausgesagt werden können, bzw. mit solchen Sätzen zu operieren, sie zu verbreiten etc. Zu beiden Bedeutungen je ein Definitions-Beispiel aus eher populären Werken:

a) ,,Wissenschaft, Gesamtheit des Wissens; nach Gebieten oder Lehrsätzen systematisch geordnete Erkenntnis oder Kenntnis mit dem methodischen Streben ihrer Erweiterung." (Knaurs Lexikon 1951) Definition
b) ,,Wissenschaft ist Forschung und Lehre in allen Gegenstandsbereichen. Forschung ist geistige Tätigkeit einzelner oder von Gruppen mit dem Ziel, in methodischer, systematischer und nachprüfbarer Weise neue Erkenntnisse zu gewinnen. Lehre ist Darstellung der Ergebnisse und Methoden der Forschung mit dem Ziel, fachliches Wissen zu vermitteln und zu wissenschaftlichem Denken zu erziehen." (Der neue Brockhaus 1971) Definition

Diese beiden Definitionen können aber auch dazu dienen, zumindest einige kritische Fragen aufzuwerfen: Ist denn Wissenschaft ,,die Gesamtheit des Wissens", wie (a) behauptet? Immerhin weiß ich, daß meine Tante Emma mir vorgestern einen Brief geschrieben hat und mir darin erzählt, daß ihr Bruder Paul in den Alpen Urlaub macht. Ist mein Wissen um diesen Brief, mein Wissen von Onkel Pauls Urlaub, ein Teil der Wissenschaft, oder ist der Brief ein wissenschaftliches Dokument? Und gegenüber, der Bäcker: Der weiß natürlich, wie man Brot macht und so einiges mehr, vieles hat er sich möglicherweise ausgetüftelt, was seine Arbeit effektiver macht. Ist das alles Wissenschaft?

Diese Fragen würden wir ,,selbstverständlich" zunächst verneinen — diese Tätigkeiten und ihre Ergebnisse und dieses Wissen werden wir nicht zur Wissenschaft zählen. Dennoch: Was wäre, wenn sich plötzlich herausstellte, daß Tante Emma Jahrzehnte unter Pseudonym Literatur veröffentlicht hat und/oder Onkel Paul in den Alpen ein Attentat auf den Staatschef von X begeht. Dann rücken beide plötzlich ins Licht des öffentlichen Interesses und der Brief, sowie die darin geschilderten Sachverhalte können für

Literaturwissenschaftler oder Politikwissenschaftler mit herangezogen werden, werden also zum Gegenstand wissenschaftlichen Handelns (damit sind sie allerdings noch keine Wissenschaft). Und ebenso kann natürlich das Wissen des Bäckers um die Ecke und das, was er sich ausgetüftelt hat, für Arbeitsmediziner oder für Organisationspsychologen etc. von hohem Interesse sein, und Basis für wissenschaftliche Erkenntnisse werden. Das zeigt aber auch, daß Wissen in einem bestimmten Zusammenhang mit allgemeinen Problemen stehen muß und auf eine bestimmte Weise erfaßt und aufbereitet sein muß, um als Wissenschaft zu gelten.

Was nun, um auf die zweite Definition einzugehen, wenn der Bäcker seine neuen Erkenntnisse, die er ausgetüftelt hat, in methodischer, systematischer Weise gewonnen hat — immerhin wurde bereits in Kap. 1.6 erarbeitet, daß auch im Alltag Handeln und Erkennen systematisch organisiert sein muß. Und wenn er dieses Wissen, z.B. über besonders schmackhafte Brotsorten, auf Notizzetteln vermerkt hat, daß jeder diese Rezepte nachprüfen kann. Oder was, wenn ein Eremit in den Bergen auf geniale Weise, durch systematisches, methodisches Nachdenken Wissen erworben hat, das er prinzipiell jedem auch zur Nachprüfung vermitteln könnte — wenn nur jemand käme. Auch hier würden wir uns wohl weigern, dies bereits als „Wissenschaft" zu bezeichnen. Einerseits ist die Frage der „Schmackhaftigkeit" wohl eher Ansichtssache (was noch deutlicher wäre, wenn der Bäcker auch seine Gefühle beim Brotbacken aufgeschrieben hätte), andererseits sind Notizzettel, oder das Wissen im Kopf des Eremiten, keine akzeptablen Formen, um die Bezeichnung „Wissenschaft" zu vergeben. Auch dies würde sich aber sofort ändern, wenn der Bäcker seine Erkenntnisse in bezug zu „einschlägigen" Fragestellungen bringt (z.B. „Schmackhaftigkeit" in Relation zur Verdaubarkeit, oder in Relation zur Kauffreudigkeit der Kunden etc.), hierzu systematisch Befunde gesammelt hat und diese in „einschlägigen" Fachzeitschriften publiziert. Analoges gilt für den Eremiten.

scientific community

Wissenschaft und die damit verbundenen Aspekte wie „Wahrheit", „Erfahrung", „Erkenntnis", „Wirklichkeit" etc. haben somit nur Sinn mit Bezug auf sozial interagierende Erkenntnis-Subjekte. Wissenschaft im heutigen Sinne ist zudem ohne die „Wissenschaftler-Gemeinschaft" („scientific community") bzw. „Forscher-Gemeinschaft" („community of investigators"), ihren akzeptierten Fragestellungen, Lösungsmethoden und Interaktionsgewohnheiten (z.B. spezifische Publikationsorgane) nicht denkbar. Schon wie sich Selbst-Bewußtsein (vgl. 1.5.2) nur über soziale Rollen herausbildet, sowie Sprache und Zeichen nur als soziale Errungenschaften im sozialen Prozeß für den sozialen Prozeß erlernt werden, könnte das Einzel-Individuum seine Erfahrungen nicht als Wissen fixieren oder diese auch nur thematisieren: Wie *Luhmann* (1971, S. 52) zu Recht herausarbeitet, würde nämlich sogar überhaupt keine Erkenntnis möglich sein — d.h. eine „Distanzierung des unlösbar in seinem Erleben lebenden Subjekts von seinen Erlebnisinhalten" — wenn alle Menschen (und Forscher) auf identische Weise die Welt erfahren würden. Erst die Erfahrungsunterschiede schaffen also die Perspektiven, die von rein subjektiven Sinnstrukturen abstrahieren und damit gemeinsam intendiertes Handeln gegen-

Niklas *Luhmann* (*1927), Soziologie-Professor an der Universität Bielefeld. Bekannt insbes. durch seine Arbeiten über soz. wiss. Systemtheorie

über einer als intersubjektiv verstandenen Außenwelt ermöglichen. Oder, frei nach *Berger* und *Luckmann* (1970, S.11), der Gegenstand der Erkenntnis wird fortschreitend deutlicher erst durch die Vielfalt der Perspektiven, die sich auf ihn richten. Die extremste Formulierung zur Intersubjektivität der Wahrheit und Erkenntnis hat wohl Charles S. *Peirce* (1839 - 1914), der Begründer des ,,Pragmatismus", gegeben: ,,Individualismus und Falschheit sind ein und dasselbe." Vor dem Hintergrund der bisherigen Ausführungen erscheint es allerdings angemessener zu sagen: Dem Einzel-Individuum würde sich die Frage nach ,,Wahrheit" oder ,,Falschheit" nicht stellen; sie wäre sinnlos, da, wie eben gesagt, ein solches Einzel-Individuum in der Unmittelbarkeit seines Erlebens verhaftet bliebe und somit keine Trennung zwischen unmittelbarer Erfahrung und Erfahrenem möglich wäre.

Charles S. *Peirce* mit W. *James (1842 - 1910) und J. Dewey* (1859 -1952) Begründer des Pragmatismus, der Handlungen und deren Effizienz in das Zentrum der Betrachtungen rückt

Es sei betont, daß dieser Argumentation natürlich ein ganz bestimmtes Wissenschaftsverständnis zugrunde liegt, das weder im Detail von allen geteilt wird, noch historisch gesehen immer so war. Insbesondere zeigt sich für Teilaspekte, daß z.B. die Philosophen auf die Frage, was Wahrheit ist, eine ganze Reihe von Antworten gegeben haben — Antworten, die sich teilweise gegenseitig ausschließen oder zumindest miteinander konkurrieren. (Einiges wird darüber in Abschnitt 2.3.2, insbesondere aber im 3. und 4. Kapitel noch zu sagen sein.)

2.2 Wissenschaftliche versus alltägliche Erfahrung

Im ersten Kapitel wurde argumentiert, daß sich zwar jede Erfahrung im einzelnen Individuum abspielt, daß dieses Individuum aber immer schon in eine Gesellschaft hineingeboren wird. Damit werden die sehr allgemein angelegten Bedingungen für die Strukturierung von Erfahrung bzw. die Konstitution von Wirklichkeit in einer ganz spezifischen, für die jeweilige Sozialgemeinschaft typischen Weise ausdifferenziert. Dies wird am anschaulichsten an der Sprache: Angeboren sind Lernmechanismen und Strukturierungsmechanismen für Laut-Ströme (nämlich in Morpheme). Angeboren ist wahrscheinlich auch — obwohl dies unter Wissenschaftlern kontrovers ist — ein sehr allgemeines Grundmuster von Grammatik (*Chomsky* und seine Anhänger sprechen hier von ,,Kerngrammatik"). Durch die Auseinandersetzung mit der spezifischen Sprachumwelt der ,,Muttersprache" wirken diese Anlagen nun bei der Herausdifferenzierung einer bestimmten Sprache zusammen (wie dies im einzelnen geschieht, ist sehr umstritten und hier auch nicht von Belang).

Noam *Chomsky,* amerikanischer Sprachwissenschaftler. Stellt dem ,,Verbal Behavior" von B. F. *Skinner* (der Sprache mittels Verstärkung rein erlernt ansieht) seine sog. ,,Generative Grammatik" entgegen.

Ein Neugeborenes, das in eine deutsche Sprachgemeinschaft versetzt wird, lernt Deutsch, würde es in eine japanische Sprachgemeinschaft versetzt, so würde es genauso schnell, perfekt und selbstverständlich Japanisch lernen — eine ungeheure Leistung angesichts der Schnelligkeit des Erlernens und der Komplexität der Sprachen (was übrigens — zusammen mit der hohen Gleichförmigkeit der Sprachentwicklung — ein starkes Argument für hohe angeborene Sprachfähigkeiten ist).

Ebenso sind viele andere Komponenten individueller Erfahrung gesellschaftlich vorstrukturiert; sie werden gezielt von der Vorgeneration vermittelt, und ihr Sinn wird von der ersten Stunde an kommentiert. Diese Erfahrung, die so von Generation auf Generation weitergegeben wird (und sich dabei vermehrt), wurde von uns insbesondere in den folgenden vier Bereichen verortet:

(a) funktionell veränderter Materie (Werkzeuge etc.),
(b) sozialen Handlungsmustern (Rollen, Institutionen),
(c) Kommunikationsmöglichkeiten und
(d) Wissensbeständen.

Es wurde ferner argumentiert, daß diese gemeinsamen Sinnstrukturen, die sich individueller Erfahrung aufprägen, es weitgehend ersparen, daß in jeder Situation des Aufeinandertreffens von zwei Individuen alle Verhaltensaspekte neu ausgehandelt werden müssen. Besonders jene Erfahrung, die für gemeinsames Handeln im Arbeitsalltag relevant ist, wurde mit sprachlichen Begriffen belegt — so können wir uns über die Farbe eines Tisches und das Brot darauf wesentlich klarer und präziser unterhalten als über unsere Gefühle von Traurigkeit. Erfahrungen von Brot, Tisch und ähnlichen sprachlich präzisen Begriffen sind aber kaum allgemeiner als Erfahrungen von Traurigkeit — vielmehr ist über den ersteren Bereich eine Verständigung zwecks gemeinsamer Handlungen, Arbeitsteilung etc. lebensrelevanter als eine Verständigung über Gefühle. Dazu gehört sicher auch, daß die Erfahrungen „braun", „fest" etc. als „Eigenschaften" einer „Außenwelt" zugeordnet werden, der gegenüber sich Menschen verhalten müssen und in der sie im Sinne kooperativer Arbeitsteilung ihre Überlebenschancen sichern. Die Erfahrungen „traurig", „geborgen" etc. werden hingegen einer privaten „Innenwelt" zugeordnet.

Dieser Argumentationsstrang aus dem ersten Kapitel hinsichtlich der Herausbildung von gesellschaftlicher aus individueller Erfahrung wurde eben deshalb relativ ausführlich resümiert, weil gezeigt werden soll, daß wissenschaftliche Erfahrung im wesentlichen in einer speziellen Fortführung bzw. Ausdifferenzierung dieses Prozesses besteht.

2.2.1 Die Spezifität wissenschaftlicher Erfahrung

Schon die Alltagswelt ist nicht durch und durch für alle Mitglieder der Gesellschaft mit gleichem Sinn belegt, sondern es gibt eine Reihe von Sinnprovinzen, die nicht von allen geteilt werden: Der Bäcker z.B. setzt sich in dieser Rolle mit einem speziellen Bereich der Materie (Backwaren) auf spezifische Weise auseinander. Deren Sinn- und Wissensbestände werden ihm in der Lehre vermittelt; und damit diese spezifischen Erfahrungen weitergegeben werden können und garantiert ist, daß gemeinsames abgestimmtes Handeln möglich ist, bedarf es einer Erweiterung der Sprache um Fachausdrücke, die sich von denen des Malers oder Klempners unterscheiden.

Diese Spezialisierung auf sehr eingegrenzte Teilbereiche möglicher Erfahrung gilt auch für Wissenschaft. So interessiert den Astronomen (in dieser

Rolle) nur ein sehr kleiner Wirklichkeitsbereich, der Chemiker ist an einem anderen Wirklichkeitsbereich interessiert, und der Psychologe wiederum hat seinen Bereich (alle drei teilen allerdings einen sehr großen gemeinsamen Bereich der Alltagswelt — dies aber nicht in der spezifischen Rolle des Fachwissenschaftlers). Dieser Begrenzung in der Erfahrungsbreite für die Wissenschaft und ihre einzelnen Disziplinen steht aber eine erhebliche Vertiefung der Erfahrungsmöglichkeiten in diesem engen Bereich gegenüber. Im Gegensatz zum Handwerker sind diese spezifischen Erfahrungs- und Handlungsmuster allerdings nicht so sehr auf das Hervorbringen und Verändern von Dingen gerichtet, als vielmehr auf eine systematische Erweiterung der spezifischen Wissensbestände (und damit verbunden bestimmte Handlungen etc.), d.h. typisch sind für wissenschaftliche Erfahrungen (und besonders sozialwissenschaftliche Erfahrungen — im weitesten Sinne, wozu auch Psychologie gehört):

a) Spezifische Fragestellungen:

Die Frage nach dem Verhalten von Metallen im Zusammenhang mit Säuren oder der Erwärmung eines Drahtes im Zusammenhang mit dem elektrischen Strom sind für den Sozialwissenschaftler (in dieser Rolle) in der Regel uninteressant — im Gegensatz zur Frage der Interaktion zwischen Menschen und zwischen sozialen Systemen, deren Einfluß auf Wahrnehmung, Denken, Verhalten, die Genese pathologischer Formen usw. usw. Vice versa gilt entsprechendes für den Physiker oder den Chemiker. Das bedeutet gleichzeitig, daß der Wissenschaftler entsprechend seiner Disziplin für die Behandlung der aufgeworfenen Fragen eine ganz spezifische Wirklichkeit konstituiert (z.B. sind ,,Radiosterne" für die Radioastronomen der Inbegriff ihrer Wirklichkeit — immer in dieser Rolle, versteht sich — für die Psychologen hingegen sind sie absolut irrelevant, manche wissen kaum, daß solche Sterne existieren, geschweige denn, welche Eigenschaften sie haben oder was man genau anstellen muß, um diese Sterne und ihre Eigenschaften wahrzunehmen). Für die Konstitution dieser spezifischen Wirklichkeit (es heißt hier bewußt nicht: ,,Segmente von Wirklichkeit", weil hier Wirklichkeit immer schon nur als Ausschnitt der gesamten möglichen zu konstituierenden Wirklichkeit verstanden wird) benötigt man zunächst:

b) Spezifische Rezeptoren bzw. ,,Wahrnehmungsapparate":

Der Sozialwissenschaftler verwendet daher für die Untersuchung seiner Fragestellung in der Regel nicht die Reagenzien des Chemikers oder die technischen Apparate des Radioastronomen, sondern spezifische, seinem Untersuchungsgegenstand angepaßte experimentelle Apparate, Fragebögen etc. Ferner aber auch seine natürlichen, für das Alltagsleben geeigneten Sinnesorgane (z.B. bei Beobachtungen in/bei sozialen Experimenten, oder für die Inhaltsanalyse); denn für ihn ist ja gerade das Alltagsleben ein zentraler Bereich vieler seiner Fragestellungen (das bedeutet allerdings nicht, daß seine Fragestellungen dabei die Fragen des Alltags sind, noch daß er diese mit Methoden der alltäglichen Lebensbewältigung zu lösen versucht). Mit den spezifischen Fragestellungen und den dafür spezifischen ,,Apparaten" sind natürlich auch verbunden:

c) Spezifische Handlungsmuster:

Einerseits müssen die wissenschaftsspezifischen ,,Apparate" adäquat und sinnvoll eingesetzt werden. Dieses ,,sinnvoll" ist dabei natürlich nicht der Sinn, der schon in der Alltagswelt vermittelt wurde, denn die Apparate gehören kaum dieser Alltagswelt an. Und dort, wo dies scheinbar der Fall ist — etwa beim ,,Beobachten" des empirisch arbeitenden Sozialwissenschaftlers — sind nicht nur die ,,Augen" die ,,Apparate", sondern auch das Kategoriensystem: Es wird — im übertragenen Sinne — nicht mit den Augen des Alltags ,,gesehen", sondern mit den Augen des Kategoriensystems. Zu diesen Handlungsmustern gehört dann aber auch die systematische Planung und Organisation dieser Erfahrung: Eine wissenschaftliche Befragung besteht eben nicht darin, daß Tante Emma, Onkel Fritz oder einige Leute, die man zufällig auf der Straße trifft, angesprochen werden. Bei der Fixierung bzw. Dokumentation der Erfahrung, bei ihrer Aufbereitung, Zusammenstellung, weiteren Bearbeitung (z.B. mittels statistischer Modelle), bei der Ergebnispräsentation, der Argumentation und der Distribution (z.B. mittels wissenschaftlicher Zeitschriften) sind ebenfalls bestimmte Handlungsmuster zu berücksichtigen, die nicht der Alltagswelt entstammen. Der Sinn dieser Handlungsmuster wird von der Gemeinschaft der Wissenschaftler (insgesamt oder einer bestimmten Fachdisziplin oder innerhalb noch kleinerer Gruppen), der ,,scientific community", ebenfalls von Generation auf Generation weitergegeben. Dabei ist die Bezeichnung ,,Generation" hier ebenfalls nicht als Alltagsbegriff zu verstehen noch bezieht sie sich auf das ,,übliche" Leben — von der biologischen Geburt bis zum biologischen Tod. Sondern der Begriff bezieht sich auf das ,,wissenschaftliche" Leben, für das in unserer Wissenschaftskultur in der Regel das Studium die Sozialisationsphase und z.B. die Promotion den entscheidenden Initiationsritus (Aufnahmeritus als ,,Gleichwertiger" in eine bestimmte gesellschaftliche Gruppe — hier eben die ,,scientific community") darstellt. Im Zusammenhang mit diesen spezifischen Handlungsmustern stehen nun wieder:

d) Spezifische Sprache und Wissensbestände:

Die wissenschaftliche Erfahrung innerhalb einer Disziplin ist, wie klar geworden sein dürfte, von der Alltagserfahrung sehr verschieden. Um über diese Erfahrung reden zu können, um der Folgegeneration deren Sinn zu vermitteln, klare Handlungsanweisungen geben zu können etc., bedarf es daher offensichtlich auch einer spezifischen Sprache. Man stelle sich nur vor, man wollte über Ergebnisse an einem Elektronensynchrotron (= riesiger Elektronen-Beschleuniger) in der Alltagssprache kommunizieren: Man könnte fast kein Teil, keine Beobachtung benennen, geschweige denn Zusammenhänge beschreiben und anderen, für ähnliche Versuche, mitteilen. Hier zeigt sich auch schon, daß offensichtlich die Mathematik eine besondere Fachsprache ist, um bestimmte Zusammenhänge kurz und präzise darzustellen und exakte Handlungsanweisungen geben zu können. (Darüber wird in Abschnitt 2.4 noch einiges zu sagen sein.)

Auch die wissenschaftliche Sprache hat also insbesondere die Verständigung über diese spezifischen Erfahrungen zu gewährleisten, die Kommunikation sicherzustellen und damit gemeinsames Handeln zu ermöglichen. Der gesamte

Prozeß vollzieht sich dabei vor dem Hintergrund (fach-)spezifischer Wissensbestände, zu deren Vermehrung, Erprobung und Veränderung das gesamte soziale Unternehmen ,,Wissenschaft" durchgeführt wird. Selbstverständlich geschieht dies wiederum vor dem Hintergrund gesamtgesellschaftlicher Interessen und Bedürfnisse — die, auch das sei nochmals betont, aufgrund von Macht- und Herrschaftsstrukturen weder von allen Mitgliedern in gleichem Ausmaß definiert werden, noch an deren Erträgen alle Mitglieder in gleicher Weise partizipieren. — Ähnliches gilt, nebenbei bemerkt, aber auch schon für die ,,wissenschaftlichen Gesellschaften".)

2.2.2 Die Scientific Community und der Diskurs

In den gesamten bisherigen Ausführungen wurde an vielen Stellen deutlich, welche große Bedeutung gerade die sprachliche (und hier wieder die schriftliche) Auseinandersetzung zwischen Individuen im Erfahrungs-, Erkenntnis- und Wissenschaftsprozeß hat: Sprache und Schrift als zwei der letzten großen gesellschaftlichen Erfindungen in der Menschheitsentwicklung stehen in dialektischem (s.u.) Verhältnis zu Erfahrungs- und Erkenntnisprozessen: Sprache bestimmt die Erfahrung, und Erfahrung bestimmt die Sprache (wobei Erfahrung wiederum die Dialektik zwischen Erkenntnissubjekt und Erkenntnisobjekt widerspiegelt — vgl. die Unauflöslichkeit der Beziehungen zwischen Zeichen, Erkennenden und Erkanntem in Abschnitt 1.6.1).

Die spezifische wissenschaftliche Erfahrung spielt sich dabei immer schon vor dem Hintergrund des spezifischen Wissens ab, auf das durch Sprache Bezug genommen wird — sowohl bei der Planung von Erfahrung (z.B. Entwicklung eines Versuchsplanes) als auch bei deren Einbringung in den Wissenschaftsprozeß (z.B. Diskussion der Ergebnisse und ,,Anregungen für weitere Arbeiten" — eine Kategorie, mit der oft wissenschaftliche Arbeiten schließen). Letztlich wurde auch gezeigt, daß im Zusammenhang mit Wahrheit — wie wir feststellten eine Eigenschaft von sprachförmigen Aussagen (d.h. Aussagen sowohl in natürlichen als auch in formalen Sprachen wie Mathematik, Logik etc.) — der Geltungsanspruch von Behauptungen zunächst nur argumentativ einlösbar ist, wobei allerdings ein weiteres wichtiges Kriterium, nämlich die Bewährung bei Ableitungen aus den Behauptungen über zukünftige mögliche Erfahrungen (= Prognosen) den Argumenten zur Seite steht.

Dialektik

Der eben gebrauchte Begriff ,,Dialektik", den ich sehr ungern verwende, weil er bei vielen Philosophen und anderen Wissenschaftlern im Detail sehr unterschiedliche Bedeutungen hat, meint dabei grob einen Widerspruch bzw. einen Gegensatz (,,These" und ,,Antithese"), der sich auf einer höheren Ebene allerdings auflöst (,,Synthese"). In dialektischem Verhältnis stehen insbesondere (aber keineswegs nur!) solche Phänomene, die sich in einem gemeinsamen Entwicklungsprozeß gegenseitig beeinflussen. Da in diesen beiden ersten Kapiteln des vorliegenden Buches auf entwicklungsgeschichtliche Zusammenhänge besonderer Wert gelegt wurde, stehen praktisch alle zentralen Begriffe paarweise in einem solchen Verhältnis: Erfahrung (bzw. Wahrnehmung, Erkennt-

These
Antithese
Synthese

nis) — Sprache — Handlung — Umwelt — Gesellschaft — Wirklichkeit usw. These und Antithese ergeben sich dann durch Reduzierung der Wechselbeziehung auf einseitige ,,Ursache-Wirkung"-Zusammenhänge.

Ein elementares Beispiel wäre auch schon die ,,Henne-Ei"- Problematik — sowie alle Interpunktions-Probleme — in Abschnitt 1.4.2; das andere Beispiel in 1.4.2 — Aussagen von X und Y über die Längen von A und B — stellt ebenfalls ein dialektisches Verhältnis dar, dessen Ursache allerdings nicht in einer entwicklungsgeschichtlichen Wechselwirkung, sondern in höherer Dimensionalität liegt: Strecken sind eindimensionale Größen, und ihr Vergleich ist gewöhnlich auch eindimensional, während sich die Synthese zwischen ,,A < B" und ,,A > B" als Lösung im zweidimensionalen Raum ergibt.

Dialektik hat offensichtlich mit der argumentativen Auseinandersetzung zwischen Wissenschaftlern zu tun. Sie wurde schon in der Antike gepflegt; eine sehr treffende Definition steht im ,,Lexikon zur Soziologie" (1973):

Definition

Dialektik, eigentlich: Kunst der Unterredung, Ablauf des (wissenschaftlichen) Gesprächs. Durch das Vertreten von widersprüchlichen Meinungen gelangt man durch das Zusammen-Denken von Begriffen zur Erkenntnis des Wahren ...

Ob die Gegensätze von These und Antithese dabei zunächst von einem Wissenschaftler argumentativ vertreten und zur Synthese vereinigt werden (die dann These für den nächsten dialektischen Schritt wird) oder aber — in freierer Interpretation — von verschiedenen Wissenschaftlern in gemeinsamer Auseinandersetzung, spielt für uns hier keine große Rolle, denn offensichtlich ist das erstere eine typisierte Handlungsfolge, die aus den letzteren abgeleitet ist. Wesentlicher ist, daß im Gegensatz zu den ,,Selbstverständlichkeiten" des Alltags in der Wissenschaft die Alternativen bzw. Gegenpostionen geradezu systematisiert werden. Wissenschaft besteht also auch im Herausarbeiten möglichst vieler wesentlicher Alternativen, die dann auf höherer Ebene vereint werden können. Wobei — wie die Wissenschaftsgeschichte zeigt — durchaus auch Alternativen wieder vergessen werden oder sehr lange auf eine Integration durch eine umfassendere Theorie warten müssen.

Übungsaufgabe 8

Übungsaufgabe 8

Entnehmen Sie aus der bisherigen Darstellung (auch Kapitel 1) mindestens 3 (möglichst zentrale) dialektische Beziehungen. Formulieren Sie jeweils kurz These, Antithese und Synthese.

Nun könnte man meinen, daß durch die unterschiedlichen Perspektiven bzw. Alternativen eine ,,wahre Erkenntnis" gar nicht möglich sei. Dies muß zunächst einmal relativiert werden, denn daß es — abgesehen im Zusammenhang mit dem substantivistischen Wahrheitsbegriff im Bereich der Religion — keine von sozial agierenden Erkenntnissubjekten unabhängige Wahrheit geben kann, wurde im vorangegangenen Abschnitt schon gezeigt. Die obige Aussage kann also nur als Befürchtung verstanden werden, daß der Beliebigkeit keine Grenzen gesetzt sind.

In der Tat gibt es wissenschaftstheoretische Positionen, die dies nahezu behaupten — so z.B. die sog. „anarchistische Wissenschaftstheorie" von Paul *Feyerabend*, deren Kernsatz „anything goes" (mach, was du willst) etwa der Weltsicht der Schamanen eine äquivalente Stellung einräumt wie dem westlichen naturwissenschaftlichen Weltbild. Aber selbst dieses „anything" ist eher prinzipiell als praktisch, denn selbstverständlich muß auch für ein solches „anything" mindestens bedacht werden, daß mehrere Wissenschaftler (eine minimale „scientific community") die Synthese und die Regeln, wie man zu dieser kommt, anerkennen müssen (vgl. Abschnitt 4.3.1.1). Die Möglichkeit, daß sich nur „Bürger aus Schilda" zusammenfinden könnten, die sich also auf abstrusen Unsinn einigen, wird natürlich in der Praxis dadurch verhindert, daß es auch eine wichtige Aufgabe von Wissenschaft ist (zumindest von empirischer erfahrungsbezogener Wissenschaft), bestimmte Prognosen über zukünftige Erfahrungen hinsichtlich der Auseinandersetzung mit der Umwelt abzugeben. Abstrusitäten würden somit bei der Umsetzung in Handlung scheitern, und die „Abstrusen — community" wäre so zum Aussterben verurteilt. Gerade durch die Verknüpfung von Wissen und Handeln sind der Beliebigkeit erhebliche Grenzen gesetzt. Daß dennoch in den Nischen einer jeden Institution — also auch denen der Wissenschaft — oft seltsame Blüten treiben, ist eine Binsenweisheit, die jedoch nicht den Kern der sozialen Unternehmung „Wissenschaft" berührt.

Paul *Feyerabend*

Es ist ziemlich einsichtig, daß für ein so wichtiges Instrument wie den Diskurs bestimmte Regeln gelten müssen. Einerseits bedient sich die Wissenschaft dabei zunehmend formaler Sprachen, mit denen bestimmte Begriffe außerhalb der Alltagserfahrung präzise gefaßt werden können und recht eindeutige Handlungsanweisungen möglich sind (eine genauere Auseinandersetzung mit der Bedeutung des formalen Apparates im wissenschaftlichen Erkenntnisprozeß erfolgt in Abschnitt 2.4). Andererseits gibt es für die Aussagen einen weitgehend akzeptierten Minimalkatalog an Forderungen, der erfüllt sein muß, damit sie als wissenschaftlich gelten, und für den Diskurs als zulässig angesehen werden.

Zu diesen Kriterien gehört insbesondere, daß Aussagen nur nach bestimmten Regeln zu Systemen (Theorien) miteinander verknüpft werden dürfen und daß die Aussagensysteme widerspruchsfrei sein müssen. Ebenso müssen die Aussagen bzw. Aussagensysteme intersubjektiv überprüfbar sein. Sofern es mehrere Theorien in bezug auf einen Gegenstand gibt, die miteinander in Konkurrenz stehen, wird gewöhnlich der Theorie der Vorzug gegeben, die

— am einfachsten ist,
— möglichst viele Phänomene erklärt und
— sich bei möglichst vielen Überprüfungsversuchen bewährt hat (vgl. Abschnitt 4.3.1).

2.3 Fragen und Probleme wissenschaftlicher Erfahrung

Wissenschaft wurde in den vorangegangenen Abschnitten als soziale Unternehmung gekennzeichnet, die als spezifische Ausdifferenzierung von Aspekten verstanden werden kann, welche von individuum-zentrierter Erfahrung zu den Leistungen gesellschaftlicher Problembewältigung geführt hat. Das bedeutet, daß die Formen gesellschaftlichen Sammelns und Fixierens von Erfahrung — funktionell veränderte Materie, soziale Handlungsmuster, Kommunikationsmöglichkeiten und Wissensbestände — in der Wissenschaft und ihren einzelnen Disziplinen gegenüber dem Alltagshandeln in spezifischer Weise fortentwickelt werden.

Es ist müßig, in dieser sozialen Unternehmung die Grenzen „der Psychologie" hinsichtlich ihrer Fragestellungen, ihrer „Erfahrungs-Apparate", ihrer diskursiv-argumentativen Vorgehensweisen und ihrer Wissensbestände scharf abgrenzen zu wollen. Sicher sind wenig Überschneidungen zur Radioastronomie, zur Katalysatorchemie oder zur Kernphysik zu finden. Aber gegenüber der Biologie, der Anthropologie, der Soziologie, der Ethnologie — um nur wenige Disziplinen zu nennen — sind die Grenzen fließend (was selbstverständlich auch umgekehrt gilt). Unabhängig von solchen Schwierigkeiten (und der Position mancher Psychologen, man könne den Gegenstand der Psychologie als Wissenschaft nicht sinnvoll bestimmen, vgl. Abschnitt 4.3.2) ist klar, daß die Psychologen für ihre wissenschaftliche Forschung nicht völlig beliebige Fragestellungen wählen, sondern Fragestellungen, die im wesentlichen das Feld menschlichen Erlebens und Verhaltens betreffen.

Insofern ist die Psychologie eine Sozialwissenschaft, denn wie die bisherigen Ausführungen gezeigt haben, sind Erleben und Verhalten nur relativ zu der immer schon im sozialen Raum stattfindenden Auseinandersetzung des Menschen mit seiner Umwelt zu verstehen. Man könnte diese Bereiche sogar als Unterpunkte zu einem einzelnen Bereich, dem Bewußtsein, verstehen, sofern Bewußtsein nicht als irgendeine „Innenwelt" aufgefaßt wird, sondern als Phänomen, in dem sich materielle Welt, Gesellschaft und Individuum wechselwirkend vereinigen. Aus diesem Zusammenspiel ergibt sich, wie mehrfach argumentiert wurde, die Fähigkeit des Menschen, überhaupt Subjekt und Objekt und sein „Selbst" reflektierend wahrnehmen und unterscheiden zu können. Im Gegensatz zur Alltagswelt, die „selbstverständlich" da ist, wird „Erkenntnis" — oder gar Erkenntnistheorie (und Wissenschaftstheorie) — erst durch bewußtes und reflexives Einnehmen einer Perspektive zum Gegenstand, aus welcher heraus der Mensch auf sich selbst und seinen Erfahrungsprozeß (in Auseinandersetzung mit anderen) „zurückblickt". Gerade diese Reflexivität (die sich nach *Mead* im Zusammenhang mit gesellschaftlichen Rollen ergibt und die auch Grundlage für intentionales Handeln ist — vgl. Abschnitt 1.5.2) scheint nach derzeitiger Auffassung das typisch Menschliche gegenüber dem Tier auszumachen.

Psychologie kann in Grenzbereichen auch als Geisteswissenschaft (z.B. als Nachdenken über „das Psychische") oder, heute häufiger, als Naturwissenschaft (Humanethologie = menschliche Verhaltensforschung) betrieben werden, nur wird dann zumindest eine der obigen wesentlichen Perspektiven ausgeblendet. Der Hang vieler Psychologen, sich als Naturwissenschaftler zu definieren, dürfte zumindest in manchen Fällen auf erkenntnistheoretisch wie wissenschaftstheoretisch naive „Science-fiction" hinauslaufen, da nicht selten unter „Naturwissenschaft" das Weltbild der Naturwissenschaften des 19. Jahrhunderts verstanden wird (vgl. Abschnitt 4.3.4). Wenn sich Psychologen jedenfall heute auf die Naturwissenschaften berufen sollten, um „subjektive" Phänomene wie „Bewußtsein" etc. auszublenden, so würden sie damit nur zeigen, daß sie von moderner Naturwissenschaft wenig verstehen. Eine aufschlußreiche Gegenüberstellung zweier Zitate in diesem Zusammenhang verdanken wir *Capra* (1983):

„Psychologie ... ist ein rein objektiver, experimenteller Zweig der Naturwissenschaft, der den Begriff des Bewußtseins ebenso wenig braucht, wie die Naturwissenschaften Chemie und Physik ihn benötigen" (J.B. *Watson*, ein führender Psychologe, 1914)

„Eine völlig übereinstimmende Formulierung der Gesetze (der Quantentheorie) ohne Bezugnahme auf das Bewußtsein war nicht möglich"
(E. *Wigner*, ein führender Physiker, 1970)

Ähnlich wie allerdings die Psychologie oft ihre erkenntnistheoretischen Grundannahmen unreflektiert läßt, werden psychologische Ergebnisse nicht immer von der Erkenntnistheorie beachtet. Dabei weisen schon psychologische „Fächer" wie „Wahrnehmung", „Denken", „Gedächtnis" auf eine enge Beziehung zu Fragen der Erkenntnis. Ebenso wie die etymologische Herkunft von „Wissen" aus der indogermanischen Wurzel „vid" = „sehen" (griechisch: „Idea", sanskrit: „Veden", lateinisch: „videre", das wieder in „Evidenz" steckt) auf diese enge Beziehung von Psychologie und Erkenntnistheorie deutet.

etymologische Bedeutung von „Wissen"

Entsprechend unseren Ausführungen hat die Erkenntnistheorie denn auch das Verhältnis von Erkenntnissubjekt und Erkenntnisobjekt zum Gegenstand (wobei nochmals auf die obige Feststellung verwiesen werden soll, daß diese Trennung überhaupt erst eine Leistung des reflexiven Bewußtseins, also des Erkenntnissubjektes in seiner besonderen Beziehung zur materiellen und sozialen Umwelt, ist — ein Zirkel, der m.E. nur in der hier gewählten entwicklungsgeschichtlichen Perspektive auflösbar ist). Neben der Frage nach der „Wahrheit" (die in Abschnitt 2.1 schon erörtert wurde) sowie nach den Bedingungen, die ein Erkenntnissubjekt als solches erfüllen muß und der Bestimmung des Erkenntnisgegenstandes, geht es in der Erkenntnistheorie auch um die Verortung und Analyse des wissenschaftlichen Instrumentariums, dessen sich das Erkenntnissubjekt bei der Auseinandersetzung mit dem Erkenntnisobjekt bedient.

Dennoch ist Erkenntnistheorie nicht mit Wissenschaftstheorie identisch. Einerseits ist wissenschaftliche Erkenntnis, wie gezeigt wurde, nur ein Teilaspekt von Erkenntnis. Andererseits geht es in der Erkenntnistheorie um die Herkunft von Erkenntnis und die Begründung des Phänomens „Wissenschaft", während beides in der Wissenschaftstheorie nicht mehr hinterfragt wird, sondern es auf der Basis vorliegender Erkenntnisse um deren Verknüpfungen zu fachwissenschaftlichen Theorien und den Umgang mit diesen geht.

Bevor wir uns dem Prozeß der Genese und Strukturierung wissenschaftlicher Erfahrung und dem Stellenwert des methodischen Instrumentariums darin widmen, sollen kurz noch einige getrennte Erörterungen zur Erkenntsnistheorie (2.3.1) und zur Wissenschaftstheorie (2.3.2) erfolgen:

2.3.1 Erkenntnissubjekt und Erkenntnisobjekt

Die Formulierung des Kernproblems der Erkenntnistheorie, das Verhältnis von Subjekt und Objekt der Erkenntnis, geht bis in die Antike zurück. Während erkenntnistheoretische Erwägungen bei den frühen Naturphilosophen (u.a. *Thales, Heraklit*) schon weit vor 500 v.Chr. zu finden sind, wird bei *Parmenides* aus Elea (ca. 480 v.Chr.) ,,Denken" (,,Subjekt") und ,,Sein" (,,Objekt") als ,,Dasselbe" gesetzt. Dieses ,,*Parmenides*modell" ist, nach *Diemer* (1967) thematisch bis zur Gegenwart gültig geblieben (vgl. Abblidung 9).

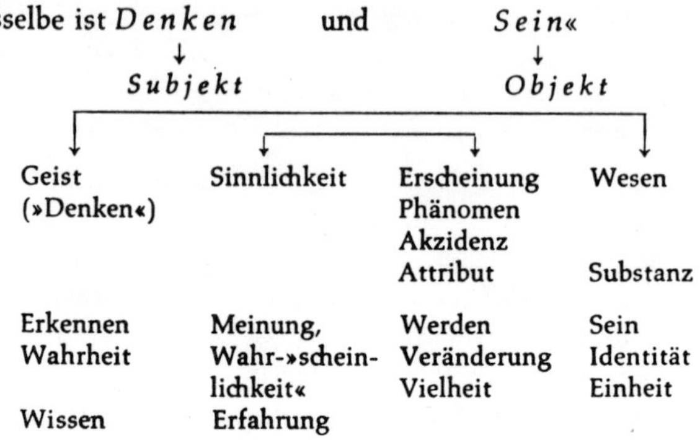

Abb. 9: Parmenides-Modell (aus *Diemer* 1967)

René *Descartes* (1596 - 1650), französischer Philosoph u. Mathematiker

Bis ins Mittelalter ist ,,das Fundament aller Erkenntnis das Objekt, dem das Erkanntwerden gegenüber dem Ansichsein sekundär ist" (*Diemer*). So geht es denn im mittelalterlichen ,,Universalien-Streit" darum, ob das Allgemeine, das wir in den konkreten Dingen sehen (z.B. daß eine bestimmte Holz-Zusammenstellung eben ein ,,Tisch" ist), in Form von Ideen schon vor den Erscheinungen der Dinge da-ist, wie *Platon* (427 - 347) annahm, oder aber in den Dingen ist, wie *Aristoteles* (384 - 322) meinte, oder nur ein Name sei. Erst mit *Descartes* ,,Cogito ergo sum" (Ich denke, also bin ich), wird die ,,Realität" problematisiert und das Erkennen vom Subjekt aus gesehen.

John *Locke*

Rationalismus — Empirismus

Diesem Rationalismus *Descartes'* setzte John *Locke* (1632 - 1704) seinen Empirismus (genauer: Sensualismus) entgegen: ,,nihil est in intellectu quod non prius fuerit in sensu" (Nichts ist im Verstand, was nicht vorher in den Sinnen war). Dieser Rationalismus/Empirismus-Gegensatz ist eine wichtige Kategorie in der erkenntnistheoretischen Debatte. Während es hierbei um die Frage nach dem Ursprung und der Gültigkeit der Erkenntnis geht, thematisiert ein anderes wichtiges Begriffspaar aus der Erkenntnistheorie den Gegenstand der Erkenntnis: nämlich ,,Idealismus vs. Realismus" (vgl. *Kerber* 1984). Während z.B. im ,,Deutschen Idealismus" (u.a. *Kant, Fichte, Schelling, Hegel*) ähnlich wie bei *Platon* die Ideen die bestimmenden Kräfte oder Urphänomene in Natur und Geschichte sind (,,Ideen verhalten sich als die Seelen der Dinge", *Schelling*), setzt der erkenntnistheoretische Realismus entweder naiv die Wirklichkeit als unmittelbar gegeben, oder, in kritischer Form, zumindest als bestimmend voraus. (In der moderneren Wissenschaftstheorie fordert der Realismus im Gegensatz zum Instrumentalismus, daß die Welt so zu beschreiben und zu erklären sei, wie sie ist, und nicht im Hinblick auf instrumentelle oder technische Verwertbarkeit.)

Immanuel *Kant* (1724 - 1804)
Johann Gottlieb *Fichte* (1762 - 1814
Friedrich Wilh. Jos. v. *Schelling* (1775 - 1854)
Georg Wilh. Friedr. *Hegel* (1770 - 1831)

In die gegenwärtige Debatte werden allgemein entwicklungsgeschichtliche, gesellschaftliche, sprachphilosophische und kommunikationstheoretische Aspekte (die, wie man unschwer sieht, sich überschneiden) in unterschiedlichem Ausmaß mit einbezogen. So verweist z.B.

Karl *Marx*
Wilhelm *Dilthey*
Ludwig *Wittgenstein*
Konrad *Lorenz*
Jean *Piaget*
Alfred *Sohn-Rethel*
Jürgen *Habermas*
Charles S. *Peirce*

— *Marx* (1818 - 1883) besonders auf Gesellschaftsformen,
— *Dilthey* (1834 - 1911) auf Verstehens- und Deutungsprozesse,
— *Wittgenstein* (1889 - 1951) und der „Wiener Kreis" auf Sprachlogik,
— *Lorenz* (*1903) auf Organismus-Umwelt-Beziehungen,
— *Piaget* (1886 - 1981) auf genetisch bedingte Entwicklungsprinzipien,
— *Sohn-Rethel* auf Praxis in Form abstrakter und konkreter Arbeit oder
— *Habermas* in Modifikation der Pragmatisten um
— *Peirce* (1839 - 1914) auf das kommunikative Handeln.

Bei dieser Aufzählung ging es darum, zumindest einige wichtige Perspektiven zu nennen (denen der eine oder andere bekannte Name zugeordnet wurde), keinesfalls um Vollständigkeit.

Zu der hier vertretenen Position sei nochmals auf Abschnitt 1.6.1, die semiotische Perspektive (erkenntnistheoretisch-psychologisch modifiziert), verwiesen, wobei die Beziehung zwischen Subjekt und Objekt ohne gleichzeitige Berücksichtigung der Zeichen und Zeichenprozesse eine unzulässige Reduktion der unauflöslichen Dreiecksbeziehung darstellt (vgl. Abbildung 10).

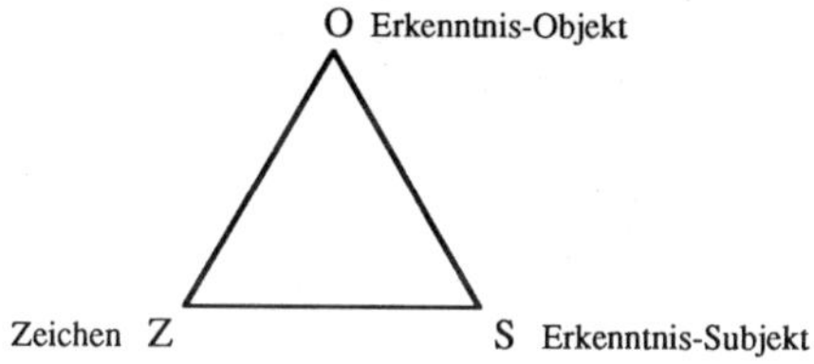

Abb. 10: Semiotisches Dreieck

Dabei stehen Zeichen (Sprache, Schrift, Plakate, Filme, Kunstwerke usw.) für künstlich geschaffene Reize, und zwar selbstverständlich von sozialen Akteuren in intendierten Handlungen geschaffen, um Sinn (d.h. geronnene Erfahrung der Subjekt-Objekt-Relation) zu vermitteln. In jeder Ecke spiegelt sich also die Beziehung der gegenüberliegenden Seite wider (die ihrerseits die Perspektive dieser Ecke immer schon mit integriert hat): Die Zeichen spiegeln das Subjekt-Objekt-Verhältnis, die Objekte spiegeln das Subjekt-Zeichen-Verhältnis (Sinn, Diskurs) und das Subjekt letztlich spiegelt das Zeichen-Objekt-Verhältnis (strukturierte Wirklichkeitskonstitution).

Dieses nur im gemeinsamen Zusammenhang verständliche und nicht reduzierbare Beziehungsgefüge gilt u.E. auch für die an den Eckpunkten anzusiedelnden Wissenschaftsdisziplinen (vgl. Abbildung 11):

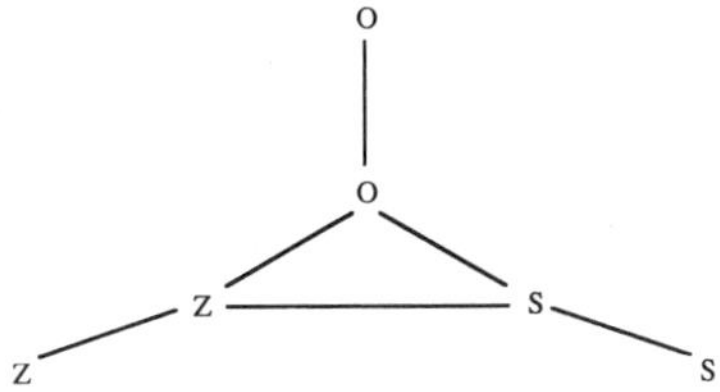

Abb. 11: Semiotisches Dreieck und Wissenschaftsdisziplinen

Dabei stellt Z-Z Wissenschaften hinsichtlich Zeichensystemen dar (Sprachwissenschaft, Mathematik, Logik), O-O die Naturwissenschaften, S-S die Sozialwissenschaften. Für erstere gilt dann, die Perspektive nicht zu vergessen, daß sie im Prozeß der Auseinandersetzung Mensch-Umwelt fungieren; die zweiten müssen berücksichtigen, daß es nicht um „die Wirklichkeit" (O-O) allein gehen kann, sondern diese immer schon und immer nur von Menschen mittels Zeichenprozessen erschlossen wird; und für letztere gilt, daß individuelle oder soziale Prozesse nur vor dem Hintergrund einer Anpassung an die materielle (0) und symbolische (Z) Umwelt und dem fixierten Sinn über diese Beziehungen (und Erfahrungen) verstanden werden können: So ist z.B. reine Verhaltenspsychologie (ohne Erkenntnissubjekte, ohne intentional vorweggenommene Sinnstrukturen beim Verhalten, also nur O-O) ebenso reduktionistisch wie eine rein Kognitive Psychologie (ohne Gegebenheiten der Umwelt Rechnung zu tragen, in deren Auseinandersetzung sich Sinndeutungen notwendig angepaßt haben, also nur S-S).

2.3.2 Grundmodelle der Wissenschaftsentwicklung

Ähnlich wie im vorhergehenden Abschnitt einige Grundaspekte der erkenntnistheoretischen Problematik zumindest übersichtsweise angeschnitten wurden, soll im folgenden ein kurzer Blick auf verschiedene Vorstellungen über die Entwicklung von Wissenschaft geworfen werden. An manchen Stellen wurde bereits gesagt, daß geronnene gesellschaftliche Erfahrung gesammelt, an die folgenden Generationen weitergegeben und somit vermehrt wird. Das gilt dann natürlich ganz besonders für Wissensbestände, und hier wiederum besonders für Wissenschaft, deren Erfahrungen ja weitgehend in Zeichensystemen fixiert werden.

Diese Vorstellung einer „cumulativen" Wissensentwicklung (cumulieren = anhäufen) war zunächst für die bisherige Argumentation recht dienlich, muß nun aber differenziert und relativiert werden. Denn wenn Wissenschaft einfach in der kontinuierlichen Ansammlung von Wissen, gar noch in Form von wahren Sätzen, bestünde, müßten heute noch die Sätze der Alchemie Bestandteil der Naturwissenschaften sein, und wir könnten keine Raketen in den Weltraum schießen, weil diese an dem Gewölbe, an dem die Himmelskörper über der flachen Erde aufgehängt sind, zerschellen müßten. Diese (und viele andere) waren nämlich einmal „wahre Sätze", die inzwischen offensichtlich falsch sind. Für eine cumulative Wissenschaftsentwicklung würden sich allerdings nur endgültig wahre Sätze eigenen, denn was heute wahr ist, kann morgen nicht falsch sein. Doch wer wollte schon definitiv behaupten, ein Satz (über einen empirischen Sachverhalt) sei auch noch in Milliarden Jahren und im Lichte dortiger Erkenntnis wahr.

Dennoch glaubte man lange Zeit an solche Ansammlung wahrer Sätze als Hauptfunktion der Wissenschaft. Vom erkennistheoretischen Begriff der „Entbergung" von Wissen über Sachverhalte bei *Aristoteles* — Sachverhalte, die nur so und nicht anders sein können — geht die Anschauung bis ins späte Mittelalter, daß wissenschaftliche Gesetze unbedingt wahr und endgültig seien. Den (vorläufigen) Höhepunkt fand diese Anschauung im sogenannten ,,Logischen Empirismus" des ,,Wiener Kreises" (*Wittgenstein* u.a.) Anfang dieses Jahrhunderts: Wissenschaftliche Erfahrung wird demnach in einem System ein für allemal wahrer Sätze niedergelegt. Und Wissenschaftsentwicklung ist demnach Sammlung und Vermehrung solcher Satzsysteme. Wissenschaft wird also zielgerichtet (,,teleologisch") begriffen: Es geht dann letztlich darum, die ,,ganze Wahrheit" über die Welt zu entdecken.

Daß es mit der ,,Wahrheit" einige Schwierigkeiten hat, wurde bereits in Abschnitt 2.1 ausgeführt. Weder lassen sich z.B. ,,wahre" Allsätze (etwa: ,,alle festen Körper gehorchen dem Fallgesetz") logisch einwandfrei durch endlich viele Beobachtungen vollständig verifizieren, noch zeigt die Erfahrung, daß einmal als ,,wahr" angesehene Sätze dies auch immer geblieben sind. Schon im letzten Jahrhundert betonten daher die Vertreter des amerikanischen ,,Pragmatismus", allen voran Charles S. *Peirce* (1839 - 1914), die geschichtliche und diskursive Dimension der Wahrheit. Im intersubjektiven Prozeß der Wahrheitsfindung sind dabei Theorien zu einem bestimmten Zeitpunkt zwar unbezweifelt, sie sind aber niemals unbezweifelbar (d.h. jederzeit kann prinzipiell ein begründeter Zweifel wieder geltend gemacht werden und sich erweisen, daß ehemals wahre Aussagen nun falsch sind). Dies thematisiert der von *Peirce* geprägte Begriff des ,,Fallibilismus", wobei der Wissenschaftler sogar die Pflicht hat, nach solchen begründeten Zweifeln zu suchen. Durch solche Forscher-Handlungen erweist sich, ob sich eine Theorie bewährt. *Peirce* nimmt daher an, daß dieser Prozeß der Wahrheit als einem ,,idealen Grenzwert" zustrebt.

Falibilismus

*Peirce*s Fallibilismus kann als Vorläufer von Karl R. *Popper*s Falsifikationismus gelten, der fordert, daß alle empirischen Urteile durch Beobachtungen grundsätzlich widerlegbar sein müssen (vgl. 3.2.2.4). Oft geprüfte und vorläufig nicht falsifizierte Theorien gelten auch hier als ,,bewährt". Damit nun aber Theorien sich nicht in zufälliger und zusammenhangloser Folge noch nicht falsifizierter Sätze ergeben, muß auch *Popper*, ähnlich wie *Peirce*, zumindest ,,Wahrheitsnähe" einführen, wobei Wissenschaftsentwicklung in einer Maximierung der Wahrheitsnähe bestehen soll. Wie aber schon an *Peirce* analog kritisiert wurde, läßt sich die ,,Nähe" zu einem Punkt ,,Wahrheit", über dessen Koordinaten man nichts sagen kann, nicht feststellen. Damit wird ,,Wahrheitsnähe" dubios.

Falsifikationismus
Sir Karl R. *Popper*

Mit einem ganz anderen Ansatz, nämlich auf der Basis wissenschaftsgeschichtlicher Analysen, hat Thomas S. *Kuhn* ein Erklärungsmodell für Wissenschaftsentwicklung vorgelegt (vgl. Abschnitt 4.1). Dabei wird (anhand der Naturwissenschaften) gezeigt, daß Wissenschaft nicht kontinuierlich — und schon gar nicht auf irgendeine endgültige ,,Wahrheit" hin — verläuft, sondern in Brüchen, sogenannten ,,wissenschaftlichen Revolutionen" (bzw. ,,Paradigma-Wechseln" — s.u.). Zwischen diesen Brüchen findet ,,normale Wissenschaft" (*Kuhn*) statt: Dabei vermehrt die Wissenschaftler-Gemeinschaft tatsächlich vor dem Hintergrund eines akzeptierten Paradigmas fachspezifisches Wissen. ,,Paradigma" — derzeit geradezu ein Modewort in jeder auch nur entfernt wissenschaftstheoretisch angehauchten Debatte — läßt sich am besten mit (wissenschaftlichem) ,,Weltbild" umschreiben — es bestimmt die relevanten Fragestellungen der For-

Thomas S. *Kuhn*

wissenschaftliche Revolution

Paradigma

scher, die akzeptablen Lösungsversuche und Methoden zu ihrer Beantwortung, die Kriterien für die Qualität der Forschung und insbesondere die Teil-Theorien und Erklärungsansätze für bestimmte Phänomene. Durch den Fortschritt an Erkenntnis (und Entwicklung des paradigma-spezifischen Instrumentariums) tauchen aber nach und nach mehr Phänomene am Forschungshorizont auf, die nicht mit dem Paradigma in Einklang zu bringen sind (zumindest nicht elegant). Dies löst dann die Suche nach einem neuen Paradigma aus, in welchem diese problematischen Phänomene und die erklärten des alten Paradigmas in völlig neuer Weise gesehen und erklärt werden. Man hat dies mit dem Gestalt-Wechsel in der Gestaltpsychologie verglichen. Dieser Übergang verläuft, wie gesagt, als ,,Revolution": Da völlig neue Sichtweisen ganz andere Erklärungsmuster liefern, werden nach Kuhn die Anhänger des alten Paradigmas auch selten überzeugt, sondern sterben einfach aus.

Dieser ,,revolutionäre" Charakter wird m.E. gelegentlich zu sehr strapaziert, etwa in dem Postulat, daß beim Wechsel der Paradigmen keinerlei Vergleichbarkeit oder Wissenstransfer möglich ist (,,Inkommensurabilitätsthese"), da das Paradigma die Erfahrung steuert und man so über Erfahrung in zwei unterschiedlichen Paradigmen nichts sagen könnte. Dabei wird m.E. übersehen, daß Erfahrung eben auch und zuerst in veränderter Materie kumuliert, deren Sinn stabiler ist als Paradigmen: Auch nach einem Paradigmawechsel bleibt ein Rad ein Rad zum Rollen, ein Mikroskop wird nicht zur Teetasse, und die Apparate des Radioastronomen interagieren mit derselben Welt wie vorher auf dieselbe Weise, nur unsere Deutungen ändern sich ggf.; d.h. Paradigmen (oder ,,disziplinäre Matrizen", wie man neuerdings sagt) werden nicht völlig inkommensurabel, sondern nur Teilaspekte von ihnen.

Dennoch ist wichtig, das folgende festzuhalten: Die Rahmenbedingungen, unter denen Psychologie als Wissenschaft betrieben wird, sind historisch keine konstanten Größen. Die ,,Paradigma-Abhängigkeit" erstreckt sich von den ,,sinnvollen" Fragestellungen über die ,,erlaubten" Methoden bis hin zu den ,,Grundfesten", z.B. welchen Bedingungen die Theorien überhaupt genügen müssen, um wissenschaftliche Theorien zu sein.

2.3.3 Die Kulturabhängigkeit wissenschaftlicher Erfahrung

Gerade am Ende eines Abschnitts, in dem Zeichenprozesse, Subjekt-Objekt-Verhältnis, und Paradigma thematisiert wurden, und bevor eine nähere Betrachtung des Forschungsprozesses selbst beginnt, erscheint es angemessen, sich nochmals der zentralen These bewußt zu werden: Statt ,,objektiver" Erkenntnis sind auch in der Wissenschaft die Möglichkeiten und Grenzen grundlegender Wahrnehmungs- und Erfahrungsprozesse kulturrelativ — nämlich spezifische Leistungen einer Sozialgemeinschaft (abgesehen von einigen, in 1.2 erörterten menschlichen Universalien). Gerade Psychologen, in deren Wissenschaftsbereich die Abhängigkeit kognitiver Leistungen wie Wahrnehmung und Gedächtnis von sozialen Bedingungen fällt, wenden erstaunlich wenig ihre Ergebnisse auf den eignenen wissenschaftlichen Erkenntnisprozeß an, sondern sind in dem

Glauben an die Objektivität ihrer Daten und Ergebnisse gefangen. Die Wissenschafts- und Kulturgeschichte belegt aber an zahlreichen Beispielen, daß die in Kapitel 1 herausgearbeiteten Aspekte sozial und kulturell bedingter Wahrnehmung keineswegs auf Alltagserfahrung beschränkt sind. Recht eindrucksvoll sind beispielsweise die Beobachtungen des Saturnringes: *Galilei* und *Huygens* zählten sicher zu den hervorragendsten Naturwissenschaftlern ihrer Zeit, und keiner würde wohl bezweifeln, daß sie es an Sorgfalt und geschulter Beobachtungsfähigkeit nicht mit heutigen Wissenschaftlern (z.B. auch Psychologen) aufnehmen könnten. Doch obwohl beide bemüht waren, das Beobachtete so genau und objektiv wie möglich wiederzugeben, und obwohl ihre Instrumente weitaus besser waren als heutige billige Warenhausfernrohre, kann heute jeder Hobbyastronom durch letztere Geräte ,,den Saturnring" deutlich ,,sehen" (vgl. Abbildung 12), während *Galilei* in seinen Beobachtungen 1609 - 19 den Ring nicht als ,,Ring" ,,sah" (sondern als dreigeteiltes Objekt) und *Huygens* in seinen frühen Aufzeichnungen Abbildungen des ,,Gesehenen" wiedergab, von denen viele aus heutiger Sicht als ,,unmöglich gesehen" beurteilt werden müssen (vgl. Abbildung 13).

Dies zeigt, daß ,,Sehen" und ,,Beobachten" und ,,Aufzeichnen" — auch von geschulten Wissenschaftlern — nicht von der Auffassung und der kognitiven Repräsentanz dessen zu trennen ist, was als ,,Wirklichkeit" hypothetisch der Wahrnehmung unterstellt wird. Ähnlich zeichnete z.B. der große Astronom *Herschel* ein Objekt (M51), als er nicht wußte, daß es sich um einen Spiralnebel handelte, in einer Weise, wie heute niemand unter denselben optischen Bedingungen — aber eben mit heutigem Wissen — das Objekt wahrnehmen würde. Modernere Beispiele für die Abhängigkeit wissenschaftlicher Erfahrung von (kulturell vermittelten) Vorurteilen werden in 2.5.2 gegeben.

Speziell im Hinblick auf Zeichenprozesse ist die wechselseitige Abhängigkeit von Erfahrung und Darstellung besonders interessant. Auf das Erlernen von ,,Filmsprache" wurde schon eingegangen (vgl. 1.6.1). Aus dem Bereich der Kulturgeschichte liefert die Wiederentdeckung der Perspektive in der Renaissance ein gutes Beispiel, da sie unmittelbar im Zusammenhang mit dem Wandel der Auffassung von Gesellschaft und (Natur-) Wissenschaft stand: nämlich ein Wandel vom Sinnbild — bei dem z.B. Personen entsprechend ihrer Wichtigkeit ihre Größe und Position in einem Gemälde zugeordnet bekamen — hin zum Abbild, wobei bildende Kunst den Rang einer Wissenschaft erhielt und eine mit Genauigkeit betriebene Naturbeobachtung mit sich brachte (z.B. durch Leonardo *da Vinci)*.

Ein anderes eindrucksvolles Beispiel ist die Darstellung elektronischer Schaltungen aus der Frühphase der Elektronik. Für mechanische Geräte ist es nämlich durchaus sinnvoll, sie möglichst exakt perspektivisch (s.o.!) darzustellen — und dies war im 19. Jh. auch üblich. Obwohl es aus heutiger Sicht ,,selbstverständlich" ist, daß bei elektronischen Geräten im Gegensatz zu mechanischen die räumliche Anordnung der Bauelemente gegenüber der funktionellen Struktur praktisch bedeutungslos ist, wurden zunächst auch elektronische Schaltungen räumlich/perspektivisch dargeboten, ohne Rücksicht auf die funktionelle Struktur. Erst allmählich entwickelte sich eine mehr funktionelle Darstellung:

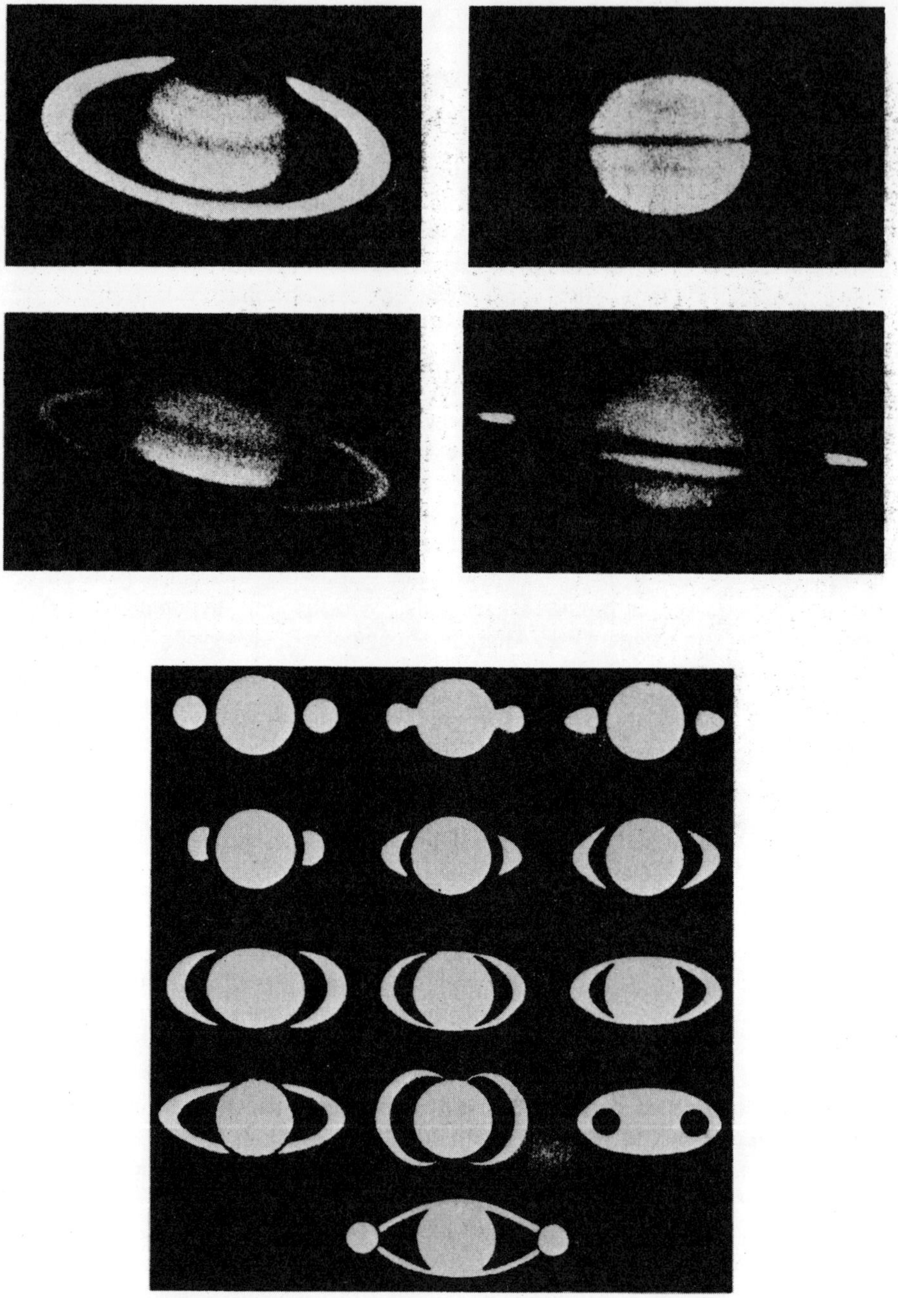

Abb. 12: Saturn mit Ring, wie er sich in unterschiedlichen Stellungen der Erde zeigt; und Zeichnungen des Saturns von Christian *Huygens,* bevor er den Ring als ,,Ring" identifizierte.

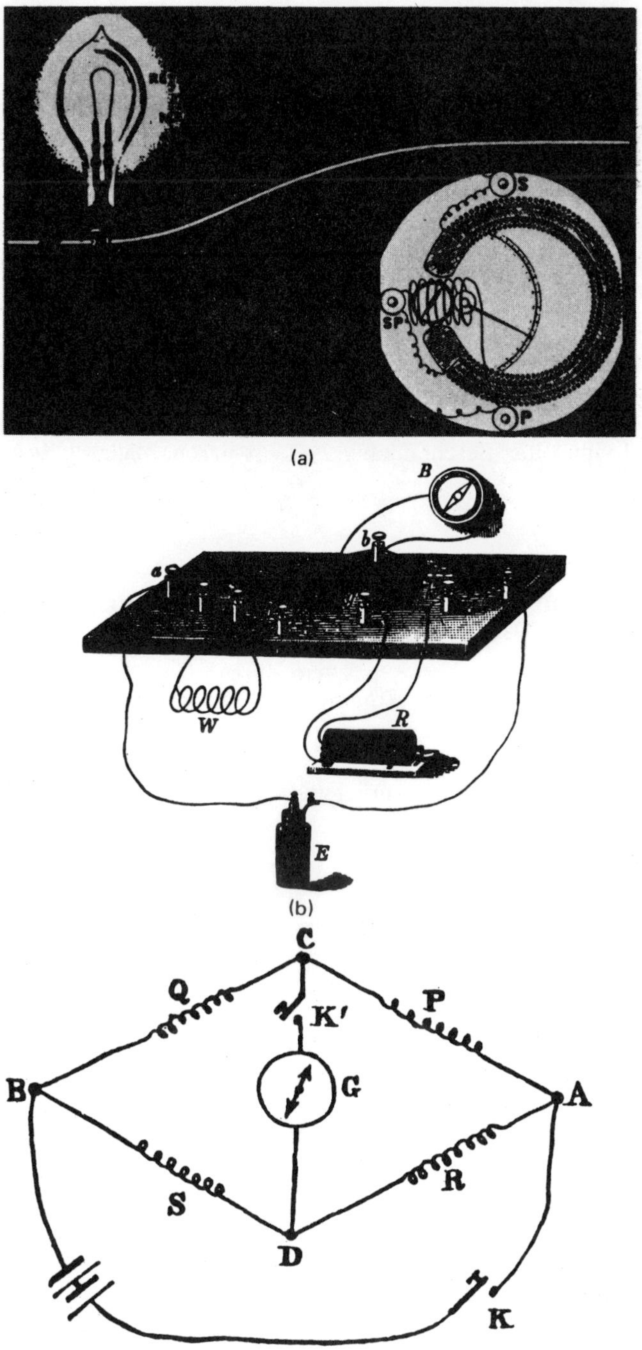

Abb. 13: Darstellung der Wheatstoneschen Brücke 1884, 1890 und 1898 (aus *Gregory* 1970)

In der Abbildung wird eine Schaltung zur Messung elektrischer Widerstände (sog. Wheatstonische Brücke) in Darstellungen von 1884, 1890 und 1898 wiedergegeben: Man sieht deutlich die Veränderung — wobei die letzte der Darstellung heutiger Schaltungen weitgehend ähnlich ist, die „ganz selbstverständlich" von jedem Elektroniker „gelesen" werden können.

Gerade wenn man die Selbstverständlichkeit „unserer" wahrgenommenen und erfahrenen Wirklichkeit als gesellschaftlich-kulturelle Leistung zu würdigen weiß, kann man der Gefahr entgehen, diese kulturrelative Leistung mit ontisch-objektiver (und damit alleingültiger) Wirklichkeit zu verwechseln. Ersteres eröffnet die Fragen nach „neuen Wirklichkeiten" (als Basis jedes Paradigmawechsels), letztes würde die zulässigen Fragen und Methoden auf das jeweils gerade vorherrschende Paradigma (oder zumindest: die Paradigmen) beschränken: Was es nicht geben kann, braucht dann auch nicht untersucht zu werden. Mit einer solchen Haltung ist aber der Schritt von pragmatisch willentlicher und sinnvoller Beschränkung zu „wissenschaftlicher" Beschränktheit nicht mehr weit.

2.4 Die Strukturierung sozialwissenschaftlicher Erfahrung

Ein wichtiges Ergebnis der Argumentation im vorangegangenen Abschnitt war, daß Wissenschaftler ihre Fragestellungen, die Methoden, mit denen sie versuchen, diese Fragestellungen einer Lösung zuzuführen, die Wissensbestände, auf die sie dabei zurückgreifen usw. — kurz: ihre gesamte Argumentations- und Handlungsbasis — relativ zu einem (fachspezifischen) Paradigma gestalten.

Nun kann allerdings bezweifelt werden, daß in den Sozialwissenschaften im weiteren Sinne, oder in der Psychologie im engeren Sinne, überhaupt ein geschlossenes Paradigma vorliegt, wie es *Kuhn* z.B. für die Physik überzeugend dargelegt hat. Man kann hier auf eine Reihe konkurrierender Theorien oder Theorien-Netze verweisen, die jede für sich auf einem anderen „Weltbild" beruhen, mit einer eigenständigen Sicht, was relevante und zulässige Untersuchungsfragen sind, mit welchen Methoden man diese angehen könnte, was zureichende Erklärungen sind, usw.

Im engeren Bereich der Psychologie gibt es derzeit mindestens fünf solcher „Gebilde" oder Ansätze, nämlich den Psychoanalytischen Ansatz, den Behaviorismus (inklusive Lerntheorien), die Humanistische Psychologie, die Kognitive Psychologie und die Systemtheoretische Psychologie; dazu, ggf. als sechster Ansatz, noch die Kritische Psychologie. Diese Ansätze und psychologischen Weltbilder überlappen sich teilweise, existieren aber insbesondere nebeneinander (wenn auch mit wechselnder Beliebtheit). Man kann also bestenfalls von paradigma-ähnlichen Ansätzen sprechen.

Dennoch gilt für die Psychologie, daß diese paradigma-ähnlichen Ansätze die konkreten Fragestellungen und Vorgehensweisen im Forschungsprozeß wesentlich bestimmen. Das gilt übrigens (trotz der anderen Ebene, auf der erkenntnis- und wissenschaftstheoretische Überlegungen angesiedelt sind) auch für die Argumente und Darstellungsweisen in diesem Buch — wobei eine systemische Betrachtungsweise bevorzugt wird (ein Ansatz, bei dem weniger kausale Strukturen — also Ursache-Wirkung — sondern Vernetzung bzw. zeitlich verschränkte Wechselwirkungen im Zentrum der Betrachtung stehen). Auf einzelne Aspekte reduziert bzw. auf eine bestimmte Abfolge interpunktiert — vgl. 1.4.2 — ergeben sich dann Ursache-Wirkungs-Beziehungen. Diese sind durchaus sinnvoll zu untersuchen — wie z.B. der Grundriß oder die Seitenansicht eines Hauses — sofern man sich des Reduktionismus und damit der Notwendigkeit bewußt ist, die Erkenntnisse zu einem Gesamtbild zusammenzusetzen.)

Die Fragestellung, mit der ein Forschungsprozeß beginnt (gemeint ist im folgenden stets: ein Prozeß empirischer, also erfahrungsbezogener, Forschung), wird vom Forscher aus den von ihm wahrgenommenen relevanten Problemstellungen und den zugeordneten Wissensbeständen — besonders aus den akzeptierten Theorien — herausgearbeitet. Bereits hier wird die Erfahrung vorstrukturiert: Eine experimentelle Anordnung, die Licht nur als Welle erfassen kann, wird nichts über den Teilchencharakter in Erfahrung bringen, ja nicht einmal, daß es diesen gibt. Und der Behaviorist, der die wesentliche menschliche Eigenschaft, seinen und anderen Handlungen Sinndeutungen zu geben, außen vor läßt, wird eben nur „Verhalten“ finden und kein „Handeln“. Im folgenden soll der Forschungsprozeß unter dem Aspekt der Strukturierung von Erfahrung — und dabei besonders auch der Stellenwert des Instrumentariums in diesem Prozeß — genauer betrachtet werden. Da der Forschungsprozeß nicht nur von Fragestellungen ausgeht, sondern auch wieder zu deren Modifikation führt, sollen daran anschließend kurz einige Aspekte zum Umgang mit Aussagen thematisiert werden.

2.4.1 Der Forschungsprozeß und das Instrumentarium

Der Forschungsprozeß läßt sich — sehr grob — in vier Phasen untergliedern:

i) Entwicklung der Fragestellung
ii) Erhebung von Daten
iii) Verarbeitung (Auswertung) der Daten
iv) Interpretation (Fragebeantwortung)

zu i): Entwicklung der Fragestellung
Daß die Entwicklung der Fragestellung relativ zu den paradigma-ähnlichen Ansätzen (und damit den relevanten Problemen und sinnvollen Vorgehensweisen) erfolgt, wurde bereits gesagt. Aus Theorien oder Vermutungen, die allgemeine Aussagen machen, werden als Hypothesen Vorhersagen über die in der Untersuchung zu erwartende Erfahrung abgeleitet (meist entspricht jeder Hypothese auch eine andere Erfahrung, denn es soll ja am Ende eine Entscheidung gefällt und die Frage beantwortet werden.)

Diesen Vorgang, aus allgemeinen Aussagen, Sätzen oder gar Gesetzen, Aussagen (über zu erwartende Erfahrung) für den Einzelfall herzuleiten, nennt man Deduktion. Dieses Verfahren ist logisch einwandfrei möglich (vgl. 2.4.2). Hingegen kann man zeigen, daß es logisch nicht möglich ist, aus endlich vielen Einzelfällen einwandfrei allgemeine Aussagen abzuleiten, ein Vorgang, den man Induktion nennt. Trotz dieser logischen Unmöglichkeit der Induktion ist das induktive Aufstellen von solchen allgemeinen Aussagen, aus denen dann deduktiv einzelne Fragestellungen für den Forschungsprozeß abgeleitet werden, eine sehr wichtige Angelegenheit in der Wissenschaft (vgl. Abschnitt 3.2.2).

Welche Fragestellung gewählt wird, hängt natürlich nicht nur vom paradigma-ähnlichen Ansatz insgesamt ab, sondern auch von den jeweiligen Einzelinteressen, Geldgebern, bisheriger Erfahrung, Verfügbarkeit über bestimmte Apparate usw. — wobei diese Aspekte sich stark überlappen. Insgesamt wird daraus ein Plan entworfen, auf welche Weise man einen bestimmten Ausschnitt von Wirklichkeit konstituieren will. Dieser Konstitutionsprozeß heißt ,,Datenerhebung". Die folgende, leicht modifizierte Darstellung aus *Kriz* (1981) soll in diesem Zusammenhang einige Aspekte herausstellen:

Zu ii): Erhebung von Daten

Wenn das methodische Instrumentarium der Sozialwissenschaften — wie in Abschnitt 2.2.1 geschehen — als Fortentwicklung von Rezeptoren eines erkennenden Systems in Interaktion mit dem Erkenntnisgegenstand aufgefaßt wird, folgt allein schon aus dieser Sichtweise, daß diese ,,Instrumente" nicht als problemlose ,,Techniken" einfach angewendet werden können. Sondern wenn man den Gedanken ernst nimmt, daß in einem solchen konkreten Interaktionsprozeß ein ganz bestimmter Ausschnitt von sozialer Wirklichkeit erst konstituiert wird, läßt sich die Methode wohl kaum vom Gegenstand trennen. Eine abstrakte Diskussion, ob z.B. eine Inhaltsanalyse von Zeitungstexten, eine Analyse der ökonomischen Verflechtungen von Zeitungskonzernen oder aber eine Befragung von Zeitungslesern (um nur drei Aspekte anzuführen) die ,,richtigere" Erkenntnis über das ,,Pressewesen" liefert, ist genau so absurd wie die Frage, ob Frau M durch die Abbildung eines Straßenmalers, durch ein Farbfoto aus dem 3. Stock von ihr zur selben Zeit aufgenommen oder aber durch die später aufgezeichnete Personenbeschreibung eines vorbeigehenden Passanten ,,richtiger" wiedergegeben wird. Stattdessen handelt es sich jeweils um unterschiedliche Konstituierungen bestimmter Wirklichkeitsaspekte, die irgendwie miteinander (und mit anderen) zusammenhängen, aber per se nicht ,,richtig" oder ,,falsch" sein können, sondern nur mehr oder minder funktional im Hinblick auf einen vorgegebenen Zweck.

So wie im Alltag mein Bedürfnis, nach einem Einkauf schnell zum Bahnhof zu kommen, meine visuelle Wahrnehmung auf die Unterschiede von Autos akzentuiert, um ein Taxi auszumachen, und andere ,,Eindrücke" der Welt im Hintergrund meines Bewußtseins versinken (Häuserfronten, Menschen, Gespräche, Gerüche), akzentuiert der Forscher durch seine Fragestellung in Verbindung mit einer bestimmten Vorgehensweise bei der Erhebung und Weiterverarbeitung der ,,Daten" einzelne Aspekte der Wirklichkeit, die er konstituiert. Und ähnlich, wie ich die obige Aufgabe nur lösen kann, wenn ich bereits Vorstellungen davon habe, wie ein Taxi in etwa aussehen müßte (Fahrräder und LKW beachte ich nicht), wo es etwa fahren wird (den Bürgersteig nehme ich kaum wahr) etc., kann der Forscher die Wirklichkeit nur konstituieren, indem er sie weitgehend im Hinblick auf die immer schon vorhandenen Regeln, Theorien und Erkenntnisse seiner scientific community strukturiert. Durch die Entscheidungen für bestimmte Untersuchungsaspekte, Erhebungsschritte, Analysemodelle etc., gestaltet er seinen Untersuchungsgegenstand.

Der Ausdruck „gestaltet" wurde eben nicht zufällig verwendet, sondern sollte auf das gestaltpsychologische Problem der Figur- Grund-Abhebung verweisen, nämlich daß Forschung (als Sonderform allgemeiner Erkenntnis) mit der fundamentalen menschlichen Wahrnehmungsleistung zu tun hat, der Fähigkeit zur Ausgliederung von Gestalten. Dabei ist zu beachten, daß das Figur-Grund-Problem als Verhältnis zwischen Bezogenem und seinem Bezugssystem aufgefaßt wird. Der Hintergrund (Kontext), vor der sich die Figur (der Forschungsprozeß mit einem bestimmten Ergebnis) abhebt, ist dabei im konkreten Fall oft nicht bewußt, insbesondere nicht im Hinblick darauf, wie und wieweit er die Figur beeinflußt.

Übungsaufgabe 9

Übungsaufgabe 9

Zur Demonstration dieses Phänomens sollen Sie versuchen, für die drei folgenden Zahlenreihen die Struktur, nach der die Zahlen angeordnet sind, zu ermitteln:

Reihe 1:	10	9	8	7	6	5	4	3	2	1
Reihe 2:	6	5	7	4	8	3	9	2	10	1
Reihe 3:	8	3	1	5	9	6	7	4	10	2

Dabei ist wohl einfach zu erkennen, daß in Reihe 1 die Zahlen von 10 absteigend angeordnet sind, in Reihe 2 hingegen mit 6 beginnend alternierend fallend und steigend. Was aber ist das Ordnungsprinzip für Reihe 3? Die sehr einfache Struktur dürften Sie dennoch kaum finden (es sei denn, Sie kennen die Aufgabe). Lassen Sie sich daher 2 - 3 Min. Zeit und sehen Sie dann hinten bei den Lösungshinweisen nach.

Erfahrungsgemäß ist es gerade nach Reihe 1 und 2 extrem schwierig, diese einfache Anordnung der Reihe 3 herauszufinden. Das liegt daran, daß man für die Zahlen der Reihe 3 „automatisch" eine numerische Struktur voraussetzt, und diese Unterstellung bildet den Hintergrund, vor dem die Aufgabe zu lösen versucht wird. Gerade weil diese Voraussetzung so „selbstverständlich" scheint, daß sie nicht mehr bewußt als solche wahrgenommen wird, ist sie besonders stark wirksam. Bevor Kontexte hinterfragt werden können, müssen sie zunächst einmal wahrgenommen werden. — Das verweist auf ein zentrales Problem von empirischer Forschung schlechthin (also auch von Sozialforschung), die immer schon vor dem Hintergrund „selbstverständlicher" Annahmen der scientific community stattfindet.

Für die Sozialforschung aber ergibt sich zunächst ein weiterer Aspekt dieses Problems daraus, daß sich der Untersuchungsbereich auf Menschen bezieht — Gegenstand der Untersuchungen also wie der Forscher selbst Erkenntnissubjekte sind (und nicht nur Erkenntnisobjekte im Sinne der Naturwissenschaften)—, die ebenfalls (ihre) Wirklichkeit konstituieren. Der untersuchende und der untersuchte Mensch treffen also in einem sozialen Prozeß aufeinander, in welchem beide versuchen, das jeweils Wahrgenommene sinnhaft zu identifizieren — und dies von beiden weder in identischer noch in voneinander unabhängiger Weise.

Zum Beispiel ist das Material, welches in Erhebungssituationen verwendet wird (Fragebögen, Tests, experimentelle Anordnungen etc.), vom Forscher aufgrund seiner Fragestellung und seines Forschungsplans (Designs) mit einer bestimmten Absicht entwickelt worden, es entstammt also seinem Forschungskontext. Eine untersuchte Person aber kann nur auf das Material reagieren, indem sie diesem einen Sinn zuweist, d.h. das Wahrgenommene gemäß ihrer bisherigen Erfahrung strukturiert und interpretiert. Der Sinn, den das Material für diese Person hat, entstammt also notwendigerweise ihrem Erfahrungs- und Handlungskontext.

Zwar kann und muß der Forscher einen gewissen „common sense" (= gemeinsames Verständnis) zwischen ihm und dem Untersuchten voraussetzen (jedenfalls bei Untersuchungen in seinem Kulturkreis), er darf also sicher sein, daß die Kontexte und Sinnzuweisungen des Untersuchten nicht völlig unterschiedlich zu seinen sind. Doch ist genau so sicher, daß diese Kontexte auch nicht identisch sind.

Die Abhängigkeit des Materials von unterschiedlichen Kontexten und die sich nur teilweise überlappenden Sinndeutungen lassen sich visuell gut durch das „Material" in dem Rechteck in Schema 2.5 veranschaulichen, wobei der Forscherkontext durch die Zeile (Zahlen), der Kontext des Untersuchten durch die Spalte (Buchstaben) repräsentiert wird, so daß das Material im Rechteck vom Forscher zwar als Zahl „13" intendiert ist, vom Untersuchten aber als Buchstabe „B" interpretiert wird.

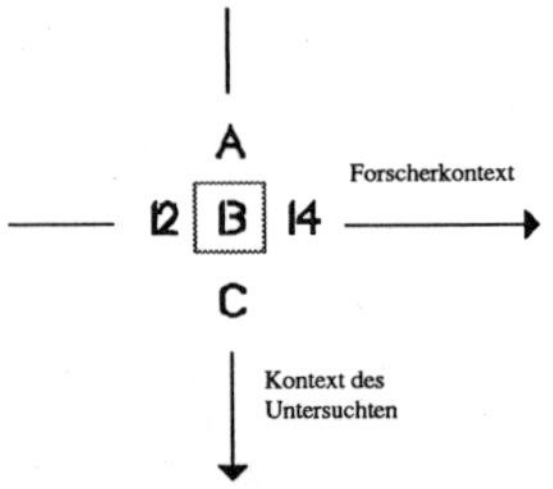

Abb. 14: Kontextabhängigkeit der Wahrnehmung

Trotz der unterschiedlichen Interpretation des Materials im Rechteck besteht bei diesen beiden Deutungen stillschweigend Einvernehmen darüber, daß es sich um Information aus dem alphanumerischen Zeichenbereich handelt: Vermutet man in dem Rechteck einen Drudel (das ist ein witziges Zeichen-Rätsel), so wird man dieses Material anders sehen — und noch wieder anders, wenn man westliche Schriftzeichen nie gesehen hat.

Dasselbe Problem der Kontextabhängigkeit stellt sich bei der Verwendung von sprachlichem Material. So wurde z.B. in einer Untersuchung die Frage:

Beispiel

„Würden Sie für oder gegen eine Regierung stimmen, die sagt, sie will den Sozialismus einführen?"

als Indikator für einen ,,Befürworter des Sozialismus" intendiert. Doch was ist unter ,,Sozialismus" und was unter ,,einführen wollen" konkret zu verstehen. Selbst ohne intimere Kenntnisse der Sozialismus-Debatte ist allgemein bekannt, daß es viele unterschiedliche Formen in Begründung und Zielsetzung ,,des" Sozialismus gibt, die sich extrem voneinander unterscheiden. Auch der Befürworter einer Form von Sozialismus müßte daher gegen eine Regierung stimmen, welche wirklich derart dümmliche und undifferenzierte Äußerungen von sich gibt — d.h. im vorliegenden Fall, wo der Befragte zu Recht vermuten kann, daß die Unzulänglichkeit nicht bei der imaginären Regierung, sondern beim Demoskopen liegt, wäre die adäquate Reaktion, die Frage zurückzuweisen. Daß im vorliegenden Fall nur zwischen 20 % und 30 % der Befragten jeweils nicht ,,dafür" oder ,,dagegen" ankreuzten, ist noch das interessanteste Ergebnis solch einer Untersuchung: Es zeigt, wie weit sich Befragte bemühen, auch in unklaren oder gar unsinnigen Fragen noch einen Sinn auszumachen.

Gerade an diesem Beispiel läßt sich aber auch die wechselseitige Abhängigkeit von Figur und Grund demonstrieren: So hat die obige Frage sicher unterschiedliche Bedeutung, je nachdem ob vorher in dem Fragebogen vom ,,Sozialismus" sozialistischer Staaten geredet wurde, oder aber ob zuvor z.B. Fragen zur Form des religiösen Sozialismus mit seiner Verwirklichung insbesondere christlicher Forderungen gestellt wurden.

Neben der vom Forscher geplanten und gewünschten ,,offiziellen" Interaktion zwischen Untersucher, Untersuchtem und dem Material, ist also die Erhebungssituation durch Metainteraktion (also eine Interaktion mittels derer man sich über die ,,offizielle" Interaktion verständigt und so diese — meist unbewußt — in bestimmter Weise deutet) gekennzeichnet und beeinflußt, indem sowohl der Untersucher als auch der Untersuchte sich Gedanken über diese Situation macht und ihr einen bestimmten Sinn gibt. Welche Motive der Befragte auch immer haben mag, an einer Erhebung mitzuwirken — Geld, Hilfsbereitschaft, Stolz, Nicht-nein-sagen-können, Neugier etc. — er hat ein gutes Recht darauf, die Situation in seinem Sinne möglichst optimal zu strukturieren und hinter sich zu bringen. Und das bedeutet zuerst einmal, daß er seine Unsicherheit in der für ihn neuen Situation minimieren wird, indem er insbesondere versucht, die Intentionen und Erwartungen des Forschers zu erraten (bzw. aus dem nicht-offiziellen Teil des Verhaltens des Untersuchers herauszukriegen).

Diese Reflexion der Beteiligten über die untersuchte Situation ist im Forschungsplan in der Regel kaum berücksichtigt. Denn gemäß dem Design strukturiert der Forscher oder ein von ihm Beauftragter die Erhebungssituation. Registriert wird — meist ebenfalls genau nach Plan — die ,,Reaktion", d.h. die manifeste Verhaltensweise (oder besser: vorher festgelegte Ausschnitte davon) der untersuchten Personen. Die typische und wissenschaftlich nüchterne Formulierung: ,,A wurde befragt", suggeriert also fälschlicherweise so etwas wie Objektivität im Sinne klassischer Physik — vergleichbar mit der Formulierung: ,,die Wegstrecke A wurde vermessen".

Wie stark sich in Abweichung vom ,,Plan" diese Metainteraktion auf das konkret festzustellende Untersuchungsergebnis auswirkt, dürfte allerdings schwerlich auszumachen sein, da eine komplexe Wechselwirkung anzunehmen ist zwischen den bisherigen Erfahrungen des Untersuchten (über die man per definitionem fast nichts weiß, sonst würde man ihn ja nicht befragen müssen), und den Sinnstrukturen, welche er der Erhebungssituation zuschreibt — d.h. den Sinn, den die Handlungen des Forschers und das vorgelegte bzw. verwendete Material für ihn haben. Gerade deshalb wäre im konkreten Fall einer Untersuchung zu erörtern, ob der Einfluß dieser Wechselwirkung ggf. so wesentlich werden kann, daß der vom Forschungsdesign vorgesehene Interpretationsrahmen die soziale Situation ,,Erhebung" nicht mehr zureichend erfaßt.

Zu iii): Verarbeitung von Daten

Zwischenergebnis der erläuterten spezifischen Konstitution von Wirklichkeit ist eine strukturierte Menge von Information. In der Regel ist aber die Informationsmenge viel zu umfangreich, als daß sie durch ,,naives Aufnehmen" zu Erkenntnis führen könnte. Vielmehr muß diese Informationsmenge bearbeitet und für die Beantwortung einer Forschungsfrage auf das ,,Wesentliche" reduziert werden. Auch diese Phase im Forschungsprozeß soll anhand einer (veränderten) Darstellung aus *Kriz* (1981) erhellt werden:

empirisches Relativ

Die ,,strukturierte Menge von Information" besteht aus empirischen Elementen und empirischen Beziehungen zwischen diesen. Die empirischen Elemente können z.B. Menschen, Gruppen von Menschen, Institutionen, Städte, Kunstwerke, Kreuze auf Fragebögen oder auf Tonträgern gespeicherte Gefühlsäußerungen von Menschen sein. Die empirischen Relationen können z.B. beobachtbare Aussagen, wie ,,ist später geboren als", ,,sitzt zwischen", ,,sind sich ähnlicher als" usw. sein. Ein solches System aus empirischen Elementen und empirischen Beziehungen zwischen diesen nennt man ein empirisches relationales System — oder einfach: ein empirisches Relativ.

Die Notwendigkeit für die Reduktion der Information des konstituierten empirischen Relativs und die Probleme, die dabei auftreten, lassen sich leicht veranschaulichen: Stellen wir uns dazu eine sehr kleine Fragebogenuntersuchung vor, in der 100 Personen jeweils 5 Fragen zur Reform des Abtreibungsparagraphen vorgelegt wurden und zusätzlich nach Alter, Geschlecht, Einkommen, Familienstand und Religionszugehörigkeit gefragt wurde. Das empirische Relativ besteht dann aus 1000 Angaben auf den Fragebögen und bestimmten Beziehungen zwischen diesen Angaben, z.B. hinsichtlich des Alters, des Einkommens, einer bestimmten Fragebeantwortung etc. Stellen wir uns weiterhin vor, man würde den Untersuchungsleiter bitten mitzuteilen, was bei dieser Untersuchung herausgekommen ist. Wenn nun der Untersuchungsleiter daraufhin die 100 Fragebogen nähme und beim ersten beginnend einfach sämtliche Antworten vorlesen würde, so würde man ihn wahrscheinlich spätestens beim 10. Fragebogen mit Worten unterbrechen wie: ,,Was soll ich mit dieser Detailinformation, können Sie nicht das Wesentliche kurz zusammenfassen?" Diese Forderung würde man aber nicht nur aus Zeitmangel stellen, sondern einfach deshalb, weil man mit der detaillierten Information kaum etwas anzufangen wüßte, d.h. man könnte wahrscheinlich bereits nach 10 Fragebögen nicht einmal so banale Fragen beantworten, wie ,,ob die weiblichen Befragten älter gewesen sind als die männlichen", oder ,,ob die Katholiken ein höheres Einkommen hatten als die

Protestanten" usw. Das bedeutet, bei unsystematischer Präsentation der Information eines empirischen Relativs ist unser menschliches Gehirn ohne Hilfsmittel nicht in der Lage, die Information adäquat, d.h. im Hinblick auf die Beantwortung bestimmter Fragen, zu reduzieren. Dabei muß bedacht werden, daß dieses Beispiel mit nur 100 Befragten und jeweils 10 Fragen sogar ein untypisch kleines empirisches Relativ darstellt.

Das Beispiel sollte zeigen, daß Wissenschaft offensichtlich nicht darin besteht, die gesammelten Einzelfakten des empirischen Relativs möglichst vollständig und unverfälscht in den Kommunikationsprozeß einzubringen, sondern insbesondere darin, die Information eines empirischen Relativs im Hinblick auf bestimmte Fragen adäquat zu reduzieren. Dies ergibt sich — unabhängig von diesem konkreten Beispiel — auch aus grundlegenderen Argumenten: Wenn man sich nämlich klarmacht, daß hinreichende (kommunikative) Verständigung, als Grundlage gemeinsamen Handelns (und der Wissensvermehrung) in einer „scientific community" voraussetzt, daß man sich über die wesentlichen Strukturen der konstituierten Realität einig ist bzw. schnell einigen kann. So ist es Aufgabe von empirischer Forschung (wie von Alltagshandeln), Situationen und Verknüpfungen (Relationen) zwischen Situationen zunächst als „Fakten" zu erfassen und dann die Fülle solcher Fakten zu einfacheren Fakten („Gesetzen") zu strukturieren und zu reduzieren, welche geeignet sind, in zukünftigen Situationen möglichst erfolgreich zu handeln. So ist z.B. die Physik eben nicht die Summe aller physikalischen Einzelerfahrungen — etwa die Sammlung sämtlicher Experiment-Protokolle in Millionen von Bänden — sondern deren Reduktion auf sehr wenige aber grundsätzliche „Fakten" (etwa der ‚Fallgesetze'), die es ermöglichen, Prognosen für den Einzelfall abzuleiten.

Es sollte auch deutlich werden, daß unser menschliches Gehirn in den meisten Fällen ohne Hilfsmittel zu einer solchen Informationsreduktion nicht in der Lage ist, d.h. daß der direkte Weg, von einem komplexen empirischen Relativ zu kommunizierbaren Ergebnissen zu gelangen, in der Regel aufgrund der beschränkten menschlichen Intelligenz versperrt ist.

Eine Möglichkeit, diese Intelligenzbarriere zu umgehen — und dabei ist sowohl das Wort „eine" wie auch „Möglichkeit" zu betonen — ist die Zuhilfenahme mathematisch-statistischer Modelle. Dazu muß nun als erster Schritt die empirische Information, die ja aus empirischen Objekten und empirischen Beziehungen zwischen diesen Objekten besteht, in numerische Information, die aus einer Menge von Zahlen und mathematischen Beziehungen zwischen diesen Zahlen besteht, übersetzt werden. Anders ausgedrückt: Das empirische Relativ wird auf ein numerisches Relativ abgebildet. Dabei entspricht jedem empirischen Element eine Zahl und jeder Beziehung zwischen empirischen Elementen eine Beziehung zwischen den entsprechenden Zahlen (vgl. Abbildung 15).

Wenn es nun gelingt, die empirische Information wirklich vollständig als numerische Information abzubilden, dann ist es möglich, die numerische Information mit Hilfe bestimmter mathematischer Algorithmen (und dazu gehört eben die Statistik) zu reduzieren, d.h. die numerischen Daten können nach bestimmten Gesichtspunkten geordnet und zusammengestellt, Kennwerte berechnet werden usw. Am Ende der numerischen Informationsreduktion mit Hilfe

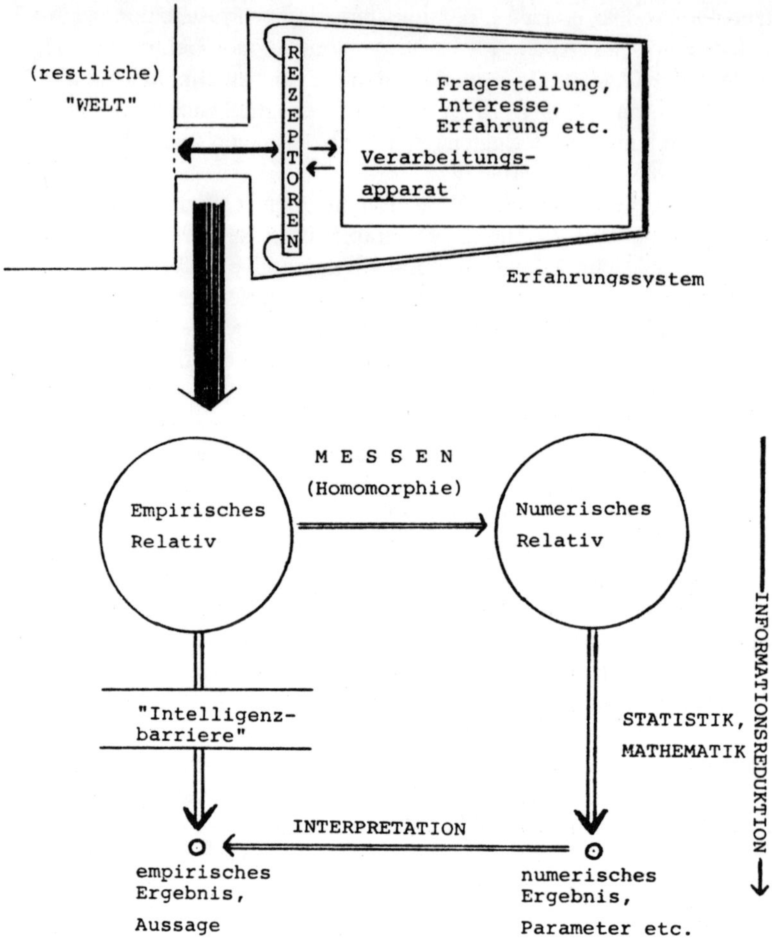

Abb. 15: Schema zum Stellenwert von Statistik/Mathematik im sozialwissenschaftlichen Forschungsprozeß (aus *Kriz* 1981)

der Statistik stehen dann bestimmte numerische Ergebnisse, z.B. ein Mittelwert, eine Varianz, ein Korrelationskoeffizient usw. Diese numerischen Ergebnisse müssen natürlich wieder in empirische Aussagen übersetzt werden — ein Vorgang, den man Interpretation nennt.

Zu beachten ist, daß die Umgehung der „Intelligenzbarriere" mit Hilfe der Statistik insbesondere davon abhängt, daß es gelingt, die empirische Information unverfälscht in numerische abzubilden, nur dann kann die Reduktion sinnvoll sein. Das bedeutet nach dem Gesagten, daß alle Aussagen im numerischen Relativ dann und nur dann gültig sind, wenn sie auch im empirischen Relativ gültig sind und umgekehrt. Dies nennt man eine isomorphe Abbildung. Den Vorgang der Abbildung des empirischen Relativs in ein numerisches Relativ nennt man gemeinhin *Messen*. In den Sozialwisssenschaften ist allerdings selten Isomorphie erfüllt, da die Abbildungen meist zwar eindeutig, aber nicht umkehrbar eindeutig sind. Wenn z.B. 20 Schüler hinsichtlich ihrer Mathematikleistungen mit Noten von 1 bis 6 gemessen werden, kann man zwar jedem Schüler genau eine Note, aber nicht jeder Note einen Schüler zuordnen; man spricht dann von Homomorphie — wobei auf die relativ komplizierten Folgen von Homomorphie für die Meßtheorie hier nicht eingegangen werden soll. Eine homomorphe Abbildung ist also die notwendige Voraussetzung dafür, daß im numerischen relationalen System die Information des empirischen Relativs adäquat abgebildet worden ist, und mit Hilfe der Statistik somit nur solche Information reduziert wird, der empirisch auch ein Sinn zukommt. Um Mißverständnissen vorzubeugen soll an dieser Stelle nochmals daran erinnert werden, daß die ins numerische Relativ abgebildeten Strukturen des empirischen Relativs eben nicht unabhängig von Erkenntnissubjekten, ihrem Paradigma (insbesondere den Theorien) und der Gesellschaft sind, sondern genau vor diesem Hintergrund als Wirklichkeit konstituiert werden.

Isomorphie

Homomorphie

Wenn oben betont wurde, daß der Einsatz von Statistik und Mathematik in den Sozialwissenschaften zwar eine sehr wichtige, aber eben nur eine Möglichkeit zur Informationsreduktion darstellt, so sollte damit ein gelegentlich vorzufindender Alleinvertretungsanspruch der Verwendung mathematischer Kalküle zur Erkenntnisgewinnung im Sinne von ,,objektiv richtiger Vorgehensweise" eingeschränkt und statt dessen auf den intersubjektiv vereinbarten Charakter eines Hilfsmittels zur besseren Kommunikation und Fixierung von Erfahrungen aus spezifischen Handlungskontexten verwiesen werden. Der rein pragmatische Vorteil der Verwendung einer formalen Sprache wie der Mathematik in der wissenschaftlichen Kommunikation wird deutlich, wenn der wissenschaftliche Informationsaustausch nochmals mit dem im Alltagsleben verglichen wird:

In jedem Fall setzt Informationsaustausch zwischen zwei kommunizierenden Individuen — neben einer Reihe von anderen Bedingungen — insbesondere einen hinreichend großen gemeinsamen Zeichenvorrat und einen hinreichend übereinstimmenden Interpretationsrahmen voraus. Diese Rahmenbedingungen für die Kommunikation im Alltagsleben sind natürlich in hohem Maße gesellschaftlich determiniert und an eine räumlich-zeitlich fixierte Kultur gebunden. Im Alltagsleben begegnet man in der Regel Menschen mit dem gleichen kulturellen Hintergrund, bei denen man also einen hinreichend großen ,,common sense" (gemeinsames Verständnis) voraussetzen kann. Unter diesen Umständen wird sehr häufig davon Gebrauch gemacht, das empirische relationale System in Wortsysteme zu transformieren, d.h. die komplexe Information mit Hilfe von Alltagsbegriffen, Metaphern und Allegorien zu übermitteln, im Vertrauen darauf, daß das menschliche Gehirn unseres Kommunikationspartners in der Lage ist, das Übermittelte richtig zu verstehen, also z.B. die komplexe Information so einer Metapher hermeneutisch (d.h. mittels intuitiver Verstehensprozesse) zu reduzieren.

Trotz der Fülle von mehrdeutigen und unscharfen Alltagsbegriffen funktioniert die Verständigung — von Pannen abgesehen — hinreichend gut. Man kennt die wesentlichen Rollen und sozialen Strukturen, in denen man mit dem

Partner agiert. Semantik und Syntax der verwendeten Sprache sind eben durch diese gemeinsam definierte Situation in ihrer Interpretationsbreite erheblich eingeengt. Sofern über die Sinnprovinz (im Sinne von *Schütz* 1971), innerhalb derer die Kommunikation abläuft, Konsens hergestellt ist, spielt es nicht einmal mehr eine Rolle, ob ,,dieselben" Zeichen (Wörter) in unterschiedlichen Sinnprovinzen dieselbe Bedeutung haben oder nicht: Die gewählte Sinnprovinz indiziert quasi das Wort, und seine Bedeutung hängt dann von der spezifischen Sprachverwendung der Kommunikationspartner ab. So läßt sich z.B. bei langjährigen Ehepartnern beobachten, wie durch Wechsel der Sinnprovinz mitten in der Kommunikation Außenstehenden die Nachvollziehbarkeit der Aussagen entzogen wird, indem die verwendeten Wörter eine spezifische — nur von den beiden Partnern zu decodierende — Bedeutung erhalten. Letztlich tragen bei der Kommunikation, bei der beide Partner anwesend sind, auch noch die paralinguistischen Faktoren wie Betonung, Modulation etc. und die nichtsprachlichen Kommunikationskanäle wie Mimik, Gestik etc. erheblich zur Verringerung der Unschärfe einer Verständigung bei.

Alfred *Schütz*, namhafter Soziologe, vertritt phänomenolog. Handlungstheorie

Für wissenschaftliche Kommunikation scheint es nun besonders wichtig zu sein, die Unschärfe solcher Kommunikation möglichst zu reduzieren, und zwar insbesondere deshalb,

Exaktheit
a) weil moderne Wissenschaft — und hier in besonders hohem Maße Naturwissenschaft — ganz exaktes Handeln praktisch und symbolisch voraussetzt und intendiert, bei dem geringfügige Mißverständnisse oft lebensgefährlich sein können;

Optimierbarkeit
b) weil die Übermittlung komplexer Information möglichst optimiert werden soll; das bedeutet auch, daß der Reduktionsprozeß möglichst weit fortgeschritten sein soll;

Allgemeingültigkeit
c) weil gerade für wissenschaftliche Aussagen ein räumlich-zeitlich fixierter interkultureller ,,common sense" mit den jeweiligen Adressaten keinesfalls vorausgesetzt werden kann. Denn wissenschaftliche Aussagen haben den Anspruch, daß sie auch mit Mitgliedern anderer Kulturkreise austauschbar sein sollen, und somit das Gemeinte auch über den Wandel der Metapher-Interpretationen hinaus über einen hinreichend großen Zeitraum verständlich sein muß.

Diese notwendige Präzision kann erreicht werden, indem man bei der Kommunikation zwischen wissenschaftlichen Subjekten das empirische Relativ eben nicht in Metaphern übersetzt, sondern in eine Sprache, bei der man einen durch Definitionen oder Axiome erzwungenen interkulturellen ,,common sense" voraussetzen kann, wie es teilweise für die wissenschaftsspezifische Fachsprache gilt, und in noch höherem Maße bei der Mathematik der Fall ist.

Im Vergleich zur hermeneutischen Informationsreduktion kann zudem der Vorgang der Reduktion mittels Statistik intersubjektiv eher nachvollzogen werden. Für alle, die genügend Übung im Umgang mit Mathematik besitzen, bekommt dieser Vorgang den Charakter nacherfahrbaren Handelns — denn Mathematik ist nicht die Wissenschaft ,,vom Quantitativen", sondern vom Operieren mit Symbolen — ihre Anwendung ist also symbolisches Handeln.

Nur in diesem Kontext, also im Hinblick auf eine möglichst exakte Koordination von Erfahrung und Handeln interaktiv sich verständigender Individuen, haben der Einsatz und die Fortentwicklung von methodischen Konzepten in den Sozialwissenschaften einen Sinn. Die intersubjektive Vereinbarung bestimmter Handlungsregeln und eine Fortentwicklung der „Rezeptoren" bei der Wirklichkeitskonstitution der Sozialwissenschaftler (der Gegenstand der sog. „Methoden empirischer Sozialforschung") erhöht die Nachvollziehbarkeit der Erfahrung bei den einzelnen Mitgliedern der scientific community (erleichtert also den Diskurs — ersetzt ihn aber natürlich nicht). Die intersubjektive Vereinbarung bestimmter Handlungsregeln bei der Reduktion der konstituierten Wirklichkeit (der Gegenstand der sog. „statistisch-mathematischen Methoden") erhöht diese Kommunizierbarkeit von Erfahrung — insbesondere über räumliche und zeitliche Distanzen hinweg — und erleichtert es, erfolgreiche Prognosen für zukünftiges Handeln aus den so komprimierten Erfahrungsstrukturen abzuleiten.

Zu iv): Interpretation

Die im Zuge der Datenverarbeitung letztlich erhaltenen Ergebnisse sind, wie festgestellt wurde, zunächst numerischer Art und müssen in sozialwissenschaftliche Aussagen rückübersetzt werden. Dies ist in einer adäquaten Weise natürlich nur dann möglich, wenn die in den vorigen Abschnitten aufgezeigten vielfältigen Entscheidungen, die der Forscher explizit oder implizit getroffen hat, auch dokumentiert werden. Das heißt, die Perspektiven, die bei der Konstitution der Wirklichkeit („Datenerhebung") und bei der Reduktion der komplexen Information („Datenauswertung") eingenommen wurden, müssen zunächst reflektiert und dann der scientific community für den Diskurs mitgeteilt werden. Nur so kann beurteilt — zumindest ansatzweise geprüft — werden, ob bei einem anders gewählten Ansatz (Perspektive bei der „Datenerhebung") oder bei einer anderen Auswahl von statistischen Modellen (Perspektive bei der „Datenauswertung") möglicherweise völlig andere Ergebnisse entstanden wären. Damit sind hinsichtlich der Gesamtaussage substantiell und wesentlich andere Ergebnisse gemeint — denn daß jeder Ansatz und jedes statistische Modell jeweil eine etwas andere Perspektive liefert und daher aus einer anderen Perspektive im Detail selbstverständlich nicht genau dasselbe Ergebnis „herauskommen" kann, wurde mehrfach ausgeführt.

Überall dort, wo diese Vermutung nach substantiell anderen Ergebnissen begründet ist, sollten — möglichst noch vom Forscher selbst, zumindest aber dann in der scientific community — Versuche unternommen werden, diese anderen Perspektiven systematisch zu untersuchen. Denn wie das Subjekt unlöslich mit seiner Erfahrung verbunden wäre, wenn nicht die Kommunikation mit anderen ihn seine Perspektive erfahren ließe und erst so ein intersubjektiv gültige Wirklichkeit geschaffen wird, ist die untersuchte Wirklichkeit unlöslich an die spezielle Operationalisierung gebunden. Erst der Diskurs mit anderen Forschern — oder dessen teilweise Vorwegnahme durch unterschiedliche Perspektiven (Operationalisierungen) — vermag das Ergebnis aus dem subjektiven Einfluß herauszurücken. Nur so kann man zeigen, daß auch in weiter gefaßten Operationalisierungskontexten der grundsätzliche Sinn der Ergebnisaussagen stabil bleibt und daß das Ergebnis daher (zunächst) als Grundlage für zukünftiges Handeln verwendet werden kann.

2.4.2 Aussagen und ihre Logik

Wie im vorangegangenen Abschnitt gezeigt wurde, geht der Forschungsprozeß, als wesentlicher Bestandteil empirischer Wissenschaft, von allgemeinen Aussagen (verknüpft zu Aussagensystemen = Theorien) aus und führt über die Ableitung der Forschungsfrage, die Datenerhebung und -auswertung zurück zu der Ebene der ursprünglichen Aussagen. Diese Beschreibung bedeutet allerdings keineswegs, daß nicht ein Forscher durch seine konkrete (empirische) Erfahrung eine bestimmte Fragestellung interessant findet und sie aufgreift — doch muß er sie dann zunächst relativ zu den vorliegenden Theorien entwickeln und spezifizieren. Ebensowenig soll mit der obigen Beschreibung der hier mehrfach vertretene (normative) Aspekt unterlaufen werden, daß wissenschaftliche Erkenntnis auch wesentlich dazu dienen soll, zur Verbesserung konkreten menschlichen Handelns beizutragen. (Diese Forderung ergab sich aus der historischen Analyse der Ausdifferenzierung von Wissenschaft als Fortführung eines Prozesses, der zu den gesellschaftlichen Leistungen wie Sprache, Schrift etc. geführt hat, und damit überhaupt erst Wissenschaft möglich machte. Doch wird diese historische Perspektive keineswegs von allen geteilt.)

Es dürfte unmittelbar einleuchten, daß Wissenschaft mit der Spezifizierung von Fragestellungen, ,,Wahrnehmungs“ -Apparaten, Handlungsregeln, Informationsverarbeitungs-Modellen, Wissensbeständen etc. auch spezifische Formen entwickelt hat, wie mit solchen Aussagensystemen umzugehen ist. Die Konzepte, die von der Wissenschaftstheorie hierfür bereitgestellt werden, und die im wesentlichen mit Begriffen verbunden sind, wie ,,Gesetz“, ,,Prüfung“, ,,Erklärung“, ,,Prognose“ u.a., werden gewöhnlich grob in solche der ,,analytischen Wissenschaftstheorie“ und solche der ,,nichtanalytischen Wissenschaftstheorie“ (auch: ,,geisteswissenschaftliche W.“) unterschieden.

Die analytische Wissenschaftstheorie beschäftigt sich im Kern mit den Regeln der Aufgliederung (Analyse) und der Zusammensetzung (Synthese) von Aussagen bzw. Aussagensystemen — solche Regeln gehören der Logik an (z.B. in Form der ,,Aussagenlogik“). Im Zentrum der konkreten Forschung steht hier das ,,nomothetische“ Programm (von ,,Nomos“ = Gesetz und ,,These“ = Behauptung), d.h. daß aus (vorläufig) behaupteten Gesetzen Vorhersagen abgeleitet und diese an Erfahrungen überprüft werden, was dann wieder zu einer Modifikation des Gesetzes führen kann (s.u.).

Die nichtanalytische Vorgehensweise versucht dagegen, die ,,Ganzheit“ der betrachteten Inhalte in den Vordergrund zu stellen, sie zu verstehen und sinnhaft zu interpretieren — hierzu zählen insbesondere die Phänomenologie, die Hermeneutik und die Dialektik. Dem oben grob gekennzeichneten ,,nomothetischen“ steht hier das ,,idiographische“ Programm gegenüber (von ,,Idiom“ = Eigentümlichkeit und ,,Graphik“ = (Be)- Schreibkunst), dem es zwar ebenfalls um die (konstituierende) Erfassung von Regularitäten geht, das aber z.B. mit Max *Weber*, dem berühmten Soziologen (1864 - 1920) betont, ,,daß wir Kulturmenschen sind, begabt mit der Fähigkeit und dem Willen, bewußt zur Welt Stellung zu nehmen und ihr Sinn zu verleihen" (*Weber* 1973, S. 180).

Max *Weber* setzte sich als Soziologe bsz. Nationalökonom für eine werturteilsfreie Sozialwissenschaft ein (vgl. Abschnitt 4.3.3)

Während früher diese Positionen eher extrem kontrovers und unvereinbar verfochten wurden, versuchen heute (zumindest tolerante Varianten) eher eine teilweise Integration, nämlich analytische Ansätze um Aspekte des Verstehens und der historischen und gesellschaftlichen Analyse zu erweitern. So ist einerseits klar, daß man schon im Alltag bei Verstehens- und Kommunikationsprozessen nicht ohne elementare Logik auskommt, und noch viel eher im Zusammenhang mit wissenschaftlicher Präzision des Denkens (strafferer) logischer Regeln bedarf. Andererseits wurden selbst in diesem (eher einführenden) Text schon mehrfach die Grenzen einer allzu engen Logik deutlich: So wurde z.B. in Abschnitt 1.4.2 demonstriert, daß der Satz ,,A gößer B" und der Satz ,,A nicht größer B" — die ,,logisch" nicht beide wahr sein können — durchaus auf höherer Ebene zu einer gemeinsamen Synthese führen konnten. (Dies soll natürlich nicht demonstrieren, daß ,,die Logik" ,,falsch" wäre, sondern daß die Logik mit ihrem ,,entweder-oder" hier eher auf eine Entscheidung für eine Alternative drängt, als auf ein Suchen und Verstehen einer Synthese). Ähnlich wurden einige ,,kausale" Gesetzes-Aussagen (,,Henne" - ,,Ei" oder ,,Ei" - ,,Henne" , bzw. ,,Ich bleibe weg, weil Du nörgelst" oder ,,Ich nörgel, weil Du wegbleibst") als Reduktionen bzw. Interpunktionen eines komplexeren systemischen Zusammenhangnetzes gedeutet.

Wenn man vor diesem so relativierten Hintergrund nun nach Maßgabe der analytischen Perspektive Aussagen — oder kürzer: Sätze — betrachtet, so gibt es eine große Anzahl Kategorien, nach denen man diese unterscheiden kann:

Sehr wichtig sind hier Allsätze, ein wesentliches Fundament wissenschaftlicher Theorien. Ein solcher Allsatz wäre: ,,Alle Menschen sind sterblich." In Allsätzen wird also allen Elementen einer Objektmenge (,,Menschen") eine Eigenschaft (,,sterblich") zugeordnet. Behauptet man hingegen nur über (mindestens) ein Objekt etwas, so handelt es sich um einen Existenzsatz — so z.B. ,,Es gibt (mindestens) einen Mann mit einer Glatze." Das Verhältnis von Allsätzen zu Existenzsätzen ist interessant, weil aus ersteren ein Verbot für eine bestimmte Form der Negation für die letzteren ableitbar ist: So folgt z.B. aus: ,,Alle Pastoren sind männlich" das ,,Verbot", daß auch der Existenzsatz ,,Es gibt (mindestens) einen nicht-männlichen Pastor" gilt. Findet man diesen Existenzsatz bestätigt (d.h. kann man mindestens einen nicht-männlichen Pastor auftreiben), so gilt der Allsatz als widerlegt oder ,,falsifiziert". Hingegen kann man einen Allsatz offensichtlich nicht durch eine endliche Zahl von Beobachtungen — und damit praktisch nie — bestätigen: Immer könnte noch ein Exemplar gefunden werden, für das die negierte Existenzform zutrifft (diese Aussage gilt für ,,übliche" Allsätze, die sich auf nicht-endliche Objektmengen beziehen).

Wichtig für die Konstruktion von Theorien und den Umgang mit ihnen sind die Verknüpfungen von Sätzen, denn wissenschaftliche Aussagesysteme sind in der Regel wesentlich komplizierter als unser Pastoren-Beispiel. Die wichtigsten

Verknüpfungen sind ,,und", ,,oder", ,,wenn ...dann". Nun hat die Alltagssprache allerdings einige Unschärfen; aus diesem Grunde werden üblicherweise sowohl die obigen Satzformen als auch die Verknüpfungen formalisiert. Schon oben wurde bewußt von ,,nicht-männlich" und nicht von ,,weiblich" gesprochen, da nicht genau klar ist, was der Allsatz genau behauptet hat. Bringt man nämlich eine weibliche Pastorin an, so könnte sich herausstellen, daß der Sprecher des Satzes gar keine empirische Aussage in diesem Sinne treffen wollte, sondern eine Definition geben wollte: ,,Alle Pastoren sind männlich" — und eine ,,Pastorin" ist eben kein ,,Pastor".

Noch schwieriger aber wird es mit den Verknüpfungen: Der Satz: ,,Peter mag Äpfel oder Birnen" ist sicher wahr, wenn der Elementarsatz ,,Peter mag Äpfel" wahr ist, ebenso, wenn gilt ,,Peter mag Birnen"; was aber, wenn Peter beides mag. In der einen — eher üblichen — Alltagsbedeutung von ,,oder", wäre der gesamte Satz dann auch wahr (d.h. ,,oder" umfaßt: ,,oder beides"); es könnte aber auch sein, daß der gesamte Satz dann falsch ist, weil ,,oder" im Sinne von ,,entweder-oder" gemeint war. Die Unterschiede zwischen diesen beiden ,,oder"-Bedeutungen kann man sich klarmachen, wenn man sich die möglichen Ergebnisse in Form einer Tabelle zusammenstellt. Dabei werden die Sätze und die Verknüpfungen durch Symbole abgekürzt (,,:=" heißt: ,,bedeutet"):

p := ,,Peter mag Äpfel"
q := ,,Peter mag Birnen"
v := ,,oder" (1. Art, umfaßt auch ,,oder beides")
>-< := ,,oder" (2. Art, also im Sinne von ,,entweder-oder")
W := ,,wahr"
F := ,,falsch"

p	q	pvq	p >-< q
W	W	W	F
W	F	W	W
F	W	W	W
F	F	F	F

Links findet man alle möglichen Zusammenstellungen der beiden Sätze p und q, nämlich ,,beide wahr" (erste Zeile) ,,nur einer wahr" (zweite und dritte Zeile) und ,,beide falsch" (vierte Zeile). Rechts findet man für ,,pvq" und für "p>-<q" die entsprechenden Ergebnisse. Wie oben festgestellt wurde, ist pvq in der ersten Zeile (,,beide wahr") ebenfalls wahr, p>-<q hingegen falsch. Es zeigt sich also durchaus ein Sinn in der Formalisierung, denn ,,oder" wäre nicht präzise genug. Tabellen dieser Art heißen übrigens ,,Wahrheitstafeln".

Ähnlich verhält es sich mit dem alltagssprachlichen ,,wenn...dann", das für die Verknüpfung von Sätzen ebenfalls präzisiert werden muß:

Übungsaufgabe 10 *Übungsaufgabe 10*

Machen Sie sich anhand der folgenden Wahrheitstafel den Unterschied zwischen den beiden ,,wenn...dann" -Verknüpfungen klar. Finden Sie für beide Formen jeweils empirische Sätze p und q, die üblicherweise in der ersten oder in der zweiten Form verknüpft sind:

p	q	„wenn...dann" 1. Art	„wenn...dann" 2.Art
W	W	W	W
W	F	F	F
F	W	W	F
F	F	W	W

Wichtig für die Ableitung von Sätzen im Zusammenhang mit Erklärungen und Prognosen ist das folgende deduktive Grundmodell:

deduktives Grundmodell

G (G...G) eine (oder mehrere) Gesetzes-Aussage
A (A...A) eine (oder mehrere) Anfangsbedingungen

——————————

E Konklusion (der aus G und A gezogene Schluß)

Beispiel:

G: Wenn ein normalsichtiger Mensch Licht von 6800 AE sieht, hat er die Farbempfindung „rot"
A(1): Peter ist ein normalsichtiger Mensch
A(2): Peter sieht Licht von 6800 AE

——————————

E also hat Peter die Farbempfindung „rot"

Explanans
Explanandum

G und A heißen in diesem Zusammenhang auch „Explanans" (das Erklärende), E heißt „Explanandum" (das zu Erklärende). Erklärung und Prognose unterscheiden sich nun offensichtlich darin, daß bei der Prognose ein noch nicht aufgetretenes Explanandum vorhergesagt wird, während bei einer Erklärung das Explanandum bereits eingetreten ist.

Es dürfte klar sein, daß hinter einem solchen Programm (das hier nur angedeutet werden konnte) durchaus letztlich nicht begründbare „Metaphysik" steckt — so etwa die Annahmen, daß die (konstituierte) Realität nach bestimmten erkennbaren Gesetzen strukturiert ist, daß diese Gesetze für alle Raum-Zeit-Gebiete gelten bzw. konstant bleiben (oder aber Aussagen über entsprechende Veränderungen enthalten müssen), daß sich die diese Gesetze insbesondere nicht durch die Beobachtung ändern etc.

Während solche Annahmen z.B. für die Physik in großen Teilbereichen zutreffen (obwohl in der modernen Physik zunehmend die Reaktivität des Untersuchungsfeldes auf den Untersucher eine Rolle spielt), ist die Tragfähigkeit für sozialwissenschaftliche Gegenstände begrenzt. Viele Regularitäten sind von Menschen „gemacht" und reagieren empfindlich auf jeden Eingriff; Prognosen können allein dadurch, daß sie bekannt werden, falsch werden etc.

Zudem darf nicht vergessen werden, daß bei der Erforschung menschlicher Handlungen im Alltagsleben (die sehr selten nur „Verhalten" — d.h. nicht gleichzeitig auch sinndeutend — sind) die logischen Strukturen der wissenschaftlichen Analyse nicht auch dem Untersuchungsfeld übergestülpt werden können. Wenn beispielsweise Denk- und Problemlösungsaufgaben in Modalitä-

können. Wenn beispielsweise Denk- und Problemlösungsaufgaben in Modalitäten der Logik erfaßt werden, geht dabei die Leistungsfähigkeit anderer Vorgehensweisen — die der Psycho-Logik — verloren. Dies scheint m.E. besonders dann der Fall zu sein, wenn man als Wissenschaftler ein Computermodell einer begrenzten Wirklichkeit konstruiert und Personen im Umgang mit diesem Computermodell untersucht. Beide Teilschritte — die Konstruktion eines Computermodells, das dem Wirklichkeits-Aussschnitt hinsichtlich bestimmer Aspekte gut angenähert ist — und das Problemlösen komplexer Aufgaben mögen durchaus sinnvoll sein. Wenn man aber aus dem Versagen der Personen am Computermodell auf ein Versagen dieser Personen in dem modellierten „realen" Feld schließt, wird die Logik und die formale Struktur des Computers unzulässigerweise zur einzig möglichen „rationalen" Strategie für die Bewältigung des „realen Alltags" erklärt. Fragt sich nur, ob die „Alltagsmenschen" oder vielleicht nicht doch solche Psychologen die Probleme inadäquat lösen!

2.5 Die Vertrauenswürdigkeit wissenschaftlicher Erfahrung

In den vorangegangenen Abschnitten wurde die Bedeutung des Diskurses für die Konstituierung von intersubjektiv gültigen Wissensbeständen herausgearbeitet, wobei diese Wissensbestände — üblicherweise in Form von Theorien — Ableitungen darüber zulassen, auf welche Handlungen welche Erfahrungen zu erwarten sind. Wenn man somit überlegt, welche Vorteile eigentlich eine „sinnvolle" Realität für den Menschen hat — d.h. warum die intersubjektiv sinnhafte Strukturierung der Erfahrung die Überlebenschancen des Menschen in der Evolution verbessert hat — so dürfte ein wesentlicher Grund sein, daß *Sinn* (unangenehme) Überraschung und Arbeit vermindert. Indem ich den Sinn des Rades und der Säge von meinen Eltern erfahre, bleibt es mir erspart, durch mühevolles Herumhantieren deren Funktion selbst herauszufinden oder gar diese Dinge ggf. neu zu erfinden. Indem ich den Sinn der Rollen „Lehrer" und „Schaffner" erfahre, erspare ich mir (und den anderen), alle Verhaltensregeln in vollem Umfang neu aushandeln zu müssen — z.B. zu versuchen, beim Lehrer (in dieser Rolle) Kartoffeln zu bekommen.

Dies setzt aber voraus, daß in der Vergangenheit erfahrener Sinn auch in der Zukunft ähnlich erfahrbar bleibt, d.h. daß die Wirklichkeit morgen früh (weitgehend) so ist wie heute abend. Die sinnhaft strukturierte Konstitution von Wirklichkeit ermöglicht somit, Prognosen über erfolgreiches Handeln anzustellen (und nach Kartoffeln dann nicht beim Lehrer, sondern beim Kaufmann zu fragen). Gerade in dieser Hinsicht kommt Wissenschaft eine besondere Funktion zu, nämlich die Entwicklung solcher Strukturen in Bereichen voranzutreiben, die von der Alltagswelt nicht erfaßt werden (wobei allerdings die erfolgreiche Umsetzung dieser Strukturen in Handlung dann wieder in die Alltagswelt diffundiert — man denke z.B. an die Technisierung heutiger Alltagswelt).

Wenn auf wissenschaftlichen Erkenntnissen Entscheidungen über bestimmte Handlungen aufgebaut werden, so wird damit der Wissenschaft eine hohe Vertrauenswürdigkeit unterstellt. Daß die Verwendung der wissenschaftsspezifischen Instrumente und einer bestimmten Sprache (besonders auch in formalisierter Form) die Präzision der Wissenschaft gegenüber dem Alltagshandeln stark erhöhen kann, wurde besonders in Abschnitt 2.2 und 2.4 gezeigt. Von daher erscheint zunächst die Grundlage für diese Vertrauenswürdigkeit gegeben. Doch wie weit kann man sich darauf verlassen, daß dieser Wissenschaftsprozeß — insbesondere der Diskurs — nicht versagt; daß die Instrumente adäquat verwendet werden und nicht aus Nachlässigkeit oder durch gezielte Fälschungen Ergebnisse erzielt werden, deren Anwendung zweifelhaft ist.

Dieser Frage soll in 2.5.2 nachgegangen werden. Zunächst sollen aber einige Überlegungen zur Bedeutung von ,,Gültigkeit" und ,,Zuverlässigkeit" angestellt werden und dabei auch das Verständnis über die Beziehung zwischen alltäglicher und wissenschaftlicher Erfahrung weiter vertieft werden (diese Darstellung erfolgt wieder modifiziert nach *Kriz* 1981):

2.5.1 Gültigkeit und Zuverlässigkeit

Es wurde argumentiert, daß die Entwicklung der Wissenschaft — analog zur Herausbildung intersubjektiver Wirklichkeiten aus subjektiver Erfahrung — dazu dienen soll (normativ), Realität sinnhaft so zu konstituieren, daß Erfahrung von der Vergangenheit in die Zukunft transferierbar und zwischen Individuen austauschbar wird. Und wenn, wie ebenfalls argumentiert wurde, in diesem Zusammenhang die Instrumente und Konzepte der Wissenschaft in Zeichensystemen geronnene Handlungsmuster sind, dann muß sich der Sinn formaler methodischer Konzepte auch noch prinzipiell in analoger Form im Alltagshandeln wiederfinden lassen.

Denn wenn sich Wissenschaft tatsächlich aus Alltagshandeln durch spezielle Fragestellungen, Wahrnehmungsapparate, Sprache und Wissensbestände herausdifferenziert hat, und somit die Funktion von Wissenschaft aus der Soziogenese ableitbar sein soll — wie es hier immer wieder vorgetragen wurde — dann müssen alltägliche Funktionen den formalen Konzepten zugrunde liegen und nur spezifischer und differenzierter gefaßt worden sein. Es geht im folgenden also auch darum zu zeigen, daß Begriffe wie ,,Gültigkeit" und ,,Zuverlässigkeit" auf allgemeinen, auch in der Alltagswelt relevanten, Konzepten basieren und daß sie im Interaktionsprozeß zwischen Individuen, die ihre Realität sinnhaft kostituieren, höchst funktional sind.

In der Wissenschaft werden Zuverlässigkeit und Gültigkeit als zentrale Kriterien für die Güte von Erhebungs- und Meßinstrumenten angesehen — insbesondere im Rahmen der klassischen Testtheorie. Beide Konzepte sind weder völlig eindeutig definiert, noch hinsichtlich ihrer wissenschaftstheoretischen und meßtheoretischen Implikationen unumstritten. Als wesentliche Gesichtspunkte können aber wohl übereinstimmend mit den meisten Positionen die folgenden Aussagen getroffen werden:

Zuverlässigkeit (Reliabilität) beinhaltet die Reproduzierbarkeit von Ergebnissen unter den gleichen intersubjektiven Bedingungen — insbesondere also die Reliabilität

Forderung, daß andere Forscher bei Anwendung desselben Erhebungsinstrumentes in Interaktion mit demselben Untersuchungsgegenstand zu demselben Ergebnis gelangen.

Validität

Gültigkeit (Validität) beinhaltet die Übereinstimmung von Ergebnissen mit dem durch die Untersuchung (Messung) vorgegebenen theoretisch-begrifflich zu erfassenden Sachverhalt — insbesondere also die Forderung, daß die gewählten Perspektiven und Instrumente den begrifflichen Merkmalsbereich hinreichend erschöpfend erfassen, daß die Ergebnisse mit dem theoretischen Bezugsrahmen grundsätzlich in Einklang zu bringen sind, und daß sie als Prüfungskriterium für die von der Theorie vorhergesagten (und empirisch feststellbaren) Phänomene dienen können.

Fragt man nach dem weiteren Sinn dieser Konzepte, dann hat eine hohe Zuverlässigkeit offensichtlich die intersubjektive Erfahrbarkeit im Gegensatz zu raum-zeitlich-singulärer und individueller Erfahrung zu garantieren, während Gültigkeit die Verbindung zwischen realer Erfahrung und gängigen Kommunikationsprozessen (z.B. wissenschaftliches Sprachsystem) im Hinblick auf zielgerichtetes koordiniertes Handeln (Prognosefunktion) gewährleisten soll. Jene Realität, die sich nur durch individuelle (z.B. ,,geniale") Fähigkeiten einzelner erschließen läßt, ist für die community solange von keiner Bedeutung, bis jene die betreffenden Phänomene nachvollziehen kann (Reliabilität), oder zumindest die von einzelnen reproduzierbaren Ergebnisse in ihren Auswirkungen allgemein als handlungsrelevant akzeptiert werden (Validität).

Aus diesen Gründen ist hohe Zuverlässigkeit auch notwendige Voraussetzung für Gültigkeit: Singuläre Erscheinungen (oder Erscheinungen mit zu großer ungeklärter Variabilität) eignen sich weder zur Prognose, noch können sie im Rahmen einer Theorie handlungsbestimmend sein. Was in seiner Reproduktion zu wenig zuverlässig ist, kann auch keine (situationsunspezifische) Gültigkeit im Rahmen kumulierbaren Wissens haben, und damit keine Sicherheit für eine unter bestimmten Bedingungen nachvollziehbare Erfahrung bieten. Bisher ungeklärte Einflüsse — oder in anderer Terminologie: Fehlervarianz — schlagen von der Reliabilität somit unmittelbar auf die Validität durch, wie man auch formal zeigen kann.

Problem der Reproduzierbarkeit

Die aus der allgemeinen Verbindlichkeit von Zuverlässigkeit und Gültigkeit resultierende Forderung, den Forschungsprozeß so zu gestalten, daß die Phänomene insbesondere reproduzierbar sind, werfen das phänomenologische Problem auf, die unendliche Vielfalt erscheinender Realität in relevante Äquivalenzklassen — also Klassen, in die wir nach bestimmten Gesichtspunkten ,,gleiche" Erscheinungen hineinsortieren — zu strukturieren. Dieses Problem war bereits u.a. in Abschnitt 1.6.3 angesprochen wurden, als gezeigt wurde, daß Phänomene in unterschiedlichen Sprachen auf unterschiedliche Weise zusammengefaßt werden — z.B. daß Tzotzil sprechende Personen das wahrnehmbare elektromagnetische Spektrum anders in Farben aufteilen als Engländer.

Gerade weil es aber keine intersubjektiv relevante Erfahrung gibt, deren Strukturen wir nicht bereits mit der Sozialisation vermittelt bekamen — übersetzt auf wissenschaftliche Erfahrung: wegen der Unmöglichkeit einer theoriefreien Beobachtung — können wir diese Äquivalenzklassen nur sehr langsam verändern, und oft nehmen wir sie gar nicht bewußt wahr. Die Gültigkeit von Ergebnissen hinsichtlich ihres theoretisch-begrifflichen Rahmens kann aber nur auf dieser Ebene beantwortet werden: Welche Erscheinungen fallen in die Klasse, die den Merkmalsbereich ausmacht? Welche gehören zu der Klasse der vorhergesagten Phänomene? etc.

Im Zusammenhang mit Zuverlässigkeit muß z.B. entschieden werden, was die Formulierung: „unter gleichen Bedingungen reproduzierbar" im konkreten Fall bedeuten soll. Es gibt stets eine unendliche Anzahl von Bedingungen — welche davon sind die entscheidenden, die „konstant gehalten" werden müssen, d.h. bei den unterschiedlichen Interaktionen des Untersuchungsbereiches mit dem Instrument (Forscher) wieder gleichgeartet sein sollen? Bei der zweimaligen Vorgabe eines Tests an eine Person gilt es dabei unter anderem folgende Fragen zu klären: Ist die Person in ähnlicher Stimmung, hat sie sich durch die erste Testung verändert, sind die äußeren Bedingungen gleich etc.

In diesem Punkt nun treten Zuverlässigkeits- und Gültigkeitsaspekte zusammen mit Auswahlproblemen u.E. untrennbar miteinander vermischt auf: Realisierte Testwiederholungen können als Stichprobe aus der theoretischen Grundgesamtheit aller möglichen Wiederholungen betrachtet werden. So gesehen stellt sich sofort die Frage, welche Aspekte zur Beschreibung der Situation herangezogen werden müssen, d.h. wie die Grundgesamtheit definiert wird und welche der (unendlich vielen) Aspekte, die eine Situation beschreiben, praktisch relevant werden. Konkret gesprochen: Ist es pragmatisch sinnvoll, beide Testsituationen so zu gestalten, daß die Person zweimal mit gleichem Mageninhalt, gleicher Aufmerksamkeit, gleicher emotionaler Verfassung, ohne kognitive Veränderungen etc. in einem Raum gleicher Temperatur, gleicher Helligkeit etc. antritt (sofern dies überhaupt hinreichend möglich wäre und die Frage entschieden ist, ob als „Gleichheit" physikalisch-apparative Gleichheit, oder aber Gleichheit der subjektiven Repräsentation gemeint und entscheidend ist).

Durch eine solche Testvorschrift würden zwar einige Störfaktoren reduziert, und die Chance für gleichartige Ergebnisse in beiden Situationen — und damit die Reliabilität — würde erhöht sein. Da dies aber nur über eine Beschränkung der Menge einbezogener Aspekte erreicht wurde, hat sich natürlich auch die Grundgesamtheit möglicher Phänomene erheblich verändert. Aussagen — und damit auch solche über Validität — beziehen sich nun nur noch auf Situationen, die als Stichprobe aus dieser, so weit eingeschränkten, Grundgesamtheit aufgefaßt werden können, d.h. auf Testsituationen unter den oben genannten Bedingungen.

Die Validität für solche Situationen wird nicht gesunken, sondern möglicherweise sogar wegen der höheren Reliabilität gestiegen sein. Erweitert man den Begriff der Gültigkeit allerdings um den Aspekt der möglichst umfassenden Allgemeingültigkeit im Hinblick auf bedeutsame und wichtige Alltagsphänomene, so ist durch die künstliche Testsituation diese Gültigkeit — im Sinne von Brauchbarkeit für Alltagshandeln — sicher erheblich gesunken.

Natur- vs. Sozialwissenschaft

Gerade in diesem Punkt besteht ein wesentlicher Unterschied zwischen Natur- und Sozialwissenschaften: Typisch und praktisch relevant für Naturwissenschaften sind weitgehend artifizielle Situationen, denn in ihrer Anwendung hat sie sich unter den von Menschen künstlich erzeugten, fest vorgegebenen und hinreichend konstant gehaltenen Bedingungen zu bewähren, in Zusammenhang mit von Menschen bereits weitgehend bearbeiteter Materie. Wo dies befriedigend erfüllt ist — z.B. in der Technik — ist die Naturwissenschaft sehr viel erfolgreicher (und auch in den Aussagen viel realiabler und valider) als dort, wo sie sich mit nicht-künstlichen (ursprünglichen) Naturphänomenen auseinandersetzen muß (z.B. Wettervorhersage, Naturkatastrophen, Landwirtschaft, Schädlingsbekämpfung etc.).

Die Phänomene in Vier-Zylinder-Benzinmotoren mit Einspritzung und deren Auswirkung auf das Drehmoment der Achse sind von vielen Parametern abhängig; die speziellen Bedingungen in einem bestimmten Motortyp sehr artifiziell. Durch eine technisierte Produktionsweise aber können diese Bedingungen beliebig oft hinreichend gut reproduziert werden, so daß reliable und valide Ergebnisse hinsichtlich Leistung, Verbrauch etc. eines bestimmten Motors aus dieser Typserie möglich werden. Obwohl also die genauen Bedingungen, unter denen die Verbrennung in einem Zylinder stattfindet, sehr artifiziell sind und so nur für die betreffende Metallegierung, Bohrung, Hubraum, Form etc. gelten, ist das Ergebnis dennoch nicht nur zuverlässig und gültig, sondern diese Gültigkeit ist auch praktisch relevant, denn die Verbrennung in diesem Motor wird immer nur unter diesen speziellen (artifiziellen) Bedingungen ablaufen.

Eine Testvalidität, die an artifizielle Laboratoriumsbedingungen gebunden ist, hat hingegen wenig praktische Relevanz (jedenfalls auf dem gegenwärtigen Stand der Theoriebildung in den Sozialwissenschaften): Alltagsverhalten, das ja prognostiziert werden soll, findet — im Gegensatz zu dem oben geschilderten Verhalten eines Zylinders im Motor — unter sehr stark variierenden Bedingungen statt. Je stärker die Variabilität der Alltagsphänomene durch unentdeckte und/oder theoretisch unberücksichtigte Parameter (Störfaktoren) bestimmt ist, desto mehr wird eine Erhöhung der Reliabilität durch Eliminierung dieser Parameter den praktisch relevanten Aspekt der Validität beeinträchtigen. Andererseits aber ist — wie oben bereits festgestellt wurde — eine hinreichend hohe Reliabilität notwendige Voraussetzung für eine brauchbare Validität. Ein Dilemma, das nur zu lösen ist, indem man entweder artifizielle Bedingungsstrukturen untersucht, in der Hoffnung, aus Einzelergebnissen eines Tages eine umfassende und alltagsrelevante Theorie konstruieren zu können — diese Strategie scheint gegenwärtig in der Psychologie vorzuherrschen. Die andere Möglichkeit wäre, daß man statt der Eliminierung der Bedingungen möglichst viele Variable berücksichtigt — auch auf die Gefahr hin, daß nicht alle streng kontrollierbar sind — und so die Komplexität der Alltagssituationen in der Analyse zumindest teilweise erreicht.

2.5.2 *Artefakte und Fälschungen*

Neben der im vorigen Abschnitt dargelegten Probleme, zuverlässige und gültige Aussagen treffen zu können, wird die Vertrauenswürdigkeit wissenschaftlicher Erfahrung durch eine Palette weiterer unliebsamer Einflüsse auf den Wissenschaftsprozeß untergraben. Zu nennen wären hier zunächst einmal schlichte Mängel und Fehler — die zu begehen eine, wie der Volksmund sagt „menschliche Eigenschaft" ist — und von der auch wissenschaftliches Handeln nicht gänzlich verschont bleibt (z.B. Vertauschen von Daten, Rechenfehler etc.).

Auf einer etwas anderen Ebene liegen diese Probleme schon, wenn die vorhandenen Konzepte für die Erhebung bzw. die Weiterverarbeitung von Daten inadäquat angewendet werden. Dies kann soweit gehen, daß die Ergebnisse der Forschung dann nicht durch eine der Fragestellung angemessene Konstitution von Wirklichkeit entstanden sind, sondern als „methodische Kunstprodukte" — „Methoden-Artefakte" — gelten müssen. Will man z.B. etwas über Vorurteile gegenüber Türken in der Bevölkerung wissen und fragt dazu in einigen Volkshochschul-Kursen die Teilnehmer „Haben Sie etwas gegen Türken?", so kann das Ergebnis dieser „Untersuchung" sicher die Frage nicht angemessen beantworten: Zum einen sind die Teilnehmer von Volkshochschulkursen sicher nicht typisch für „die Bevölkerung", zum anderen ist das Fragen in der Gruppe und dann noch auf diese „platte" Art wohl kaum geeignet, daß die Teilnehmer ihre ehrliche Meinung mitteilen. Das Ergebnis wäre also zumindest stark durch die mangelhafte Vorgehensweise beeinflußt — ein Forschungsartefakt läge vor.

Methoden- und Forschungsartefakte

Es gibt in diesem Zusammenhang eine Reihe typischer „Fehlerquellen", die besonders weniger erfahrenen Wissenschaftlern unterlaufen. Diese sind in einigen guten Lehrbüchern systematisch dargestellt (z.B. für den Bereich der Datenerhebung *Bungard & Lück* 1974, für den Bereich der Datenauswertung *Stelzl* 1982 — die wichtigsten in beiden Bereichen werden auch in *Kriz* 1981 dargestellt).

Übergreifend zu solchen durchaus wichtigen Sammlungen von einzelnen Fehlerquellen läßt sich allerdings zeigen, daß solche Fehlerquellen — und auch ein großer Anteil der tatsächlich auftretenden Mängel im Forschungsprozeß — Ausdruck einiger zentraler Mißdeutungen des Forschungsprozesses selbst sind. So sind Artefakte z.B. nicht einfach „falsche" Ergebnisse. Selbst im eben gewählten Extrembeispiel der Befragung über Vorurteile, sind die Ergebnisse eben Ergebnisse — sie sind nur nicht geeignet, die gestellte Frage angemessen zu beantworten. Hingegen könnten diese Ergebnisse sehr wohl zur Beantwortung der Frage beitragen, was passieren kann, wenn man auf eine solche Weise Teilnehmer von Volkshochschulkursen fragt — z.B. wie stark sich Veränderungen gegenüber einer anderen Untersuchung, in der adäquater vorgegangen wurde, ergeben.

Es geht also (abgesehen von elementaren Rechen- und ähnlichen Fehlern) nicht um „richtig" oder „falsch" als einer Eigenschaft von Ergebnissen, sondern um die Beziehung von Ergebnissen zu einem Frage- und Aussagen-System, dem Interpretationskontext. Forschungsartefakte sind Ergebnisse, für die ein inadäquater Interpretationskontext herangezogen wird. Um aber einen angemessenen Interpretationskontext konstruieren zu können, müssen alle Entscheidungen, die im Laufe des Forschungsprozesses gefällt worden sind, möglichst explizit gemacht werden.

Im Lichte der bisherigen Ausführungen heißt dies eigentlich nichts anderes, als daß der Standpunkt, der die eingenommene Perspektive zum Untersuchungsgegenstand kennzeichnet, möglichst genau vermittelt werden muß. Dazu muß nun wiederum überhaupt erst einmal die Perspektivität von Forschung und von Ergebnissen vom Forscher als solche reflektiert sein. Der wissenschafts- und erkenntnistheoretisch naive — aber nichts desto trotz weit verbreitete — Glaube an ,,objektive" Ergebnisse und an den ,,Werkzeug-Charakter" von ,,Methoden" verhindert aber eine solche Reflektivität. Wenn nämlich die ,,Methoden" der Datenerhebung und der Datenauswertung als theorie- und entscheidungsneutrale Verfahren aufgefaßt werden, statt als Modelle, die perspektivisch Wirklichkeit konstituieren, gibt es keinen Grund, diese Entscheidungen zu dokumentieren und hinsichtlich ihres Bedeutungsgehaltes in der speziellen Untersuchungssituation zu diskutieren.

In einer Reanalyse empirischer Publikationen konnte exemplarisch gezeigt werden, daß Forschungsartefakte besonders dort entstehen, wo sich der Forscher auf die ,,objektive Methode" verlassen hat und glaubte, den Diskurs über die eingenommene Perspektive nicht führen zu müssen. (Die hier nur angedeutete Argumentation ist sehr ausführlich in *Kriz* 1981 entwickelt.)

Der Boden, auf dem solche Artefakte blühen, besteht also aus unreflektierten Überzeugungen und Annahmen, die als solche oft gar nicht bewußt werden. Solche Vorurteile sind nun natürlich nicht nur erkenntnistheoretischer, sondern häufig auch inhaltlicher Art. Dabei ist der Forscher von einer bestimmten Sichtweise bzw. von dem Glauben an bestimmte Phänomene und Effekte so erfüllt, daß dies seine Erfahrung in extremer Weise strukturiert: Fehler, Mängel und Ungereimtheiten (die im Detail immer wieder unterlaufen) werden dann nur bemerkt, wenn sie nicht im Sinne der hypothetischen Erwartungen liegen, bestätigen sie hingegen diese Hypothesen, bleiben sie unbemerkt. Ebenso wirken sich die vielen unbewußten Einflußnahmen auf die soziale Situation ,,Datenerhebung" eher im Sinne der Hypothesen aus, wie zahlreiche Untersuchungen zeigen konnten (vgl. Abschnitt 2.4.1, und ausführlich *Bungard & Lück* 1974).

Von unbewußten Beeinflussungen, selektiver Wahrnehmung von Teilergebnissen (die ins Bild passen) und einseitiger Interpretation (d.h. Vernachlässigung der selbstkritischen Frage nach der Auswirkung alternativer Perspektiven und Entscheidungen auf die behaupteten Ergebnisse) ist der Übergang fließend zu bewußter Manipulation und Datenfälschung. In vielen entdeckten Fällen war auch hier der Forscher von der ,,prinzipiellen Richtigkeit" seiner Behauptungen überzeugt und sah sich nur durch die ,,unsauberen" Daten veranlaßt, den ,,eigentlichen Effekten" und ,,der Wirklichkeit" etwas auf die Sprünge zu helfen.

Einer dieser Fälle aus dem Bereich der Psychologie, der relativ großes Aufsehen erregt hat, ist die Entlarvung des Londoner Psychologieprofessors Sir Cyril *Burt* (1883 - 1971), einem der führenden Vertreter der Theorie erblicher Intelligenz, der von Kollegen noch vor einem Jahrzehnt u.a. als ,,einer der größten

Psychologen der Welt" bezeichnet wurde. Mitte bis Ende der 70er Jahre wurde dann nach und nach entdeckt, daß seine Zwillingsstudien, welche die Erblichkeit der Intelligenz so klar bewiesen, und die vielfach als Belege zitiert wurden, auf erfundenen und gefälschten Daten beruhten, daß seine Mitarbeiterinnen, die angeblich diese Daten gesammelt hatten, nie existierten, usw. Bemerkenswert ist, daß man eigentlich diese Fälschungen schon eher hätte erkennen können: Denn wenn Durchschnittskorrelationen an verschiedenen Stichproben bis auf die dritte Stelle hinter dem Komma übereinstimmen, muß entweder ein kleines Wunder vorliegen, oder man sollte aufmerksam werden.

Doch solange die Ergebnisse mit Erwartungen übereinstimmen, gibt es eben keinen Grund, Zweifel anzumelden. Viele Beispiele aus dem weiten Bereich der Intelligenzmessung sind bei *Gould* (1983) aufgeführt (dort ist auch der *Burt*-Fall dokumentiert). So wurden beispielsweise im vorigen Jahrhundert mit großer Gewissenhaftigkeit zahlreiche Menschenschädel vermessen, um objektive Nachweise für die Überlegenheit der weißen Rasse und der Männer gegenüber den Frauen zu finden. Selbstverständlich wurden zahlreiche solcher objektiven Beweise gefunden, die allerdings im Gegensatz zu *Burts* Arbeiten, kaum auf willentlichen Fälschungen beruhten. So galten z.B. S. G. *Mortons* Daten und Tabellen, die auf einer der größten Schädelsammlungen der Welt basierten, lange als streng objektiv. *Gould* selbst rekonstruierte 1977 die Ergebnisse aus den Daten von *Morton* und kam zu dem Schluß: „Mortons Zusammenfassungen sind ein Mischmasch aus Pfusch und Mogelei ... Dennoch ... kann ich keine Anhaltspunkte für bewußte Täuschung finden; hätte Morton bewußt geschummelt, hätte er seine Daten nicht so unbekümmert veröffentlicht" (*Gould* 1983, S. 54). *Gould* teilt *Mortons* „Mogeleien" in vier Kategorien ein, die kurz zusammengefaßt aufgeführt werden sollen — sie sind nämlich noch heute typisch für Verzerrungen in der empirischen Forschung (z.B. besonders im Bereich veröffentlichter Meinungsforschung):

1. „Vorteilhafte Ungereimtheiten und wandelbare Kriterien": Um Gruppendurchschnitte den Erwartungen „anzupassen", werden bestimmte Teilstichproben einbezogen oder ausgeschlossen.
2. „Subjektivität in Richtung auf ein bestehendes Vorurteil": Bei *Morton* war es die Messung des Schädelvolumens mittels Senfkörner, die — unbewußt — mal mehr mal weniger stark zusammengedrückt werden konnten. (In der Demoskopie sind es heute besonders „geschickte" Fragen, variable Klassenbildungen und Prozentuierungen etc., welche Ergebnisse entsprechend den Voreinstellungen der Institutsleitung / Auftraggeber erzeugen.)
3. „Auslassungen beim Verfahren, die uns offensichtlich scheinen": So werden z.B. keine alternativen Hypothesen in Betracht gezogen „obwohl die Daten förmlich nach einer anderen Interpretation schrien". (Moderne Beispiele in der Demoskopie finden sich in Hülle und Fülle.)
4. „Alle von mir festgestellten Rechenfehler und Auslassungen wirkten sich zu Mortons Gunsten aus": Falsche Rundungen, Auslassen von „nicht passenden" Daten etc. — Auch hier ist klar, daß dem Forscher Fehler entgegen seinen Annahmen vermutlich auffallen und korrigiert werden.

Daß auch hier nicht selten wissenschaftlich-methodische Akribie im Detail mit unreflektierten Vorurteilen eine unheilvolle Allianz bilden, sei nur an einem Beispiel demonstriert. So belegte der Chirurg und Anthropologe Paul *Broca* (nach dem wir noch heute das motorische Sprachzentrum im Vorderhirn benennen) an einer Stichprobe mit 60 Schädeln von Weißen und 35 Schädeln von Schwarzen die angeborene Dummheit minderwertiger Rassen. Mit einer durchschnittlichen Schädellänge hinter dem Hinterhauptsloch von 100,385 Millimetern für Weiße und 100,875 Millimetern für Schwarze, aber einer durchschnittlichen Länge vor dem Hinterhauptsloch 90,736 zu 100,404 Millimetern (man beachte das Verhältnis von Meßexaktheit zur inhaltlichen Relevanz!) konnte er das „erwünschte" Resultat „nachweisen": „Es ist daher unbestreitbar,... daß der Körperbau des Negers in dieser Hinsicht wie in vielen anderen dem des Affen angenähert ist" (*Broca* 1872).

Daß diese ansonsten durchaus seriösen Wissenschaftler ihre Mängel und interpretativen Waghalsigkeiten nicht bemerkten, liegt offensichtlich daran, daß die Ergebnisse nur allzugut dem Zeitgeist entsprachen. Abschließend noch ein „Ergebnis" von Gustave *Le Bon*, aus der *Broca*-Schule, dessen Hauptwerk „Psychologie der Masse" auch heute bisweilen noch gern herangezogen wird: „Bei den intelligentesten Rassen, wie bei den Parisern, gibt es eine große Anzahl Frauen, deren Gehirn der Größe nach den Gorillas näher steht als den höchstentwickelten männlichen Hirnen... Alle Psychologen, die die Intelligenz von Frauen studiert haben, erkennen heute ... daß sie eine der minderwertigsten Formen der Menschheitsentwicklung darstellen." (Wer an weiteren solchen „Perlen" psychologisch-anthropologischer Forschung interessiert ist, sei auf das spannende Buch von S.J.*Gould*: „Der falsch vermessene Mensch" 1983 verwiesen.)

2.6 Wissenschaft und Ethik

Bereits die am Ende des letzten Abschnittes diskutierte Problematik von Forschungsartefakten und Fälschungen führt mitten hinein in die Frage nach dem Verhältnis von Ethik und Wissenschaft. Hat Wissenschaft sich nicht auf einen von den Strömungen der Gesellschaft unberührten „neutralen" Boden zu begeben, sich aus allen Wertungen herauszuhalten und sich allein einer möglichst präzisen und exakten Forschung zu widmen?

Wir leben fraglos in einer absurden Welt, deren Absurdität durch die Möglichkeiten der Wissenschaft und der Kommunikationsmittel noch deutlichere Widersprüche zeigt: Da werden Milliarden und aber Milliarden für Rüstung ausgegeben, während jährlich Millionen Kinder verhungern; da wird für „allerbestes Fleisch, wichtige Nährstoffe und lebensnotwendige Proteine" als Hunde- und Katzenfutter in seitengroßen Farbanzeigen geworben, während eine Mini-Anzeige um „Brot für die Welt" bittet (was vermutlich ziemlich genau auch die Summen widerspiegelt, die in unserem so „christlichen" Lande für diese beiden Zwecke aufgebracht werden); da werden Menschen zum Mond geschickt, während deren Mitbürger ihr Essen aus Mülltonnen zusammenkratzen müssen und Alte auf den Straßen erfrieren; und — um ein letztes Beispiel aus dem kaum zu erschöpfenden Reservoir menschlicher Perversion zu nennen — da trinken wir wenige Schlucke Mineralwasser oder Brause aus Dosen, die dann mit einer Handbewegung fortgeworfen werden, obwohl der Wert der Dosen Millionen Menschen Nahrung geben könnten, die Energie für die Herstellung und Vernichtung dieser Dosen zur Zerstörung unserer Umwelt beiträgt und z.B. die ,,Mineros" in Bolivien, die das Erz zutage fördern, wegen der ungesunden Bedingungen eine durchschnittliche Lebenserwartung von knapp 35 Jahren haben. — Ist es da nicht verständlich, wenn Wissenschaftler sich in ihren Elfenbeinturm zurückziehen möchten, um an einer ,,neutralen" und wertfreien Wissenschaft zu ,,stricken"?

Dennoch kommt niemand als Wissenschaftler auf die Welt: Er wird in den Alltag einer Gesellschaft hineingeboren. Und die wenigsten Wissenschaftler bekleiden ausschließlich diese eine Rolle, meist sind sie ebenfalls ,,Ehepartner", ,,Vater" (oder ,,Mutter") und z.B. ,,Streichquartettmitglied", Mitglied einer Kirche und einiger Vereine etc. Das bedeutet, der Wissenschaftler teilt auch Probleme und Sichtweisen der Gesellschaft (bzw. bestimmter Teilgruppen); und da dies nicht nur für einen einzelnen Wissenschaftler gilt, sind auch die Fragen in der scientific community davon nicht frei.

Die Fragestellungen der Wissenschaftler nehmen nun zwar auf allgemeine Theorien Bezug, doch die Auswahl der jeweils genauen Fragestellung ist von diesen Theorien nicht determiniert, und schon gar nicht, welchen Theorien und Fragen er sich überhaupt zuwendet. Hier kommen ganz andere Interessen ins Spiel. Im idealen Fall werden diese vom Wissenschaftler und seinem (sozialen) Gewissen bestimmt. Da Forschung aber Geld kostet, kommen in der Praxis viel stärker auch (wenn nicht in einzelnen Bereichen gar überwiegend) die Interessen der Geldgeber zum Zuge — allein schon dadurch, daß für bestimmte Fragen Forschungsgelder bereitgestellt werden, für andere nicht.

CAMELOT-Projekt

Beispielhaft für diese Problematik ist das Projekt CAMELOT: Im Auftrag der US-Army wurde dieses Projekt 1964 an Sozialwissenschaftler vergeben; geplante Laufzeit: 4 Jahre, Umfang: 6 Mill. Dollar. Auftrag war, ein Modell zu entwickeln, das politische Aspekte sozialer Veränderung in Entwicklungsländern vorhersagen und beeinflussen könnte. Durchgeführt werden sollte das Projekt insbesondere in Ländern Lateinamerikas ,,to assist friendly governments in dealing with active insurgency problems" (um befreundeten Regierungen im Umgang mit Problemen hinsichtlich revolutinärer Opposition zu unterstützen). Die Ergebnisse sollten selbstverständlich geheimgehalten werden.

Johan *Galtung*

Daß dieses Projekt schon im Sommer 1965 gestoppt wurde, ist wohl eher einigen unvorhergesehenen Umständen zu verdanken: Einerseits deckte der Osloer Sozialwissenschaftler und Friedensforscher J. *Galtung*, der sich zu der Zeit gerade in Chile aufhielt und dem die Mitarbeit angetragen worden war, einige der Planungsdokumente auf, was zu diplomatischen Kontroversen zwischen Chile und den USA führte. Andererseits fand gerade die Invasion der USA in Santo Domingo statt, was ein etwas kritischeres Bewußtsein einiger US-

Senatoren in dieser Hinsicht förderte (eine ausführliche Darstellung des Projektes und seiner Entwicklungsgeschichte befindet sich in *Horowitz* 1967). *Galtung* kennzeichnete dieses Projekt als „wissenschaftlichen Kolonialismus", mit dem Kenntnisse jenseits des eigenen Landes erworben und geheimgehalten werden.

(Wie wenig allerdings Wissenschaftler auf der letztlich relevanten Ebene verhindern können, zeigt vielleicht an diesem Beispiel, daß weniger als ein Jahrzehnt später die demokratisch gewählte (Links-)Regierung in Chile mit Hilfe der US-Geheimdienste durch eine Militärdiktatur ersetzt wurde: „friendly governments" lassen sich auch ohne Hilfe der Sozialwissenschaftler installieren und am Leben erhalten.)

Der Wissenschaftler kann somit nicht in einem wertfreien Raum handeln. Ob er sich an solchen Projekten beteiligt oder nicht — und welche Projekte er im zweiten Fall stattdessen wählt — sind klare Wertfragen. Die Problematik des Verhältnisses von Werten und Wissenschaft wurde im deutschen Sprachraum besonders Anfang dieses Jahrhunderts durch Max *Weber* aufgeworfen. *Webers* Position, die auch heute weitgehend geteilt wird, ist, daß Werturteile selbstverständlich im Zusammenhang mit der Auswahl von Fragestellungen und dem ganzen sozialen Wissenschaftsbetrieb eine wichtige Rolle spielen. Auch können Werte und Werturteile zum Gegenstand der Forschung gemacht werden. Nur im Bereich des wissenschaftlichen Aussagesystems sind Wertungen zu unterlassen; d.h. es ist darzustellen, welche Möglichkeiten bestehen, was getan werden kann, aber nicht, was getan werden soll (vgl. Abschnitt 4.3.3).

Der letzte Aspekt im Zusammenhang mit Fragen der Ethik, der hier angesprochen werden soll, ist gerade für die Psychologie als einer stark apparativen, experimentellen Wissenschaft relevant: Wo sind die Grenzen des Experimentierens mit Menschen? — Und, da auch in Grenzbereichen mit Tieren experimentiert wird, wo sind dort die Grenzen?

Beide Fragen werden sehr unterschiedlich von den einzelnen Wissenschaftlern beantwortet. Beginnt man mit der zweiten Frage, so ist der weiteste Standpunkt, daß Tiere zur Natur gehören, die dem Menschen beliebig zur Ausbeutung freisteht. Das mag überspitzt klingen, aber anders läßt sich die Tatsache kaum interpretieren, daß jährlich Millionen Tiere qualvoll dem Tod „zugeführt" werden, um einige Kosmetika zu testen. Enger ist der Standpunkt, daß ein solches Vorgehen nur dann gerechtfertigt ist, wenn daraus für den Menschen lebensnotwendige Erkenntnisse gewonnen werden — z.B. bei der Entwicklung wichtiger Medikamente. Doch welche Medikamente sind wirklich wichtig? Sicher nur ein ganz minimaler Bruchteil dessen, wofür Tiere gequält und getötet werden. Viele wichtige Erkenntnisse — auch in der Psychologie — stammen aus Tierversuchen, in denen den Tieren erheblicher Schaden zugefügt wurde — z.B. Schnitte und Verletzungen im Gehirn von Affen, um die Folgen und die Fähigkeiten des Ausgleichs zu untersuchen; oder Ratten, die man bis zum Erschöpfungs- und Ertrinkens-Tod im Wasser strampeln ließ, um zu untersuchen, wie „Konzepte" und „Verstärker" wirken (tatsächlich kämpften Ratten, die für ganz kurze Zeit aus dem Wasser genommen wurden, die somit eine Chance zum Überleben erfahren hatten, wesentlich länger um ihr Leben). Kein Experiment ist gerechtfertigt, bei der irgendeine Kreatur leidet, lautet die strengste Position. Doch wo ist die Grenze von ,,Kreatur" und ,,Nicht-Kreatur", wie ,,nieder" dürfen die Tiere sein, was ist mit Pflanzen etc.?

Kommt man nun zum Menschen als dem Gegenstand der Experimente, so ist wohl die einhellige Meinung, daß diesem kein Schaden zugefügt werden darf. Doch was ist ,,Schaden"? So wurde z.B. im bekannten ,,Stanford-Gefängnis-experiment" Rollenverhalten untersucht, indem Freiwillige nach Zufall in ,,Gefangene" und ,,Wärter" aufgeteilt wurden und sich dann 14 Tage in einem ,,Simulations-Gefängnis" aufhielten. Doch nach 6 Tagen wurde der Versuch abgebrochen, nachdem es bei einigen ,,Gefangenen" zu psychischen Zusammenbrüchen gekommen war (genauere Information mit einer Diskussion der ethischen Fragen in: *Zimbardo* 1974). In dem ebenfalls sehr bekannten ,,Gehorsams-Experiment" von *Milgram* (1963) mußten Teilnehmer andere Personen (in ,,Wirklichkeit" Mitarbeiter des Experimentators) durch Elektroschocks bestrafen (wobei ,,in Wirklichkeit" keine Schocks verabreicht wurden und die Schmerzen von den ,,Bestraften" ,,nur" gespielt wurden). Nachuntersuchungen zeigten, daß die Versuchspersonen auch später noch durch diese Erlebnisse psychisch beeinträchtigt waren. Oder — um eine drittes Beispiel zu nennen — in einem vergleichsweise eher ,,harmlosen" Experiment, das in Abschnitt 1.5.2 berichtet wurde, mußten sich Teilnehmer der Konfrontation mit falschen Wahrnehmungsergebnissen und dem dadurch entstehenden Gruppendruck aussetzen. Wie weit darf ein Wissenschaftler ,,Versuchspersonen" hinters Licht führen, um bestimmte Effekte zu erreichen?

Diese Fragen können hier nur aufgeworfen, nicht aber beantwortet werden: Es gibt keine klar strukturierte und allgemeinverbindliche Forschungsethik. Gewiß, angesichts der anfangs genannten Absurditäten in unserer Welt sind die eben aufgeführten Beispiele nicht sehr gravierend (und es ist durchaus wichtig, auch diese Relationen zu sehen). Dennoch kann sich der Wissenschaftler in seiner Rolle und seinem Handeln kaum damit entschuldigen, daß er auf weitaus schlimmere Probleme in anderen Bereichen hinweist. In seinem Bereich trägt er selbst die Verantwortung und — wie das Beispiel CAMELOT oben zeigte — bleiben durchaus Entscheidungsalternativen. (Im Gegensatz zu *Galtung* waren nämliche andere Wissenschaftler durchaus bereit, das Projekt entsprechend den Vorgaben zu unterstützen; manchen ist vermutlich nicht einmal die ethische Fragwürdigkeit bewußt geworden.)

Daß hier mehr Fragen als Lösungsansätze referiert werden konnten, mag und soll nachdenklich stimmen (vgl. S. 200).

3. Wissenschaftstheoretische Positionen in der Psychologie

3.1 Einige Forschungsgebiete als Beispiele für unterschiedliches Vorgehen

Wissenschaftstheorie gilt allgemein als schweres und ,,trockenes" Geschäft. Um den Einstieg in die verschiedenen wissenschaftstheoretischen Ansätze in der Psychologie zu erleichtern, beginnen wir mit der Darstellung einiger, ziemlich willkürlich ausgewählter Forschungsgebiete der Psychologie. Für jedes Gebiet stellen wir kurz verschiedene, ausgewählte Zugangsweisen dar. So entsteht induktiv eine Übersicht der verschiedenen wissenschaftstheoretischen Ansätze in der Psychologie.

3.1.1 Persönlichkeitspsychologie

Albert *Wellek* (1904-1972) Schüler von Felix *Krüger* und Philipp *Lersch*. Hauptforschungsgebiete: Charakterologie, Theoretische Psychologie, Musikpsychologie

Weder im alltäglichen Sprachgebrauch, noch in der heutigen Psychologie herrscht Einigkeit darüber, was *Persönlichkeit* ist, und erst recht nicht, wie Persönlichkeitsforschung erfolgen solle.

Die Persönlichkeits*definitionen* hängen eng mit den Persönlichkeits*theorien* der Autoren zusammen, und diese wiederum mit den *Forschungsmethoden.* Hierzu stellen wir zwei Beispiel vor:

Das erste Beispiel ist die Persönlichkeitspsychologie der deutschen *Charakterologie.* Wir beschränken uns hier auf eine ausschnitthafte Darstellung der verwandten Ansätze von Albert *Wellek* (1904 - 1972) und Philipp *Lersch* (1898 - 1972).

Albert *Wellek* schreibt (1966, S. 51 und 53):

> *Persönlichkeit* sei ganzheitliches seelisches Sein in seiner jeweiligen Einmaligkeit. ,,...Was den Menschen zur Person, sein Wesen zum Charakter macht, kann nie in einem Typus, auch nicht in einer (noch so großen) Vielfalt von typologischen Einordnungen aufgehen ohne Rest."

Ferner ist für *Wellek* das ,,blutvoll Einmalige eines Lebendigen" die Bedingung der ,,psychischen Phänomene".

Wellek betont also die Einmaligkeit jeder Persönlichkeit und wendet sich gegen Typologien.

Ganz ähnlich schreibt Philipp *Lersch* in der zehnten Auflage seines Buches ,,Aufbau der Person" (1966):

Das Seelische kann „erst dann richtig gesehen werden, wenn man sich über die Eigenart des Lebens und der Lebensvorgänge im klaren ist.

Freilich: das innere Wesen des Lebens ist und bleibt ein Geheimnis der Schöpfung, das die menschliche Erkenntnis nicht zu durchdringen vermag" (S. 18).

„Alles Lebendige ist eine Ganzheit" (S. 19).

„Die Gliederung selbst, die wir an einem Ganzen finden, insbesondere das Verhältnis von Über- und Unterordnung der Glieder im Funktionszusammenhang des Ganzen nennen wir eine *Struktur.* Struktur ist also der gefügehafte Aufbau der Glieder eines Ganzen" (S. 20).

Philipp *Lersch* (1898 - 1972) phänomenologisch und anthropologisch orientierter Psychologe, der ein eigenes (umstrittenes) Schichtenmodell der Persönlichkeit entwickelte.

Wichtiger Aspekt der menschlichen Persönlichkeit ist für *Lersch* der Charakter.

„In psychologischer Bedeutung bezeichnet der Begriff des Charakters die *individuelle Eigenart* des Menschen, wie er sich aufsteigend aus den unbewußten Tiefen lebendiger Natur zur Bewußtheit menschlicher Existenz, fühlend und handelnd, in Willensentscheidungen, Wertungen und Zielsetzungen, in Urteilen und geistigen Stellungnahmen mit der Welt auseinandersetzt und dadurch ein erfaßbares Gepräge seines individuellen Daseins im Unterschied und in Abgehobenheit von anderen Menschen erhält" (S. 59).

„Im Personbegriff wird das seelische Leben anthropologisch gesehen, und zwar insoferne, als die Mannigfaltigkeit seiner wechselnden Inhalte als Einheit des Vollzuges menschlicher Existenz verstanden wird, als etwas, worin der Mensch sein Dasein in der Welt verwirklicht und wodurch er sich selbst als seiend erfährt" (S. 75 - 76).

Lebensgrund endothymer Grund personeller Oberbau

Somit umfaßt der Personbegriff bei *Lersch* den Begriff des Charakters, aber auch die Entwicklung. *Lersch* unterscheidet in seiner Persönlichkeitspsychologie drei *Schichten* im Aufbau der Person, den *Lebensgrund,* den *endothymen Grund* und den *personellen Oberbau.* Der Lebensgrund ist „vorpsychisch", das heißt dem Erleben noch vorgeordnet und bildet die Basis der beiden Persönlichkeitsschichten. Mit dem endothymen Grund wird

„eine untere, tragende Schicht des seelischen Lebens kenntlich gemacht, ein Bereich von Erlebnissen, die aus einer unter unserem bewußten Ich und seiner Initiative gelegenen Tiefe des seelischen Seins kommen" (S. 104).

Schichtenlehre

Dieser endothyme Grund wird nach *Lersch* überformt von den Vorgängen des Denkens und Wollens. Diese höhere Schicht des seelischen Lebens nennt *Lersch* den personellen Oberbau. Diese Einteilung erinnert an frühere *Schichtenlehren* der Persönlichkeit, so z.B. an die Polarität von „Seele" und „Geist" bei Ludwig *Klages* (1872-1956), oder an das „Es" und das „Ich" in der Psychoanalyse Sigmund *Freuds* (1856-1939), obwohl bei *Lersch* zwischen den beiden Persönlichkeitsschichten „oberhalb" des Lebensgrundes keine antagonistische Spannung besteht.

Wir beenden hier diese kurze Skizze der Überlegungen von *Wellek* und *Lersch* und bitten Sie um Durchführung der

---

Übungsaufgabe 11 **Übungsaufgabe 11**

Wie würden Sie diese Ausführungen beschreiben? Entsprechen sie Ihren Vorstellungen von einer Psychologie der Persönlichkeit?

Kontrastierend zu diesem ersten Ansatz der Persönlichkeitspsychologie stellen wir Ihnen — ebenfalls stark vereinfacht — den Ansatz von Raymond B. *Cattell* dar.

Für *Cattell* ist Persönlichkeit alles dasjenige, was eine Vorhersage darüber ermöglicht, wie sich jemand in einer gegebenen Situation verhalten wird. *Cattell* unterscheidet sechs Merkmalsgruppen:

a) Ability Source traits (A). (Beschreibungsdimensionen, die auf Leistungsfähigkeiten bezogen sind).
b) Temperament traits (T). (Stil des Verhaltens wie z.B. persönliches Tempo).
c) Ergic drives (E). (Vorwiegend biologisch verankerte Motivationen wie Sexualität, Angst und Selbstbehauptung).
d) Sentiments (M). (Einstellungen).
e) Role traits (R). (Soziale Rollen).
f) Temporary moods and other modulating states (S). (Temporäre Zustände der Erregung, Depression usw.).

Grundgleichung

Kennt man eine Situation (j), dann müßte sich nach *Cattells* sog. *Grundgleichung* das Verhalten (R) einer Person dann vorhersagen lassen, wenn man die verschiedenen Persönlichkeitszüge der Person und die Bedeutung dieser traits für das Verhalten („Gewichte") kennt:

$$R_j = S_{ja} A + S_{jt} T + S_{je} E + S_{jm} M + S_{jr} R + S_{js} S$$

Man beachte, daß hinter den Merkmalsgruppen (A, T, E usw.) jeweils eine Vielzahl von einzelnen „traits" stecken. Man kann sich denken, daß *Cattell* und seine Mitarbeiter auch nach jahrzehntelanger Forschung nur annähernde Werte für einzelne Situationen nennen können. Ein Bereich, in dem sich diese Grundgleichung jedoch schon bewährt hat, ist die *Vorhersage des Berufserfolges*. Voraussetzung dieser Art von angewandter Persönlichkeitspsychologie ist die Entwicklung relevanter, möglichst in sich homogener, jedoch voneinander möglichst deutlich unterschiedener Persönlichkeitsskalen zur Erfassung der traits. Ferner muß man durch langwierige Erprobungsstudien ermitteln, in welchem Verhältnis der Berufserfolg zu den einzelnen traits steht (wie hoch sind z.B. die Werte auf Extraversionsskalen, Angsttests usw. für Ärzte mit Berufserfolg?).

Jede einzelne Fragestellung kann ein Untersuchungsprogramm für einige Jahre Arbeit darstellen.

Faktorenanalyse

Cattell hat jedoch schon mehrere Tests entwickelt, mit denen Persönlichkeitszüge in objektiver, reliabler und relativ valider Form erfaßt werden können. Dabei machte *Cattell* intensiven Gebrauch von der Faktorenanalyse. Die Faktorenanalyse ist ein kompliziertes mathematisch-statistisches Verfahren, das hier der Gewinnung von Persönlichkeitsfaktoren diente, die den traits übergeordnet sind. Wir verzichten hier auf die weitere Darstellung und verweisen bei entsprechendem Interesse auf Lehrbücher der Persönlichkeitspsychologie (z.B. *Herrmann* 1972).

Doch zunächst:

Übungsaufgabe 12

Übungsaufgabe 12

a) Beschreiben Sie kurz den Ansatz von *Cattell!*
b) Vergleichen Sie die Ansätze von *Lersch/Wellek* und *Cattell* bezüglich ihrer Vorgehensweise und ihrer Zielsetzung!

Trotz der sehr knappen und ganz unvollständigen Darstellung dürften einige Unterschiede zwischen *Wellek/Lersch* und *Cattell* deutlich geworden sein. *Wellek* und *Lersch* gehen von anthropologischen „Grundtatbeständen", von Formen des „menschlichen Seins" aus. Das Vorgehen ist an die Literatur- und Geisteswissenschaften angelehnt. Als Methoden kennt *Lersch* die Introspektion (Selbstbeobachtung) und die Fremdbeobachtung. Praktisch wird jedoch auf statistische Auswertungsmethoden verzichtet.

Anders dagegen *Cattell,* der offensichtlich stark empirisch-analytisch arbeitet. Sein Vorgehen scheint stark an praktischen Bedürfnissen, wie z.B. der Vorhersage des Berufserfolgs orientiert zu sein und erinnert an eine „Materialschlacht".

Wir kommen später auf den Vergleich zurück!

Betrachten wir kurz noch einen dritten Ansatz innerhalb des großen Gebietes der Persönlichkeitspsychologie: den Ansatz des französischen Marxisten Lucien *Sève* (1972).

sprich: Säw

Der Philosoph *Sève* sieht eine enge Verbindung zwischen Politik und Philosophie und findet, „daß der politische Kampf nur dann zum Ziel geführt und bisweilen ganz einfach nur dann geführt werden kann, wenn er sich auf eine wirklich wissenschaftliche Psychologie stützen kann" (1973, S. 13). Aber *Sève* erkennt sogleich, daß für einen solchen (Klassen-)Kampf „eine dem historischen Materialismus gemäße Theorie der Persönlichkeit" fehlt (S. 19).

Sève geht also von Karl *Marx* und Friedrich *Engels* aus und findet bei *Marx* eine Fülle von Aussagen und Annahmen über das Wesen des Menschen, wie es durch anthropologische und gesellschaftliche Faktoren geprägt wird. Zu diesen Faktoren zählen die Betonung der menschlichen Arbeit, die Arbeitsteilung, gesellschaftliche Gegensätze, die Geschichte als Geschichte der Klassenkämpfe und die Entfremdung in der kapitalistischen Industriegesellschaft.

Gleichwohl kommt *Sève* nicht umhin, die Einmaligkeit der menschlichen Persönlichkeit zu sehen. Psychologische und soziologische Ansätze, die die konkrete Einmaligkeit der Individuen als unwesentlich ansehen, werden von *Sève* als „vordialektische Fehlauffassung" vom Wesen des Menschen (S. 242) kritisiert.

Die nicht zu leugnenden Unterschiede zwischen Persönlichkeiten sind vielleicht biologisch zu erklären, aber sicher nicht nur.

Historisch-gesellschaftliche Bedingungen, wie die Arbeitsteilung und die daraus resultierenden Lebensbedingungen von Menschen verschiedener Klassen in der kapitalistischen Industriegesellschaft bedingen nach *Sève* die Persönlichkeitsunterschiede sehr viel stärker als biologisch-genetische Unterschiede. Aus *Sèves* marxistischer Sicht erkennen die Menschen jedoch ihr Unglück nicht, so daß die „Verkrüppelung" des Menschen heute als Normalfall gesehen werden kann (S. 203). So muß *Sève* — wie auch andere Marxisten — den Nutzen von Umfragen anzweifeln. Im letzten Kapitel seines Buches (1972) entwickelt *Sève* Ansätze zu einer eigenen Theorie der Persönlichkeit. Die Grundbegriffe, von denen *Sève* ausgeht, sind *Handlung* und *Fähigkeit* „in ihrem dialektischen Zusammenhang" (S. 338). Die Handlung setzt Fähigkeit voraus, und mehr und mehr setzt Fähigkeit Handlung voraus. Persönlichkeitsstruktur ist die

Handlung und Fähigkeit

Struktur menschlicher Aktivität (S. 339). Aktivität vollzieht sich in der Zeit. Daher sollte die Zeitstruktur — im Gegensatz zu den herkömmlichen psychologischen Theorien — Eingang in die (marxistische) Persönlichkeitstheorie finden. Nach *Sève* haben Menschen einen Idealzeitplan, von dem der tatsächliche Zeitplan abweichen kann.

Zeitplan

Mit dem Zeitplan und seiner Erforschung meint *Sève* nicht etwa sozialwissenschaftliche Zeitbudget-Untersuchungen, aber auch nicht einfach Befragungsergebnisse über menschliches Handeln im Zeitverlauf oder über Handlungsabsichten. *Sève* meint u.a. die aus marxistischer Sicht wichtige Unterteilung in entfremdete und gesellschaftlich emanzipierte Arbeit.

abstrakte und konkrete Aktivität

In seinem Persönlichkeitsmodell unterscheidet *Sève* zwischen abstrakter und konkreter Aktivität (1973, S. 345):

Abstrakte Aktivität ist gesellschaftlich produktive Arbeit im kapitalistischen Sinn, das heißt Arbeit, die Kapital (und evtl. Mehrwert) produziert.

Konkrete Aktivität bezeichnet auf das Individuum bezogene persönliche Aktivität, z.B. zur Befriedigung von Bedürfnissen oder Erlernen neuer Fähigkeiten, die nichts mit der Arbeit zu tun haben.

Die möglichen Individualitätsformen (in kapitalistischen Gesellschaften) stellt *Sève* in einem zweidimensionalen Modell dar (S. 355ff.):

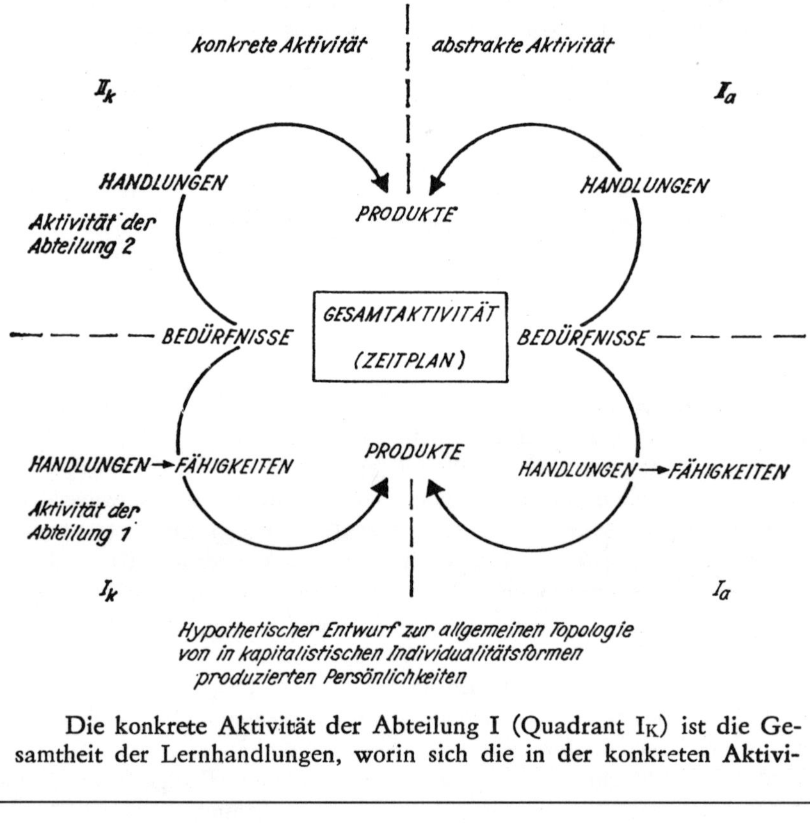

Hypothetischer Entwurf zur allgemeinen Topologie von in kapitalistischen Individualitätsformen produzierten Persönlichkeiten

Die konkrete Aktivität der Abteilung I (Quadrant I_K) ist die Gesamtheit der Lernhandlungen, worin sich die in der konkreten Aktivität gebrachten Fähigkeiten herausbilden und entwickeln. Die konkrete Aktivität der Abteilung II (Quadrant II_K) ist die Gesamtheit der Handlungen, die diese Fähigkeiten gebrauchen und unmittelbar zum Individuum zurücklaufen. Die abstrakte Aktivität der Abteilung I (Quadrant I_a) ist die Gesamtheit der Lernhandlungen, worin sich die Fähigkeiten herausbilden und entwickeln, die durch die gesellschaftliche Aktivität und ihren Rahmen, die objektiven gesellschaftlichen Verhältnisse, geboten sind. Die abstrakte Aktivität der Abteilung II (Quadrant II_a) ist die Gesamtheit der Handlungen, die diese gesellschaftliche Arbeit unmittelbar ausmachen. Dieses Schema soll, wie wohl kaum noch gesagt werden muß, keineswegs *die Persönlichkeit eines Musterindividuums* darstellen. Es ist soviel wie ein hypothetischer Entwurf zur *allgemeinen Topologie von in kapitalistischen Individualitätsformen produzierten Persönlichkeiten.* Auf der Grundlage dieser allgemeinen Topologie kann jedoch offensichtlich der wirkliche Zeitplan einer Einzelpersönlichkeit konstruiert werden. Um so weit zu kommen, müßten aber noch zahlreiche theoretische, methodologische und praktische Probleme gelöst werden. Fürs erste läßt sich höchstens in äußerst vereinfachender Weise, durch rein quantitative Versinnbildlichung der relativen Bedeutung der vier Grundkreisläufe, das heißt ihres jeweiligen Prozentanteils am gesamten Zeitplan, die Unterschiedlichkeit der Strukturen und Widersprüche realer Persönlichkeiten andeuten (Figuren nebenstehend).

Die vier Figuren sind nicht Veranschaulichung einer *vierstufigen Typologie.* Es wurde schon gezeigt, daß die hier vertretene Auffassung von der Psychologie der Persönlichkeit eine Typologie prinzipiell ausschließt. Es handelt sich einfach um vier *hypothetische Beispiele.* Sie wurden herausgegriffen wegen des Indikativwerts, den sie an sich und durch ihre Unterschiedlichkeit besitzen. Das erste könnte dem Zeitplan eines Schulkinds entsprechen: Vorwiegen der auf den Kreislauf der konkreten Persönlichkeit orientierten Lernhandlungen, mit sehr untergeordnetem Aspekt indirekter Vorbereitung auf die gesellschaftliche Arbeit, bedeutendem Umfang der konkreten Konsumtionshandlungen und völligem Fehlen von abstrakter Aktivität (höchstens Beteiligung an häuslichen Dienstleistungen). Das praktisch völlige Fehlen der rechten Seite der Figur, das heißt der abstrakten Aktivität, entspricht der Tatsache, daß sich die Theorie der entwickelten Persönlichkeit in diesem Fall noch wenig auf ihren spezifischen Wegen betätigen kann. – Die zweite Figur könnte den Zeitplan eines Studenten illustrieren, der keine gesellschaftliche Lohnarbeit zu leisten braucht, um sein Studium zu finanzieren: Vorwiegen der Lernhandlungen für die künftige abstrakte Aktivität, die außerdem in zweiter Linie einen konkreten Lernaspekt haben; bedeutender Umfang der konkreten Konsumaktivität, praktisch noch fehlende abstrakte Aktivität. – Die dritte Figur könnte dem Zeitplan eines Arbeiters entsprechen, der außer seiner Fabrikarbeit nur Freizeitbetätigungen und Hausarbeiten ausübt und sich nicht in der Arbeiterbewegung betätigt: Erdrückendes Vorwiegen der abstrakten Aktivität, der

Erwerb entsprechender neuer Fähigkeiten auf geringen Umfang reduziert, begrenzte Bedeutung der konkreten Aktivitäten überhaupt, vor allem in der Abteilung I. – Die letzte Figur könnte den Zeitplan eines älteren, im Ruhestand befindlichen Menschen veranschaulichen, der einige kleine gesellschaftliche Arbeiten ausführt: Absolutes Vorwiegen der konkreten Konsumaktivität, extreme Schrumpfung der anderen Sektoren, besonders der abstrakten Lernhandlungen.

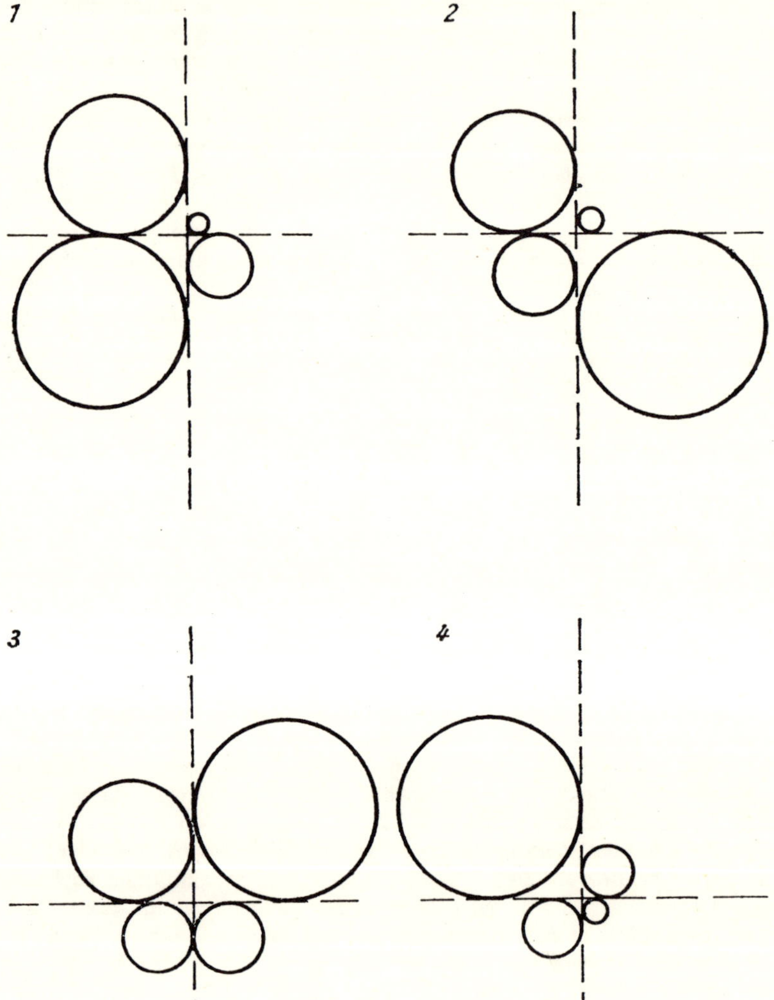

Wir schließen mit diesem längeren Zitat die Darstellung der Theorie von *Sève* ab, nennen jedoch noch einige Merkmale bzw. Kritikpunkte stichwortartig:

— *Sèves* Darstellung ist eindeutig wertend und verheimlicht dies nicht.
— Die marxistische Theorie der Persönlichkeit von *Sève* erklärt kaum inter-individuelle Differenzen. Sie zeigt — ähnlich wie soziologische oder anthropologische Ansätze — mögliche Persönlichkeitsunterschiede und deren Entstehungsbedingungen auf.
— Das zitierte Modell hat einige offensichtliche Schwächen, die möglicherweise nur in der Darstellung liegen (Abgrenzung der Quadranten im Koordinatensystem. Warum einmal Pfeile, das andere Mal Kreise? usw.).

3.1.2 Entwicklungspsychologie

Im Jahr 1924 erschien ein Buch, das über Jahrzehnte hinweg — bis nach dem Zweiten Weltkrieg — in vielen, fast unveränderten Auflagen Pflichtlektüre für Generationen von Psychologen und Pädagogen war: Eduard *Sprangers* ,,Psychologie des Jugendalters". Der unglaubliche Erfolg des Buches erklärt sich nicht so sehr aus der Tatsache, daß das Thema neu gewesen wäre. Entscheidender war wohl *Sprangers* Methode und Darstellungsweise. *Spranger* beginnt:

Eduard *Spranger* (1882 - 1963), Psychologe und Pädagoge in der Tradition Wilhelm *Diltheys*

> ,,In keinem Lebensalter hat der Mensch ein so starkes Bedürfnis nach Verstandenwerden wie in der Jugendzeit. Es ist, als ob nur durch ein tieferes Verstehen dem werdenden Wesen herausgeholfen werden könnte. Und doch wirkt eine Fülle von Umständen zusammen, um ein solches Verstehen zu erschweren oder gar zu verhindern. Schon der Jugendliche selbst verbirgt ängstlich vor seiner Umgebung die feineren Falten seines Inneren. Nicht Aufgeschlossenheit, sondern *Verschlossenheit* ist der sichtbarste Zug, der das seelische Erwachen ankündigt" (1926, S. 1).

Mit seinem Buch möchte *Spranger* ,,durch ein vollständiges Gemälde der seelischen Organisation in der Jugendzeit ein tieferes Verstehen... ermöglichen".

Verstehende Psychologie

Und so beschreibt dann *Spranger* den Jugendlichen seiner Zeit, sein Phantasieleben, sein Sexualleben, sein Hineinwachsen in die Gesellschaft, sein Rechtsbewußtsein, sein Verhältnis zu Politik und Beruf, zu Wissen und Weltanschauung, seine religiöse Entwicklung und die Typen des jugendlichen Lebensgefühls.

Greifen wir die Typen des jugendlichen Lebensgefühls heraus. Hier unterscheidet *Spranger* ,,ohne Anspruch auf Vollständigkeit" (1926, S. 339) drei Gegensatzpaare, von denen jedes grundsätzlich mit jeder geistigen Grundform vereinbar sein soll:

1. Der Nüchterne — der Schwungvolle.
2. Die empfängliche Natur — die gestaltende Natur.
3. Die Schwermütigen — die Heiteren.

Spranger beschreibt diese ,,Typen" anschaulich, wie auch später acht Typen des Ich-Gefühls beim Jugendlichen:

1. Die im Körpergefühl Aufgehenden
2. Ästhetische Schwärmer
3. Problematiker

4. Berufsfreudige oder gar Erwerbslustige
5. Tatendurstige
6. Typus des Liebevollen
7. Ethische Enthusiasten
8. Auf das Transzendente gerichtete Mystiker.

idealtypische Methode

Auch hier gibt *Spranger* sog. *idealtypische Beschreibungen,* d.h. normativ gesetzte, allgemeinverbindlich gedachte Eigenschaftskomplexe, mit denen z.B. Lehrer ihre Schüler vergleichen können.

Nur in seltensten Fällen stützt sich *Spranger* auf die quantitative entwicklungspsychologische Jugendforschung (etwa durch William *Stern* oder die Wiener Schule um Karl und Charlotte *Bühler*). *Spranger*s Methode beruht offensichtlich in hohem Maße auf der Einfühlung in die Lage des Jugendlichen, vielleicht zum Teil auch auf die Erinnerung an *Spranger*s eigene Jugend. Ferner zieht er Jugenderinnerungen von Dichtern, Tagebuchaufzeichnungen und ähnliche Texte heran, um sein „vollständiges Gemälde" zu schaffen.

empirische Erhebung

Greifen wir in direktem Gegensatz zu *Spranger* einen neuen Ansatz der Jugendpsychologie heraus: Daniel *Offer* (1984) geht es im Gegensatz zu *Spranger* nicht um eine idealtypische Beschreibung Jugendlicher, sondern um die empirische Erhebung ihres Selbstbildes. Hierzu führte *Offer* umfangreiche Längsschnittstudien mit dem *Offer*-Selbstbild-Fragebogen (O.S.I.Q.) durch.

„Der *Offer*-Selbstbild-Fragebogen (O.S.I.Q.) ist ein auf Selbstbeschreibung beruhender Persönlichkeitsfragebogen, dessen Ziel es ist, die Anpassung männlicher und weiblicher Jugendlicher im Alter zwischen 13 und 19 Jahren zu erfassen. Der Fragebogen wurde 1962 zum ersten Mal eingesetzt. Er wurde bisher mehr als 20.000 Jugendlichen in den USA, in Australien, Israel und Irland vorgelegt. Die meisten dieser Jugendlichen waren Angehörige der Mittelschicht. (...)

Der Fragebogen besteht aus 130 Items, die sich auf 11 Inhaltsbereiche beziehen: Impulskontrolle, Stimmung, Körperbild, soziale Beziehungen, moralische Einstellungen und sexuelles Verhalten, Familienbeziehungen, Bewältigung der äußern Welt, berufliche und schulische Ziele, Psychopathologie, außergewöhnliche Anpassung.

Aus heuristischen Gründen wurden einige Skalen kombiniert. Es sollte so eine an der Psychologie des Selbst orientierte Perspektive erreicht werden. Seit 1980 wird der Fragebogen nach folgenden fünf Aspekten des Selbst ausgewertet:

— das psychologische Selbst,
— das soziale Selbst,
— das sexuelle Selbst,
— das Familien-Selbst,
— das problembewältigende („Coping")Selbst,

(*Offer* 1984, S. 112).

Nach Hinweisen auf die Reliabilität des Fragebogens und der Beschreibung der Stichprobe (amerikanische Sekundarstufenschüler) berichtet *Offer* über die Ergebnisse seiner Untersuchung.

So gaben z.B. ca. 90 % der Jugendlichen im Alter zwischen 13 und 18 Jahren an, sich am Leben zu freuen und meist glücklich zu sein. Sie fühlten sich meist entspannt, selbstkontrolliert und trauten sich zu, neue Situationen zu bewältigen *(psychologisches Selbst)*.

Bei den Items zum *sozialen Selbst* wurde z.B. das Item ,,Jede Arbeit, die ich gut mache, macht mir auch Freude" von über 90 % der Jugendlichen bejaht, nicht mehr als 5 % stimmten dagegen dem Item ,,Nur Dumme arbeiten" zu. Die Jugendlichen stellen sich also als extrem arbeitsorientiert dar.

In bezug auf das *sexuelle Selbst* interpretiert *Offer* seine Befunde dahingehend, daß normale Jugendliche im allgemeinen keine Angst vor ihrer Sexualität haben. Die Mehrzahl der Jugendlichen gibt an, daß es für sie wichtig ist, eine(n) Freund(in) des anderen Geschlechts zu haben.

Zum *Familien-Selbst* stellt *Offer* fest, daß die untersuchten Jugendlichen keine bedeutsamen Probleme zwischen sich und ihren Eltern wahrnehmen. Die Antworten der Jugendlichen liefern keine Belege für einen bedeutsamen Konflikt zwischen den Generationen.

Zum *problembewältigenden Selbst:* ,,Die Jugendlichen sind voller Hoffnung, wenn sie an ihre Zukunft denken, und glauben, aktiv handelnd auf ihren Erfolg Einfluß nehmen zu können" (S. 121). Dieses positive Bild einschränkend weist *Offer* allerdings darauf hin, daß nach seinen Daten etwa ein Fünftel der normalen Jugendlichen sich als emotional leer empfindet und das Leben als eine endlose Reihe unlösbarer Probleme ansieht.

Offer vergleicht dann noch die Daten der amerikanischen Stichprobe mit den Antworten der Jugendlichen aus Israel, Australien und Irland sowie mit Antworten von Jugendlichen mit abweichendem Verhalten, um die jeweiligen Unterschiede im Selbstbild herauszustellen. Interessant ist auch der Hinweis auf eine weitere Untersuchung, in der der Autor Erwachsene bat, den Fragebogen auszufüllen, wie ihrer Meinung nach ein ,,normaler, psychisch gesunder Jugendlicher" antworten würde (vgl. S. 128). Bei den Erwachsenen handelte es sich um im Gesundheitswesen tätige Personen, gewissermaßen also um ,,Experten". Die Experten unterstellten den normalen Jugendlichen mehr Probleme und Störungen, als selbst psychiatrisch auffällige oder deliquente Jugendliche in ihrer Selbstdarstellung berichteten.

Vergleichen Sie die Ansätze von Spranger und Offer bezüglich ihres Vorgehens und ihrer ,,Verwendbarkeit"! Aufgabe

3.1.3 Die Erlebniswirkung von Wohnumgebungen

Dem Bereich des ,,Wohnens" ist in letzter Zeit vor allem von der Ökologischen Psychologie große Aufmerksamkeit geschenkt worden. An dieser Stelle möchten wir kurz ein öko-psychologisches Projekt zur Erlebniswirkung von Wohnumgebungen vorstellen, dem die Zielvorstellung zugrunde liegt, Ökologische Psychologie möglichst effektiv und öffentlichkeitswirksam zu betreiben. Es handelt sich hier um ein Forschungsprojekt von Joachim *Franke* und seinen Mitarbeitern Christine *Hoffmann,* Ruth *Klockhaus* und Georg-Wilhelm *Rothgang. Franke* (1976) begründet zunächst, warum er der Gewinnung empirischer Daten innerhalb der Ökologischen Psychologie zunächst Vorrang vor der Entwicklung von Theorien geben will:

„So wichtig theoretische Überlegungen für die Entwicklung eines Wissenschaftszweiges sind, so notwendig ist es, in den auf Veränderung der Lebensbedingungen zielenden Disziplinen, auch empirische Daten als an der Lebenswirklichkeit geprüfte Aussagen für die gedankliche Strukturierung des Arbeitsbereiches zu gewinnen. Das gilt besonders in der Ökologischen Psychologie, wo wegen der unübersehbaren Fülle der aufeinander und miteinander wirkenden Variablen zwar die Entscheidung für einen systemtheoretischen Ansatz naheliegt, wo jedoch gleichzeitig aus denselben Gründen und wegen eines Mangels an empirisch gesicherten Erkenntnissen zur Zeit weder die Systemelemente noch die zwischen ihnen bestehenden Beziehungen hinreichend klar herausgearbeitet werden können. In einer solchen Situation erscheint es nicht zweckmäßig, auf der an sich einleuchtenden Forderung zu bestehen, daß jedem empirischen Ansatz eine explizit formulierte Theorie als Grundlage vorausgehen müsse" (1976, S. 134).

Franke will sich demgemäß mit „vortheoretischen Überlegungen zu systemartigen... Abhängigkeiten" begnügen und zunächst aus der Vielzahl der als wirksam vermuteten Variablen solche herausgreifen, „die zugleich bedeutsam und empirisch faßbar erscheinen" (S. 134). Diesen Kriterien entspricht nach *Franke*s Auffassung auf der Seite der Umwelt (der „Objektseite") die „immobile Umwelt", also die Wohnumgebung bzw. das Wohnareal. Bei den Personen (der „Subjektseite") beschränkt *Franke* sich auf die Untersuchung der von Wohnarealen bestimmter Größe und Homogenität determinierten Erlebnisweisen. Hierbei interessieren ihn nicht die individuellen Erlebnisreaktionen, sondern „zunächst die vornehmlich bei Personen eines Kulturkreises auftretenden, übereinstimmenden Erlebniswirkungen" (S. 137).

„Man kann unser Vorhaben gleichnishaft so auffassen, als würden wir durch die gewählten, noch zu schildernden Beschreibungsmethoden, in dem in seiner Komplexität nicht überschaubaren Gelände der Ökologischen Psychologie, Festpunkte schaffen, zwischen denen durch die Anwendung statistischer Verfahren eine Brücke geschlagen wird, die später als empirisch gesichertes Glied in einer Theorie der Ökologischen Psychologie fungieren kann" (S. 137).

Für die Erfassung der Wohnumgebung, also der Objektseite, wendet die Arbeitsgruppe um *Franke* vor allem folgende Verfahren an:

„a) Aus den Katasterplänen können beispielsweise die Größe der Verkehrsfläche und die Bebauungsdichte entnommen werden.
b) Die Bauakten liefern u.a. anders geartete Daten zur Bebauungsdichte, wie beispielsweise den Geschoßflächenwert.
c) Durch Flächenmessungen — auf den nach dem Zufallsverfahren innerhalb eines Wohnareals angefertigten Panoramafotos — lassen sich die von öffentlich zugänglichen Stellen aus sichtbaren Grünflächen, die vertikalen Barrieren wie Hecken und Zäune sowie andere aus der Fußgängerperspektive regelhaft gegebenen Wahrnehmungskonstellationen quantitativ erfassen" (*Franke* 1972, S. 138; vgl. *Rothgang* 1972).

Die Wirkungen der Wohnareale auf die dort lebenden Personen werden mit Hilfe eines speziell entwickelten Semantischen Differentials erfaßt. Dieses besteht aus 26 Begriffspaaren (z.B. „muffig — luftig", „aufgelockert — dicht", „nüchtern — überladen" usw.), wobei die befragten Bewohner auf einer siebenstufigen Skala ankreuzen müssen, ob ihr Eindruck von der Wohnumgebung eher dem einen oder dem anderen Pol entspricht.

Ruth *Klockhaus* (1976) versucht, das geschilderte Semantische Differential zur Ermittlung des Erlebens von Wohnumgebungen zu validieren. Da zum Verständnis ihrer Vorgehensweise spezielle statistische Kenntnisse (insbesondere der Faktorenanalyse) notwendig sind, beschränken wir uns hier auf eine kurze Skizzierung der grundlegenden Schritte.

Wenn das Differential das Erleben von Wohnumgebungen tatsächlich erfaßt, sollten sich mit seiner Hilfe Unterschiede zwischen Wohnumgebungen auch abbilden lassen. Um dies zu prüfen, vergleicht *Klockhaus* die Ergebnisse aus zwei recht unterschiedlichen Wohnarealen miteinander:

> *Wohnareal 1* weist nur Hochhäuser und Mehrfamilienhäuser auf und ist mit Wohnfolgeeinrichtungen (Läden, Dienstleistungsbetrieben, Schulen usw.) gut ausgestattet.

> *Wohnareal 2* weist nur wenige Wohnfolgeeinrichtungen auf und ist weniger „geplant" als Wohnareal 1. Es gibt Hoch- und Mehrfamilienhäuser, aber auch Einfamilienhäuser in einer eher zufälligen Kombination.

Das Semantische Differential war den Bewohnern beider Wohnareale vorgelegt worden. Mit Hilfe der Faktorenanalyse wurde die 26 Begriffspaare des Semantischen Differentials auf acht Faktoren reduziert. Für diese Faktoren wurden nun für beide Wohnareale Faktorwerte berechnet und über einen Signifikanztest (t-Test) auf Unterschiedlichkeit geprüft. Bei zwei der acht Faktoren zeigten sich signifikante Unterschiede: So ergaben sich bei Faktor „Anregungserleben" und beim Faktor „Naturverbundenheit" höhere Werte für das Wohnareal 1 als für das Wohnareal 2.

Auch einige Korrelationen zu weiteren bei den Einwohnern erhobenen Fragen (z.B. „Sagt Ihnen diese Siedlung als Wohngegend zu?") deuten darauf hin, daß das Semantische Differential zumindest Unterschiede im „Anregungserleben" zwischen den Bewohnern der beiden Wohnareale erfassen konnte. *Klockhaus* (1976, S. 163) faßt ihre Ergebnisse folgendermaßen zusammen:

> „Erste Schritte zur Validierung — am Beispiel des „Anregungserlebens" — erbrachten Hinweise auf die Tragfähigkeit des Verfahrens, die weitere Bemühungen in dieser Richtung als aussichtsreich, aber auch als notwendig erscheinen lassen."

phänomenologisch-soziologischer Ansatz bei *Bahrdt*

Dem Thema Wohnen nähert sich der Soziologe Hans Paul *Bahrdt* ganz anders. Er schreibt:

> „Wohnen ist ein Stück Kultur. Freilich: Der Begriff ‚Wohnkultur' erweckt schon wieder den Verdacht, daß etwas, das sich eigentlich als selbstverständliche Folge kultivierten Verhaltens ergeben sollte, zum Ziel besonderer Anstrengungen gemacht wird: Die Kultur, ausdrücklich zum Gegenstand zielgerichteten Verhaltens gemacht, ... wird ... zum Hindernis für die Entfaltung der vielfältigen Verrichtungen, die zusammen das ergeben, was wir ‚wohnen' nennen. ‚Wohnkultur' kann genauso unwohnlich sein wie kalte Pracht; das heißt, sie ist dann nur eine moderne Variante der kalten Pracht von gestern, also das Gegenteil von kultivierter Wohnlichkeit" (1965, S. 13).

Was *Bahrdt* hier schreibt, ist offensichtlich nicht das Ergebnis empirisch-analytischer Forschung, sondern eine phänomenologische Darstellung, die von der Lebenserfahrung des Verfassers ausgeht. „Wohnkultur" und „kultivierte Wohnlichkeit" sind feine Unterscheidungen, die sich schwer oder überhaupt nicht in empirisch meßbare Größen umsetzen lassen. Doch leuchten *Bahrdt*s Ausführungen ebenso ein, wie die folgenden Aussagen von Otto Friedrich *Bollnow* zum Wohnungswechsel.

Otto F. *Bollnow* (geb. 1903)

„Wenn wir die Wohnung wechseln, so baut sich von der neuen Wohnung aus die Welt in einer neuen Weise auf. Wenn sich der Wohnungswechsel noch innerhalb derselben Stadt vollzieht, so gliedert sich doch nach dem neuen Wohnquartier alles neu. Es sind nicht nur die Bestimmungen der Nähe und Ferne, die sich verändern, sondern es ist zugleich auch das innere Gefüge der Straßen, durch die ich gewöhnlich komme und die für mich den Charakter der Vertrautheit haben, das, was überhaupt in der Stadt mir wohlbekannt ist, und das, was sich als verdämmender Hintergrund nur unbestimmt abzeichnet. Es ist etwas Verschiedenes, was mir auf diese Weise in der Stadt bedeutsam ist, und so bekommt die ganze Stadt einen anderen Charakter, wenn ich in ihr die Wohnung gewechselt habe" (1963, S. 58f).

Auch *Bollnow* geht offensichtlich von eigenen Lebenserfahrungen (und nicht z.B. von Repräsentativumfragen) aus. Was er beschreibt, ist plausibel, wenngleich nicht ohne weiteres nachprüfbar, vielleicht noch nicht einmal eindeutig. Was ist z.B. ein „verdämmender Hintergrund"? Lebenserfahrung wird hier mit kunstvoller Sprache dargestellt und dies schafft beim Leser, der bereit ist, sich auf eine Lektüre dieser Art einzulassen, das Gefühl „Ja, so ist es; so habe ich es auch erlebt", oder „Mir ist diese Erfahrung fremd, aber, was hier beschrieben wird, klingt überzeugend. Daher wird es wohl so sein".

3.2 Drei wissenschaftstheoretische Orientierungen in ihrer Bedeutung für die Psychologie

Aus sehr verschiedenen Bereichen der Psychologie haben wir Ihnen unterschiedliche Zugangsmöglichkeiten dargestellt. Dabei haben wir bewußt auf kontrastierende Ansätze geachtet. Ohne daß die zitierten Autoren alle explizit ihre wissenschaftstheoretische Basis genannt hätten, sehen wir grundlegende Unterschiede

— im Erkenntnisanspruch (Erkenntnisziel und -interesse),
— in den Erkenntnismitteln, das heißt in der Methodologie (Art, Bedeutung und Einsatz der Denk- und Forschungsmethoden),
— und in den zugrundeliegenden Positionen (Werten, Annahmen).

Einige Autoren stützen sich offensichtlich auf empirische Erhebungsverfahren, andere vertrauen eigener Lebenserfahrung und der Überzeugungskraft des Wortes bzw. der Interpretation. Wieder andere gehen von politisch-gesellschaftlichen Bedingungen aus und sehen in ihnen eine Basis, Psychologie zu betreiben.

Übungsaufgabe 13

Übungsaufgabe 13

Wir haben mit Schlagworten drei Kategorien gebildet und möchten Sie bitten, die im Abschnitt 3.1 genannten Autoren diesen Richtungen zuzuordnen. Uns geht es hier weniger um die Namen selbst, als darum, daß Sie wissenschaftliche Texte bestimmten Richtungen zuzuordnen lernen.

	Phänomenologische Beschreibung, Lebenserfahrung, ,,Verstehende Psychologie", Interpretation, ,,selbstverständliche" Normen und Werte	Empirisch-analytisches Vorgehen, statistisch-deskriptiv oder hypothesengeleitet	Materialistische oder marxistische Basis, kritisch-emanzipatorisches Interesse
3.1.1 Persönlichkeitspsychologie			
3.1.2 Entwicklungspsychologie			
3.1.3 Psychologie des Wohnens			

Schon jetzt sei gesagt, daß die vorgeschlagene Dreiteilung der wissenschaftstheoretischen Orientierung nur eine grobe Einteilung ist. Doch erscheint sie uns zunächst für eine nähere Betrachtung als nützlich.

3.2.1 Normativ-ontologische Theorieansätze

Erinnern wir uns an die vorangehenden Abschnitte. Offensichtlich haben *Lersch* und *Wellek* Interesse, Sinn und Wesen des menschlichen Seins zu erfassen versucht. Die anschauliche Beschreibung der einzelnen Persönlichkeit (idiographische Methode, s. 2.2.1) ist das Ziel.

idiographische Methode

Ähnlich gingen Eduard *Spranger* in seiner ,,Psychologie des Jugendalters" und auch Otto Friedrich *Bollnow* in seiner Arbeit über Mensch und Raum vor.

Zu dieser Gruppe von Autoren muß man noch Wilhelm *Dilthey* (1832 - 1911), Ludwig *Klages* (1872 - 1956) und Philipp *Lersch* (1898 - 1972) zählen.

Vereinfacht gesagt, ist das Ziel dieser Wissenschaftler, die Welt zu verstehen und auf der Grundlage von moralischen Werten, die von mehreren dieser Autoren als ursprünglich angesehen werden, Rat zu geben. Wichtige Methode ist die Hermeneutik, das heißt ursprünglich die Textinterpretation (s.u.). Eine wichtige Rolle spielt offensichtlich auch das Verständnis des Forschers für den anderen (,,Verstehende Psychologie") und die Einfühlung in seine Lage.

Hermeneutik (Hermes, gr. Götterbote)

Verstehende Psychologie

Mit diesen normativ-ontologischen Ansätzen wollen wir uns näher befassen.

Zunächst einige begriffliche Klärungen:

Norm (vom lat. norma = Norm) ist die Regel, Richtschnur — in der Philosophie und in den Geistes- und Sozialwissenschaften allgemein — für menschliches Handeln und Urteilen.

Norm

Normative oder Normwissenschaften sind jene Wissenschaften, die die Normen und Werte menschlichen Handelns oder künstlerischen Schaffen als Grundlage und Maßstab anerkennen.

normative Wissenschaft

Ontologie *Ontologie* (vom gr. ón von eimí = sein und gr. lógos = Wort, Gedanke, Prinzip) ist die Seinslehre, derjenige Teil der Metaphysik, der eine Wissenschaft von den allgemeinsten Seinsbestimmungen sein will, eine Logik des Wirklichen.

Für die genannte Autorengruppe *Klages, Spranger, Lersch* usw. kann die normativ-ontologische Position leicht verdeutlicht werden.

Wenn *Spranger* z.B. über den Jugendlichen schreibt, dann will er „ein vollständiges Gemälde" (1926, S. 2) zeigen und „...ein typisches Bild von Jugendlichen — unserer Kulturstufe — *überhaupt* entwerfen" (S. 3). Aber *Spranger* bleibt nicht bei der Beschreibung stehen, ja, er lehnt sie sogar als unbefriedigend ab:

„...wir sind in hohem Maße bedingt und geformt durch einen Bestand überindividueller geistiger Gebilde (wie Wirtschaft, Wissenschaft, Staat, Sittlichkeit, Religion der betreffenden Kultur), die uns gefangennehmen, leiten und beherrschen. Der *Sinn* dieser übergreifenden Geistesmächte lebt nicht von vornherein voll bewußt in uns. Er wird nur durch philosophisch-historische Denkarbeit zum Bewußtsein erhoben, und auch durch sie nur teilweise. Was wir so im Denken klären, ist überindividueller Sinn, der sich im individuellen Erleben stufenweise abschattet. Wir verstehen den Menschen seiner Zeit nur, wenn wir insofern über ihm stehen, daß wir seine subjektiven Sinnerlebnisse mit solchem objektiven Sinn vergleichen können" (1926, S. 8f).

Diesen „objektiven Sinn" bilden eben die von *Spranger* genannten kulturellen Faktoren und Normen, deren sich der geisteswissenschaftliche orientierte Psychologe (und nicht nur er!) bewußt sein muß. Aber nicht nur das. *Spranger* will in seiner Jugendpsychologie auch die Individualität „gegen ihre geistige Idealstruktur" abzeichnen (S. 16) und die überindividuelle Struktur mit dem Kulturideal vergleichen (S. 17). Gerade eine Entwicklungspsychologie komme ohne „sinndeutendes" Verstehen nicht aus.

Daher kann dieser Ansatz als normativ bezeichnet werden. Bei der Auseinandersetzung mit den verschiedenen Ansätzen der geisteswissenschaftlichen Psychologie stoßen wir immer wieder auf drei zentrale Begriffe:

- Hermeneutik
- Phänomenologie und
- Verstehende Psychologie

Wir wollen diese Begriffe jetzt näher betrachten.

3.2.1.1 Hermeneutik

In vielen Lexika der Psychologie sucht man den Begriff „Hermeneutik" vergeblich. Dies zeigt nur zu deutlich, wie sehr die Psychologie sich in ihrer Methodologie an die Naturwissenschaften (des letzten Jahrhunderts) angelehnt hat, denn Hermeneutik ist ein zentraler Begriff der Geisteswissenschaften und bezeichnet die Kunst oder Lehre von der Auslegung von Reden oder Schriften.

Daß Hermeneutik für die Literaturwissenschaft die Methode der Wahl ist, wird kaum einer bestreiten. Also ist es auch eine Methode für die Psychologie? Wir werden sehen!

Zunächst ein Beispiel für hermeneutische Forschung:
Über Johann Sebastian *Bach* (1685 - 1750), seine Persönlichkeit, seinen Charakter, seine Interessen usw. wissen wir, genau genommen, wenig. Überliefert sind viele seiner Kompositionen, aber nur wenige Briefe oder andere Dokumente. Selbst ein genaueres authentisches Portrait haben wir nicht, außer einem mehrfach übermalten und nicht sehr überzeugenden Bild von Elias Gottlob *Haussmann* aus dem Jahr 1746 (vgl. *Hildesheimer* 1985, S. 12ff).

Die ergiebigste Quelle zum Menschen *Bach* ist ein einziger Brief, den *Bach* 1730 an seinen Jugendfreund Georg *Erdmann* geschrieben hat.

Hier der Briefanfang im Original:

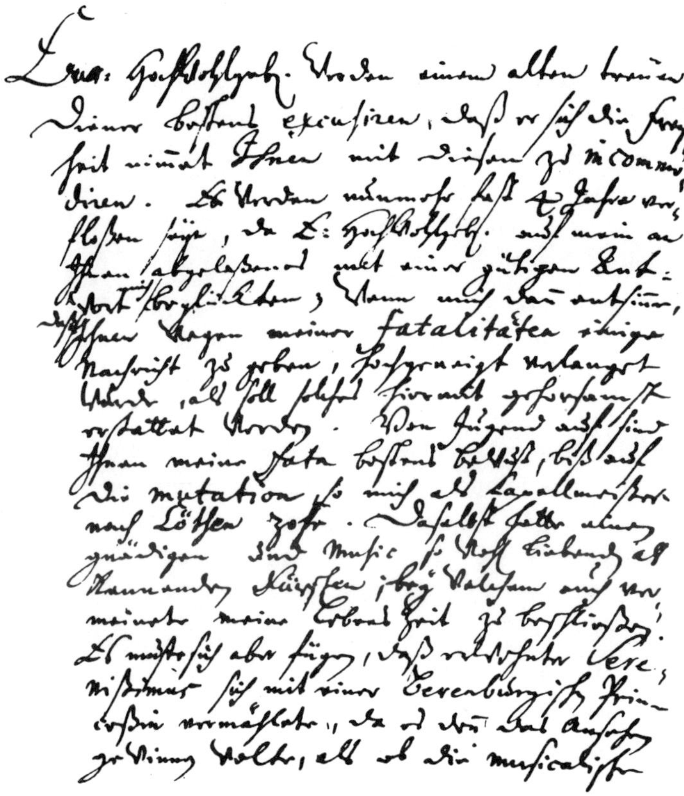
Ew. Hochwohlgeb. werden einem alten treüen
Diener bestens excusiren, daß er sich die Freÿ-
heit nimmt Ihnen mit diesem zu incommo-
diren. Es werden nunmehro fast 4 Jahre ver-
floßen seÿn, da E. Hochwohlgeb. auf mein an
Ihnen abgelaßenes mit einer gütigen Ant-
wort beglückten, Wann mich den entsinne,
daß Ihnen wegen meiner fatalitäten einige
Nachricht zu geben, hochgeneigt verlanget
wurde, als soll solches hiermit gehorsamst
erstattet werden. Von Jugend auf sind
Ihnen meine Fata bestens bewust, biß auf
die mutation so mich als Capellmeister
nach Cöthen zohe. Daselbst hatte einen
gnädigen und Music so wohl liebenden als
kennenden Fürsten; beÿ welchem auch ver-
meinete meine Lebenszeit zu beschließen.
Es muste sich aber fügen, daß erwehnter Sere-
nißimus sich mit einer Berenburgischen Prin-
ceßin vermählete, da es denn das Ansehen
gewinnen wolte, als ob die musicalische

Nun der ganze Brief in originaler Orthographie (zitiert nach *Hildesheimer* 1985).

Hochwohlgebohrner Herr.
Er: Hochwohlgeb. werden einem alten treuen Diener bestens exusieren, daß er sich die Freyheit nimmet Ihnen mit diesen zu incommodiren. Es werden nunmehr fast 4 Jahre verfloßen seyn, da E: Hochwohlgeb. auf mein an Ihnen abgelaßenes mit einer gütigen Antwort mich beglückten; wenn mich dann entsinne, daß Ihnen wegen meiner Fatalitäten einige Nachricht zu geben, hochgeneigt verlanget wurde, als soll solches hiermit gehorsamst erstattet werden. Von Jugend auf sind Ihnen meine Fata bestens bewust, biß auf die mutation, so mich als Capellmeister nach Cöthen zohe. Daselbst hatte einen gnädigen und Music so wohl liebenden als kennenden Fürsten, bey welchem auch vermeinete meine Lebens zeit zu beschließen. Es mußte sich aber fügen, daß erwehnter Serenissimus sich mit einer Berenburgischen Prinzeßin vermählte, da es denn das Ansehen gewinnen wolte, als ob die musicalische Inclination bey gesagtem Fürsten in etwas laulicht werden wolte, zumahle da die neüe Fürstin schiene eine amusa zu seyn: so fügte es Gott, daß zu hiesigem Director Musices u. Cantore an der Thomas Schule vociret wurde. Ob es mir nunzwar anfänglich gar nicht anständig seyn wolte, aus einem Capellmeister ein Cantor zu werden, Weßweg auch meine resolution auf ein vierthel Jahr trainirete, jedoch wurde mir diese Station dermaßen favorable beschrieben, daß endlich (zumahle da meine Söhne denen studiis zu incliniren schienen) es in des Höchsten Nahmen wagete, u. mich nacher Leipzig begabe, meine Proben ablegete, u. so dann die mutation vornahme. Hirselbst bin nun nach Gottes Willen annoch beständig. Da aber nun 1) finde, daß dieser Dienst bey weiten nicht so erklecklich, als man mir ihn beschrieben, 2) viele accidentia dieser Station entgangen, 3) ein sehr theurer Orth u. 4) eine wunderliche und der Music wenig ergebene Obrigkeit ist, mithin fast in stetem Verdruß, Neid und Verfolgung leben muß, als werde genöthiget werden mit des Höchsten Beystand meine Fortun anderweitig

zu suchen. Solten Er: Hochwohlgeb. vor einen alten treuen Diener dasiges Orthes eine convenable station wißen oder finden, so ersuche gantz gehorsamst vor mich eine hochgeneigte Recommendation einzulegen; an mir soll es nicht manquiren, daß dem hochgeneigten Vorspruch und interceßion einige satisfaction zu geben, mich bestens beflißen seyn werde. Meine itzige station belaufet sich etwa auf 700 Cr., und wenn es etwas mehrere, als ordinairement, Leichen gibt, so steigen auch nach proportion die accidentia; ist aber eine gesunde Lufft, so fallen hingegen auch solche, wie denn voriges Jahr an ordinairen Leichen accidentia über 100 Cr. Einbuße gehabt. In Thüring kann ich mit 400 Cr. weiter kommen als hiesigen Orthes mit noch ein mahl so vielen hunderten, weg der excessiven kostbahren Lebensarth. Nunmehro muß doch auch mit noch wenigen von meinem häußlichen Zustande etwas erwehnen. Ich bin zum 2ten Mahl verheurathet und ist meine erstere Frau seel. in Cöthen gestorben. Aus ersterer Ehe sind am Leben 3 Söhne u. eine Tochter, wie solche Er: Hochwohlgeb. annoch in Weimar gesehen zu haben, sich hochgeneigt erinnern werden. Aus 2ter Ehe sind am Leben 1 Sohn u. 2 Töchter. Mein ältester Sohn ist ein studiosus Juris, die andern beyde frequentiren noch einer primam und der andere 2dam classem, u. die älteste Tochter ist auch noch unverheurathet. Die Kinder anderer Ehe sind noch klein, u. der Knabe erstgeb. 6 Jahr alt. Insgesamt aber sind sie gebohrne Musici, u. kan versichern, daß schon ein Concert vocaliter u. instrumentaliter mit meiner Familie formiren kan, zumahle da meine itzige Frau gar einen saubern Soprano singet, auch meine älteste Tochter nicht schlimm einschläget. Ich überschreite fast das Maaß der Höflichkeit wenn Er: Hochwohlgeb. mit mehrern incommodire, deroweg eile zum Schluß mit aller ergebensten respect zeit Lebens verharrend

Er: Hochwohlgeb.

gantz gehorsamst ergebenster Diener

Joh: Sebast. Bach.

Leipzig, d. 28. Octobr. 1730.J

Was ist Ihnen an diesem Brief aufgefallen? Es wurde gesagt, daß *Erdmann* ein Jugendfreund *Bach*s war. *Bach* spricht aber seinen Freund mit „Sie" an. Auch benutzt er eine sehr förmliche Anrede und eine noch förmlichere Grußformel.

Manche Formulierungen sind uns unbekannt oder ungewohnt. Die Formulierung „in etwas laulicht werden" könnte man mit „sich etwas abkühlen" übersetzen. Andere, aus dem Lateinischen oder Französischen entlehnte Begriffe wie „inclinieren" (beabsichtigen, sich interressieren), „mutation" (Wechsel) usw. lassen sich leicht verstehen.

Man könnte den Brief durchaus in heutiges Hochdeutsch übersetzen (vgl. *Seifert* 1970, S. 99), um ihn lesbar zu machen. Aber ein wichtiger Teil des Inhaltes würde verlorengehen, die Atmosphäre und im Detail manch treffender Ausdruck. So schreibt *Bach* z.B., sein früherer Brotherr (Fürst *Leopold* in Köthen) habe erneut geheiratet und die Fürstin „schiene eine amusa zu seyn". Der Ausdruck „amusa" erscheint uns als weit treffender als etwa „musisch (oder musikalisch) uninteressiert" oder „unmusikalisch".

Insgesamt entnehmen wir dem Brief eine gewisse Resignation. Obwohl *Bach* offensichtlich auf seine musikalischen Kinder stolz ist, spricht Enttäuschung aus seinen Zeilen. *Bach* erwähnt seine erste, verstorbene Frau und schreibt nichts über seine zweite. Er hat offensichtlich auch den Wechsel vom „Capellmeister" eines Fürsten zum Kantor der Leipziger Thomasschule als Abstieg empfunden und würde sich gern verbessern.

In geradezu drastischer Weise verrät uns *Bach,* daß sein Einkommen auch von der Anzahl der Beerdigungen („Leichen") abhängt. Eine größere Diskrepanz zwischen der Größe *Bach*scher Musik und der Profanität solcher Äußerungen ist für uns heute kaum vorstellbar!

Die Interpretation könnte — wie die *Bach*-Literatur zeigt — sehr weit fortgesetzt werde. Lassen wir es bei dem Gesagten!

Hermeneutik ist also die Interpretation von Texten verschiedenster Art. Nach diesem Beispiel läßt sich vielleicht ahnen, daß die Interpretation von Texten ein kompliziertes Geschäft ist, zu dem beträchtliche geschichts- und sprachwissenschaftliche Kenntnisse gehören. Nur wenn man den Stil der Zeit kennt, kann man beurteilen, wie bestimmte Äußerungen zu verstehen sind. Eine „verschnörkelte" Anrede war damals üblich; keineswegs muß man daraus schließen, *Bach*s Verhalten sei devot gewesen.

So bestechend hermeneutische Arbeiten sein können, es bleibt stets ein sehr grundsätzliches Problem: Wie erhält der Hermeneut Sicherheit? Um einen Brief richtig zu verstehen, muß er die Zeit und den Stil der Zeit kennen. Den Stil der Zeit kann er aber nur durch Texte und Briefe kennenlernen. *Historische Zeugnisse erhellen sich gegenseitig.* Es gibt keine logische Vorschrift, wo man anzufangen hat, allerdings Erfahrungen, wo man sinnvollerweise anfangen kann.

Dieses Problem, daß historische Zeugnisse sich gegenseitig erhellen und man eigentlich schon wissen muß, was man erst wissen will, hat man als *hermeneutischen Zirkel* bezeichnet.

hermeneutischer Zirkel

Was hat nun die Interpretation solcher Texte mit Psychologie zu tun? Auf den ersten Blick sehr wenig, denn Psychologen sehen meist ihre Wissenschaft als Bemühen an, aktuelles menschliches Handeln zu beschreiben und zu erklären.

Dabei bedient sich die Psychologie der „klassischen" Methoden der Beobachtung, der Befragung und des Experiments. Das menschliche Handeln in der Vergangenheit war für Psychologen bislang von geringerem Interesse, sieht man von Ausnahmen, wie z.B. Sigmund *Freud*s Anwendung psychoanalytischer Deutung auf literarische Texte ab.

Und doch: „Reden und Schriften", der Gegenstand hermeneutischer Forschung, sind Ergebnisse menschlichen Handelns. Die Interaktionsforschung der Sozialpsychologie, oder z.B. die Analyse von Tagebuchaufzeichnungen in der Jugendpsychologie, ja, selbst die Auswertung von Antworten in halbstrukturierten Umfragen können als Hermeneutik in der sehr weiten Bedeutung dieses Begriffs verstanden werden. Psychologie kommt also ohne Hermeneutik nicht aus!

Nur liegt das Schwergewicht in der geisteswissenschaftlichen Hermeneutik stets auf der Betrachtung des einzelnen Textes, während Psychologen meist nomologische Gesetzesaussagen anstreben, das heißt, vom „Gesetz der großen Zahl" ausgehen.

Noch an einer anderen Stelle im Forschungsprozeß ist der Psychologe auf Hermeneutik angewiesen: Forschungsergebnisse werden in aller Regel in gesprochene und geschriebene Texte gefaßt, die als Ergebnisse für weitere Forschung die Grundlage bilden. Aber es ist zunächst so, daß sich längst nicht alle Erfahrungen, die Menschen (und Forscher) machen, in Worte fassen lassen. Worte bilden quasi ein Netz über der Erfahrung, und es ist zweitens zu bedenken, daß die Ergebnisberichte sich nicht „aus sich selbst heraus" erklären. Wissenschaftliche Texte müssen interpretiert werden. Das Studium einer Fachwissenschaft dient ja gerade zu einem großen Teil dazu, die hermeneutischen Fähigkeiten zur Lektüre der Fachliteratur zu erwerben. Anfänger neigen dazu, wissenschaftlichen Texten eine eigene Realität („Wahrheit") zuzuschreiben, die nicht im angemessenen Verhältnis zu dem steht, was der Forscher sagen wollte.

Abschließend daher eine — nicht ganz ernst gemeinte — „Lesehilfe" für psychologische Forschungsberichte:

Der Forscher schreibt:	*Dies kann bedeuten:*
„Dieses Forschungsgebiet ist wenig bearbeitet".	„Ich habe mir nicht die Mühe gemacht, die einschlägige Literatur zu suchen".
„Versuchspersonen waren 120 Studenten".	„Ich habe es nicht geschafft, eine repräsentative Stichprobe zu ziehen".
„Ich danke Herrn X für seine Hilfe bei der Datenauswertung".	„Ich kann nicht programmieren und habe mich hier auf jemanden verlassen, der hoffentlich alles richtig gemacht hat".
„Ich verzichte auf die Darstellung der Einzelergebnisse".	„Die Daten sind so verwirrend, daß ich sie dem Leser besser vorenthalte".
„Ich bin davon überzeugt, daß...".	„Ich glaube, daß...".
„Die Hypothesen konnten nur zum Teil bestätigt werden".	„Es ist weit weniger herausgekommen, als ich erhofft hatte".
„Es ist zu hoffen, daß diese Arbeit weitere Untersuchungen anregen wird".	„Meine Arbeit hat zwar Schwächen, aber andere Arbeiten haben sie erst recht. Vielleicht kann jemand es später besser machen".

3.2.1.2 Phänomenologie

Sehr einfach gesagt versteht man unter Phänomenologie die Wissenschaft oder Lehre von den Erscheinungen. Der Begriff selbst geht vermutlich auf J. H. *Lambert* zurück, der bereits 1764 von Phänomenologie sprach (vgl. *Bocheński* 1965, S. 22).

Edmund *Husserl* (1859 - 1938), Begründer der ,,reinen" Phänomenologie

> ,,Der Begriff Phänomenologie oder phänomenologische Analyse, der ja seine eigene Geschichte hat, allein im modernen Verständnis etwa eine hundertjährige, mit den entsprechenden Bedeutungsveränderungen, hat so viele Mißdeutungen erfahren, darunter hartnäckige, kaum ausrottbare, daß man unwillkürlich zusammenzuckt, wenn einer ,,Phänomenologie" zu einem sagt. Ich will von vorneherein erklären, daß die Phänomenologen (ohnehin mehr ,,Bewegung" als ordentliche ,,Schule") ihren Teil dazu beigetragen haben, zumindest was das Fenster zum Hof der Humanwissenschaften betrifft." (*Graumann* 1985, S. 38)

Graumann ist zuzustimmen; und so tun wir also gut daran, nicht unbedacht von ,,Phänomenologie" zu sprechen. Der Begriff ,,Phänomenologie" ist bei *Kant, Hegel* und anderen Philosophen zu finden. In erster Linie muß man jedoch den Philosophen Edmund *Husserl* (1859 - 1938) nennen, der die Phänomenologie als philosophische Arbeitsmethode einführte (allerdings den Begriff einmal für die Methode, das andere Mal für sein Lehrsystem insgesamt verwendete). Die Hauptregel der phänomenologischen Methode lautet ,,Zu den Sachen selbst!"

Wie gelangt man zu den Sachen selbst? Zunächst scheint das von *Husserl* geforderte phänomenologische Schauen einfach zu sein. Man soll alles, was gegeben ist, soweit als möglich sehen. Man ,,hält sich offen", bringt die Dinge vor sich, betrachtet sie entspannt von mehreren Seiten; man reist, um z.B. unbefangen verschiedenste Seiten eines Landes zu sehen usw. Ziel sei dann die phänomenologische Deskription (Beschreibung). Aber so einfach ist es nicht. Nehmen wir an, jemand solle lediglich ein kleines Stück Tafelkreide phänomenologisch beschreiben und stellt fest: ,,Dies ist ein kleines viereckiges, lange benutztes, etwas schmutziges Stück Kreide, mit dem man an die Tafel schreiben kann." Eine solche Aussage erscheint zunächst als sorgfältig beschreibend, doch sie enthält bereits mehrere Verstöße gegen *Husserl*s Regeln. Wie lange das Stück Kreide benutzt wurde, kann man dem Stück nicht ansehen. Man kann nur *vermuten,* daß die Kreide die handelsübliche Länge hatte. Weiterhin kann unser Phänomenologe der Kreide gar nicht *ansehen,* wozu sie (meist) dient, nämlich um an die Tafel zu schreiben. Eine solche Zweck-Aussage ist daher nach *Husserl* unzulässig. Alle Theorien, Schlüsse, Hypothesen sollen ausgeschlossen bleiben. Dies ist natürlich schwer möglich, da unser Denken sehr stark auf Ursachen und Wirkungen gerichtet ist. So hat z.B. der Psychologe Fritz *Heider* später gezeigt, daß wir dem Handeln anderer Menschen geradezu zwangsläufig bestimmte Gründe, Absichten und Ziele zuschreiben (sog. Attribution).

Existenzphilosophie

Was hat nun die Phänomenologie mit Psychologie zu tun? Zunächst ist wissenschaftsgeschichtlich interessant, daß *Husserl* unter seinen Lehrern einen Psychologen hatte, nämlich Carl *Stumpf.* Ferner zählten zu *Husserl*s Schülern einige Psychologen. Ein direkterer Einfluß der Phänomenologie *Husserl*s ist auf die Existenzphilosophie zu erkennen (Gabriel *Marcel,* Martin *Heidegger,* Jean-Paul *Sartre,* Maurice Jean-Jaques *Merleau-Ponty*). *Husserl*s Schüler, unter ihnen besonders Max *Scheler* (1874 - 1928) und die genannten Existenzphilosophen haben zwar nicht direkt Psychologie betrieben (*Scheler* polemisierte sogar heftig gegen die Psychologie), jedoch sind von ihnen Impulse auf die Psychologie ausgegangen, so. z.B. auf die Arbeitsmethoden der Gestaltpsychologen.

3.2.1.3 Verstehende Psychologie

Wir haben in groben Zügen die Hermeneutik und die ihr verwandte Phänomenologie kennengelernt. Als dritten und letzten Bereich behandeln wir nun die ,,Verstehende Psychologie", die sowohl mit der Hermeneutik als auch mit der Phänomenologie eng zusammenhängt. Schon bei unserer Darstellung von *Spranger*s Ansatz der Entwicklungspsychologie (3.1.2) hatten wir den Begriff der Verstehenden Psychologie kennengelernt.

Wilhelm *Dilthey* (1833 - 1911)

Als Begründer der Verstehenden Psychologie wird heute Wilhelm *Dilthey* (1833 - 1911) angesehen. Doch hat *Dilthey* selbst diesen Begriff nicht geprägt und nicht gebraucht. *Dilthey* sprach von ,,Realpsychologie" (1865) und dann von ,,beschreibender und zergliedernder Psychologie" (1894) und zuletzt von ,,Strukturpsychologie" (Nachlaßfragment). Karl *Jaspers* war es, der 1913 erstmals von ,,Verstehender Psychologie" sprach. *Spranger* bevorzugte den Begriff ,,Geisteswissenschaftliche Psychologie" (vgl. hierzu *Pongratz* 1967, S. 263). Einfach gesagt, handelt es sich bei der Verstehenden Psychologie zunächst um die Anwendung von Hermeneutik und Phänomenologie auf Fragen der Psychologie. Damit wurde die Verstehende Psychologie zur ersten großen Gegenbewegung zur *Wundt*schen Elementenpsychologie. Spätere geisteswissenschaftliche Psychologen verstanden sich oft als Gegner des Behaviorismus. Von Vertretern der neopositivistischen, empirisch-analytischen Richtung in der Psychologie ist *Dilthey*s Lehre in den letzten Jahrzehnten häufig als ungenau und diffus dargestellt, abgewertet bzw. ignoriert worden. Heute sehen wir, daß eine solche Wertung dem Werk *Dilthey*s nicht gerecht wird.

Psychologie ist für *Dilthey* Erfahrungswissenschaft. Ausdrücklich beruft sich *Dilthey* auf den Positivismus. Die Gewißheit der Realität ist für ihn nicht aus dem reinen Denken zu gewinnen (dies ist seine Kritik an *Kant*), sondern nur in unserer Erfahrung — genauer: in der Erfahrung des Widerstandes, den wir in der Realität erleben. Hierzu zählen für *Dilthey* z.B. das Tasterlebnis oder das Erlebnis der Zeit. Da alle Menschen diese grundlegenden Erfahrungen machen, ist für *Dilthey* auch Objektivität möglich (später u.a. von *Bollnow* bestritten, s.u.). Nach *Dilthey* untersuchen die Geisteswissenschaften auf der Grundlage der Naturwissenschaften (!), die an den Sinnesobjekten auftretenden geistigen Tatsachen, ihren Zusammenhang untereinander und ihren Zusammenhang mit den physischen Tatsachen. Der Unterschied zu den Naturwissenschaften liege bei den Geisteswissenschaften darin, daß man gezwungen sei, in tierische und menschliche Organismen ein seelisches Geschehen zu verlegen. Die Gleichartigkeit eigener innerer Erfahrungen mit denen anderer Menschen muß angenommen werden. Daraus erwachse die Möglichkeit, die eigenen inneren Erfahrungen bis in ihre letzten Tiefen in anderen Personen wiederzufinden.

Geisteswissenschaften und Naturwissenschaften

Formen des Verstehens nach *Dilthey*

Verstehen setze ein Erleben voraus (so sinngemäß in *Diltheys* Schrift „Der Aufbau der geschichtlichen Welt in den Geisteswissenschaften", 1910). *Dilthey* unterscheidet elementare und höhere Formen des Verstehens.

Zunächst zu den elementaren Formen. *Dilthey* schreibt:

> „Das Verstehen erwächst zunächst in den Interessen des praktischen Lebens. Hier sind die Personen auf den Verkehr miteinander angewiesen. Sie müssen sich gegenseitig verständlich machen. Einer muß wissen, was der andere will. So entstehen zunächst die elementaren Formen des Verstehens. Sie sind wie Buchstaben, deren Zusammensetzung höhere Formen desselben möglich macht. Unter einer solchen elementaren Form begreife ich die Deutung einer einzelnen Lebensäußerung. Logisch kann sie in einem Schluß der Analogie dargestellt werden. Dieser Schluß ist vermittelt durch die regelmäßige Beziehung zwischen ihr und dem in ihr Ausgedrückten. Und zwar ist in jeder der angegebenen Klassen die einzelne Lebensäußerung einer solchen Deutung fähig. Eine Reihe von Buchstaben in Zusammensetzungen zu Worten, die einen Satz bilden, ist der Ausdruck für eine Aussage. Eine Miene bezeichnet uns Freude oder Schmerz." (Aus Nachdruck 1966, S. 40).

Solche sogenannten „elementaren Formen des Verstehens" regulieren im Alltag das Zusammenleben. Auch der Psychologe ist in Forschung und Praxis in hohem Maße darauf angewiesen.

Problematischer sind die „höheren Formen des Verstehens", auf die *Dilthey* besonderen Wert legt. Oft stimmen Lebensäußerungen und „Inneres" nicht überein. Jemand schweigt, oder er verstellt sich. Auch in diesen Fällen ist uns noch ein Verstehen möglich, aber unser Urteil wird unsicherer. Noch einen anderen Bereich der höheren Formen des Verstehens nennt *Dilthey:*

> „Aus dem Verkehr des praktischen Lebens entstehen aber auch selbständige Anforderungen zu Urteilen über Charakter und Fähigkeiten des einzelnen Menschen. Wir rechnen beständig mit Deutungen von einzelnen Gebärden, Mienen, Zweckhandlungen oder zusammengehörigen Gruppen von solchen; sie vollziehen sich in Schlüssen der Analogie, aber unser Verständnis führt weiter: Handel und Verkehr, gesellschaftliches Leben, Beruf und Familie weisen uns darauf hin, in das Innere der uns umgebenden Menschen Einblick zu gewinnen, um festzustellen, wieweit wir auf sie rechnen können. Hier geht das Verhältnis zwischen Ausdruck und Ausgedrücktem über in das zwischen der Mannigfaltigkeit der Lebensäußerungen einer anderen Person und dem inneren Zusammenhang, der ihr zugrunde liegt. Dies führt weiter dahin, auch die wechselnden Umstände in Rechnung zu ziehen. Hier liegt also ein Induktionsschluß von einzelnen Lebensäußerungen auf das Ganze des Lebenszusammenhangs vor. Seine Voraussetzung ist das Wissen vom seelischen Leben und seinen Beziehungen zwischen (zu) Milieu und Umständen. Begrenzt wie die Reihe der gegebenen Lebensäußerungen, unbestimmt wie der grundlegende Zusammenhang ist, kann sein Ergebnis nur den Charakter der Wahrscheinlichkeit in Anspruch nehmen" (1966, S. 43).

Dilthey ist sich also der Unsicherheit beim Verstehen sehr bewußt. Doch bleibt uns z.B. bei dem Verstehen eines Gedichtes oder eines anderen Kunstwerkes nichts anderes übrig, als *analog* zu unseren eigenen Erfahrungen und Empfindungen die Lebensäußerung des Künstlers zu „verstehen".

Diltheys „Verstehen" setzt also ein Erleben voraus. Bei Kunstwerken, wie bei manchen Bildern, ist diese Unmittelbarkeit des Ausdrucks sicher gegeben.

Natürlich kann es oft genug auch Fehlinterpretationen geben. Dies scheint vor allem bei Kunstwerken aus anderen Kulturen der Fall zu sein. Die Farbe

,,Grau" ist für uns eine trübe Farbe, die wir nicht mit Freude in Verbindung bringen. Für Indianer in den trockenen Gegenden Nordamerikas ist ,,Grau" eine schöne, freudig stimmende Farbe. Beide Kulturkreise bringen ,,Grau" aufgrund ihrer einfachen Lebenserfahrung vermutlich mit der Erfahrung von Regenwolken in Verbindung. Regen hat für die Menschen in verschiedenen Regionen der Welt nur ganz verschiedene Bedeutung. Wenn man einen Indianerteppich mit grauen Flecken als triste ,,versteht", so ist dies ganz sicher ein Mißverständnis.

Auf die Gefahr eines Mißverstehens sei an dieser Stelle besonders hingewiesen, weil es nach *Dilthey* viele Autoren gab, die das Verstehen zu ihrer Hauptmethode gemacht haben. Eduard *Spranger* zum Beispiel möchte aus einer ursprünglichen Phantasietätigkeit die ganze Struktur der Welt verstehen. *Sprangers* Phantasiebegriff ist also sehr viel spekulativer. Immer wieder spricht *Spranger* von ,,Sinn", ,,Wertganzes", ,,Sinnganzes" usw., ohne daß dem Leser jeweils ganz klar wird, was damit gemeint ist. Offensichtlich ist für *Spranger,* daß es einen übergeordneten Sinn menschlichen Handelns gibt, der durch intuitives Verstehen erschlossen werden kann. Allerdings ist hierzu eine gewisse Schulung und auch eine gewisse Distanz erforderlich:

Verstehen nach *Spranger*

> ,,Zum Beispiel kann man die Jugend nur dann verstehen, wenn man nicht mehr in ihr befangen ist, wenn man das Leben, seine Formen, seine historischen und gesellschaftlichen Bedingtheiten schon umfassender kennt, als man sie von der Erlebnisweise der Jugend aus sehen kann" (1926, S. 5).

Verstehende Psychologie nach *Spranger* geschieht quasi ahistorisch in einer bestimmten Kultur. So müssen die Aussagen — obwohl sie als allgemeingültige Erkenntnisse formuliert sind — stets in dem Zusammenhang gesehen werden, in dem sie entstanden. *Sprangers* ,,Psychologie des Jugendalters" ist ein gutes Beispiel hierfür: Viele Aussagen, die in den Zwanzigerjahren Allgemeingültigkeit beanspruchten, müssen heute als überholt gelten.

Wie gesagt hatte *Dilthey* seine verstehende Geisteswissenschaft als Disziplin auf der Grundlage der Naturwissenschaften mit Anspruch der Allgemeingültigkeit verstanden. Dieser Anspruch mußte sich bald als nicht haltbar erweisen. Spätere Geisteswissenschaftler haben daher den Anspruch der Allgemeingültigkeit explizit aufgegeben. Der *Dilthey*-Schüler Georg *Misch* war es vor allem, der darauf hinwies, daß der Begriff der Allgemeingültigkeit nicht von vornherein zum Wesen der Wissenschaft gehört. *Dilthey* habe eben das Vorgehen und den Anspruch der Naturwissenschaften zum Teil in seine Geisteswissenschaften übernommen, ohne daß dies notwendig sei. Otto Friedrich *Bollnow* (1948) unterscheidet zwischen Objektivität und Allgemeingültigkeit und stellt mit *Misch* heraus, daß die geisteswissenschaftliche Analyse keine Allgemeingültigkeit beanspruchen könne. Jedoch sieht *Bollnow* in den Geisteswissenschaften Objektivität als gegeben an. Wenn man den Anspruch der Allgemeingültigkeit im naturwissenschaftlichen Sinne fallen lassen müsse, so ziehe das keineswegs die Preisgabe des Objektivitätsanspruchs nach sich. Den Begriff ,,Objektivität" versteht *Bollnow* als geisteswissenschaftlichen Begriff im Sinne der Hermeneutik.

Karl *Jaspers* (1883 - 1969), Psychiater und Philosoph existenzphilosophischer Richtung. Begründer der pathographischen Analyse in der Psychiatrie.

Es ist wichtig, den geisteswissenschaftlichen Objektivitätsbegriff von dem Objektivitätsbegriff der klassischen Testtheorie (Durchführungs-, Auswertungs- und Interpretationsobjektivität) sorgfältig zu trennen.

Zur ,,Verstehenden Psychologie" sei abschließend noch ein dritter Autor genannt, der sich selbst nicht als Psychologe verstand, sondern Arzt, Psychiater und Philosoph war: Karl *Jaspers* (1883 - 1969). Bevor *Jaspers* sich ganz der Philosophie zuwandte, bemühte er sich um die Erweiterung der Psychiatrie durch geisteswissenschaftliche Perspektiven. *Jaspers* hatte sich schon als Schüler für Philosophie interessiert und forderte an der Psychiatrischen Klinik Heidelberg um 1909, wer Psychopathologie treibe, müsse vorerst denken lernen. Äußerungen dieser Art trugen ihm Kritik ein (vgl. *Saner* 1970, S. 30), jedoch konnte er durch eine Reihe von Veröffentlichungen seine Position begründen. Als wichtigste Veröffentlichung dieser Zeit erwies sich sein Lehrbuch ,,Allgemeine Psychopathologie" (1913), das in mehreren Auflagen (2.: 1920, 3.: 1923, 4.: 1946, 9.: 1973) bis in die Gegenwart hinein für die Psychiatrie und Psychologie wichtig blieb.

Jaspers fordert in seiner ,,Allgemeinen Psychopathologie" eine sorgfältige Beschreibung von psychischen Störungen, wobei er zunächst von einer Diagnose der Entstehung dieser Störungen absehen will. Dieses Vergegenwärtigen seelischer Zustände sieht *Jaspers* als Phänomenologie an. Aber er will mehr. *Jaspers* schreibt (3. Aufl. 1923, S. 18):

> ,,Die Phänomenologie gibt uns eine Reihe von Bruchstücken, von Elementen des wirklich erlebten Seelischen in die Hand. Wir fragen nun alsbald, in welchen Zusammenhängen diese stehen. In manchen Fällen verstehen wir, wie Seelisches aus Seelischem mit Evidenz hervorgeht. Wir verstehen auf diese nur dem Seelischen gegenüber mögliche Weise, daß der Angegriffene zornig, der betrogene Liebhaber eifersüchtig wird, daß aus Motiven ein Entschluß und eine Tat hervorgeht. In der Phänomenologie vergegenwärtigen wir uns einzelne Qualitäten, einzelne als ruhend angesehene Zustände, wir verstehen statisch, hier erfassen wir die Unruhe des Seelischen, die Bewegung, den Zusammenhang, ein Auseinander-hervorgehen, wir verstehen genetisch. Im statischen Verstehen (Phänomenologie) erfassen wir gewissermaßen den Querschnitt des Seelischen, im genetischen Verstehen (verstehende Psychopathologie) den Längsschnitt."

Eindeutiger als *Spranger* verwendet *Jaspers* seine Begriffe (1923, S. 19):

> ,,Um Mißverständnissen und Unklarheiten aus dem Wege zu gehen, gebrauchen wir den Ausdruck ,,verstehen" immer für das von ihnen gewonnene Anschauen des Seelischen, das wir als statisches und genetisches Verstehen unterscheiden. Das Erkennen objektiver Kausalzusammenhänge, die immer nur von außen gesehen werden, nennen wir niemals Verstehen, sondern immer Erklären. Verstehen und Erklären haben also eine feste Bedeutung, die dem Anfänger im Laufe der Lektüre mit der Mehrung der Einzelheiten immer deutlicher werden wird. Das Wort ,,Begreifen" gebrauchen wir dagegen in unbestimmten Sinne für beides (in fraglichen Fällen, oder wenn Verstehen und Erklären zusammen gemeint sind). Von der Einsicht in den prinzipiellen Gegensatz statischen Verstehens zur sinnlichen Wahrnehmung, genetischen Verstehens zum Erklären hängt die Möglichkeit eines geordneten Studiums und eines klaren Forschens in der Psychopathologie ab. Es handelt sich hier um völlig verschiedene letzte Erkenntnisquellen."

Dann schließlich wendet sich *Jaspers,* der von seinem (damals) neuen Vorgehen überzeugt ist, mit Polemik gegen seine Gegner, die man unter den *Wundt*-Schülern bzw. unter den Behavioristen suchen darf (1923, S. 19):

„Es gibt Forscher, die die Neigung besitzen, diese Erkenntnisquellen für die Wissenschaft zu leugnen, *die nur das sinnlich Wahrnehmbare als solches, nicht das durch das Sinnliche hindurch Verstandene als objektiv gelten lassen wollen.* Dagegen ist nichts einzuwenden, insofern man nicht mehr einen Beweis für die Berechtigung einer letzten Erkenntnisquelle bringen kann. Aber man kann unter allen Umständen Konsequenz fordern. Diese Forscher müssen, um widerspruchslos zu bleiben, aufhören, von Seelischem überhaupt zu reden, an Seelisches als Wissenschaftler überhaupt zu denken, sie müssen aufhören, Psychopathologie zu treiben, sich vielmehr auf Hirnprozesse und körperliche Vorgänge bei ihrem Studium zu beschränken. Sie müssen konsequenterweise aufhören, als Sachverständige vor Gericht aufzutreten, denn sie wissen nach ihrer eigenen Ansicht von dem, wonach sie gefragt werden, wissenschaftlich nichts; sie dürfen nicht die Seele, sondern nur das Gehirn begutachten; sie können als Sachverständige nur über Körperliches Auskunft geben. Sie müssen konsequenterweise die gewöhnliche Art der Krankengeschichtsschreibung aufgeben usw. usw. Solche Konsequenz könnte Achtung erzwingen und wäre eines Forschers würdig; das hartnäckige Bestreiten und Zweifeln durch prinzipielle Einwände wie z.B.: das alles sei bloß subjektiv und dergleichen, ist unfruchtbarer Nihilismus.

Was *Jaspers* dann in seiner „Allgemeinen Psychopathologie" darstellt, ist beeindruckend. Krankheitsbilder, Rückgriffe auf die Psychoanalyse, auf künstlerische Zeugnisse, (auto)biographische Dokumente bedeutender Persönlichkeiten usw. bilden die wichtigsten Quellen für ein überaus anschauliches Lehrbuch, das Generationen von Ärzten und Psychologen prägte.

pathographische Analyse

Um das Vorgehen von *Jaspers* zu verdeutlichen, greifen wir ein Beispiel seiner sogenannten pathographischen Analyse heraus. In seinem Buch „Strindberg und van Gogh" (1922, 2. Aufl. 1926) möchte *Jaspers* nicht die künstlerischen Leistungen der beiden Künstler werten, sondern sich Klarheit über die Geisteskrankheit von *Strindberg* verschaffen. Dazu zieht er vergleichend andere Fälle schizophrener Erkrankungen heran: „Alle kasuistische psychopathologische Einsicht beruht auf Vergleichen" (1926, S. 1). Einer der Vergleichsfälle ist *Hölderlin* (1779 - 1843). *Hölderlin* zeigte bereits 1800 die ersten Spuren beginnender Schizophrenie, die 1801 deutlicher wurden. Zwischen April und Juni 1902 brach bei *Hölderlin* ein Erregungszustand aus. Zu dieser Zeit war *Hölderlin* Hauslehrer in Bordeaux. Er verläßt die Stellung und kommt überraschend, äußerlich verwahrlost, nach Hause zurück. Es treten Erregungszustände und Gewalttätigkeiten auf. 1807 kommt *Hölderlin* in Familienpflege. Im Endzustand lebt *Hölderlin* noch bis 1843. *Jaspers* (1926, S. 98) analysiert nun Selbstzeugnisse wie Briefe und Gedichte, aber auch die Urteile von Zeitgenossen, um einen anschaulichen Eindruck vom Verlauf des Krankheitsprozesses zu erhalten. Dabei geht es *Jaspers* nicht um eine Wertung der Dichtung *Hölderlins*. Für Ärzte und Klinische Psychologen, die stets Krankheitsverläufe beschreiben und beurteilen müssen, haben sich Darstellungen dieser Art als sehr nützlich erwiesen. Aus empirisch-analytischer Sicht fehlt gleichwohl die Erklärung der Krankheitsursachen.

3.2.2 *Empirisch-analytische Theorieansätze*

3.2.2.1 *Begriffsbedeutungen*

Wenn in der Psychologie von „Wissenschaftlichkeit" die Rede ist, steht dahinter in den meisten Fällen die *empirisch-analytische* Wissenschaftsauffassung. Was bedeutet nun „empirisch-analytisch"? Empirisch heißt „erfahrungsmäßig", also auf Erfahrung, Beobachtung, Experiment usw. basierend. „Analytisch" heißt zunächst einmal „in Bestandteile auflösend": der zu untersuchende Gegenstand wird in seine Bestandteile zerlegt und deren Beziehungen untereinander werden beobachtet. Hierbei ist es zunächst gleichgültig, ob es sich bei den „Gegenständen" um Chemikalien, Zahlen oder Menschen handelt. Das Wissenschaftsverständnis eines Chemikers, eines Mathematikers und eines „empirisch-analytischen" Psychologen ist im wesentlichen identisch. Natürlich sollten die jeweils angewandten Untersuchungsmethoden in derart verschiedenen Wissenschaften recht unterschiedlich sein — und sind es zum großen Teil natürlich auch. Andererseits ist Ihnen vielleicht auch bei unseren Beispielen in Abschnitt 3.1 aufgefallen, daß sich z.B. die empirisch-analytische „Zerlegung" der menschlichen Persönlichkeit vor allem mathematischer Methoden bedient, wie z.B. der sog. „Faktorenanalyse". Dieser Rückgriff auf mathematisch-naturwissenschaftliche Methoden ist eines der charakteristischen Merkmale empirisch-analytischer Vorgehensweisen. So hat sich der Begriff „*quantitativ*" mittlerweile fast zu einem Synonym für empirisch-analytische Forschung entwickelt. Das Atrribut „*qualitativ*" soll demgegenüber häufig das Wissenschaftsverständnis einer *hermeneutisch-phänomenologisch-holistisch* orientierten Psychologie charakterisieren. Statt des im übrigen recht unpräzisen Begriffspaares *quantitativ* vs. *qualitativ* wird auch die (gleichermaßen unscharfe) Bezeichnung *harte* vs. *weiche Daten* gewählt.

Quantitative vs. qualitative Forschung

Häufig begegnet man statt des Begriffs „empirisch-analytisch" auch dem Begriff „*nomothetisch*". Dieser Begriff geht auf den deutschen Philosophen Wilhelm *Windelband* (1848 - 1915) zurück, der die auf Gesetze zielende Methode der Naturwissenschaft als „nomothetisch", die das Einzelne, Ideelle, Geschichtliche hervorhebende Methode der Geisteswissenschaften als „*idiographisch*" (vgl. S. 94f.) bezeichnete. Allerdings gibt es noch eine ganze Reihe weiterer Begriffe, die zur Charakterisierung des empirisch-analytischen Wissenschaftsverständnisses verwendet werden: naturwissenschaftlich, nomologisch, neopositivistisch, szientistisch, usw. — um nur einige der vielen (mehr oder weniger präzisen) Etiketten zu nennen.

„nomothetisch"

„idiographisch"

3.2.2.2 *Naiver Empirismus*

Historisch gesehen hat sich die moderne empirisch-analytische Wissenschaftsauffassung in den Sozialwissenschaften aus dem *Empirismus* bzw. *Positivismus* entwickelt. Häufig wird sie daher auch als „*Neopositivismus*" bezeichnet. Der ältere Empirismus geht wesentlich auf den englischen Aufklärer David *Hume* (1711 - 1776) und den französischen Philosophen Auguste *Comte*

Positivismus

(1798 - 1857) zurück. Bei *Comte,* der gleichzeitig als Begründer der Soziologie gilt, findet man schon die wichtigsten Elemente des modernen Positivismus. *Comte* forderte, von dem Gegegebenen, vom Tatsächlichen, eben vom ,,Positiven", auszugehen und hielt die Frage nach den hinter den Erscheinungen stehenden Ursachen für philosophisch unfruchtbar. Auf dieser Grundlage entwickelte er das ,,Dreistadiengesetz": Die Entwicklung der Menschheit verläuft hiernach in drei verschiedenen Zuständen (Stadien), dem *theologischen* bzw. fiktiven Zustand, dem *metaphysischen* bzw. abstrakten Zustand und dem *wissenschaftlichen* bzw. positivistischen Zustand. Erst im positivistischen Stadium hat die Menschheit den religiösen und den metaphysischen Aberglauben überwunden und das wissenschaftliche Denken erreicht. Nach *Comte* gilt das Dreistadiengesetz für die Entwicklung der Wissenschaft, für jeden ihrer Zweige, aber auch für die Entwicklung des Individuums. Die Thesen von *Comte* wurden von John Steward *Mill* (1806 - 1873) und Herbert *Spencer* (1820 - 1903) aufgegriffen und ausgebaut (englischer Positivismus).

Naiver Empirismus

Die Position des englischen Positivismus wird als *,,naiver Empirismus"* bezeichnet und wohl nicht ganz unzutreffend hat *Holzkamp* (1972, S. 80) behauptet, daß man viele empirisch arbeitende Psychologen, soweit sie sich nicht intensiv mit wissenschaftstheoretischen Fragen beschäftigt hätten, noch immer als ,,naive Empiristen" bezeichnen könne. Für den naiven Empiristen lassen sich mit Hilfe der Wissenschaft ,,wahre" Erkenntnisse über die Natur gewinnen. Über Beobachtung und Experiment werden Daten gesammelt, aus denen dann über Generalisierungen, Abstraktionen usw. Gesetzmäßigkeiten abgeleitet werden. Diese Gesetzmäßigkeiten stellen im Idealfall ,,Naturgesetze" dar, die der Forscher nur ,,entdecken" muß (vgl. Abschnitt 2.3.2).

So plausibel und deswegen immer noch weit verbreitet diese Sichtweise ist, so falsch ist sie leider auch. Wenn die naiven Empiristen recht hätten, wäre Wissenschaft sehr viel einfacher als sie tatsächlich ist. So wird diese Position heute auch von keinem Wissenschaftstheoretiker mehr vertreten.

3.2.2.3 Logischer Empirismus

Die wichtigsten Argumente gegen den naiven Empirismus wurden von Vertretern des sog. *,,logischen Empirismus"* des ,,Wiener Kreises" entwickelt.

Wesentlich beteiligt an der Entwicklung des logischen Empirismus war Rudolf *Carnap* (1891 - 1970), der zusammen mit Moritz *Schlick* (1882 - 1936) als Begründer des Wiener Kreises gilt. Starken Einfluß auf die Entwicklung des logischen Empirismus übte auch Ludwig *Wittgenstein* (1889 - 1951) aus, dessen bekanntestes Werk, den ,,Tractatus logico-philosophicus" (1921), Sie vielleicht kennen.

Übungsaufgabe 14

Übungsaufgabe 14

Der letzte Satz in *Wittgensteins Tractatus* lautet:
,,Wovon man nicht sprechen kann, darüber muß man schweigen."

Wie ist dieser Satz im Kontext des Positivismus zu verstehen?

Die logischen Empiristen erkannten, daß einem die Natur nicht sagen kann, was man an ihr beobachten soll. Der Forscher muß also schon vorher wissen, was er beobachten will. Er muß Kriterien haben, nach denen er aus der unendlichen Menge von „Beobachtbarem" auswählen kann. Mit anderen Worten: Wissenschaft beginnt nicht mit der Erfahrung, sondern mit theoretischen Konzeptionen. Bevor man wissenschaftliche Erfahrungen machen kann, muß man schon etwas wissen. Man kann der Natur nicht ihre Gesetze einfach „ablauschen", sondern Naturgesetze stammen vom Forscher selbst, sie stellen nur Annahmen über die Natur dar.

Für den logischen Empiristen besteht Wissenschaft aus einem System von Sätzen, die zueinander nicht in Widerspruch stehen dürfen. Es stellt sich dann allerdings die Frage, wie derartige Satzsysteme mit der Realität in Beziehung gebracht werden können. Die Lösung dieses Problems besteht für den logischen Empirismus in den sog. *Protokollsätzen.* Protokollsätze sind singuläre Sätze, die sich unmittelbar auf Beobachtungsdaten beziehen, die die Realität also „direkt" beschreiben sollen. Protokollsätze stellen damit die Verbindung zwischen den rein sprachlichen Satzsystemen und der Realität her. Nun lassen sich natürlich nicht alle Sätze durch Protokollsätze an die Realität „anbinden". Daher wird im logischen Empirismus eine ziemlich radikale Einschränkung in bezug auf wissenschaftlich sinnvolle Sätze getroffen: nur solche Sätze, die entweder selbst Protokollsätze sind oder aus denen sich Protokollsätze eindeutig ableiten lassen, werden als „wissenschaftliche" Sätze akzeptiert. Ein Satz wie *„Gott hat die Welt erschaffen"* ist weder selbst ein Protokollsatz noch läßt er die eindeutige Ableitung eines solchen zu. Er ist damit von vornherein kein wissenschaftlicher Satz, sondern *sinnlos,* da es keine Methode der Verifikation für ihn gibt. Der Unterschied zwischen wissenschaftlichen und unwissenschaftlichen Sätzen liegt nicht etwa darin, daß erstere „richtig" und letztere „falsch" wären, sondern darin, daß sich wissenschaftliche Aussagen an der Realität — also „empirisch" — überprüfen lassen und unwissenschaftliche Sätze einer solchen Prüfung nicht zugänglich sind. Empirisch nicht prüfbare Sätze sind für den logischen Empiristen genauso sinnlos wie syntaktisch falsch gebildete („Helmut *Kohl* ist eine Primzahl").

Protokollsatz

Wie verläuft nun der Prozeß der empirischen Überprüfung? Hierzu bedient sich der logische Empirismus — wie schon der naive Empirismus — der Methode der *„Induktion".* Im logischen Empirismus wird die Induktion gegenüber dem naiven Empirismus allerdings beträchtlich eingeschränkt. Es wird nicht mehr aus der Beobachung von Einzelfällen auf Naturgesetze geschlossen, sondern es geht darum, den Geltungsanspruch hypothetischer Vorhersagen aufgrund von früher gewonnenen Beobachtungen zu begründen. Hypothesen sollen empirisch *„verifiziert"* werden. Je häufiger dies gelingt, sich eine Hypothese also empirisch bestätigen läßt, desto höher soll ihr Vorhersagewert für zukünftige Ereignisse sein.

Induktion

Verifikation von Hypothesen

Fragen wir uns aber zunächst, ob dies tatsächlich der Fall ist. Zur Veranschaulichung nehmen wir das Beispiel der „weißen Schwäne", das bei Wissenschaftstheoretikern sehr beliebt ist.

Nehmen wir an, alle Schwäne, die Sie bislang in ihrem Leben gesehen haben, seien weiß gewesen. Nun kommen Sie auf die Idee, einen Induktionsschluß zu formulieren: „Alle Schwäne sind weiß!" Sie haben hiermit gleichzeitig einen „*Allsatz*" formuliert, da Sie ja nicht nur behaupten, Schwäne seien im allgemeinen weiß oder die meisten Schwäne seien weiß, sondern *alle* Schwäne seien weiß. Diese Aussage bezieht sich nicht nur auf die gegenwärtig existierenden Schwäne, sondern auf alle, die jemals gelebt haben bzw. irgendwann einmal existieren werden.

Weiße Schwäne

Nun wissen Sie und wir allerdings, daß die Hypothese der weißen Schwäne leicht zu Fall gebracht werden kann, da es auch schwarze Schwäne gibt. Die Existenz eines einzigen schwarzen Schwanes reicht aus, um den Satz „Alle Schwäne sind weiß" zu widerlegen. Daher würde selbst die Beobachtung von 10.000 weißen Schwänen nicht genügen, um die Hypothese zu verifizieren. Selbst wenn wir nichts über die Existenz schwarzer Schwäne wüßten, müßten wir bei jeder neuen Beobachtung eines Schwans damit rechnen, daß er eine andere Farbe als weiß haben könnte. Wir können uns einer Allaussage also nie sicher sein, da sie sich auch auf zukünftige Ereignisse bezieht, die wir natürlich empirisch nicht vorher erfassen können. Das Verifikations-Konzept des logischen Empirismus hat sich also als nicht haltbar herausgestellt, wobei die Kritik vor allem auf den Philosophen Sir Karl Raimund *Popper* (geb. 1902) zurückgeht.

Schwarze Schwäne

Die Kritik gilt im übrigen auch für Versuche, die Verifikation durch Wahrscheinlichkeitskonzepte zu retten. Um dies zu erläutern, greifen wir noch einmal auf das Schwan-Beispiel zurück. Wenn wir nicht behaupten, daß alle Schwäne weiß sind, sondern nur, daß die meisten Schwäne weiß sind, brauchen wir vor der Entdeckung eines schwarzen Schwans keine Angst mehr zu haben. Natürlich läßt sich der Ausdruck „die meisten" auch präzisieren: Wir beobachten z.B. eine größere Menge von Schwänen und stellen fest, daß von 1.000 Schwänen 950 weiß und 50 schwarz sind. Jetzt können wir einen anderen induktiv gewonnenen Satz aufstellen „95 % aller Schwäne sind weiß, 5 % aller Schwäne sind schwarz" (vgl. *Seifert* 1970, S. 164ff.). Diese Aussage läßt sich weder durch das Auffinden eines weißen noch durch die Beobachtung eines einzelnen schwarzen Schwanes widerlegen — jedoch durch die Entdeckung von roten oder blauen Schwänen[1]. Auch könnte sich durch die Beobachtung weiterer Schwäne ergeben, daß wir das Prozentverhältnis korrigieren müssen.

Rote und blaue Schwäne

Wir können festhalten, daß sich das Verifikationskonzept auch durch die Einführung statistischer Sätze in Form von Wahrscheinlichkeitsaussagen nach *Popper* nicht halten läßt.

1 *Seiferts* Darstellung ist in diesem Punkt etwas widersprüchlich. Auf S. 167 gibt er an, daß durch das Auffinden von roten Schwänen der Satz widerlegt wird, auf S. 172 beschränkt er dies auf den Fall, daß ein über einer zu vereinbarenden Grenze liegender Prozentanteil roter Schwäne auftritt. Uns erscheint diese Argumentation nur für den Fall einleuchtend, daß in der Hypothese über die Farbverteilung der Schwäne die absoluten Prozentzahlen die wichtigere Information sind (bzw. sein sollen), nicht jedoch für den Fall, daß die Farbe selbst Vorrang hat. Entscheidbar wäre dies nur auf dem Hintergrund einer tatsächlichen Fragestellung.

3.2.2.4 Kritischer Rationalismus

Sir Karl R. *Popper*, geb. 1902. Begründer des Kritischen Rationalismus

Der kritische Rationalismus wurde 1934/35 von dem damals 32jährigen Karl R. *Popper* mit seinem berühmten Buch ,,Logik der Forschung" ([1]1935; [7]1982) begründet. Dieses Buch ist zu einem der einflußreichsten Werke in der Wissenschaftstheorie geworden. *Popper* hat zunächst das oben dargestellte Verifikationsprinzip des logischen Empirismus kritisiert und an seiner Stelle das sog. ,*Falsifikationsprinzip*' vorgeschlagen.

Sie haben oben gelesen, daß sich Allsätze bzw. Allaussagen nicht endgültig verifizieren lassen, da *eine* konträre Beobachtung ausreicht, um einen Allsatz zu widerlegen. Positiv gewendet heißt dies jedoch, daß man eine Hypothese zwar nicht verifizieren, sie jedoch falsifizieren kann. Nach *Popper* muß der Forscher also nicht versuchen, Theorien und Hypothesen zu belegen, sondern er muß versuchen, sie zu widerlegen. Ist eine Theorie sehr häufig der ,,Bewährungsprobe" eines Falsifikationsversuches unterzogen worden, schlägt *Popper* vor, sie als ,,*bewährt*" zu bezeichnen. Dies bedeutet allerdings nicht, daß sie auch ,,richtig" oder ,,wahr" ist, da ja immer die Möglichkeit besteht, daß sie sich bei einer erneuten Überprüfung als falsch erweist. Theorien können sich über derartige empirische Tests der Realität nur annähern, diese aber niemals gänzlich erfassen.

Falsifizierbarkeit von Theorien

Es gibt allerdings nicht falsifizierte Theorien, denen *Popper* das Attribut ,,bewährt" jedoch nicht zusprechen würde. Es handelt sich dabei um Theorien, die prinzipiell nicht falsifizierbar sind, da sie so konstruiert sind, daß sie an der Erfahrung kaum bzw. gar nicht scheitern können. Hierzu gehören auch viele psychologische Alltagstheorien (z.B. ,,Politiker sind nur auf ihren eigenen Vorteil bedacht"), die sich nach einer Analyse von *Laucken* (1973) vor allem durch ihre ,,Empirieresistenz" von wissenschaftlichen Theorien unterscheiden.

Basissatz

Wissenschaftliche Theorien sollen also so konstruiert sein, daß sie prinzipiell falsifizierbar sind. Um eine Theorie falsifizieren zu können, muß es ,,*Basissätze*" geben, die man als ,,wahr" betrachten kann. *Popper*s Basissätze sind gewissermaßen die Nachfolger der Protokollsätze des logischen Empirismus.

> ,,Basissätze sind also — in realistischer Ausdrucksweise — Sätze, die behaupten, daß sich in einem individuellen Raum-Zeit-Gebiet ein beobachtbarer Vorgang abspielt" (*Popper* 1982, S. 69).

Sie müssen durch Beobachtung intersubjektiv nachprüfbar sein. Nach *Popper*s Auffassung kann man über die Gültigkeit von Basissätzen keine endgültigen Aussagen machen. Seiner Auffassung nach können Basissätze immer nur vorläufige Falsifikatioren oder Konfirmatoren darstellen. Ein Basissatz gilt dann als (vorläufig) akzeptiert, wenn bei Einhaltung der gültigen methodologischen Regeln einer Wissenschaft innerhalb einer Forschergemeinschaft Einigung über die Gültigkeit hergestellt werden kann.

Eine ,,falsifizierbare" Theorie können wir mit *Popper* (1982, S. 53) folgendermaßen definieren:

> ,,Eine Theorie heißt ,,empirisch" bzw. ,,falsifizierbar", wenn sie die Klasse aller überhaupt möglichen Basissätze eindeutig in zwei nichtleere Teilklassen zerlegt: in die Klasse je

ner, mit denen sie in Widerspruch steht, die sie „verbietet“ — wir nennen sie die Klasse der *Falsifikationsmöglichkeiten* der Theorie-, und die Klasse jener, mit denen sie nicht in Widerspruch steht, die sie „erlaubt“. Oder kürzer: Eine Theorie ist falsifizierbar, wenn die Klasse ihrer Falsifikationsmöglichkeiten nicht leer ist“ (*Popper* 1982, S. 53).

Nach *Popper* sollte eine Theorie, die wiederholt und intersubjektiv nachprüfbar falsifiziert worden ist, verworfen werden. Zwar können auch bei Falsifikationen Irrtümer unterlaufen, da die Beobachtungssätze, aufgrund derer die Theorie verworfen wurde, jederzeit selbst in Frage gestellt werden können, trotzdem empfiehlt *Popper,* in der Regel *nicht* an falsifizierten Theorien festzuhalten. Hinter dieser Empfehlung steht die Auffassung, daß so der Erkenntnisfortschritt am besten gesichert wird, obwohl in Einzelfällen Irrtümer möglich bleiben und Theorien ungerechtfertigterweise verworfen werden können (vgl. *Gadenne* 1984, S. 61). Prinzipiell ist es jedoch durchaus möglich, Theorien trotz widersprechender Daten in jedem Fall beizubehalten.

Übungsaufgabe 15 **Übungsaufgabe 15**

Viele „neopositivistisch“ bzw. kritisch-rationalistische Psychologen halten z.B. die Psychoanalyse für eine nicht-falsifizierbare Theorie. Versuchen Sie bitte, eine Möglichkeit der Falsifikation des „Unbewußten“ zu finden! Welcher Basissatz könnte die Existenz des Unbewußten widerlegen?

Imre *Lakatos,* Lehrstuhlnachfolger von *Popper* an der London School of Economics, unterscheidet drei verschiedene Konzeptionen des Falsifikationskonzeptes, die er mit *Popper*$_0$, *Popper*$_1$ und *Popper*$_2$ bezeichnet (*Lakatos* 1969; 1982, S. 92ff.). Schauen wir uns die verschiedenen „*Popper*-Versionen“ einmal etwas näher an.

Popper$_0$, der dogmatische Falsifikationist

Popper$_0$ steht für den sog. *„dogmatischen Falsifikationismus“. Popper*$_0$ ist allerdings eine Erfindung einiger Kritiker des kritischen Rationalismus, also eine Fassung der Wissenschaftslehre von *Popper,* die dieser selbst so nie vertreten hat. Nach dieser „popularisierten“ Fassung des kritischen Rationalismus kann man mit Wissenschaft zwar nichts beweisen, aber man kann Theorien widerlegen. Der Fortschritt der Wissenschaft vollzieht sich über kühne Theorieentwürfe, die durch endgültige Widerlegungen falsifiziert und durch noch kühnere Theorien ersetzt werden. Diese Position würde voraussetzen, daß es für die Falsifikation absolut „wahre“ Basissätze gibt — eine Auffassung, die *Popper* selbst für unhaltbar erklärt.

Popper$_1$, der naive Falsifikationist

Mit *Popper*$_1$ bezeichnet *Lakatos* den *„naiven Falsifikationismus“:* Hiernach kann man eine Theorie zwar nicht endgültig empirisch widerlegen, trotzdem soll die Falsifikation einer Theorie im allgemeinen als endgültig betrachtet werden (vgl. *Mertens* 1977, S. 59f). Basissätzen wird nach dieser Sichtweise ein anderer „Status“ zugesprochen als den zu prüfenden Theorien. Erstere werden gewissermaßen zum unproblematischen Teil der Wissenschaft erklärt. Obwohl selbst nicht theoriefrei, werden sie jedoch Beobachtungstheorien zugeordnet, die man aufgrund ihrer Bewährtheit nicht problematisieren muß.

Diese Unterscheidung ist nach *Lakatos* irrational, da auch Beobachtungstheorien keineswegs immer zu dem „sicheren“ Bestand einer Wissenschaft zählen. Für die Psychologie kann man diese Sichtweise nur unterstreichen, da einige der am häufigsten verwendeten Methoden mittlerweile zu den umstrittensten zählen (z.B. Laborexperimente, Fragebogen).

Die Kritik am logischen Empirismus hat ergeben, daß man Theorien nicht empirisch verifizieren kann, die Kritik an *Popper*$_1$ zeigt nun, daß auch eine empirische Falsifikation nicht möglich ist. Wenn Basissätze als potentielle Falsifikatoren nie a-theoretisch sein können, sondern immer bestimmten Beobachtungstheorien zugeordnet sind, reduziert sich das Falsifikationskonzept auf die Konstatierung einer Inkongruenz (Nichtübereinstimmung) zwischen zwei Theorien:

„fallibel" = dem Irrtum unterworfen

„Die Abgrenzung zwischen den weichen, unbewiesenen ‚Theorien' und der harten, bewiesenen ‚empirischen Basis' existiert nicht: Alle Sätze der Wissenschaft sind theoretisch und unheilbar fallibel" (*Lakatos,* 1974, S. 98).

Vielleicht ist bei Ihnen mittlerweile das Gefühl entstanden, daß mit dem Fortschritt der positivistischen Wissenschaftstheorie vom naiven Empirismus bis zum kritischen Rationalismus die *Wissenschaftlichkeit* selbst immer mehr „auf der Strecke" geblieben ist. Die Naturgesetze mußten wir aufgeben, Theorien können wir nicht mehr beweisen und zu guter Letzt funktioniert auch die empirische Falsifikation von Theorien nicht mehr. Wenn Ihnen dabei Zweifel am Fortschritt der Wissenschaft, an der kontinuierlichen Akkumulation sicheren Wissens über die Welt und den Menschen gekommen sind, befinden Sie sich in prominenter Gesellschaft! So hat sich der Wissenschaftsgeschichtler Thomas S. *Kuhn* in seinem 1962 erschienenen Buch „The Structure of Scientific Revolutions" (deutsch: „Die Struktur wissenschaftlicher Revolutionen", [3]1978) entschieden gegen die Annahme eines stetigen Wissenschaftsfortschrittes gewendet (vgl. Abschnitt 4.1).

Popper$_2$, der raffinierte Falsifikationist

Popper$_2$ hat den Glauben an den Fortschritt der Wissenschaft jedoch noch nicht aufgegeben. *Popper*$_2$ steht bei *Lakatos* für den *„raffinierten Falsifikationismus"*. Bedeutsam sind in diesem Zusammenhang die beiden Konzepte „empirischer Gehalt" (Informationsgehalt) und „Wahrheitsnähe". Diese beiden Konzepte sollen die Kriterien für den Erkenntnisfortschritt liefern. Nicht mehr die Widerlegung von Theorien steht im Vordergrund, sondern ihr empirischer Gehalt und ihre Wahrheitsnähe. Im raffinierten Falsifikationismus wird eine Theorie nur dann aufgegeben, wenn gleichzeitig eine Alternativtheorie mit höherem Informationsgehalt und höherer Bewährung, also größerer *„Wahrheitsnähe"*, existiert. Es reicht also nicht, einfach nur Widersprüche zwischen einer existierenden Theorie und Beobachtungsdaten aufzuzeigen, sondern gleichzeitig muß geprüft werden, ob die als Falsifikatoren vorgesehenen Basissätze mit einer anderen Theorie besser in Einklang gebracht werden können. Hierdurch soll sichergestellt werden, daß Theorien nicht einfach aufgegeben werden, ohne daß es einen „besseren" Ersatz gibt.

„Für den ‚naiven' Falsifikationisten ist jede Theorie, die sich als experimentell falsifizierbar interpretieren läßt, ‚akzeptabel' oder ‚wissenschaftlich'. Für den raffinierten Falsifikationisten ist eine Theorie ‚akzeptabel' oder ‚wissenschaftlich' nur dann, wenn sie einen bewährten empirischen Gehaltsüberschuß über ihren Vorgänger (oder Rivalen) besitzt, d.h., wenn sie zur Entdeckung von neuen Tatsachen führt" (*Lakatos* 1982, S. 31).

Im raffinierten Falsifikationismus wird also nicht mehr eine Theorie, sondern eine Theorie*reihe* der Beurteilung zugrunde gelegt (vgl. *Lakatos* 1982, S. 46).

In der psychologischen Forschungspraxis hat sich diese Auffassung allerdings noch kaum durchgesetzt. Nur in wenigen Untersuchungen werden zwei oder mehrere Theorien miteinander verglichen. So wird in psychologischen Forschungsarbeiten häufig noch im Sinne des dogmatischen Falsifikationismus versucht, eine Theorie empirisch zu falsifizieren, wobei man durchaus den Eindruck gewinnen kann, daß Forschern je nach individueller Interessenlage entweder eher daran gelegen ist, daß der Falsifikationsversuch gelingt, oder aber daß er mißlingt. Es ist wohl nicht nur eine böse Unterstellung, wenn man annimmt, daß die jeweilige Interessenlage nicht unabhängig davon ist, ob es sich um eine selbst oder von Kollegen entworfene Theorie handelt. Zumindest scheint es Forschern, die an der Entwicklung einer Theorie weder direkt noch indirekt beteiligt waren, eher zu gelingen, empirisch konträre Daten zu finden (vgl. z.B. *Amelang* & *Aevermann* 1976).

Bei den drei dargestellten *Popper*-Versionen erhebt sich natürlich die Frage, welche der Positionen *Popper* nun wirklich vertritt. *Popper* selbst entwickelte sich in den zwanziger Jahren von einem dogmatischen Falsifikationisten (der nie etwas publiziert hat) zu einem naiven Falsifikationisten. Erst in den fünfziger Jahren entwickelte er die Überlegungen des raffinierten Falsifikationismus. Nach Meinung von *Lakatos* hat er allerdings den naiven Falsifikationismus nie ganz aufgegeben, da er die Falsifikation auch später immer noch als einen „Zweikampf zwischen Theorie und Beobachtung" versteht, ohne daß eine alternative Theorie unbedingt vorhanden sein müsse. Nach *Lakatos* (1982, S. 93) „...besteht der wirkliche *Popper* aus *Popper*$_1$ zusammen mit einigen Elementen aus *Popper*$_2$". Ganz sicher ist er sich mit dieser Charakterisierung allerdings nicht, zumal er an anderer Stelle *Popper* mit *Popper*$_2$ identifiziert. Etwas resignierend gesteht er letztlich, „daß ich als Exeget am Ende meines Lateins bin und nur hoffen kann, daß Poppers Erwiderung die Sachlage klarstellen wird" (*Lakatos* 1982, S. 154). Diese fällt dann auch entsprechend drastisch aus: *Popper* schreibt zu den Vorwürfen, daß er sich selbst widerspreche, indem er einmal wie ein „naiver", zum anderen wie ein „raffinierter" Falsifikationist argumentiere:

> „Das ist natürlich alles Unsinn — unsinnige Hypothesen, verursacht durch flüchtiges Lesen (oder vielleicht durch den Entschluß, unbedingt Fehler zu finden). Meine beiden Thesen — daß die Falsifizierbarkeit einer Theorie eine logische Angelegenheit ist und daher (fast immer) endgültig entscheidbar, während die empirische Falsifikation einer Theorie, wie jede empirische Angelegenheit, unsicher und nicht endgültig entscheidbar ist — widersprechen sich nicht; und sie sind beide geradezu trivial" (*Popper* 1982, S. 426).[1]

---

1 Sie können diesem Zitat durchaus entnehmen, daß Wissenschaftstheoretiker sich untereinander oft nicht gerade mit „Samthandschuhen" anfassen. Harte Kritik an Publikationen von Kollegen gehört hier durchaus zum „guten Ton" — wie in anderen Wissenschaftsbereichen im übrigen auch. In diesem Zusammenhang ein kleiner Hinweis: Lesen Sie auch die Fußnoten in wissenschaftstheoretischen Werken. Diese sind häufig wahre Fundgruben für mehr oder weniger bissige Bemerkungen über andere Autoren.

Der wissenschaftstheoretische Ansatz von *Popper* ist von vielen Seiten kritisiert worden. Die bekannteste Auseinandersetzung um den kritischen Rationalismus fand Anfang der 60er Jahre zwischen den Soziologen der sog. ,,Frankfurter Schule" Theodor W. *Adorno* (1903 - 1969) und Jürgen *Habermas* (geb. 1929) einerseits und den kritischen Rationalisten Karl R. *Popper* und Hans *Albert* (geb. 1921) andererseits statt. Bekannt geworden ist diese Auseinandersetzung unter der Bezeichnung ,,*Der Positivismusstreit in der deutschen Soziologie*". Die Buchveröffentlichung mit dem gleichen Titel (Th. W. *Adorno* et.al. 1969) können wir als Lektüre sehr empfehlen, zumal hier alle Protagonisten des ,,Positivismusstreites" mit eigenen Aufsätzen vertreten sind. Obgleich die Psychologen den Positivismusstreit gewissermaßen ,,verschlafen" haben, sind — wenn auch mit einiger Verspätung — viele der Argumente gegen eine ,,positivistische" Wissenschaftsauffassung auch in die psychologische Diskussion eingeflossen, vor allem in die Auseinandersetzung um die sog. ,,Kritische Psychologie", die maßgeblich von Klaus *Holzkamp* (geb. 1927) initiiert wurde und vertreten wird (vgl. Abschnitt 3.2.3).

Studierhinweis

3.2.2.5 Der Konstruktivismus

Stellen Sie sich bitte vor, Forscher A stellt zur Erklärung selektiver Aufmerksamkeitsprozesse bei der Informationsaufnahme folgende Hypothese auf: ,,*Je geringer das Vertrauen in die ursprünglich gegebene Information, umso mehr werden stützende Informationen gesucht und nichtunterstützende vermieden.*" Es werden dann eine ganze Reihe mehr oder weniger raffiniert konstruierter Experimente durchgeführt, um diese Hypothese empirisch zu stützen.

Nach einigen Jahren kommt Forscher B bei der Durchsicht aller bislang vorliegenden experimentellen Ergebnisse zu dem Schluß, daß sich die Hypothese in den meisten Fällen nicht bewährt hat. Wenn Sie nun annehmen, daß damit diese Hypothese ad acta gelegt wird, haben Sie sich getäuscht.

Forscher C, der seinerseits alle Experimente einer gründlichen Analyse unterzieht, kommt nämlich zu folgendem Schluß: Zwar sei richtig, daß sich kaum bestätigende Ergebnisse hätten finden lassen. Dies sei aber nicht darauf zurückzuführen, daß die ursprüngliche Hypothese falsch sei, sondern liege daran, daß die Experimentatoren gravierende Fehler gemacht hätten. So hätten sie berücksichtigen müssen, daß es neben dem Streben nach Konsistenz (zwischen der früheren und den neuen Informationen) noch weitere Faktoren gäbe, die die Informationsaufnahme beeinflussen könnten. Diese seien in den Experimenten, die keine bestätigenden Ergebnisse erbracht hätten, nicht kontrolliert worden. So sei es z.B. durchaus möglich, daß sich die Versuchspersonen in einer Reihe der Untersuchungen im Sinne ,,sozialer Erwünschtheit" verhalten hätten: Sie hätten angenommen, der Untersuchungsleiter erwarte von ihnen das Anhören opponierender Meinungen. Auch alle anderen widersprechenden Ergebnisse werden mit dem Einfluß zusätzlich wirksamer Faktoren in den Experimenten erklärt. Da es jedoch jeweils darum ging, ausschließlich die obengenannte Hypothese zu prüfen, hätten alle anderen Einflußfaktoren (außer dem Streben nach Konsistenz) in den Experimenten kontrolliert und damit unwirksam gemacht werden müssen. Da dies nicht geschehen sei — so die Meinung von Forscher C —, könne keinesfalls davon gesprochen werden, die Hypothese sei empirisch widerlegt.

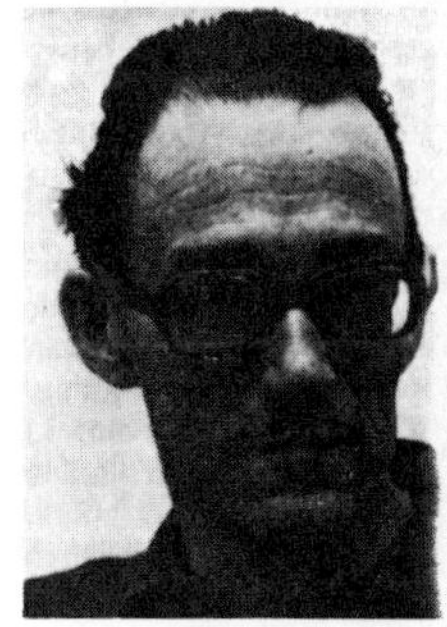

Klaus *Holzkamp*, Jahrgang 1927

Das geschilderte Beispiel ist nicht einfach aus der Luft gegriffen, sondern stellt eine etwas vereinfachte und verkürzte Version der bei *Münch* und *Schmid* (1973, S. 113f) dargestellten Diskussion über die Hypothese der selektiven Aufmerksamkeit dar. Unser Beispiel stellt auch innerhalb der Psychologie keinen Einzelfall dar, sondern ist — zumindest wenn man Klaus *Holzkamp* (1972) folgt — geradezu symptomatisch für den psychologischen Forschungsprozeß. Interessant ist in unserem Beispiel vor allem das Vorgehen von Forscher C. Etwas ähnliches werden wir noch bei der Methodologie wissenschaftlicher Forschungsprogramme von *Lakatos* (1982) kennenlernen (Abschnitt 4.3.1.1). Dort wird vorgeschlagen, einen ,,harten Kern" eines Forschungsprogramms zu definieren und mit Hilfe von Zusatzhypothesen Falsifikationsversuche abzuwehren. Diese Technik läßt sich prinzipiell immer benutzen: Da nie mit letzter Sicherheit entscheidbar ist, ob eine Theorie fehlerhaft ist oder bei ihrer experimentellen Überprüfung Fehler gemacht wurden, kann man widersprechende empirische Ergebnisse mit entsprechender Phantasie und Kreativität immer irgendwelchen ,,Störquellen" zuschreiben. Der Fachausdruck für dieses Verfahren ist *,,Exhaustion"* bzw. *,,exhaurieren".* ,,Exhaustion" bedeutet eigentlich ,,Ausschöpfung": ausgeschöpft werden alle Möglichkeiten, eine Theorie oder Hypothese vor der Falsifikation zu retten. Durch das Verfahren der Exhaustion werden Theorien gegenüber der Realität *,immunisiert':* ihr Scheitern wird unmöglich. Das ,,Exhaustions-Verfahren" stellt ein wichtiges Prinzip im sog. *,,Konstruktivismus"* dar, den *Holzkamp* (1968; 1972) in Anlehnung an frühere Wissenschaftstheoretiker (vor allem Hugo *Dingler,* 1881 - 1954) neu formuliert hat.

Exhaustion

Holzkamp sieht den Konstruktivismus als eine konsequente Weiterentwicklung des kritischen Rationalismus von *Popper* an. Der Konstruktivismus stellt seiner Auffasung nach die entwickelteste Form ,,bürgerlicher" Wissenschaftsauffassung dar. Der Name — *Konstruktivismus* — bezieht sich darauf, daß nach dieser wissenschaftstheoretischen Konzeption der Forscher die ,,Realität", auf die sich seine Theorien beziehen, auswählend oder herstellend selbst ,,konstruiert". Im Konstruktivismus hat die Theorie eine absolute Dominanz gegenüber der Empirie. So ist auch konsequenterweise jeglicher Anspruch darauf, die ,,Wahrheit" erkennen zu können, im Konstruktivismus aufgegeben. Statt dessen geht es hier nur noch um den *,,Willen zur Eindeutigkeit".* *Holzkamp* (1972, S. 92) unterscheidet hierbei zwischen dem Streben nach *systemimmanenter"* und dem Streben nach *,,systemtranszendenter"* Eindeutigkeit. Die systemimmanente Eindeutigkeit bezieht sich auf die geforderte logische Widerspruchslosigkeit in einer wissenschaftlichen Theorie. Die Forderung nach systemtranszendenter Eindeutigkeit bezieht sich auf die Anbindung einer aus Sätzen aufgebauten Theorie an die Empirie. ,,Eine Theorie ist in dem Maße systemtranszendent eindeutig, als — in besonderen Sätzen erfaßte — reale Verhältnisse ausgewählt oder hergestellt werden können, die mit der Theorie in Einklang stehen" (*Holzkamp* 1972, S. 93). Theorie und Empirie werden also dadurch zueinander in Beziehung gesetzt, daß reale Verhältnisse ausgewählt oder

Dominanz der Theorie gegenüber der Empirie

,,Eindeutigkeit" statt ,,Wahrheit"

hergestellt werden, deren Vorhandensein von der jeweiligen Theorie postuliert wird. Dieses Auswahl- bzw. Herstellungsverfahren wird *Realisation* genannt. In dieser Realisation zeigt sich die radikale Abwendung des Konstruktivismus vom Prinzip der Induktion: Es wird nicht von der empirischen Basis auf die Theorie geschlossen, sondern der Forscher wählt gemäß den Vorgaben seiner Theorie reale Verhältnisse aus oder stellt sie selbst her (z.B. im Experiment).

Realisation: Die Theorie „konstruiert" die Realität

Im Gegensatz zu früheren Versionen des Konstruktivismus (z.B. bei *Dingler*, vgl. *Albert* 1973, S. 19ff.) will *Holzkamp* das Exhaustions-Prinzip nicht uneingeschränkt akzeptieren. Wie er selbst hierzu bemerkt, würde sonst jede Theorie trotz aller Abweichungen in empirischen Daten unbegrenzt aufrechterhalten werden können (*Holzkamp* 1972, S. 94). Außerdem ließe sich eine unbegrenzte Exhaustionsmöglichkeit nicht mit dem Prinzip der systemtranszendenten Eindeutigkeit in Übereinstimmung bringen: eine Anbindung an die Realität ist dort überflüssig, wo durch diese keinerlei Rückschlüsse auf die Theorie möglich wären.

Holzkamp versucht deshalb, methodologische Verfahrensregeln aufzustellen, die die Exhaustionsmöglichkeiten einschränken sollen. Es soll also zwischen „erlaubten" und „unerlaubten" Exhaustionen unterschieden werden. Er hat hierzu das Konzept des *„Belastetheitsgrades"* von Theorien entwickelt:

Belastetheitsgrad

„Gemäß dem Belastetheits-Konzept sollen Exhaustionen nur insoweit zulässig sein, als die Behauptung, bestimmte Abweichungen zwischen Theorien und Daten gehen auf störende Bedingungen zurück, selber wieder begründbar ist. Sofern der — logisch immer mögliche — Rückgriff auf störende Bedingungen zur Interpretation von Abweichungen nicht begründet werden kann, wird der Umstand, daß die theoretische Annahme nur durch Exhaustion aufrechterhalten werden konnte, der Theorie als „Belastetheit" zugerechnet. Je höher der Belastetheitsgrad einer Theorie ist, um so mehr verringert sich ihr „empirischer Wert" bzw. ihr „Realisationsgrad". Theorien mit geringerem Realisationsgrad sind unter sonst gleichen Umständen in geringerem Maße wissenschaftlich vertretbar als Theorien mit höhrerem Realisationsgrad, was durch Rückgriff auf das Prinzip der systemtranszendenten Eindeutigkeit begründbar ist" (*Holzkamp* 1972, S. 95).

Holzkamp selbst vertritt heute nicht mehr den hier beschriebenen Konstruktivismus, sondern die schon erwähnte marxistisch orientierte *Kritische Psychologie* (vgl. Abschnitt 3.2.3). Seinen eigenen Weg vom Konstruktivismus zur Kritischen Psychologie hat er 1972 in seinem Buch *„Kritische Pschologie. Vorbereitende Arbeiten"* dargestellt. Trotzdem hält er den Konstruktivismus nicht für überflüssig, da dieser „den gegenwärtigen Betrieb der empirischen Wissenschaften vergleichsweise am präzisesten und am wenigsten verschleiert repräsentiert...". In Hinblick auf eine kritisch-emanzipatorische Psychologie sieht er den Wert des Konstruktivismus vor allem darin, daß dieser „illusionäre Verkennungen der Eigenart wissenschaftlich-psychologischen Handelns entlarvt" und außerdem dazu dienen könnte, den „rationalen Kern bürgerlicher Psychologie bei ihrer kritisch-emanzipatorischen Transformation zu bewahren" (1972, S. 100).

Natürlich ist diese Sichtweise nicht unwidersprochen hingenommen worden (vgl. *Albert & Keuth* 1973). *Albert* wirft *Holzkamp* z.B. vor, er habe die wissenschaftstheoretischen Auffassungen von *Popper* so umgedeutet, „daß der Sinn dieser Lehre ins Gegenteil verkehrt wird" (*Albert* 1973, S. 19). So sei z.B. die

Kritik *Holzkamps* am Falsifikations-Konzept unverständlich, da *Popper* gar nicht bestreite, daß eine Theorie trotz widersprechender empirischer Befunde beibehalten werden könne. Da *Popper* keineswegs — wie *Holzkamp* unterstelle — den Anspruch auf Erkenntnis der Realität als sinnlos hinstellen wolle, könnte in bezug auf das Exhaustions-Verfahren allenfalls strittig sein, ob es erkenntnisfördern sei.

3.2.3 Kritische Psychologie

Der Begriff ,,kritisch" hat im Bereich der Wissenschaftstheorie ganz verschiedene Bedeutungen. Selbst sog. kritische Wissenschaftstheorien (von denen der *kritische Rationalismus* deutlich zu trennen ist) lassen sich schwer auf ein einheitliches Grundmuster reduzieren. Gemeinsam ist ihnen, daß sie eine Unterordnung der Sozialwissenschaften unter die Naturwissenschaften ablehnen, und daß sie in mehr oder weniger engem Bezug auf Karl *Marx* (1818 - 1883) herausstellen, daß Wissenschaft immer Teil eines historisch wandelbaren Bereichs ist und gesellschaftlichen Bestimmungen unterliegt. Wissenschaftstheorie ist für die kritischen Wissenschaftstheoretiker daher von der Gesellschaftstheorie von Karl *Marx* nicht zu trennen.

Schon lange vor dem Zweiten Weltkrieg und zwar etwa zur gleichen Zeit wie der Wiener Kreis entstand das Frankfurter Institut für Sozialforschung, dem u.a. Theodor W. *Adorno* (1903 - 1969), Erich *Fromm* (1900 - 1980), Max *Horkheimer* (1895 - 1973) und Herbert *Marcuse* (1898 - 1979) angehörten. Diese sog. *Frankfurter Schule* versuchte, die Gesellschaftstheorie von *Marx* philosophisch, historisch und psychoanalytisch neu zu interpretieren. Durch den Nationalsozialismus kam es in Deutschland sehr spät, nämlich erst ab 1961 zu einer intensiveren wissenschaftstheoretischen Diskussion zwischen Vertretern der Frankfurter Schule wie *Adorno, Marcuse* und später Jürgen *Habermas* (geb. 1929) mit Vertretern des Neopositivismus wie *Popper* und *Albert.*

Positivismusstreit

Popper und *Albert* bezogen sich in diesem sog. *Positivismusstreit* zum Teil auf den früher von Max *Weber* (1864 - 1920) und Gustav *Schmoller* ausgetragenen *Werturteilsstreit,* in dem *Weber* die Trennung von Werturteilen und wissenschaftlichen Sätzen gefordert hatte (vgl. auch 4.3.3).

Werturteilsstreit

Erkenntnisinteresse

Herrschaftsinteresse

Die Vertreter der Frankfurter Schule versuchten, im Positivismusstreit herauszustellen, daß jeder Theoriebildung immer schon ein *Erkenntnisinteresse* vorausgehe *(Habermas)* und daß Theorien von *Herrschaftsinteressen* durchsetzt seien *(Adorno).* Den Neopositivisten wurde eine verschleiert normative Funktion des falschen Bewußtseins *(Habermas)* vorgeworfen. Der Forscher selbst sei stets Teil der Gesellschaft und könne sich nicht außerhalb seiner selbst stellen. Er müsse daher sein Verhältnis zu Gesellschaft, Forschung und Wissenschaft *dialektisch* mitbedenken.

Später hat *Habermas* zu zeigen versucht, daß im kommunikativen Handeln (Diskurs) des Forschers die Möglichkeit begründet liegt, emanzipatorisches Erkenntnisinteresse zu entwickeln und zu koordinieren und auf dieser Grundlage nach nomologischen Aussagen zu streben. Forschung ist daher auf Hermeneutik angewiesen.

Wie gesagt blieb der Positivismusstreit in der scientific community der Psychologen zunächst fast völlig unbeachtet. Zu erklären ist dies wohl mit der Tatsache, daß die nachwachsende Psychologengeneration Anfang der sechziger Jahre vollauf damit beschäftigt war, neobehavioristisches Denken der vorwiegend amerikanischen Psychologie zu übernehmen und (durchaus erfolgreich) in Praxis umzusetzen (vgl. zur Geschichte der Psychologie nach 1945 u.a. *Lück* et al. 1987).

Erst Ende der sechziger, Anfang der siebziger Jahre entwickelte Klaus *Holzkamp* mit Mitarbeitern und Studenten am Psychologischen Institut der Freien Universität in West-Berlin eine Psychologie, die — zunächst von anderen als „Konstruktivismus" bezeichnet (s.o.) — zunehmend die Züge einer Kritischen Psychologie annahmen.

„Kritische Psychologie" steht in der *Holzkamp*-Schule für die marxistisch fundierte psychologische Forschung und Praxis. Sowohl Inhalte, Methoden und Anwendungen der „bürgerlichen" Psychologie — sei sie empirisch-analytischer, sei sie hermeneutisch-verstehender Art — wird von der Kritischen Psychologie kritisiert. Insofern wird die Kritische Psychologie von ihren Urhebern als Versuch der Bildung eines neuen *Paradigmas* verstanden.

Dieses neue Paradigma soll wesentlich durch die kritische Auseinandersetzung mit der bürgerlichen Psychologie erfolgen. An ihr stellen *Holzkamp* und andere heraus:

1. Die bürgerliche Psychologie arbeitet mit der Fiktion des aus seinen gesellschaftlichen Bezügen herausgelösten Individuums. Das psychologische Experiment spiegelt diese Desintegration und Parzellierung deutlich wider.
2. Die Theorien der bürgerlichen Psychologie sind beliebig. Theoriegeschichte nimmt sich daher wie ein Wechsel von Moden dar. Der Grund für diese Beliebigkeit wird von marxistischen Psychologen in der Zirkularität des Theorie-Empirie-Verhältnisses gesehen: Die empirischen Befunde bestimmen sich nach den Hypothesen, diese nach den Theorien. Die Theorien selbst stehen langfristig in Konkurrenz miteinander.

Beide Kritikpunkte sind zwar zuvor schon von nicht-marxistischen — vornehmlich wissenschaftstheoretisch und methodenkritisch arbeitenden — Psychologen herausgestellt worden. Nur ist die Kritik der *Holzkamp*-Schule grundsätzlicher Art. Sie erfolgt vor dem Hintergrund der Aussagen von *Marx*, das gesellschaftliche Sein bestimme Bewußtsein, und das menschliche Wesen sei das Ensemble der gesellschaftlichen Verhältnisse (6. *Feuerbach*-These). Die Thesen von *Marx* sollten nach *Holzkamp* (1977, S. 50ff.) nicht so mißverstanden werden, daß das Individuum lediglich unter gesellschaftlichen Einflüssen steht, wie dies im übrigen die Grundannahme der gesamten Sozialpsychologie ist.

Dialektik

Holzkamp fordert vielmehr ein *dialektisches* Verhältnis von Mensch und Gesellschaft in der psychologischen Forschung:

„Es ist ein fundamentaler Irrtum, wenn man meint, das Wesen der marxistischen Auffassung über die Menschen auf den Nenner bringen zu können, der Mensch sei bestimmt durch die objektiven gesellschaftlichen Verhältnisse. Im Gegenteil: Eine Auffassung, die nur diesen Aspekt kennt, ist keinesfalls dialektischer Materialismus, sondern eben jener anschauend-objektivistische Materialismus, als dessen „Hauptmangel" Marx in der 1. Feuerbach-These herausstellt, daß von ihm „der Gegenstand, die Wirklichkeit, Sinnlichkeit nur unter der Form des Objekts oder der Anschauung gefaßt wird; nicht aber als sinnlich menschliche Tätigkeit, Praxis; nicht subjektiv". Ich wiederhole Marx' Formulierung: ,,nicht subjektiv"! — Gemäß einer zentralen Grunderkenntnis des Marxismus können die Menschen, anders als die Tiere, ihr materielles Leben nur dadurch erhalten, daß sie ihre eigenen Existenzbedingungen durch eingreifende Veränderungen der Natur in gegenständlicher kollektiver Arbeit selbst herstellen. Die Menschen sind damit einerseits durch ihre Praxis Ursprung der aktiven Schaffung und bewußten Kontrolle ihrer Daseinsumstände, das heißt Subjekte ihres gesellschaftlichen Lebensprozesses; andererseits aber sind sie aufgrund der natürlichen und gesellschaftlichen Notwendigkeiten, denen ihre Existenzerhaltung, also materielle Reproduktion unterliegt, in ihrer Tätigkeit und ihrem Bewußtsein durch ihre objektiven Lebensbedingungen bestimmt, mithin auch durch die gesellschaftlichen Verhältnisse, die sie in kollektiver gegenständlicher Arbeit selbst schaffen und verändern. Die subjektive Bestimmung und die objektive Bestimmtheit sind beide notwendige, miteinander zusammenhängende Grundzüge jeder menschlichen, das heißt gesellschaftlichen Lebenstätigkeit. Bei einer Konkretisierung der Sichtweise auf historisch spezifische Gesellschaftsformationen kann demnach niemals zur Diskussion stehen, ob das eine oder andere Moment hier gegeben ist, sondern immer nur, in welchem spezifischen Verhältnis objektive Bestimmtheit und subjektive Bestimmung stehen" (1977, S. 56).

Die hier von *Holzkamp* geforderte dialektische Beziehung wird keineswegs von allen marxistisch orientierten Psychologen/Theoretikern akzeptiert. Einige, wie *Lorenzer, Horn* u.a., sehen die Psychoanalyse als brauchbare und kompatible psychologische Theorie im Kontext der marxistischen Gesellschaftstheorie an, da Marx nur objektive gesellschaftliche Strukturen bedacht habe. Diese Position lehnt *Holzkamp* ebenso ab, wie die einiger orthodoxer Marxisten, die die Entwicklung marxistisch psychologischer Theorien grundsätzlich mit der Begründung ablehnen, subjektwissenschaftliche Ansätze seien als solche illegitim, da die Aufgabe der Bestimmung der Individualität und Subjektivität des Menschen durch die ökonomische Theorie von *Marx* zu erklären sei.

Man sieht: *Holzkamp* steht in der Reihe der marxistisch orientierten Theoretiker zwischen zwei Extremen. Er hält eine Kritische Psychologie als marxistische Individualwissenschaft für möglich und notwendig, ordnet sie jedoch der marxistischen gesellschaftlich-historischen Analyse unter (1977, S. 64). Die Forschungsthematik der Kritischen Psychologie innerhalb des wissenschaftlichen Sozialismus ergibt sich für *Holzkamp* daraus, daß ,,Individuen permanentes Resultat ihrer *individualgeschichtlichen Entwicklung* sind, eines Prozesses, der zwar mit dem *gesellschaftlich-historischen Entwicklungsprozeß eng verflochten, aber dennoch von ihm unterscheidbar* ist" (S. 65). Aus gesellschaftlicher Sicht sind diese individuellen Entwicklungen nur ,,quasi ein *mikroskopischer Aspekt des historischen Prozesses* selbst" (S. 65).

Die Position der Kritischen Psychologie von *Holzkamp* und Mitarbeitern ist nicht unkritisiert geblieben. Es ist für uns jedoch auffällig, daß die Kritik durch *Albert* und andere (vgl. *Albert & Keuth* 1973) zu dem Zeitpunkt am heftigsten war, als *Holzkamp* noch den Konstruktivismus vertrat bzw. sich auf dem Weg zur Kritischen Psychologie befand. *Holzkamps* Position der Kritischen Psychologie wurde wohl von einem Teil seiner Gegner als weniger diskutierenswert angesehen, so daß die öffentliche Diskussion etwas verebbte.

3.2.4 Kritik und Vergleiche

Wir haben nun drei verschiedene Ansätze in der Psychologie kennengelernt,

— den geisteswissenschaftlichen, normativ-ontologischen Ansatz,
— den von den Naturwissenschaften geprägten neopositivistischen, kritisch-rationalistischen und den
— kritischen bzw. kritisch-emanzipatorischen Ansatz.

Obwohl wir innerhalb der drei Ansätze verschiedene Varianten dargestellt haben, möchten wir die drei Ansätze in einer tabellarischen Form gegenüberstellen. Dabei unterscheiden wir Erkenntnisanspruch (Ziele, Interessen, Erkenntnisgegenstand), Erkenntnismittel (Methodologie, das heißt Denk- und Arbeitsmethoden) und die grundlegenden Positionen (Werte und Verhältnis Wissenschaft zu Gesellschaft). Die Grundstruktur der Tabelle ist Ihnen bereits durch Übungsaufgabe 13 vertraut.

Tabellen dieser Art finden sich gelegentlich in wissenschaftstheoretischen Darstellungen. (Unsere Übersicht wurde in Lehrveranstaltungen an der Universität Duisburg entwickelt und überarbeitet.)

Wir diskutieren hier nicht die gesamte Tabelle, möchten Ihnen jedoch ein intensives Studium anraten.

Gleich die erste Zeile zeigt uns die Unterschiede in den Erkenntniszielen. Hermeneutik, Phänomenologie und Verstehende Psychologie bemühen sich um eine genaue Beschreibung des Einzelfalls (idiographische Beschreibung). Dahinter steht das Interesse, Rat geben zu können. (Ein Beleg für dieses Interesse ist der erhebliche Einfluß, den *Dilthey, Spranger, Bollnow* und andere auf die Pädagogik hatten.) Der neopositivistische Ansatz strebt nach nomologischen Aussagen, das heißt nach der ,,Auffindung" nomothetische Sätze. Da solche Gesetzesaussagen meist kausalanalytisch verstanden werden, impliziert die Gesetzesaussage zumindest prinzipiell die praktische Verwertbarkeit im Sinne einer Technik.

Hierzu ein Beispiel: Die Frustrations-Aggressions-Hypothese, nach der Aggressionen die Folge von Frustrationen sind, ist solch ein Beispiel einer nomologischen Aussage. Zunächst entkräftet ein Einzelfall, bei dem Frustration nicht zu Aggression geführt hat, zwar den Allaussagen-Charakter. Da die F-A-Hypothese in späterer Form jedoch als Wahrscheinlichkeitsaussage verstanden wurde, muß man annehmen, daß Frustration die Wahrscheinlichkeit der Aggression erhöht. Jetzt entkräftet das einzelne hypothesen-konträre Ereignis nicht die Gesetzesaussage, wenn sich nur ausreichend viele Bestätigungen für die Hypothese finden lassen. Die technische Verwertungsmöglichkeit liegt auf der Hand und ist in der empirisch-analytischen Richtung oft der Ausgangspunkt für empirische Forschung. Was kann man tun, um Aggressionen zu verhindern? Die Antwort nach der F-A-Hypothese: Man kann die Auftretenswahrscheinlichkeit von Aggressionen reduzieren, indem man Frustrationsquellen beseitigt. Natürlich bringt die technische Umsetzung neue Probleme mit sich.

Das Erkenntnisziel kritischer Psychologen liegt — in mehr oder weniger enger Anlehnung an *Marx* und *Engels* — in der Auffindung bzw. Bestätigung zwangsläufiger, historischer Gesetzmäßigkeiten sowie in der Gesellschaftskritik, insbesondere der Kritik an der spätkapitalistischen Gesellschaft.

Dimensionen sozialwissenschaftlicher Theoriebildung

	Normativ-ontologische Theorieansätze	Neopositivistische bzw. empirisch-analytische Theorieansätze	Kritische oder dialektische Theorieansätze
Erkenntnisanspruch:			
Erkenntnis-Ziel	idiographische „Beschreibung“; praktischer Rat	nomothetische Sätze; technologische Anweisungen	historisches Gesetz Gesellschaftskritik
Erkenntnis-Interesse	praktisches (Konsensus von Handelnden)	technisches (Verfügung über vergegenständlichte Prozesse)	emanzipatorisches (Selbstreflexion)
Erkenntnis-Gegenstand	Sinn und Wesen von Staat, Gesellschaft, Mensch, Educandus usw.	Verhalten von Individuen, Gruppen, Organisationen	Gesellschaft
Erkenntnismittel (Methodologie):			
Denkmethoden (Verarbeitungs-Muster)	Hermeneutik, Phänomenologie, Verstehende Psychologie	logischer Empirismus, kritischer Rationalismus	Dialektik, Hermeneutik
Tätigkeit des Wissenschaftlers	wissenschaftliches Nach- und Vordenken, Verstehen	Beschreiben, Erklärung, Prognose (Kritik-Kontrolle der Erfahrung)	Kritisch konfrontieren und politisch wirken (Kritik-Korrektur der Erfahrung)
Ansätze	historisch-genetische, ideengeschichtliche	strukturell-funktionale	kritisch-historische und „kritisch-empirische“
Forschungsmethoden und -techniken	Quellen- und Textkritik, historisch-philosophische Argumentation	Regeln und Techniken der empirischen Sozialforschung	historisch-ökonomische, ideologiekritische Analyse mit empirischer Sozialforschung als Hilfsmittel
Grundlegende Positionen:			
Wertproblematik	Einschluß von ontologisch und anthropologisch begründeten Werten	Streben nach Wertfreiheit (zumindest im Forschungsprozeß)	„Emanzipation“ und andere historisch begründete Werte sind einbeschlossen
Verhältnis „Wissenschaft“-„Gesellschaft“	Singgebung (Aufklärung als konservatives Moment), Ratgeber	Trennung (wertneutrale Aufklärung)	Sozialkritische Funktion der Wissenschaft, Wissenschaft als gesellschaftlicher Produktionsfaktor

Übungsaufgabe 16 *Übungsaufgabe 16*

Überprüfen Sie für die persönlichkeitspsychologischen Ansätze von *Jaspers, Cattell* und *Sève,* ob die genannten Erkenntnisziele mit den Ausführungen der Autoren übereinstimmen!

Nach der Lösung dieser Aufgabe möchten wir Sie bitten, die weiteren Zeilen der Tabelle in ähnlicher Form durchzuarbeiten. *(Wichtig!).*

Es sollte Ihnen dann sehr viel leichter fallen, psychologische Texte besser als bisher nach ihrer wissenschaftstheoretischen Basis einzuordnen.

Übungsaufgabe 17 *Übungsaufgabe 17*

Möchten Sie gleich eine Probe Ihres Könnens ablegen? Von wem könnte der folgende Textauszug stammen?

,,...fragen wir einfach danach, was durch den Tod eines nahen Menschen im Leben des Zurückgebliebenen geschieht. Wir hatten dieses Geschehen bisher unbestimmt als einen Verlust bezeichnet. Aber es ist ein Verlust besonderer und ausgezeichneter Art, und es kommt darauf an, das Wesen dieses Verlustes in seiner existentiellen Bedeutung, in seinem Sinn für das eigene Leben, zu begreifen. Dazu ist es nötig, diesen Verlust von anderen und weniger entscheidenden Weisen des Verlustes abzuheben...".

3.3 Psychologische Strömungen und ihre wissenschaftstheoretische Basis: Zwei Beispiele

Die Anwendung dessen, was wir über die verschiedenen wissenschaftstheoretischen Orientierungen erfahren haben, ist keineswegs immer so leicht möglich, wie bei der Textpassage von O. F. *Bollnow* im letzten Abschnitt.

Wir wollen jetzt versuchen, einige wichtige psychologische Strömungen nach ihrer wissenschaftstheoretischen Basis zu untersuchen.

3.3.1 Behaviorismus

3.3.1.1 Das Utopia des Behavioristen

,,In Utopia (einem Land etwa von der Größe des Staates Texas mit etwas weniger als 10 Millionen Seelen) wird es in jeder Einheit 260 verheiratete Frauen mit den dazugehörigen Ehemännern geben (und einige ,,überzählige" Ehemänner und -frauen, die als Ersatz im Falle von Erkrankungen benötigt werden). Jeder verheiratete Mann lebt mit seiner Frau in einem eigenen Haus. (...) Neben den Ehepartnern fungiert eine wissenschaftlich ausgebildete Hilfskraft als Kinderschwester und Erzieher. (...)

In jeder Einheit gibt es 780 Kinder — drei Kinder je Elternpaar. (...) Die Mutter kennt die Identität des eigenen Kindes nicht. (...) Sobald ein Kind geboren ist, wird es in eine Familie vermittelt, in der bereits zwei weitere Kinder leben. Das Kind verbleibt in dieser Familie genau vier Wochen und wird dann an eine andere Familie mit zwei Kindern weitergegeben. Diese Prozedur wird fortgesetzt, bis Kleinkind, Kind und Heranwachsender durch die Hände aller 260 Mütter gegangen sind — berechnet bei einem vierwöchigen Aufenthalt je Mutter. (...)

Wir haben die vierwöchige Rotationsphase gewählt, weil in diesem kurzen Zeitraum nur eine geringe Chance besteht, daß irgendeine Familie das Kind unauslöschlich und in unzulässiger Weise konditionieren könnte. Fixierungen auf die Mutter können sich nicht entwickeln (bei der Mutter ebensowenig wie beim Kind). Für die Entstehung von Eifersucht bleibt keine Zeit. Eine Abhängigkeit von irgendeiner Person ist ausgeschlossen. Schüchternheit und Minderwertigkeit können sich nicht entwickeln, aus dem einfachen Grunde, weil es keinen Anreiz in der Umwelt zu ihrem Aufbau gibt. Utopia ist kein Boden, auf dem der ,,Besitz" einer Person durch eine andere gedeihen kann. So wird es Individualität (ein Mittel, durch das faule, quengelige und ständig klagende Kinder oder Erwachsene das Verhalten der anderen zu ihrem eigenen Vorteil kontrollieren können) nie geben".

John B. *Watson* (1878 - 1959)

Dieses Zitat stammt von dem amerikanischen Psychologen John B. *Watson* (1878 - 1950), der als Begründer des *Behaviorismus* (von ,,behavior" = Verhalten) gilt (*Watson* 1928/29, deutsch 1985, S. 123f). Sein utopischer Gesellschaftsentwurf, aus dem wir hier das System der Kindererziehung wiedergegeben haben, erscheint uns heute in vielen Passagen als sehr befremdlich, in anderen jedoch auch als durchaus fortschrittlich. Wir wollen uns hier jedoch weniger mit behavioristischen Utopien beschäftigen (die stellenweise glänzend geeignet sind, die Kritiker dieser Richtung der Psychologie in ihren schlimmsten Befürchtungen zu bestätigen — vgl. z.B. die Kritik von Jaspers (3.2.1.3)), sondern uns der Frage zuwenden, auf welchen wissenschaftstheoretischen Grundlagen der Behaviorismus basiert.

3.3.1.2 Das behavioristische Programm

John B. *Watson* schreibt in der Einleitung zu seinem Buch ,,Psychology from the standpoint of a behaviorist" (1919):

,,Der Leser wird keine Diskussion des Bewußtseins finden und auch nicht Begriffe wie Empfindung, Wahrnehmung, Aufmerksamkeit, Vorstellung, Wille usw. Diese Worte haben einen guten Klang; aber ich habe festgestellt, daß ich auf sie verzichten kann. (...) Offengestanden weiß ich nicht, was sie bedeuten. Ich glaube auch nicht, daß irgend jemand sie in stets übereinstimmender Weise zu gebrauchen vermag."

Watson spricht sich dafür aus, die psychologische Forschung auf *beobachtbares Verhalten* zu beschränken. Das Leitbild des Behaviorismus ist eine Psychologie, die ausschließlich auf durch einen außenstehenden Beobachter feststellbaren Verhaltensweisen basiert. *Watson* kritisierte vor allem die Methode der *Introspektion* (Selbstbeobachtung), die er dafür verantwortlich machte, daß sich die Psychologie seiner Zeit in einer Fülle spekulativer Fragen verstrickt hatte. Einerseits hätte sich die Psychologie hierdurch von praktischen Problemen weit entfernt, andererseits sei es ihr nicht gelungen, psychische Zustände mit naturwissenschaftlicher Exaktheit zu erfassen (vgl. *Schorr* 1984, S. 40).

Beobachtbares Verhalten

Für *Watson* war das Verhalten und nicht das Bewußtsein der zentrale Gegenstand psychologischer Forschung. Im Jahre 1913 hatte *Watson* seine behavioristischen Thesen zum ersten Mal veröffentlicht, allerdings fehlten ihm zu diesem Zeitpunkt noch die ,,objektiven" Methoden, die die von ihm kritisierte Introspektion hätten ersetzen können. Kurze Zeit später stieß er auf die von dem russischen Physiologen Ivan Petrovic *Pawlov* (1849 - 1936) durchgeführten Experimente zum bedingten Reflex. Er erkannte, daß er mit der Konditionierung ein

Ivan Petrovic *Pawlov* (1849 - 1936)

ausgezeichnetes Beispiel für eine objektive Methode zur Untersuchung klassischer Forschungsprobleme der Psychologie gefunden hatte. In der Folgezeit interessierte ihn, angeregt durch die Psychoanalyse Sigmund *Freuds* (vgl. Abschnitt 3.3.2), vor allem die Untersuchung emotionalen Verhaltens bei Kindern.

Sein erstes Experiment zu diesem Gebiet wurde zu einer der bekanntesten, zugleich aber auch umstrittensten Untersuchungen innerhalb der Psychologie:

Dem 11 Monate alten Albert wurde eine weiße Maus gezeigt, der er sich ohne Furcht näherte, um mit ihr zu spielen. Seinem Annäherungsverhalten folgte jedoch ein lauter Knall, der bei dem kleinen Jungen eine Schreckreaktion auslöste. Das Kind fing an zu weinen. Auch die weiteren Annäherungen wurden stets mit dem Knall verbunden. Sehr bald reagierte das Kind allein auf den Anblick der weißen Maus hin mit Angst. Die weiße Maus war zum konditionierten Reiz für die Angstreaktion geworden.

Lerntheorien

Die sog. *Lerntheorien* avancierten in der Folgezeit zur zentralen theoretischen Grundlage des Behaviorismus, der *„Verhaltenspsychologie"*. Im Prinzip versucht der Behaviorist den Organismus (sowohl den tierischen als auch den menschlichen) nach dem Vorbild einer Maschine zu verstehen. Einer Maschine allerdings, in die man nicht hineinsehen kann („black box"), sondern deren Funktionsweise nur aus dem Input (Reize) und dem Output (Reaktionen) zu erschließen ist. Psychische Vorgänge werden hier also in *Reiz-Reaktions-Verbindungen* aufgelöst (daher auch die Bezeichnung „Reiz-Reaktions-" bzw. „S(timulus)-R(esponse)-Psychologie"). Interessant sind vor allem die Gesetzmäßigkeiten zwischen Reiz und Reaktion, die *Gesetze des Verhaltens*, die im Behaviorismus mit den Konditionierungsregeln weitgehend gleichgesetzt werden.

S-R-Psychologie

Die praktische Anwendbarkeit lerntheoretischer Erkenntnisse, die schon *Watson* im Blick gehabt hatte, wurde vor allem von Burrhus F. *Skinner* (geb. 1904) forciert. So wurde *Skinners operante Konditionierung* (Verstärkungslernen) zu einer wichtigen Grundlage für pädagogische („Programmierter Unterricht") und klinische Anwendungen („Verhaltenstherapie"). Zum Unterschied zur „klassischen" Konditionierung *(Pawlov)* wird bei der operanten Konditionierung nicht die verhaltensauslösende Reizsituation manipuliert, sondern die auf das Verhalten folgende Konsequenz, die *‚Verstärkung'*.

Operantes Konditionieren

3.3.1.3 Wissenschaftstheoretische Grundlagen des Behaviorismus

Vielleicht haben Sie schon bei dieser kurzen Darstellung einiger wichtiger Grundzüge des Behaviorismus Unterschiede und Übereinstimmungen zu den vorgestellten wissenschaftstheoretischen Positionen festgestellt. So erscheint der Behaviorismus gradezu als eine Absage an die idiographische Wissenschaftsauffassung: weder *Hermeneutik, Phänomenologie* und *Verstehende Psychologie* entsprechen den behavioristischen Forderungen nach Objektivität und Reduktion aller Begriffe auf Beobachtbares. So ist es auch nicht verwunderlich, wenn der Behaviorismus häufig mit der empirisch-analytischen Sichtweise gleichgesetzt wird. Mit derartigen Gleichsetzungen muß man allerdings vorsichtig sein: Nicht jede nomothetisch orientierte Psychologie ist zugleich auch „behavioristisch", zumindest nicht im klassischen Sinne.

„nomothetisch" ist nicht gleich „behavioristisch"

Hinter der Reduktion aller psychischen Phänomene auf beobachtbares Verhalten bei *Watson* steht offensichtlich die Auffassung, man könne der Natur ihre Gesetze „ablauschen". Mit dem „Bewußtsein" wird allerdings auch das spezifisch Menschliche aus der Psychologie herausdefiniert: *Mus norwegicus albinus* (die weiße Ratte) kann die menschliche Versuchsperson ersetzen. Obwohl die Anfänge des Behaviorismus noch eng mit der Wissenschaftsauffassung des *naiven Empirismus* (vgl. 3.2.2.2) verbunden sind, erfolgte die Entwicklung in der Folgezeit immer mehr in Richtung auf die wissenschaftstheoretische Position des *logischen Empirismus* (vgl. 3.2.2.3). Hier wie dort finden wir eine strenge Orientierung an naturwissenschaftlichen Methoden und den Glauben an die Möglichkeit der Induktion: die Verallgemeinerbarkeit individuell beobachtbaren Verhaltens, die empirische Verifizierbarkeit allgemeingültiger Gesetze.

Logischer Empirismus

Die Verfechter des klassischen Behaviorismus verbindet vor allem das Festhalten an der experimentellen Methode, aber auch die Auffassung, daß es eine Kontinuität zwischen tierischem und menschlichem Verhalten gibt. Dem Verhalten von Tieren und Menschen sollen hiernach im wesentlichen identische Gesetzmäßigkeiten zugrunde liegen. Aus diesem Glauben schöpft der Behaviorist die Berechtigung, Versuchspersonen durch Versuchstiere zu ersetzen und tierexperimentelle Ergebnisse auf menschliches Verhalten zu verallgemeinern. Im Behaviorismus findet man die mechanistische Weltsicht von René *Descartes* (1596 - 1650) wieder, die Vorstellung vom Menschen als Maschine, den Vergleich eines lebenden Organismus mit einem Uhrwerk (vgl. 4.3.4.2).

Mensch als Maschine

3.3.2 Psychoanalyse

Trotz der Ablehnung, die die Psychoanalyse im Laufe ihrer ca. neunzigjährigen Geschichte durch die akademische Psychologie erfahren hat, ist psychoanalytisches Gedankengut aus fast allen Bereichen der Psychologie, aber auch aus Soziologie, Medizin und mehreren Geisteswissenschaften nicht wegzudenken.

Fragt man nach den wissenschaftstheoretischen Grundlagen der Psychoanalyse, muß man auch nach den wissenschaftstheoretischen Grundlagen ihres Begründers Sigmund *Freud* (1856 - 1939) fragen, obwohl die Psychoanalyse nicht ausschließlich *Freud*s Werk war und ist.

3.3.2.1 Einige Grundzüge der Psychoanalyse

Psychoanalyse ist

1. eine Theorie vom menschlichen Erleben und Verhalten. Hierzu gehört die Annahme von Energie im Unbewußten, die Neurosenlehre usw.

Fünf Begriffsbedeutungen

2. wird der Begriff Psychoanalyse auch als Forschungsmethode zur Ermittlung psychischer Prozesse verstanden. Gemeint ist insbesondere die Exploration in der Behandlungssituation.

3. ist Psychoanalyse natürlich eine spezifische Behandlungstechnik, das heißt, eine Psychotherapieform, in der der Klient (Patient) durch das psycho-

analytische Gespräch lernen soll, sich selbst besser zu verstehen. Eine wichtige Annahme ist hier, daß Selbsterkenntnis der beste Weg zur Heilung ist.

4. ist „Psychoanalyse“ auch als geistes- und literaturwissenschaftliche Theorie von allgemeiner Bedeutung zu verstehen, denn bereits *Freud* selbst wandte seine Theorie auf literarische Texte an.

5. ist schließlich Psychoanalyse eine Bewegung, daß heißt eine bestimmte Geisteshaltung mit ideologischem Gehalt. *Freud* selbst verstand sich als Begründer einer Denkrichtung, in deren Dienst er sein Leben stellte. *Freuds* Schüler, die vom „richtigen“ Kurs dieser Bewegung abwichen, wurden von *Freud* selbst verstoßen. Zu diesen „Dissidenten“ zählten Carl Gustav *Jung* (1875 - 1961) und Alfred *Adler* (1870 - 1937).

Sigmund *Freud* hat seine Lehre nicht „aus einem Guß“ entwickelt. Es müssen heute mehrere Phasen der psychoanalytischen Lehre unterschieden werden:

1. *Die voranalytische Zeit*
2. *Freuds Phase der Traumatheorien. Freud* nahm (etwa 1895 - 1899) an, neurotische Störungen seiner Patienten seien das Ergebnis von Vergewaltigungserlebnissen in der Kindheit.
3. *Freuds Phase der topographischen Theorien.* Die Traumatheorien erwiesen sich als unhaltbar. *Freud* nahm schließlich frühkindliche Phantasien, wie Kastrationsangst, Penisneid bei Mädchen u.ä. an. In *Freuds* „Traumdeutung“ (1900) findet sich erstmals die Aufteilung der menschlichen Persönlichkeit in unbewußte (ubw), vorbewußte (vbw) und bewußte (bw) Bereiche (daher „topographisch“). Weiter entwickelte *Freud* eine sehr differenzierte Phasentheorie der kindlichen Entwicklung und die Technik der analytischen Behandlung (Couch, Assoziationen des Patienten, Exploration durch den Therapeuten, Verzicht auf Hypnose usw.).
4. Erst um 1923 — *Freud* ist zu diesem Zeitpunkt weit über sechzig Jahre alt — entwickelt er die bekannte Persönlichkeitstheorie mit den Bereichen *Es* (sprich Ees), *Ich* und *Über-Ich.* Auch modifiziert er unter dem Eindruck des Ersten Weltkrieges seine Triebtheorie. Der Lebenstrieb *Eros* und der Todestrieb *Thanatos* haben ihren Sitz im Es und bestimmen als Gegenspieler menschliches Wollen. Das Über-Ich als Gewissensinstanz stellt sich der unmittelbaren Befriedigung von Bedürfnissen entgegen. Das Ich ist der „Schauplatz“ dieser Kämpfe. Verschiedene Mechanismen lassen sich erkennen, so insbesondere die *Verdrängung* als besondere Form der Abwehr. Menschen „vergessen“ ihre eigenen Fehler, unangenehme Pflichten usw... Selten ist die Verdrängung vollständig; es gibt Erinnerungsreste, an denen das psychoanalytische Gespräch ansetzen kann. Auch geben Trauminhalte oder Fehlleistungen wie Versprechen, Vergessen, Vergreifen usw. Hinweise darauf, daß das Es sich nicht ganz besiegen läßt. Diese 4. Phase wird als *Phase der strukturellen Theorie* bezeichnet.

Sigmund *Freud* (1856 - 1939) in höherem Lebensalter

*Freud*sche Fehlleistungen

Freud selbst hat seine früheren Thesen und Theorien nie widerrufen. Die verschiedenen Phasen lösen sich also nicht ab, sondern ergänzen und durchdringen sich. So ist das Es (strukturelle Theorie) weitgehend unbewußt (topographische Theorie), aber auch das Ich hat unbewußte und vorbewußte Anteile.

Ein neuere graphische Darstellung der sogenannten „neuen Topik" von *Freud* veranschaulicht die Verbindung von topographischer und struktureller Theorie:

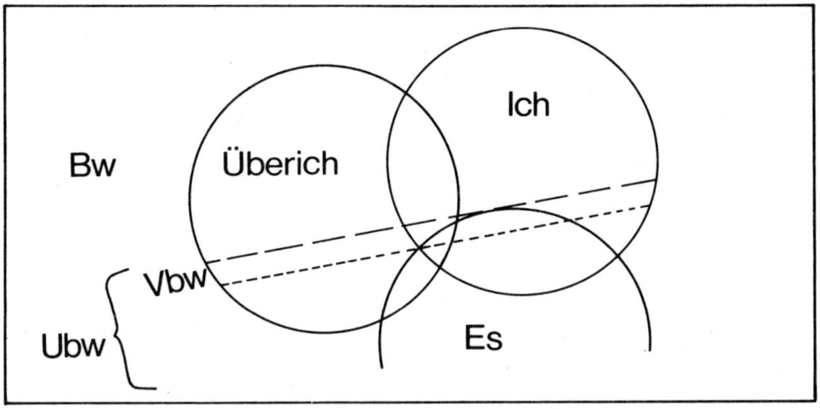

Abb. 16: Die Integration der topographischen und strukturellen Theorie *Freud*s in einem Schaubild

5. Schließlich sind Weiterentwicklungen der Psychoanalyse in Form der *Ich-Psychologie* und der *Neopsychoanalyse* zu erwähnen. Hierbei handelt es sich um Arbeiten von *Freud*-Schülern und -Schülerinnen wie Anna *Freud* (1895 - 1982), der jüngsten Tochter Sigmund *Freud*s. Die Psychoanalyse ist heute nach wie vor umstritten, aber keineswegs überholt oder tot. Als Therapieform genießt die Psychoanalyse heute in der Bundesrepublik im Gegensatz zu vielen anderen Therapieformen die Anerkennung durch Krankenkassen.

3.3.2.2 Zur wissenschaftstheoretischen Basis der Psychoanalyse

Da der Begriff „Psychoanalyse" mindestens fünf verschiedene Bedeutungen hat und *Freud* selbst seine Theorie mehrfach revidierte, ist es nicht einfach, die Psychoanalyse einer der drei wissenschaftstheoretischen Hauptrichtungen zuzuordnen.

Wir möchten aber trotzdem hierzu um Durchführung einer Übungsaufgabe bitten:

Übungsaufgabe 18 **Übungsaufgabe 18**

Nach allem, was Sie bis jetzt über die Psychoanalyse wissen: Welcher wissenschaftstheoretischen Richtung würden Sie die Psychoanalyse zuordnen? Bedenken Sie, daß eine Klärung dieser Frage außerordentlich wichtig ist, um zu einer fairen Beurteilung der Psychoanalyse als Wissenschaft zu gelangen. (Diese Aufgabe eignet sich besonders zur Bearbeitung in Ihrer Arbeitsgemeinschaft.)

Wie gesagt, läßt sich auf die Frage dieser Übungsaufgabe keine schnelle, einfache Antwort geben. Sicher haben Sie bemerkt, daß die Psychoanalyse keiner der drei Richtungen eindeutig zugeordnet werden kann. Prüfen wir die Frage etwa genauer.

3.3.2.2.1 Psychoanalyse als Naturwissenschaft

Sigmund *Freud* war ein Kind seiner Zeit (*Brandell* 1976), das heißt des 19. Jahrhunderts. *Freud* ist aufgewachsen in einer Zeit der Industrialisierung, der wirtschaftlichen Machtkonzentration durch Konzernbildung, in einer Zeit erheblichen Bevölkerungswachstums, Herausbildung von Metropolen, Kolonialisierung. Die Wiederbelebung der klassischen Antike durch den Klassizismus (Architektur), aber auch die großen Erfolge der Archäologie, für die sich *Freud* selbst ganz besonders begeisterte, und die Entwicklung der Massenmedien Zeitung, Rundfunk und Film fallen in die Zeit der wissenschaftlichen Arbeit *Freuds*.

Freud hatte als Kind Heerführer werden wollen. Noch als Erwachsener identifizierte er sich so sehr mit *Hannibal,* daß ihn der Besuch Roms einige Überwindung kostete.

Die Naturwissenschaften erlebten Ende des 19. Jahrhunderts einen ersten gewaltigen Siegeszug, ablesbar an vielfältigen technischen Entwicklungen (Elektrizität, Agrarchemie, Transportwesen usw.). Neben der Technik war es die Medizin, in der sich naturwissenschaftliche Forschung sichtbar auswirkte. Die Entdeckung einiger Krankheitserreger, die Bedeutung der Hygiene, neue Operationstechniken, gewaltige Neuerungen in Anästhesie, Neurologie und industrielle Pharmazie sind nur einige Stichworte zur Medizingeschichte jener Zeit.

Freud hatte naturwissenschaftliche Neigungen, studierte jedoch ,,lustlos" Medizin (*Mannoni* 1971, S. 15), erhielt dann bei dem renommierten Ernst von *Brücke* eine neurologische Ausbildung. Obgleich *Freud* ein sorgfältiger Experimentator war, brach er seine wissenschaftliche Laufbahn als Neurologe aus wirtschaftlichen Gründen ab. Prägend wurde für *Freuds* praktische Arbeit sowie für seine Theorie ein Studienaufenthalt bei dem französischen Neurologen Jean Martin *Charcot* (1825 - 1893), der zur Behandlung von Geisteskrankheiten, insbesondere der Hysterie, die Hypnose einsetzte.

Zusammen mit seinem älteren Wiener Kollegen Josef *Breuer* lernte *Freud* anhand einiger weniger — inzwischen klassischer — Fälle, unter Verzicht auf die Hypnose *Gesetzmäßigkeiten des Unbewußten* zu erkennen und Störungen zu behandeln. *Freuds* Denken und Handeln ist hier ohne Zweifel von den Naturwissenschaften geprägt, wie später auch seine Sprache. Er beschreibt *Mechanismen* des seelischen Apparats, wie etwa der *Verdrängung*. *Freuds* Bild von der *psychischen Energie* legt beim Leser schnell die Vorstellung eines Dampfkesselmodells der menschlichen Psyche (,,Triebhydraulik") nahe.

Ganz offensichtlich hatte *Freud* gehofft, die Psychoanalyse ließe sich zu einer Naturwissenschaft entwickeln. In Abhebung von der ,,Bewußtseins-Psychologie" habe ,,die andere Auffassung, das Psychische sei an sich unbewußt, gestattet, die Psychologie zu einer Naturwissenschaft wie jede andere auszugestalten" schreibt *Freud* noch an seinem Lebensende im ,,Abriß der Psychoanalyse" (1938, 1953, S. 22). Und weiter: ,,Die Vorgänge, mit denen sie (gemeint ist die Psychoanalyse, d.V.) sich beschäftigt, sind an sich ebenso unerkennbar wie die anderer Wissenschaften, der chemischen oder physikalischen; aber es ist möglich, die Gesetze festzustellen, denen sie gehorchen, ihre gegenseitigen Beziehungen und Abhängigkeiten über weite Strecken lückenlos zu verfolgen, also das, was man als das Verständnis des betreffenden Gebiets von Naturerscheinungen bezeichnet" (S. 22).

Mehrfach hat *Freud* seine Psychoanalyse in eine Reihe mit den Entdeckungen von *Kopernikus* und *Darwin* gestellt. Den zwei großen Kränkungen der Menschheit habe die Psychoanalyse eine dritte hinzugefügt: Die Erde sei nicht Mittelpunkt des Weltalls, der Mensch habe kein Schöpfungsvorrecht und die empfindlichste Kränkung sei nun, daß das Ich nicht einmal Herr im eigenen Hause sei (Ges. Werke XI, S. 294 und ähnlich Ges. Werke XII, S. 2 - 12).

Unter *Freuds* Schülern gab es mehrere, die den naturwissenschaftlichen Charakter der Psychoanalyse betonten; besonders Heinz *Hartmann* ist hier zu nennen (s. hierzu besonders *Lorenzer* 1976, S. 11ff.). *Hartmann* beschrieb die Psychoanalyse als induktiv arbeitende nomothetische Naturwissenschaft, bei der hinter jeder Beschreibung eines klinischen Falls die Erfahrung vieler hundert anderer stünde.

Hartmann und natürlich auch *Freud* und andere Psychoanalytiker haben sich aber immer wieder sagen lassen müssen, daß die Psychoanalyse eine ganze Reihe von Merkmalen (Schwächen) aufweise, die ganz eindeutig gegen die Psychoanalyse als Naturwissenschaft sprechen (vgl. u.a. *Eschenröder* 1984, S. 14f, *Lorenzer* 1976, S. 20ff.).

1. Psychoanalytische Verfahren entbehren der Beweislogik, die für Naturwissenschaften zu fordern sind.
2. Die Psychoanalyse arbeitet interpretativ. Ein einzelner Sachverhalt kann durchaus verschieden interpretiert werden. Die Interpretation hängt eindeutig von der Analytiker-Analysand-Beziehung ab. Die so gewonnenen Daten können nicht objektiv sein.
3. Gerade bei *Freud* selbst gründet sich die Entwicklung der topologischen, psychoanalytischen Theorie auf einige ganz wenige Fälle („Anna O", „Der Wolfsmann", „Der Rattenmann" usw.). Wie sollte es möglich sein, naturwissenschaftliche Aussagen über den Menschen aufgrund der Analyse einiger psychisch gestörter Patienten zu gewinnen?
4. Die psychoanalytische Behandlung ist ein Prozeß, an dem keine dritten Personen beteiligt sind. Das Material ist nicht allgemein zugänglich. Der Prozeß der Datensammlung ist nicht kontrollierbar.
5. Wäre die Psychoanalyse eine Naturwissenschaft, müßten Vorhersagen über das Verhalten der Klienten möglich sein. Dies ist jedoch nur in sehr unzureichendem Maße der Fall. Dort, wo der Analytiker richtig prognostiziert, ist das Verhalten des Klienten möglicherweise durch den Analytiker in der einen oder anderen Form veranlaßt worden, das heißt, die Prognose ist in die Analytiker-Analysand-Beziehung eingebettet.

Dies alles spricht gegen die Psychoanalyse als eine allgemeine, Gesetzesaussagen validierende Naturwissenschaft.

3.3.2.2.2 Psychoanalyse als empirisch-analytische Sozialwissenschaft

Aber auch die weitere Möglichkeit, nämlich die Psychoanalyse als eine nach Wahrscheinlichkeitsaussagen strebende Sozialwissenschaft im neopositivistischen Sinn zu verstehen, ist durch die genannten Kritikpunkte kaum noch sinnvoll.

Autoren verschiedener Positionen neigen gleichwohl heute dazu, die Psychoanalyse als Sozialwissenschaft zu betrachten und zu beurteilten (z.B. *Eschenröder* 1984, S. 20). Es hat auch nicht an Versuchen gefehlt, die psychoanalytischen Aussagen durch empirisch-analytische Studien abzusichern. *Freud* selbst war — wie auch die meisten seiner Schüler — gegenüber solchen Bemühungen recht skeptisch. An Saul *Rosenzweig* schrieb *Freud* im Jahr 1934:

„Ich habe Ihre experimentellen Arbeiten zur Prüfung psychoanalytischer Behauptungen mit Interesse zur Kenntnis genommen. Sehr hoch kann ich diese Bestätigungen nicht einschätzen, denn die Fülle sicherer Beobachtungen, auf denen jene Behauptungen ruhen, macht sie von der experimentellen Prüfung unabhängig. Immerhin, sie kann nicht schaden" (zitiert nach *Kiener* 1978, S. 1200).

Dieses Zitat kann nur den Schluß nahelegen, daß *Freud* in der Psychoanalyse eine eigene Methodologie sah, die dem Instrumentarium der empirischen Sozialforschung *überlegen* war. Wenn *Freud* auch durch seine jahrzehntelange Tätigkeit als Therapeut ein umfangreiches Wissen erworben hatte, so muß die Rigorosität und Selbstsicherheit doch erschrecken.

Wie ist diese Position zu erklären? Möglicherweise liefert die psychoanalytische Behandlungsmethode selbst einige Hinweise für das erstaunliche Selbstbewußtsein *Freuds* (und vieler seiner Schüler). Nehmen wir an, in einer Analyse habe der Analytiker aus einer Äußerung des Patienten einen Hinweis auf Kastrationsangst entnommen. Bestreitet der Patient diese Deutung, dann kann der Analytiker sehr wohl bei seiner Meinung bleiben und das Bestreiten des Patienten als *Widerstand* deuten.

Ähnlich ist es mit der Ablehnung der psychoanalytischen Theorie insgesamt. Lehnt jemand die Theorie als unglaubwürdig ab, so bedeutet dies für den Analytiker nicht so sehr eine Kritik an der Theorie, sondern vielmehr eine denkbare persönliche Neigung des Kritikers zum Widerstand.

Immunisierung

Diese Beispiele zeigen deutlich einen gravierenden Mangel der Psychoanalyse: Das psychoanalytische Lehrgebäude enthält starke Elemente zur *Immunisierung,* die eine Theorie neopositivistischer Ausprägung nicht haben darf.

Fairerweise soll gesagt werden, daß sich in jüngerer Zeit Psychoanalytiker aufgeschlossener gezeigt haben. Wolfgang *Mertens,* Lehranalytiker und Sozialpsychologe schreibt:

„Immer häufiger machen psychoanalytische Forscher Gebrauch von den Methoden der teilnehmenden Beobachtung, von Videoaufzeichnungen, Längsschnittuntersuchungen u.a.m. ...wobei der psychoanalytische Forscher nicht bei den Beobachtungsdaten stehenbleibt, sondern aufgrund seiner via Rekonstruktion gewonnenen Aufschlüsse über seelisches Erleben *versuchsweise* Hypothesen entwickelt, die mit den Beobachtungsbefunden allerdings vereinbar sein müssen" (1983, S. 3).

Eine solche Unterwerfung der Psychoanalyse unter die Methodologie empirisch-analytischen Vorgehens ist heute allerdings unter Psychoanalytikern noch sehr umstritten. Eine Schwierigkeit der empirisch-analytischen Forschung auf psychoanalytischer Basis ist nicht zu übersehen: Ein großer Teil der psychoanalytischen Begriffe ist schlechterdings nicht sinnvoll zu operationalisieren. Ein Versprecher läßt sich z.B. gut beobachten, aber das eigentliche Psychoanalytische daran ist ja gerade die *Deutung* des Versprechers als *Fehlleistung*. Diese Deutung ist aber eben nicht das Ergebnis von Beobachtungen. So besteht die Gefahr, daß durch die rigorose Unterwerfung der Psychoanalyse unter ein neopositivistisches Wissenschaftsverständnis von der Psychoanalyse nicht sehr viel übrigbleiben würde (vgl. hierzu *Lorenzer* 1976, S. 21 - 36).

Andererseits ist unbestritten, daß die Psychoanalyse die Sozialforschung außerordentlich angeregt hat.

3.3.2.2.3 Psychoanalyse als Hermeneutik

Wir haben gesehen, daß die Psychoanalyse sinnvollerweise nicht als Naturwissenschaft zu beurteilen ist, und daß auch das Anlegen von Maßstäben nomologischer Sozialwissenschaften, etwa des kritischen Rationalismus, recht zwangsläufig zu einer sehr kritischen Beurteilung der Psychoanalyse führen muß. *Eschenröders* (1984) Buch ist ein typisches Beispiel dafür, daß gerade die interessantesten Teile der Psychoanalyse über Bord geworfen werden müssen, wenn man diese Maßstäbe anlegt. Doch wird man der Psychoanalyse als Theorie so kaum ganz gerecht.

Bezeichnenderweise waren es nicht Psychologen, sondern Soziologen und Geisteswissenschaftler, die darauf hingewiesen haben, daß die Psychoanalyse auch als Hermeneutik verstanden werden kann. *Habermas* schreibt zum Beispiel:

> „Die Psychoanalyse erscheint in sprachanalytischer Sicht als Erforschung unbewußt motivierten Verhaltens. Sie hat mehr mit der kritischen Auslegung von Texten als mit Erfahrungswissenschaft zu tun" (1967, S. 187).

Ähnlich schreibt *Lorenzer:*

> „Wenn Psychoanalyse als hermeneutischer Prozeß ausgewiesen werden soll, so geht ihre Hermeneutik zentral auf Verstehen von Unverstandenem aus, zielt ‚tiefenhermeneutisch' auf Lebenspraxis. Verstehen des Fremdpsychischen steht für sie unter der ausdrücklichen Aufgabe, der Fremd- wie Selbstreflexion entzogene Interaktionsfiguren zu deuten und das heißt zu begreifen" (*Lorenzer* 1976, S. 52).

Einige Gesichtspunkte sprechen für die Psychoanalyse als Hermeneutik: Der Analytiker hat ein Vorverständnis von den Problemen und vom Krankheitsbild des Analysanden. Dieses Verständnis wird durch die Analyse präzisiert (Hermeneutischer Zirkel). Der Analytiker prognostiziert nicht oder nur selten, sondern bemüht sich, seinen Analysanden zu verstehen. Es kommt bei diesem Verstehen auf die richtige Deutung der Äußerungen des Klienten an, und zwar nicht auf die Deutung der einzelnen Äußerungen, sondern auf ein ganzheitliches Verstehen unter Berücksichtigung von Sprache, Stil, historischer und sozialer Situation des Analysanden.

Man sieht: Die Regeln der Hermeneutik, wie wir sie kennengelernt haben (3.2.1.1), lassen sich gut auf die psychoanalytische Therapiesituation anwenden und vielleicht sogar noch besser auf die psychoanalytische Textinterpretation, wie sie *Freud* selbst betrieben hat (z.B. ,,Eine Kindheitserinnerung des Leonardo da Vinci", 1910).

Dilthey selbst hatte die Biographie — besonders die Autobiographie — als Ausgangspunkt für die Entwicklung seiner Hermeneutik gewählt. Auch *Freud* arbeitet in vielen seiner Publikationen literarisch-biographisch. Nebenbei bemerkt, verfügte *Freud* über eine ausgezeichnete humanistische Bildung, die stets in seine — stilistisch oft gerühmten — Publikationen einfloß. *Habermas* hat betont, daß *Dilthey* und *Freud* in ihrem Vorgehen viele Ähnlichkeiten aufweisen (1968, S. 263ff.).

Allerdings müssen wir auch einige Unterschiede zwischen der geisteswissenschaftlichen Hermeneutik und der Psychoanalyse herausstellen:

— Analytiker und Analysand stehen in einer Interaktionsbeziehung. Die zu deutenden ,,Texte" werden hier nicht vorgefunden (wie etwa ein Brief von *Bach,* vgl. 3.2.1.1), sondern sie werden durch den Analytiker *veranlaßt.*
— Ein wesentlicher Teil der Psychoanalyse besteht in der Deutung durch den Analysanden selbst. Diese Art von Selbst-Deutung ist nicht unproblematisch; zumindest paßt sie nicht in die übliche Methodologie der Hermeneutik.
— Die Psychoanalyse verfolgt als Therapie zweifelsfrei praktische Ziele und ist so auf Erfolg (Prognose!) ausgerichtet. Hermeneutik steht üblicherweise nicht unter einem derartigen ,,Erfolgszwang".

Übungsaufgabe 19 *Übungsaufgabe 19*

Wir bitten Sie nun um Diskussion der beiden folgenden Thesen — am besten mit verteilten Rollen — in einer Arbeitsgruppe:

These A: Die Psychoanalyse als Naturwissenschaft oder als nomologische Sozialwissenschaft zu betreiben, ist ein ,,szientifisches Selbstmißverständnis" *(Habermas).* Psychoanalyse ist daher sinnvollerweise als Hermeneutik zu verstehen.

These B: Die Psychoanalyse ist sinnvollerweise als Sozialwissenschaft zu verstehen und sollte sich, wie andere Theorien auch, der kritischen empirischen Prüfung stellen, da sich nur so eine Therapie verantworten läßt.

Zur Vorbereitung empfehlen wir besonders: Sigmund *Freud* (1953). Abriß der Psychoanalyse. Frankfurt/M.: S. Fischer (Fischer Taschenbuch 6043).

Alfred *Lorenzer* (1976). Die Wahrheit der psychoanalytischen Erkenntnis. Frankfurt/M.: Suhrkamp.

Helmut E. *Lück* u.a. (1987). Sozialgeschichte der Psychologie. Eine Einführung. Opladen: Leske + Budrich (insbes. Kapitel 4).

Wir haben bisher das neopositivistische und das hermeneutische Vorgehen kontrastiert, und dies nicht ohne Grund, da das Erkenntnisinteresse der beiden Ansätze verschieden ist. Doch hat gerade der letzte Abschnitt mit der Diskussionsaufgabe deutlich werden lassen, daß man sich an einem Problem dieser Art ,,die Zähne ausbeißen" kann. Für beide Positionen sprechen gute Argumente.

So hat es in den letzten Jahren nicht an Versuchen gefehlt, die beiden Ansätze zu verbinden. *Habermas* selbst hat — wie gesagt — gefordert, Psychoanalyse als eine besondere, erweitere Form von Hermeneutik im Sinne einer Metatheorie zu verstehen. Aber auch er stellt sich die Möglichkeit einer Verbindung vor:

> „Einzelne Hypothesen können aus dem metapsychologischen Rahmen der Interpretation gelöst und unabhängig überprüft werden. Dazu bedarf es einer Übersetzung in den theoretischen Rahmen strenger Erfahrungswissenschaften“ (1967, S. 189).

Dieser „Rettungsversuch“ der Psychoanalyse ist einleuchtend: Psychoanalyse ist eine geisteswissenschaftliche Perspektive (Metatheorie); in Einzelbereichen lassen sich empirisch überprüfbare Hypothesen deduzieren. Diese „Übersetzung“ ist nicht unproblematisch und Autoren wie eben *Habermas* ist klar, daß dies nicht ohne „Qualitätsverlust“ geschehen kann.

3.3.2.2.4 Psychoanalyse als kritische Theorie

Sigmund *Freud* war kein politisch aktiver Mensch; auf keinen Fall war er Marxist oder Sozialist. Aber dies heißt natürlich keineswegs, die Psychoanalyse sei unpolitisch oder sei mit einem marxistischen Weltbild unverträglich. Psychologie und Psychotherapie machen zwangsläufig gesellschaftliche Prozesse bewußt, und der Therapeut wird sich immer wieder nach den Ursachen psychischer Störungen in unserer Zeit und nach den Zielen seiner Behandlung fragen müssen. Therapie ist also ein politisch bedeutsamer Vorgang, seien sich die Beteiligten darüber im klaren oder nicht. Dies ist die eine Verbindungslinie zwischen Psychoanalyse und Gesellschaftskritik.

Die andere Verbindung ergibt sich aus der psychoanalytischen Theorie selbst. *Freud* hat die Bedeutung unterschiedlicher Sozialisationsformen für die Entwicklung des Kindes betont und in kulturpsychologischen Schriften, wie z.B. „Totem und Tabu“ (1915) die psychoanalytische (Persönlichkeits-)Theorie auf Kulturen und Gesellschaften anzuwenden versucht.

Doch erst in den vierziger Jahren haben daher *Freud*-Schüler wie Geza *Ròheim* und Abram *Kardiner* versucht, die Psychoanalyse für die Kulturanthropologie nutzbar zu machen und Kulturen im wesentlichen als Ergebnis unterschiedlicher Erziehungsprozesse zu verstehen. Thesen wie diese waren zunächst nicht politisch gemeint, sie lieferten jedoch Argumente für eine psychoanalytisch begründete Gesellschaftskritik.

Recht unabhängig von dieser psychoanalytischen Kulturanthropologie hatten bereits in den dreißiger Jahren einige wenige Psychoanalytiker die Therapie selbst aus gesellschaftskritischer Position heraus betrieben. Zu nennen sind hier besonders Siegfried *Bernfeld,* Erich *Fromm* und Wilhelm *Reich.*

Wilhelm *Reich* z.B. brachte psychoanalytische Befunde auf einen politischen Nenner: Die Familie diene der Reproduktion autoritärer Gesinnung und die Sexualunterdrückung stehe im Dienste der Klassenherrschaft. Konsequenterweise arbeitete *Reich* aktiv in der KPD und „kümmerte sich vor allem um die psychosexuellen Probleme der Arbeiterjugend. Es dauerte nicht lange, bis dies dazu führte, daß er sowohl aus der KPD als auch aus der IPV ausgeschlossen wurde. Den (kleinbürgerlichen) KPD-Funktionären war seine radikale Auseinandersetzung mit der Lebenspraxis des Kleinbürgertums ideologisch verdächtig und jagte ihnen Angst ein, während er die auf Anständigkeit und Neutralität

IPV = Internationale Psychoanalytische Vereinigung

bedachten Psychoanalytiker mit seinem politischen Engagement schockte" (*Schülein* 1983, S. 278).

Bis in die sechziger Jahre hinein waren die Bedingungen für die Weiterentwicklung freudo-marxistischer bzw. marxistisch-psychoanalytischer Ideen denkbar ungünstig. Erst die Zeit der Studentenbewegung begünstigte die Wiederentdeckung von frühen Arbeiten sowie die Forschung nach gesellschaftskritischer Anwendung der Psychoanalyse. Autoren wie Helmut *Dahmer,* Klaus *Horn,* Alfred *Lorenzer* und zum Teil auch Alexander *Mitscherlich* sind hier zu nennen. Gegenüber den ersten Arbeiten von *Reich* u.a. haben sich die Zeiten so gewaltig geändert, daß ein Autor wie Horst Eberhard *Richter* mit seiner psychoanalytischen Randgruppenarbeit zum Fernsehstar und als Autor zum Kassenmagnet werden konnte.

Wir gehen auf diese leicht zugänglichen Arbeiten hier nicht ein, sondern fragen uns abschließend nur, was denn wohl die heute häufiger zu findende Beziehung zwischen Psychoanalyse (z.T. in vulgarisierter Form wie bei *Mitscherlich*) und kritischer Psychologie (in einem ebenfalls oft sehr allgemeinen Sinn) begünstigt hat. Nur drei Faktoren seien genannt:

1. Psychoanalyse als Therapie macht dem Klienten Sinnzusammenhänge deutlich und läßt unbewußte Zwänge durchschaubar werden. Daher hat Psychoanalyse ein sozialkritisches Potential.
2. Psychoanalytiker mußten in den letzten Jahrzehnten erkennen, daß die Probleme ihrer Klienten nicht mehr die von *Freud*s Klienten sind. Dies mußte zu dem naheliegenden Gedanken führen, daß die Ursachen für psychische Erkrankungen und Störungen historischem Wandel unterliegen und gesellschaftlich bedingt sind.
3. Psychoanalytiker mußten schnell sehen, daß die Therapiebedürftigkeit in einer Gesellschaft ein Indiz für die „Reibungen" einer Gesellschaft sind.

Aber halten wir trotzdem fest: Bei den zahlreichen Verbindungen zwischen Psychoanalyse und historischem Materialismus — es gibt keine zwingende Logik, Psychoanalyse praktisch oder/und theoretisch als kritische Psychoanalyse betreiben zu müssen.

3.4 Eklektizismus — ein Ausweg?

Wir hoffen, daß Ihnen die unterschiedlichen wissenschaftstheoretischen Grundpositionen deutlich geworden sind und es Ihnen keine allzu großen Schwierigkeiten mehr bereitet, einen psychologischen Text wissenschaftstheoretisch einzuordnen. Sicherlich ist Ihnen auch klar geworden, daß wir bisher allenfalls einen groben Umriß der jeweiligen Positionen geben konnten. So ist es auch bedeutend schwieriger, eine psychologische Untersuchung daraufhin zu prüfen, ob sie die Kriterien einer bestimmten Wissenschaftsauffassung auch tatsächlich erfüllt, als sie ihr nur zuzuordnen. Die Beurteilung wird zusätzlich noch dadurch erschwert, daß manche Forscher unabsichtlich oder auch ganz bewußt *eklektisch* vorgehen, d.h., daß sie sich aus den unterschiedlichen Wissenschaftslehren das heraussuchen, was ihnen nützlich und „passend" erscheint.

Vielleicht fragen Sie sich, ob ein derartiger *Eklektizismus* „erlaubt" ist. Eine eindeutige Antwort hierauf ist schwierig. Für den wissenschaftstheoretischen Puristen ist ein derartiges Vorgehen natürlich eine zutiefst unwissenschaftliche Greueltat, für den wissenschaftstheoretischen Anarchisten möglicherweise das einzig sinnvolle. Aber selbst die Empfehlung des *„anything goes"* eines Paul *Feyerabend* (vgl. 4.3.1.1) ist kein Freibrief für Ignoranz und Denkfaulheit. Zwar bezeichnet er die Wissenschaftstheorie als ein Scheinfach, das der Wissenschaft seinen Namen, dem „diese aber keine einzige brauchbare Idee" verdanke (*Feyerabend* 1977, S. 13), andererseits ist seine anarchistische Erkenntnistheorie alles andere als ein Plädoyer für die unreflektierte Beliebigkeit:

Eklektizismus

> „Ich habe keine Sympathie für Leute, die sich ‚ausdrücken' möchten, ohne sich Mühe zu geben, eine Persönlichkeit zu entwickeln, die wert ist, ausgedrückt zu werden. Predigt man *ihnen* den Anarchismus, so führt das zu nichts. Wir wollen ja neue Beziehungen zwischen wohlgegliederten Ganzheiten schaffen und nicht ein paar Wellen in einem Meer öden Dahintreibens. Der Anarchismus ist ein Heilmittel für *strenge Denker,* die mit ihrer Strenge zu weit gegangen sind" (S. 34, Fußnote 14).

Heilmittel für strenge Denker

Mach, was du willst — aber du mußt *wissen,* was! Ein hermeneutischer Ansatz ist nicht unbedingt *besser* als ein kritisch-rationalistischer, ein konstruktivistischer nicht von vornherein *schlechter* als ein phänomenologischer oder kritisch-emanzipativer Ansatz. Eklektische Kombinationen können sinnvoll oder grober Unfug sein. Meist ist der Unterschied zwischen sinnvollen und unsinnigen Forschungsarbeiten jedoch so gravierend, daß die jeweilige Beurteilung gar nicht so schwer ist.

Zur Beurteilung der sozialwissenschaftlichen Forschungspraxis muß man allerdings auch die spezifischen Lehr- und Ausbildungstraditionen in den einzelnen Fächern berücksichtigen. So gehört z.B. zum Diplom-Studium innerhalb der Psychologie eine intensive Ausbildung in den Methoden der empirischen Sozialforschung. Hermeneutische oder phänomenologische Methoden spielen demgegenüber im Psychologiestudium meist keine oder nur eine geringe Rolle. Die deutliche Präferenz für empirisch-analytische Methoden innerhalb der psychologischen Forschung hat von daher zunächst einmal einen ziemlich trivialen Grund: auch Psychologen bevorzugen die Methoden, die sie beherrschen.

Wichtiger als die Methoden sind allerdings die Probleme, die man mit ihnen zu lösen hofft. Das Prinzip, zu (vorher) bestimmten Methoden die passenden Probleme zu suchen, sollte allenfalls als didaktisches Hilfsmittel in der Methodenausbildung Verwendung finden. Als (uneingestandener) Forschungsgrundsatz vermag es zwar individuelle Forscherkarrieren fördern, die Wissenschaft selbst jedoch kaum. Fritz *Heider* schrieb in der Einleitung zu seiner „Psychologie der interpersonalen Beziehungen", die 1958 in den USA und 1977 (!) in der deutschen Übersetzung erschien:

„Wenn man (…) alle Kenntnisse der wissenschaftlichen Psychologie aus unserer Welt herausnehmen würde, dann könnten Probleme der zwischenmenschlichen Beziehungen (…) fast genauso gut wie vorher gelöst werden“ (1977, S. 11).

Vielleicht wird sich diese Situation erst dann ändern, wenn nicht mehr die Theorie die Empirie dominiert (oder umgekehrt), sondern den *Problemen* der Vorrang gegeben werden kann. Dies setzt jedoch voraus, daß nicht mehr Theorien und Methoden die Forscher, sondern die Forscher die Theorien und Methoden beherrschen.

4. Neuere Ansätze

Dieses vierte Kapitel setzt die im dritten Kapitel begonnene Darstellung wissenschaftstheoretischer Richtungen fort, indem neuere, über die drei ,,klassischen" Richtungen hinausgehende Ansätze dargestellt und diskutiert werden. Wir beginnen dabei mit den Beiträgen der Wissenschaftsgeschichte und der Wissenschaftspsychologie zur Wissenschaftstheorie. Schließlich untersuchen wir neuere psychologische Strömungen auf ihre wissenschaftstheoretischen Grundlagen hin.

4.1 Wissenschaftsgeschichte

4.1.1 Paradigmen und Paradigmenwechsel durch wissenschaftliche Revolutionen

Thomas S. *Kuhn*

Wissenschaftsgeschichte ist bislang eher zum ,,äußeren" Bereich der Wissenschaft gezählt worden, und viele Philosophen, die Wissenschaftstheorie als übergeordnete Disziplin ansahen, welche die Aufgabe hatte, Aussagesysteme der Wissenschaft zu schaffen, haben die Wissenschaftsgeschichte eher den soziokulturellen Aspekten der Wissenschaft und daher nicht der Wissenschaftstheorie selbst zugeordnet.

Diese traditionelle Trennung kann heute nach der bahnbrechenden Arbeit von Thomas *Kuhn* — wir skizzierten sie bereits unter 2.3.2 — kaum noch überzeugend durchgehalten werden. So ist bezeichnend, daß ein Philosoph wie *Stegmüller* nicht umhin konnte, die wissenschaftsgeschichtlichen Analysen *Kuhn*s ,,zur Kenntnis zu nehmen und logisch zu verarbeiten" (1974, S. 171). Worum geht es bei *Kuhn?*

In seinem Buch ,,The Structure of Scientific Revolutions" (1962) — die deutsche, um ein ,,Postskriptum" erweiterte zweite Auflage erschien 1976 — vertritt *Kuhn* die Auffassung, daß Wissenschaftsentwicklung nicht geradlinig verläuft, so daß nicht von einem kontinuierlichen Wissenschaftsfortschritt gesprochen werden kann. Vielmehr versucht *Kuhn* an vielen Beispielen aus den Naturwissenschaften zu zeigen, daß Phasen *normaler Wissenschaft* von Perioden *revolutionärer Wissenschaft* erschüttert werden. Das *Paradigma,* welches in der Phase normaler Wissenschaft bei der *Wissenschaftsgemeinschaft* (scientific community) mehr oder weniger selbstverständlich die Basis der Forschung bildete, wird in der revolutionären Phase durch ein neues Paradigma in Frage gestellt und schließlich überwunden.

Zu dieser zunächst sehr groben Skizze paßt gut eine Erfahrung des Physikers Max *Planck* (1858 - 1947), die er in seiner knappen ,,Wissenschaftlichen Selbstbiographie" (1948, S. 20 - 22) beschrieben hat:

> ,,Boltzmann war es gelungen für ein gegebenes Gas in einem gegebenen Zustand eine Größe H zu bilden, welche die Eigenschaft besitzt, daß ihr Betrag mit der Zeit beständig abnimmt. Man braucht also nur den negativen Wert dieser Größe mit der Entropie zu identifizieren, um das Prinzip der Vermehrung der Entropie zu gewinnen. Damit war denn auch die Irreversibilität als charakteristisch für die Vorgänge in einem Gase nachgewiesen.
>
> So kam die tatsächliche Entwicklung der Dinge darauf hinaus, daß meine Behauptung des grundsätzlichen Unterschiedes zwischen der Wärmeleitung und einem rein mechanischen Vorgang zwar den Sieg über die früher von hervorragenden Autoritäten vertretenen Ansicht davontrug, daß aber meine Beteiligung bei dem Kampf ganz überflüssig war; denn auch ohne sie wäre der Umschwung genau ebenso eingetreten.
>
> Es versteht sich, daß dieser Kampf, in dem sich namentlich Boltzmann und Ostwald gegenüberstanden, ziemlich lebhaft geführt wurde, und daß er auch zu manchen drastischen Effekten Anlaß gab, da die beiden Gegner sich an Schlagfertigkeit und natürlichem Witz ebenbürtig waren. Ich selber konnte dabei nach dem Gesagten nur die Rolle eines Sekundanten von Boltzmann spielen, dessen Dienste von diesem freilich gar nicht anerkannt, ja nicht einmal gern gesehen wurden...
>
> ...Dabei hatte ich Gelegenheit, eine, wie ich glaube, bemerkenswerte Tatsache festzustellen. Eine neue wissenschaftliche Wahrheit pflegt sich nicht in der Weise durchzusetzen, daß ihre Gegner überzeugt werden und sich als belehrt erklären, sondern vielmehr dadurch, daß die Gegner allmählich aussterben und daß die heranwachsende Generation von vornherein mit der Wahrheit vertraut gemacht ist."

Die letzten, gelegentlich zitierten Sätze können — je nach Perspektive — als Beweis menschlicher Schwäche, als Bestätigung der psychologischen Balance- und Dissonanztheorien, jedoch auch im Sinne *Kuhns* als Herausforderung an die Wissenschaftstheorie gewertet werden, da sie Bedingungen mangelnder Rationalität wissenschaftlichen Handelns aufzeigen.

4.1.1.1 Die Kuhn*sche Phasenlehre*

Zum besseren Verständnis der *Kuhn*schen Vorstellung von wissenschaftlichen Revolutionen stellen wir die Phasen des Paradigmawechsels zunächst chronologisch in eigener Numerierung dar und versuchen dann eine kritische Wertung des *Kuhn*schen Ansatzes.

vorparadigmatische Phase, Proto-Wissenschaft

Die *erste* Phase ist nach *Kuhn* nicht die der normalen Wissenschaft, sondern die sogenannte *prä-* oder *vorparadigmatische Phase,* in der noch nach einem Paradigma gesucht wird und noch nicht von einer *scientific community* gesprochen werden kann, da Forschung hier eher als Einzelaktivität betrieben wird. Später hat *Kuhn* diese Auffassung ein wenig revidiert und gemeint, daß auch in dieser Phase die Forscher von etwas geleitet werden, das einem Paradigma sehr ähnlich sei. Daher spricht *Kuhn* bei dieser Phase inzwischen auch von *Proto-Wissenschaft.* In jedem Fall ist diese Phase von der Suche nach brauchbaren Methoden, Problemen und Lösungswegen gekennzeichnet.

Die *zweite* Phase ist die der normalen Wissenschaft. *Normale Wissenschaft* kann auf zwei Arten entstehen: Entweder im Gefolge wissenschaftlicher Revolutionen (s.u.) oder eben durch den Übergang von der Proto-Wissenschaft zur normalen Wissenschaft. Dieser Übergang zur ,,Reife" ist nicht leicht zu bestimmen, denn auch die normale Wissenschaft ist nach *Kuhn* kein in sich geschlossenes Unternehmen. Doch besteht bei der normalen Wissenschaft ein starkes Netz von Verpflichtungen begrifflicher, theoretischer, instrumenteller und methodologischer Art für die Scientific Community (1976, S. 56). In der normalen Wissenschaft werden diese Verpflichtungen nicht in Frage gestellt, sondern ,,ausgebeutet". Dies bedeutet, daß ein Paradigma zumindest für einige Zeit nicht nur eine starre Sicht der Dinge, sondern auch Lösungswege und Probleme mitliefert.

Rätsellösen
Aufräumarbeit

Kennzeichen normaler Wissenschaft ist nach *Kuhn* das *Rätsellösen* (puzzle-solving) und die *Aufräumarbeit*. Die Wissenschaftler versuchen, die Natur „in die vorgeformte und relativ starre Schublade, welche das Paradigma darstellt, hineinzuzwängen. In keiner Weise ist es das Ziel der normalen Wissenschaft, neue Phänomene zu finden: und tatsächlich werden die nicht in die Schublade hineinpassen oder überhaupt nicht gesehen" (1976, S. 38). Weiter schreibt *Kuhn* (S. 38f):

> ,,Die von der normalen Wissenschaft untersuchten Gebiete sind natürlich recht klein; das jetzt zur Diskussion stehende Unternehmen hat die Sicht stark eingeengt. Diese Einengung aber, die das Vertrauen zu einem Paradigma zeitigt, erweist sich als wesentlich für die Entwicklung der Wissenschaft. Durch Konzentration der Aufmerksamkeit auf einen kleinen Bereich relativ esoterischer Probleme zwingt das Paradigma die Wissenschaftler, ein Teilgebiet der Natur mit einer Genauigkeit und bis zu einer Tiefe zu untersuchen, die sonst unvorstellbar wären. Und die normale Wissenschaft besitzt einen eingebauten Mechanismus, der eine Lockerung der Restriktionen für die Forschung gewährleistet, sobald das Paradigma, von dem sie hergeleitet sind, nicht mehr wirksam funktioniert. An diesem Punkt beginnen die Wissenschaftler, sich anders zu verhalten, und das Wesen ihrer Forschungsprobleme ändert sich. In der Zwischenzeit jedoch, solange das Paradigma erfolgreich ist, hat die Fachwissenschaft Probleme gelöst, die sich ihre Mitglieder kaum hätten vorstellen können und niemals in Angriff genommen hätten ohne die Bindung an das Paradigma. Und zumindest ein Teil dieser Leistung erweist sich immer als dauerhaft."

Krise

Die *dritte* Phase kann als *Krise* bezeichnet werden. Das Paradigma erweist sich als unbrauchbar, um wichtige Rätsel zu lösen.

Es werden zunächst hier und da Modifikationen am Paradigma angebracht, um es aufrecht erhalten zu können.

In einer *vierten,* zeitlich möglicherweise schon parallel verlaufenden Phase taucht ein sog. *Theorieanwärter* auf. Unzufrieden mit dem ad hoc-Modifikationen der Theorie suchen einzelne Wissenschaftler oder Wissenschaftlergruppen nach neueren Theorien, die in der Lage sind, sogenannte *Anomalien,* also Erscheinungen, die mit dem bisherigen Paradigma unvereinbar waren, zu erklären.

Lavoisiers Theorie des Sauerstoffs, die die mehrfach ,,reparierten" älteren Phlogistontheorien in Frage stellte, ist hierfür ein Beispiel. *Kuhn* weist auf den wissenschaftsgeschichtlich bedeutsamen Tatbestand hin, daß *Lavoisier* nicht zu einem präzise datierbaren Zeitpunkt den Sauerstoff ,,entdeckt" hat, wie oft zu lesen ist, sondern daß dem experimentellen Nachweis eine Sauerstoff*theorie* der Verbrennung vorausging, die *Lavoisier* 1772 in einer versiegelten Niederschrift darlegte (1976, S. 69).

Krise des alten Paradigmas und Anwärter einer neuen Theorie ermöglichen in der *fünften* Phase die wissenschaftliche Revolution.

Wissenschaftliche Revolution

Das neue Paradigma beginnt sich durchzusetzen und wird in der *sechsten* und (vorläufig) letzten Phase so lange zur Grundlage einer neuen, normalen Wissenschaft, bis eine weitere Revolution das Paradigma erneut in Frage stellt.

Kuhns Ausführungen haben vielleicht deswegen zu so lebhaften Diskussionen geführt, weil er anhand zahlreicher Beispiele aus der Geschichte der Naturwissenschaften überzeugend belegt, daß Wissenschaft und die Gemeinschaft der Wissenschaftler nur ein Teil dieser Welt sind. Wissenschaftliche Revolutionen ähneln — mehr, als man vielleicht vermutet — anderen gesellschaftlichen und politischen Veränderungen. Die Irrationalität im wissenschaftlichen Forschungsbetrieb wird von *Kuhn* gerade als Gesetzmäßigkeit erkannt. Dies mußte von Forschern und Wissenschaftstheoretikern als Provokation aufgefaßt werden.

„Insbesondere Vertreter des kritischen Rationalismus reagierten allergisch. Indignierte Abwehr des ‚Relativismus' und des ‚Irrationalismus' *Kuhns* und der von ihm angeblich heraufbeschworenen ‚Gefahr' für Wissenschaft und Zivilisation steigerte sich bis zum Einwand seiner Rehabilitierung ‚bornierten Spezialistentums' und verstieg sich gar zum Vorwurf ‚antihumanitärer' Tendenz, ja der ‚Mob-Psychologie'. Die Gegner boten im Angriff auf *Kuhns* Darlegungen eine Rhetorik auf, die mit den zweifellos nicht immer unbeabsichtigen Sinnverkehrungen seiner Behauptungen zu erkennen gibt, daß hier Ungewöhnliches im Spiel ist: Der kritische Rationalismus findet sich durch die Untersuchungen *Kuhns* nicht nur in Einzelfragen gestellt, sondern im Kern getroffen. Er sieht durch sie nichts geringeres als sein Konzept kritischer Rationalität schlechthin bedroht" (*Ströker* 1976, S. 8f).

So ist *Kuhns* Arbeit intensiv kritisiert und diskutiert worden, außer von Wissenschaftstheoretikern bezeichnenderweise vorwiegend von Sozialwissenschaftlern, obwohl *Kuhn* sich durchweg auf die Geschichte der Naturwissenschaften — wenngleich dort nur auf Sekundärquellen — bezog. Gehen wir auf einige Kritikpunkte ein!

4.1.1.2 Zur Kritik

Paradigmabegriff

Ein wichtiger Kritikpunkt betrifft die Terminologie *Kuhns*. Bald nach seiner Veröffentlichung ist *Kuhn* Ungenauigkeit im Umgang mit seinen Begriffen vorgeworfen worden. So ist zum Beispiel von Margaret *Masterman* (1970) ausgezählt worden, daß *Kuhn* den Begriff „Paradigma" in einundzwanzig (!) verschiedenen Bedeutungen verwendete; so zum Beispiel als Modell, Tradition, Philosophie, Plan, akzeptiertes Muster, Maßstab, Errungenschaft usw.

Ferner gibt es Zirkeldefinitionen bei *Kuhn.* So definiert *Kuhn* das Paradigma als das, was den Mitgliedern einer Wissenschaftlergemeinschaft gemeinsam ist. Die Wissenschaftlergemeinschaft wird ihrerseits aber wieder als Menschengruppe gesehen, die ein Paradigma gemeinsam hat.

Auf Kritik dieser Art hat *Kuhn* mit dem erwähnten „Postskript" zu seinem Buch geantwortet. *Kuhn* vollzieht hier nach unserer Meinung einen weiteren Schritt von der Wissenschaftsgeschichte zur Sozialwissenschaft, indem er zum Beispiel jetzt von der Gemeinschaft der Wissenschaftler ausgeht und von dort den Paradigmabegriff definiert. ,,Paradigma" ist nach *Kuhns* Meinung von ihm selbst in zwei verschiedenen Bedeutungen verwendet worden (1976, S. 186):

1. Paradigma im ersten Sinn, von *Kuhn* auch ,,Paradigma$_1$" oder ,,disziplinäre Matrix" genannt, ist ,,die ganze Konstellation von Meinungen, Werten, Methoden usw., die von den Mitgliedern einer gegebenen Gemeinschaft geteilt werden" (1976, S. 186). Paradigma$_1$ beschreibt also die *soziologische* Seite des Paradigmas.
2. Paradigma im zweiten, philosophisch ,,tieferen" *(Kuhn)* Sinn, wird von *Kuhn* nun Paradigma$_2$ oder ,,Musterbeispiel" genannt. Paradigma$_2$ ist für *Kuhn* nun ein Element in der Wissenschaftsgemeinschaft, und zwar ,,die konkreten Problemlösungen, die, als Vorbilder oder Beispiele gebraucht, explizite Regeln als Basis für die Lösung der übrigen Probleme der ,normalen Wissenschaft' ersetzen können" (1976, S. 186).

Paradigma$_1$ = disziplinäre Matrix

Paradigma$_2$ = Musterbeispiel

Trotz dieser Bemühung um begriffliche Klärung bleiben *Kuhns* Erläuterungen relativ unscharf. Die Begriffe ,,disziplinäre Matrix" und ,,Musterbeispiel" sind außerdem unglücklich gewählt. Die Rezeption der Gedanken *Kuhns* bezog sich vorwiegend auf Paradigma$_1$.

Ein weiterer Kritikpunkt an *Kuhn* war grundsätzlicher Art: *Kuhns* Darlegung mußte — wie gesagt — zwangsläufig vor allem vom kritischen Rationalismus als Angriff aufgefaßt werden, da es *Kuhn* nicht nur um eine historische Beschreibung der Forschung, sondern um die Wissenschaft selbst ging. *Ruben* schreibt:

> ,,Kuhns Werk über wissenschaftliche Revolutionen stellt die größte existierende Herausforderung an die gegenwärtige Wissenschaftstheorie dar ... Kuhns Wissenschaftsauffassung hat die meisten Philosophen, die von seinen Ideen Kenntnis genommen haben, mit sprachlosem Entsetzen erfüllt. Denn diese Auffassung scheint auf eine Bestreitung der Grundvoraussetzung *aller* Wissenschaftstheorie hinauszulaufen, nämlich, daß die Naturwissenschaften ein *rationales* Unterfangen darstellen" (1978, S. 23).

Kuhn bestritt zwar nicht, daß innerhalb der normalen Wissenschaft die Falsifizierung theoretischer Hypothesen möglich sei, jedoch war *Kuhns* Argument ja, daß die Paradigmata die Grundlage der Hypothesen abgeben und durch normale Wissenschaft überhaupt nicht korrigiert werden können.

Aus heutiger Sicht kann man sagen, daß *Kuhns* Herausforderung von den Vertretern des kritischen Rationalismus angenommen wurde. So hat zum Beispiel *Lakatos* selbst auf zahlreiche ,,Anomalien" (i.S. *Kuhns*) in der Wissenschaftsgeschichte hingewiesen.

Am weitesten ist offensichtlich *Feyerabend* gegangen, der, hervorgegangen aus dem kritischen Rationalismus, in Verlängerung von *Kuhn* die Wissenschaft im wesentlichen als anarchistisches Unternehmen beschrieb (s. auch Abschnitt 4.3.1.1).

Nun zu einem dritten Diskussionsthema: Problematisch war und ist die Frage, ob *Kuhns* Ausführungen überhaupt auf die Sozialwissenschaften und insbesondere die Psychologie angewendet werden können.

Anwendbar auf Psychologie?

Kuhn hat seine Vorstellungen am Beispiel der Naturwissenschaften ausgeführt und gesagt:

„Es bleibt die Frage offen, welche Teilgebiete der Sozialwissenschaft überhaupt schon solche Paradigmata erworben haben" (1976, S. 30).

In diesem Sinn ist zum Beispiel von *Westmeyer* (1977) behauptet worden, die Psychologie habe das Stadium „reifer" Wissenschaften noch nicht erreicht, sondern befände sich im vorparadigmatischen Stadium. Diese Kritik ist nicht ganz unbegründet, wenn man das Alter der klassischen Naturwissenschaften mit dem der Psychologie vergleicht, und wenn man sich streng an *Kuhn* hält. Sicher ist die leichtfertige Übertragung des *Kuhn*schen Modells auf die Psychologie unangemessen; so ist zum Beispiel der inflationäre Gebrauch des Begriffs „neues Paradigma" zur Kennzeichnung der einen oder anderen geringfügigen Veränderung herkömmlicher psychologischer Theorien oder Methoden nur als Profilierungsversuch mancher Psychologen zu verstehen. Doch gibt es auch ernsthafte Versuche, die Psychologiegeschichte i.S. von *Kuhn*s Theorie wissenschaftlicher Revolutionen zu analysieren.

Schmidt (1981) hat einen solchen Versuch vorgelegt. Seine Untersuchung der Wissenschaftsdynamik der Allgemeinen Psychologie im deutschsprachigen Raum von ihren vorwissenschaftlichen Anfängen bis zum Beginn der dreißiger Jahre des 20. Jahrhunderts zeigt, daß *Kuhn*s Thesen mit Einschränkungen „durchaus geeignet scheinen, Entwicklungszusammenhänge der Psychologiegeschichte deutlicher als bisher sichtbar zu machen" (S. 311).

So beginnt die Geschichte der experimentellen physiologischen Psychologie für *Schmidt* (1981, S. 174ff.) mit einer Anomalie (i.S. *Kuhn*s): Am Ende des 18. Jahrhunderts entließ N. *Maskelyne,* Astronom in Greenwich, seinen Assistenten *Kinnebrook* wegen vermeintlicher Unfähigkeit. *Kinnebrook*s Beobachtungen von Sterndurchgängen wichen nämlich beständig von denen seines Chefs ab. Als der Königsberger Astronom F. W. *Bessel* hiervon erfuhr, begann er, systematisch eigene Beobachtungen mit denen von Kollegen zu vergleichen. Hierbei stellten sich erhebliche Unterschiede heraus, die als „persönliche Gleichung" bei der Beobachtung bezeichnet wurden. Die „persönliche Gleichung" war nichts anderes als ein Maß für die persönliche Reaktionsgeschwindigkeit.

Nachdem Mitte des 19. Jahrhunderts ein genau arbeitender Chronograph entwickelt worden war, konnte in Reaktionsexperimenten die genauere Abweichung jedes Beobachters vom wahren Wert bestimmt werden. Dies wurde als „absolute persönliche Gleichung" bezeichnet.

Im Jahr 1850 hatte Hermann *von Helmholtz* erstmals die Leitungsgeschwindigkeit der Nerven gemessen; dies war ein weiterer großer Schritt in Richtung auf die Ermittlung der objektiven Reaktionszeit.

Klassische Reaktionsexperimente wurden dann von dem niederländischen Physiologen F. C. *Donders* durchgeführt. Vpn hatten hier so schnell wie möglich auf Lichtreize zu reagieren oder Unterschiede zwischen Stimuli zu erkennen. Indem die Zeitunterschiede zwischen einfachen und komplizierten Reaktionen durch Subtraktion ermittelt wurden, glaubte man, die Zeiten rein psychischer Prozesse berechnen zu können.

Auch Wilhelm *Wundt* setzte bei seinen Reaktionszeitmessungen Hoffnungen in dieses Subtraktionsverfahren. Die menschliche Psyche schien nunmehr der objektiven naturwissenschaftlichen Methodologie zugänglich.

*Wundt*s Programm der physiologischen Psychologie erschien gegenüber der traditionellen Philosophie als wissenschaftliche Revolution und wurde doch schon Ende des 19. Jahrhunderts zur normalen Wissenschaft mit allen Anzeichen der Institutionalisierung und Etablierung. Erst die Gestaltpsychologie bewirkte nach *Schmidt* einen Paradigmenwechsel, der in Deutschland jedoch durch politische Differenzen zwischen Gestalt- und Ganzheitspsychologie, und vor allem durch die erzwungene Emigration bedeutender Gestaltpsychologen geschwächt wurde und nicht voll zum Tragen kam.

Der Analyse *Schmidt*s können wir zustimmen. So ist *Kuhn*s Theorie — bei allen begrifflichen und logischen Unschärfen — mit Einschränkungen auf die Psychologie anzuwenden. Jedoch ist es völlig abwegig, kleinere Neuerungen oder Partialtheorien — C.F. *Graumann* nannte sie kürzlich treffend ,,Theoretten" — gleich hochtrabend als Paradigmenwechsel zu feiern.

4.2 Wissenschaftspsychologie

Die Beschäftigung mit *Kuhn* hat uns gezeigt, daß es eine ,,reine" Wissenschaft nicht geben kann. Hatte *Kuhn* auf den Paradigmenwechsel in der historischen Entwicklung aufmerksam gemacht, so können wir nun unter psychologischer Perspektive fragen, ob es nicht auch psychologische Faktoren gibt, die den Gang der Forschung bestimmen. Natürlich gibt es sie!

Auch der Forscher ist anfällig für optische Täuschungen, Beurteilungsfehler in der sozialen Wahrnehmung usw. Schon die Auswahl der Fragestellungen eines Forschers hängt oft eng mit seinen persönlichen Bedürfnissen zusammen. Ja selbst die Wahl der Methode des Forschers hat psychologische Qualität. So hat *Devereux* (1967) von psychoanalytischer Seite her argumentiert, daß der in den Sozialwissenschaften praktizierte Objektivismus, das heißt bei ihm: Trennung von Forscher und Forschungsobjekt, nur ein Ergebnis verbrämter Angst des Forschers sei. Der Forscher habe Angst vor der Gegenübertragung, das heißt zum Beispiel vor Zuneigung durch Vpn. Hierauf reagiere der Forscher mit Gegenabwehr in Form ,,strenger Methoden". Zur Unterstützung seiner These hat *Devereux* mehrere hundert Forschungsbeispiele — vielfach aus dem Bereich der Kulturanthropologie — zusammengetragen.

Wir möchten uns in diesem Abschnitt zwei Fragen der Wissenschaftspsychologie (*Hiebsch* 1977) zuwenden:

1. Was kann die Psychologie zur Klärung von schöpferischem, kreativem, problemlösendem Denken beitragen?
2. Welche organisatorisch-psychologischen Faktoren begünstigen effektive Forschung?

4.2.1 Bedingungen wissenschaftlicher Kreativität

Folgt man *Kuhn,* so hat nicht nur die wissenschaftliche Revolution, sondern auch die normale Wissenschaft mit ,,Rätsellösen" (puzzle solving) zu tun. Dies hört sich etwas spielerisch an; tatsächlich ähnelt manche Phase im wissenschaftlichen Entdeckungsprozeß an Spiele:

Mendelejews Entdeckung des Periodensystems

Der russische Chemiker Dimitri Iwanowitsch *Mendelejew* (1834 - 1907) suchte nach einem logisch überzeugenden System der chemischen Elemente. Am 17. Februar 1869 erschloß sich *Mendelejew* das heute noch gültige periodische System der Elemente dadurch, daß *Mendelejew* kleine Kärtchen mit den Symbolen aller chemischen Elemente auf der Tischplatte ausbreitete und zu ordnen versuchte, etwa in der Art des Patience-Spiels, das er sehr liebte (vgl. *Hiebsch* 1977, S. 32ff.). Natürlich kam *Mendelejew* nicht zufällig auf die Lösung, die Elemente nach den Atomgewichten zu ordnen. Vorausgegangen war eine ca. einjährige Phase der intensiven Beschäftigung mit dem Problem der Ordnung der chemischen Elemente.

Dieses Beispiel zeigt zunächst den typischen Charakter einer Problemsituation:

1. Es werden eine Reihe von Sachverhalten vom Forscher wahrgenommen. Diese Wahrnehmung hat entsprechend dem Vorwissen eine bestimmte Struktur.
2. Psychisch ist ferner eine Vorstellung von einem neuen Zustand vorhanden, in den diese unter 1. genannte Wahrnehmung überführt werden soll (Zielzustand).
3. Diese Überführung (Transformation) ist mit herkömmlichen Methoden nicht möglich; es ist ein sog. *Suchvorgang* oder *Suchprozeß* vorgeschaltet.

Nehmen wir ein weiteres Beispiel für einen Problemlösungsprozeß in der Forschung — allerdings von weit geringerer Bedeutung als die Entdeckung des periodischen Systems der Elemente:

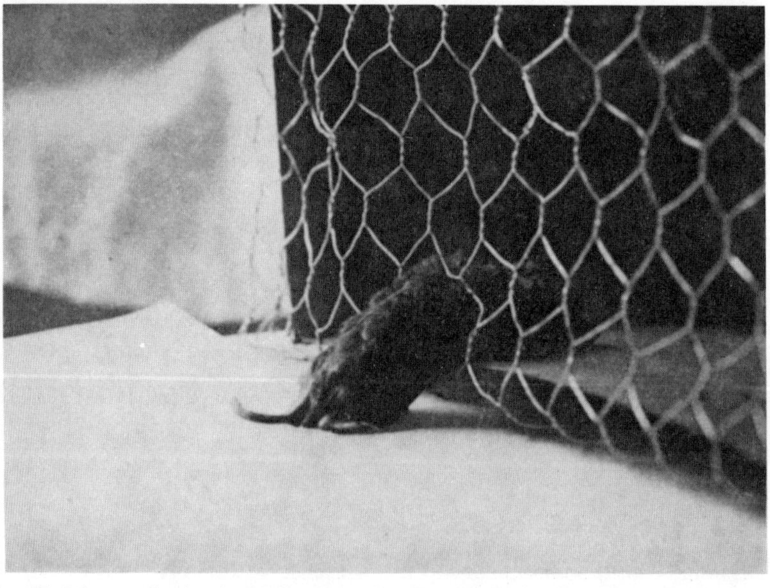

Abb. 17: Maus, die in den Maschen des Drahtgitters feststeckt (Entnommen aus *Katz* 1948, Anhang, Tafel 4).

Eines Morgens entdeckten David *Katz* und seine Mitarbeiter (*Katz* 1948, S. 21) ,,im psychologischen Institut in einem Blechkasten, in dem sich etwas Hühnerfutter befand, eine Maus. Offenbar war die Maus an der Wand hochgeklettert und in den Kasten gesprungen. Nachdem sie sich vollgefressen hatte, konnte sie nicht wieder aus dem Kasten herausklettern. Wir entschlossen uns, die Maus für Versuche gefangenzuhalten, darum legten wir den Blechkasten auf eine Seite und bedeckten die Öffnung mit einem Drahtnetz, dessen Maschen so eng waren, daß ein Entkommen der Maus unmöglich schien. Als wir am nächsten Morgen in das Insitut kamen, waren wir überrascht, die Maus in folgender Lage anzutreffen: Sie steckte in einer der Maschen fest, mit dem Hinterteil aus dem Kasten herausragend." — Das Mausproblem von *Katz*

Überlegen Sie selbst einmal, bevor sie weiterlesen, was geschehen sein könnte! — Aufgabe

Bei einem Problemfall wie diesem haben wir die drei genannten Elemente der Problemsituation:

1. Es liegt ein eindeutiger Tatbestand (Maus, Käfig, Drahtgitter usw.) vor.
2. Es wird eine befriedigende Erklärung gesucht.
3. Es wird ein Suchprozeß erforderlich, da nicht ohne weiteres einsichtig ist, warum die Maus falsch herum im Gitter steckt.

Mögliche Lösungsversuche wären zum Beispiel folgende Hypothesen:

— Die Maus hat versucht, sich rückwärts durchs Gitter zu zwängen.
— Die Maus ist durch fremde Gewalt (böse Menschen) aus dem Käfig genommen und ins Gitter gesteckt worden.
— Die Maus im Drahtgitter war eine ganz andere als die vorher im Käfig gehaltene Maus.

Es lassen sich viele derartige Hypothesen aufstellen. Meist stellen wir im Alltag gar nicht sehr viele verschiedene Hypothesen auf, die wir sorgfältig vergleichen, sondern wir geben uns damit zufrieden, wenn wir eine Hypothese aufgestellt haben, die uns plausibel erscheint. *Katz* nahm zunächst an, daß die Maus offenbar versucht habe, rückwärts aus dem Gefängnis zu entweichen:

,,Wir befreiten die Maus aus ihrer Lage und steckten sie wieder in den Käfig hinein. Die ganze Sache war eigentlich hiermit für uns erledigt. Ich hätte die Beobachtung, daß eine Maus auch einmal den Versuch macht, rückwärts durch eine Masche zu entkommen, an und für sich nicht mitteilenswert gehalten, hätte sie aber andererseits als zuverlässig angesehen ... Als wir am Tage nach dem vergeblichen Ausbruchsversuch wieder nach der Maus sahen, war sie überhaupt verschwunden. Ohne Zweifel war es ihr diesmal gelungen, sich durch eine der Maschen hindurchzuzwängen. Diese Erfahrung veranlaßte uns nicht, unsere Ansicht darüber zu ändern, was sich vorher ereignet hatte. Als wir aber am dritten Tag in das Institut kamen, war die Maus wieder im Kasten, sie war offenbar wieder zurückgekommen, um etwas von dem Futter zu fressen, und nun wurde uns auch klar, wie die Situation zu erklären war, in der wir die Maus am ersten Tag angetroffen hatten. Sie war bereits draußen gewesen und hatte sich bei dem Versuch, wieder in den Kasten zu gelangen, festgeklemmt. Streng beweisen können wir das freilich nicht, denn die Maus hat ja nicht dauernd unter Beobachtung gestanden" (*Katz* 1948, S. 21f).

Die nächstliegende Lösung, nämlich den Versuch der Maus, rückwärts zu entweichen, war in diesem Fall aber mit Sicherheit falsch, da ein späteres Experiment von *Katz,* bei dem eine Maus in eine Glasröhre ohne Ausgang gesteckt wurde, zeigte, daß Mäuse nur im äußersten Notfall rückwärts gehen. ,,Dieses Experiment liefert geradezu einen indirekten Beweis dafür, daß eine Maus sich nie freiwillig vor einem Drahtnetz um 180 Grad drehen würde, um sich rückwärts durch eine Masche hindurchzuschieben" (1948, S. 24).

Charakteristisch für Lösungsprozesse im Alltag und in der Forschung ist das Aufstellen und Verwerfen von Vermutungen *(Hypothesen)*. Im Beispiel von *Katz* war es hierzu zunächst gar nicht gekommen, da eine falsche ,,Lösung" so nahe lag, daß andere Erklärungen gar nicht erst gesucht wurden.

Wir hatten Sie gebeten, zu überlegen, was geschehen sein könnte, daß die Maus im Gitter steckte. Können Sie sich an ihre einzelnen Vermutungen und die Argumente ihrer Verwertung bzw. Bestätigung erinnern?

Es waren insbesondere die Gestaltpsychologen *Köhler, Duncker, Wertheimer* und *Metzger,* die sich mit experimenteller Denkpsychologie befaßten.

Karl *Duncker* (1911 - 1940), bedeutender Gestaltpsychologe der Berliner Schule

In Karl *Duncker*s klassischer Arbeit (1935) findet sich ein Beispiel für ein wissenschaftliches Problem, dessen Lösung inzwischen allgemein bekannt ist. Doch kann man an diesem Beispiel sehr gut die psychologischen Prozesse kognitiver Umstrukturierung aufzeigen.

Dunckers Bestrahlungsproblem

Das Problem: Im Magen eines Patienten findet sich eine Geschwulst, die durch eine Behandlung mit Strahlen geheilt werden soll. Die Strahlen zerstören organisches Gewebe, wenn sie entsprechend stark sind. Allerdings darf das dazwischenlegende Gewebe nicht zerstört werden. Auch ist es nicht möglich, den Patienten zu operieren.

Aufgabe

Ist Ihnen die Lösung nicht vertraut, so können Sie nun nach Lösungswegen suchen. Halten Sie stichwortartig die verschiedenen Einfälle fest. Am besten gelingt dies, wenn Sie laut denken. Natürlich können Sie die Aufgabe auch einer anderen Person stellen und diese um ,,lautes Denken" bitten.

Die Lösung: Mehrere Strahlenbündel mit geringer, für sich unschädlicher Intensität werden so konzentriert, daß sie sich an der Stelle, wo sich die Geschwulst befindet, kreuzen, so daß sich dort ihre Intensität summiert.

Heute wird diese Technik häufig angewandt. Als *Duncker* mit seinen Studenten denkpsychologische Untersuchungen machte, war die Lösung nicht so bekannt und naheliegend wie heute. *Duncker*s Vpn machten zum Beispiel folgende Vorschläge:

— Strahlen durch die Speiseröhre schicken
— Eine Kanüle zwischen Bauchwand und Geschwulst einführen
— Eine strahlenundurchlässige Substanz eingeben
— Die Geschwulst durch mechanische Einwirkung nach außen drücken
— Das dazwischenliegende Gewebe durch eine chemische Substanz oder durch ,,Abhärtung" immunisieren
— Die Strahlen erst dann voll einschalten, wenn sie die Geschwulst erreichen
— Mit einer Sammellinse die Strahlen fokussieren u.ä.

Die Lösungsvorschläge der Studenten konnte *Duncker* in drei Kategorien einteilen:

1. Der Kontakt zwischen den Strahlen und dem gesunden Gewebe sollte verhindert werden.

2. Man sollte versuchen, das gesunde Gewebe unempfindlich zu machen.
3. Die Strahlenintensität sollte ,,unterwegs" reduziert werden.

Die zahlreichen Lösungsvorschläge stellte *Duncker* in einem von ihm als *Lösungsstammbaum* genannten Schaubild dar.

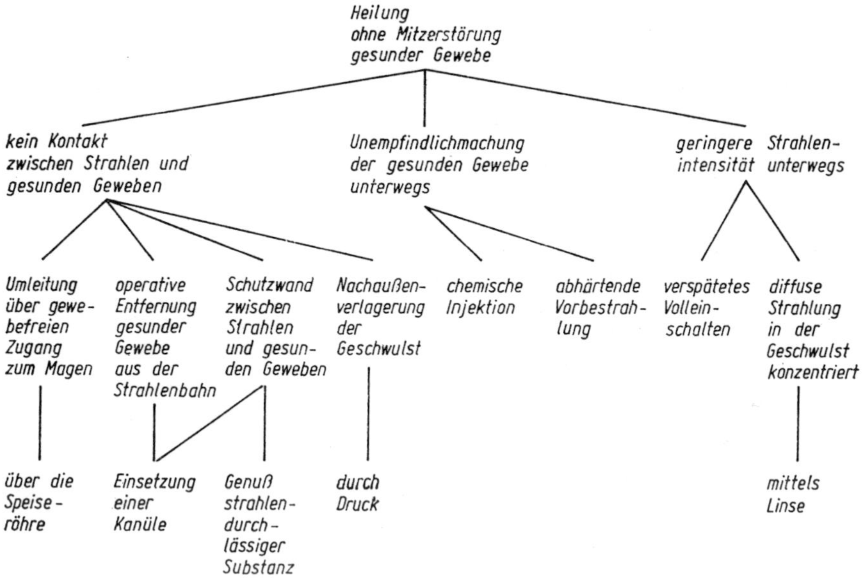

Abb. 18: Der ,,Lösungsstammbaum" der Bestrahlungsaufgabe nach *Duncker.*

Der Lösungsstammbaum zeigt, daß es auch Lösungsvorschläge gab, die gegen die Aufgabenstellung verstießen. So sollte der Patient ausdrücklich nicht operiert werden. Im allgemeinen bewegen sich die Lösungen jedoch in einem relativ engen sog. *Suchraum.* Die Studenten kamen nicht auf völlig abseits liegende Vorschläge. Die Vpn versuchen, genauso wie Wissenschaftler, die gegebenen Elemente *umzustrukturieren.* In dieser von *Duncker* so genannten ,,allgemeinen heuristischen Methode des Denkens" hat der Denkende die Möglichkeit der *Situationsanalyse* und der *Zielanalyse.* Suchraum

Zur Situationsanalyse zählen Überlegungen von der Art der *Materialanalyse* (Was kann ich gebrauchen, was ist überflüssig?) und der *Konfliktanalyse* (Warum komme ich nicht weiter, was steht im Weg, wie komme ich von hier nach dort?). Zur Zielanalyse gehört die Überlegung ,,Was ist von mir gefordert, was nicht?"

Analyse von
Situation Ziel
Material Problem

In ihren Überlegungen wechselt die Person durchaus die Art ihrer Analyse. Können Sie sich an einen solchen Wechsel in Ihrer eigenen Denkmethode bei den genannten Beispielen erinnern?

Um die Lösung zu finden, muß der Suchraum oft erweitert werden: die Lösung selbst stellt sich oft sehr plötzlich in einer Phase relativ geringer Anspannung und oft auch in Form einer gelegentlich bildhaften Lösung ein, von der unverzüglich, schlagartig die Gewißheit ausgeht, daß sie die richtige Lösung ist. Karl *Bühler* hat den psychologischen Effekt solcher Lösungsfindungen als *Aha-Erlebnis* bezeichnet. Aha-Erlebnis

Ein solches Aha-Erlebnis stellt sich bei Ihnen möglicherweise ein, wenn Sie die folgende Denksportaufgabe nicht kennen und nach einiger Mühe schließlich lösen:

Denksportaufgabe

Ein Teppichboden (oder ein Bogen Papier oder dergl.) von der abgebildeten Form soll mit einem Schnitt so in zwei *Teile zerlegt werden, daß die beiden Teile neu aneinandergelegt eine Fläche im Format 8 x 6 ergeben.*

Der Schnitt kann gradlinig, gebogen oder zick-zack verlaufen. Es dürfen jedoch nur zwei Teile entstehen.

Die Lösung findet sich am Ende der Lösungshinweise zu den Übungsaufgaben.

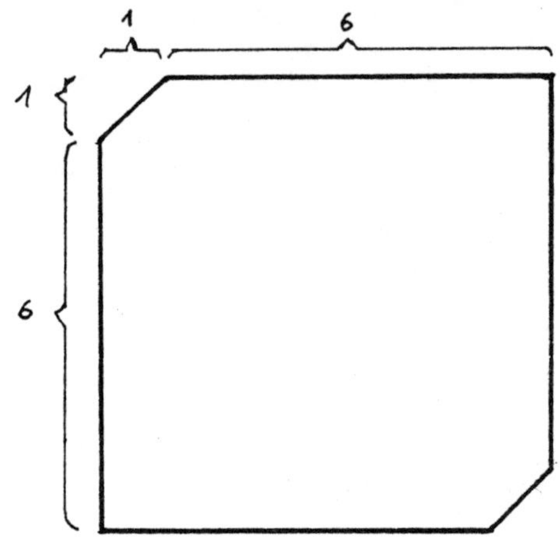

Ein anderes, berühmtes Beispiel für eine kreative, bildhafte Lösung in einer Phase relativ geringer Anstrengung: Der Chemiker Friedrich August *Kekule* von *Stradonitz* (1829 - 1896) hat berichtet, daß die Formel C^6H^6, welche nicht in den Rahmen der herkömmlichen graphischen Darstellung chemischer Elemente paßt, ihm zunächst im Bild einer sich in den Schwanz beißenden Schlange erschien, während er auf einem Omnibus fuhr. Dieses Bild nahm später diese Gestalt an:

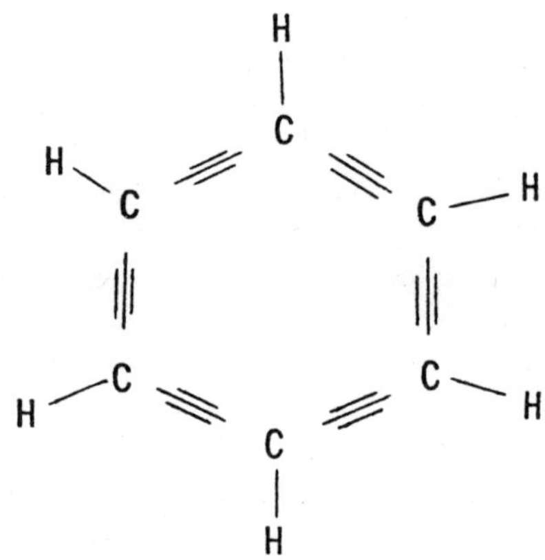

Abb. 19: Benzolring. Die Kohlenstoffatome sind ringförmig durch sechs freie Valenzen verbunden.

Die Sicherheit, die richtige Lösung gefunden zu haben, kann sogar so weit gehen, daß selbst die Schritte zur Lösung noch ungewiß sind. Der Mathematiker Carl Friedrich *Gauss* (1777 - 1855) soll einmal gesagt haben: „Meine Resultate habe ich alle; ich muß nun sehen, wie ich dazu gekommen bin“ (*Müller-Freienfels* 1936, S. 181).

Einsteins Weg zur Relativitätstheorie

Der Mitbegründer der Gestalttheorie Max *Wertheimer* (1880 - 1943) war mit Albert *Einstein,* dem Begründer der Relativitätstheorie, befreundet. Die Begegnungen mit *Einstein* gaben *Wertheimer* die Möglichkeit, den Bedingungen schöpferischen Denkens (1945, deutsch 1954) etwas näher zu kommen. Er schreibt (1964, S. 194ff.):

Abb. 20: Albert Einstein 1926 in seinem „Studierzimmer“ in der Berliner Haberlandstraße

„Das waren wunderbare Tage, als ich, zuerst im Jahre 1916, das Glück hatte, Stunden und Stunden mit Einstein zusammenzusitzen, allein in seinem Arbeitszimmer, und von ihm die Geschichte der dramatischen Entwicklungen zu hören, die in der Relativitätstheorie gipfelten. Während dieser langen Gespräche richtete ich an Einstein sehr ins Einzelne gehende Fragen über die konkreten Ereignisse bei seine Überlegungen. Er beschrieb sie mir, nicht in Allgemeinheiten, sondern in einer Erörterung des Entstehens jeder der Fragen. (...)

Das Problem erhob sich, als Einstein sechzehn Jahre alt war, ein Gymnasiast (Aarau, Kantonsschule). Er war kein übermäßig guter Schüler, wenn er nicht gerade fruchtbare Arbeit auf eigene Rechnung tat; das tat er in Physik und Mathematik, und infolgedessen wußte er in diesen Fächern mehr als seine Mitschüler. Damals begann das große Problem, ihn tatsächlich zu beunruhigen. Er war damit sieben Jahre lang intensiv beschäftigt; aber von dem Augenblick an, wo er dazu kam, den gebräuchlichen Zeitbegriff in Frage zu stellen (siehe siebenter Akt), brauchte er nur fünf Wochen, um seine Abhandlung über Relativität zu schreiben — obwohl er zu jener Zeit am Patentamt ganztägig beschäftigt war.

Der Denkprozeß begann auf eine Weise, die nicht sehr klar war und daher schwer zu beschreiben ist — in einem gewissen Zustand der Verwirrung. Erst kamen Fragen wie: Wie wäre es, wenn man hinter einem Lichtstrahl herliefe? Wie, wenn man auf ihm ritte? Wenn man einen Lichtstrahl auf seiner Reise verfolgte, würde seine Geschwindigkeit dann abnehmen? Wenn man schnell genug liefe, würde er sich dann überhaupt nicht mehr bewegen? ... Dem jungen Einstein kam dies sonderbar vor.

Derselbe Lichtstrahl würde für einen anderen Mann eine andere Geschwindigkeit haben. Was ist ,,die Lichtgeschwindigkeit" ? Wenn ich sie in Beziehung auf einen Gegenstand kenne, trifft ihr Wert nicht zu in Bezug auf einen anderen Gegenstand, der sich selbst in Bewegung befindet. (Ein verwirrender Gedanke, daß unter bestimmten Bedingungen das Licht in der einen Richtung sich schneller fortbewegen sollte, als in einer anderen.) Wenn das zutrifft, dann wären auch gewisse Schlußfolgerungen zu ziehen hinsichtlich der Erde, sofern sie sich bewegt. Es müßte Möglichkeiten geben, durch Experimente mit Licht herauszubringen, ob man sich auf einem bewegten System befindet! Einsteins Interesse wurde hierdurch gefangengenommen; er versuchte, Verfahren zu finden, durch die es möglich wäre, die Bewegung der Erde festzustellen oder zu messen — und er erfuhr erst später, daß Physiker schon solche Experimente gemacht hatten. Sein Wunsch, solche Experimente zu entwerfen, war stets begleitet von einigem Zweifel, ob es sich wirklich so verhielt; jedenfalls fühlte er, daß er versuchen müsse zu entscheiden.

Er sagte sich: ,Ich weiß, was die Geschwindigkeit eines Lichtstrahls in bezug auf ein System ist. Welches die Lage ist, wenn man ein anderes System in Betracht zieht, scheint klar zu sein, aber die Folgerungen sind sehr verwirrend.'

Zweiter Akt: Bestimmt das Licht einen Zustand absoluter Ruhe?

Würden Operationen mit Licht in dieser Hinsicht zu anderen Schlußfolgerungen führen als mechanische Operationen? Vom Standpunkt der Mechanik scheint es keine absolute Ruhe zu geben; vom Standpunkt des Lichtes scheint das doch der Fall zu sein. Wie steht es mit der Lichtgeschwindigkeit? Man muß sie auf irgendwas beziehen. Hier beginnt die Beunruhigung. Läßt sich vom Licht aus ein Zustand absoluter Ruhe festlegen? Wie dem auch sei, man weiß nicht, ob man sich in einem ruhenden System befindet oder nicht. Der junge Einstein hatte eine Art von Überzeugung gewonnen, daß man nicht feststellen kann, ob man sich in einem bewegten System befindet oder nicht; es schien ihm ganz tief in der Natur begründet, daß es keine ,,absolute Bewegung" gibt. Der entscheidende Punkt wurde hier der Widerspruch zwischen der Auffassung, daß die Lichtgeschwindigkeit einen Zustand ,,absoluter Ruhe" vorauszusetzen scheint, und dem Fehlen dieser Möglichkeit bei anderen physikalischen Vorgängen.

Hinter all diesem mußte etwas sein, was noch nicht erfaßt, noch nicht verstanden war. Das Unbehagen hierüber kennzeichnet die Geistesverfassung des jungen *Einstein* zu jener Zeit."

Als *Wertheimer* ihn fragte, ob er während dieser Zeit schon eine Ahnung von der Konstanz der Lichtgeschwindigkeit gehabt habe, unabhängig von der Bewegung des Bezugssystems, antwortete *Einstein* entschieden:

,,Nein, es war nur Neugier. Daß die Lichtgeschwindigkeit, je nach der Bewegung des Beobachters, verschieden sein könnte, kam mir irgendwie zweifelhaft vor. Spätere Entwicklungen verstärkten diesen Zweifel".

Das Licht schien nicht antworten zu wollen, wenn man solche Fragen stellte. Auch das Licht, ganz wie die mechanischen Vorgänge, schien nichts zu wissen von einem Zustand absoluter Bewegung oder absoluter Ruhe. Dies war für Einstein merkwürdig, aufregend.

Das Licht war für *Einstein* etwas Grundlegendes. Zur Zeit, als er auf dem Gymnasium war, betrachtete man den Äther nicht mehr als ein mechanisches Gebilde, sondern als ,bloßen Träger der elektrischen Erscheinungen' " (*Wertheimer* 1954, S. 197).

Soweit *Wertheimer* über *Einstein*.

Wir überschlagen an dieser Stelle die weiteren Phasen in der wissenschaftlichen Arbeit *Einsteins*.

Diese Passagen können bei *Wertheimer* (1964) und etwas verkürzt auch bei *Hiebsch* (1977) nachgelesen werden.

Uns interessiert hier *Wertheimers* Betrachtung der wissenschaftlichen Kreativität *Einsteins*. *Wertheimer* schreibt (1964, S. 210ff.):

„Der Psychologe, der mit den Fragen des Denkens beschäftigt ist, möchte wissen, was psychologisch vor sich ging.

Wenn wir den Prozeß mit den Mitteln der traditionellen Logik beschreiben wollten, würden wir zahlreiche Operationen feststellen, wie das Vollziehen von Abstraktionen, das Aufstellen von Syllogismen, das Formulieren von Axiomen und allgemeinen Formeln, die Feststellung von Widersprüchen, die Ableitung von Folgerungen aus der Kombination von Axiomen, die Gegenüberstellung von Tatsachen und diesen Folgerungen und so fort.

Solch ein Verfahren ist sicherlich gut, wenn man jeden Schritt auf seine logische Korrektheit zu überprüfen gedenkt. Einstein selbst ist leidenschaftlich interessiert an logischer Korrektheit, logischer Gültigkeit.

Aber was erhalten wir, wenn wir solch ein Verfahren durchführen? Wir bekommen einen Haufen, eine Verkettung einer ungeheuren Anzahl von Operationen, Syllogismen usw. Ist dieser Haufen ein angemessenes Bild dessen, was sich da ereignet hat? Was viele Logiker tun, die Art wie sie denken, ist ungefähr so, wie wenn ein Mann, der ein Werk der Baukunst vor sich hat, ein prächtiges Gebäude, seine Aufmerksamkeit auf die einzelnen Steine konzentriert und auf die Art, wie sie der Maurer mit Mörtel verbunden hat. Was er am Ende hat, ist überhaupt nicht das Gebäude, sondern eine Übersicht über die Steine und ihre Verbindungen.

Um zu dem wirklichen Bild zu gelangen, müssen wir fragen: Wie kommen die Operationen in Gang, wie treten sie in die Problemlage ein; was war ihre Funktion in dem tatsächlichen Prozeß? Fielen sie einfach vom Himmel? War der Denkprozeß eine Folge glücklicher Zufälle? War die Lösung die Folge eines trial-and-error-Verfahrens, eines blinden Herumprobierens, oder eines mathematischen Rätselratens? Warum gerade diese Operationen? Zweifellos gab es an manchen Punkten andere Möglichkeiten. Warum bewegte sich Einstein gerade in diese Richtung? Wie kam es dazu, daß er, nachdem er einen bestimmten Schritt gemacht hatte, gerade jenen anderen Schritt darauf folgen ließ?

Ich will einen spezifischen Punkt erwähnen: Wie entstanden die neuen Axiome? Probierte Einstein einfach alle möglichen Axiome aus, von denen dann einige sich tatsächlich als brauchbar erwiesen? Formulierte er gewisse Sätze, fügte sie zusammen und beobachtete, was herauskam, bis er schließlich das Glück hatte, eine geeignete Gruppe davon zu finden? Gab es Sätze, die zufällig in das Bild hineingerieten, und hatten die Änderungen in der Rolle, der Stelle und Funktion der Einzelheiten, ihr neues Beziehungsgefüge, lediglich den Charakter nachträglicher Folgerungen?

Die Technik der Axiome ist ein sehr brauchbares Werkzeug. Es ist eine der wirkungsvollsten Techniken, die bisher in der Logik und der Mathematik erfunden wurden; mit einigen wenigen, allgemeinen Sätzen ist für alles gesorgt, was man braucht, um die Einzelheiten abzuleiten. Man kann mit riesenhaften Summen von Tatsachen umgehen, mit gewaltigen Mengen von Sätzen, indem man an ihre Stelle ein paar Sätze setzt, die in einem formalen Sinn mit allem diesem Wissen gleichbedeutend sind. Einige der großen Entdeckungen der modernen Mathematik wurden nur möglich, weil diese, auf äußerste vereinfachende Technik zur Hand war. Auch Einstein benutzte dieses Werkzeug in seinen Darstellungen der Relativitätstheorie.

Aber ich wiederhole, die Frage für den Psychologen lautet: Wurden diese Axiome eingeführt, bevor die strukturellen Erfordernisse, die strukturellen Änderungen der Situation ins Auge gefaßt waren? Ging es nicht genau anders herum? Fest steht, daß Einsteins Denken nicht damit beschäftigt war, gewissermaßen von der Stange bezogene Axiome oder mathematische Formeln zusammenzusetzen. Die Axiome waren nicht der Anfang, sondern das Ergebnis dessen, was da vor sich ging. Bevor sie als formulierte Sätze ins Bild traten, war die Situation hinsichtlich der Lichtgeschwindigkeit und damit zusammenhängender Fragen für ihn schon lange Zeit strukturell fragwürdig gewesen, war in mancher Hinsicht inadäquat geworden, befand sich in einem Übergangsstadium. Die Axiome waren lediglich eine Angelegenheit späterer Formulierungen — nachdem das eigentliche Wirkliche, die entscheidende Entdeckung, schon stattgefunden hatte."

Wertheimer stellt nun (in einer Fußnote) heraus, daß für *Einstein* die Axiome im Denkprozeß keine Rolle spielten. Dessen sei sich *Einstein* sicher gewesen. *Einstein* habe gemeint, kein Mensch denke so „papieren", und *Wertheimer* schreibt weiter über *Einstein* (S. 212f):

„Er fügte hinzu: ‚Diese Gedanken kamen nicht in irgendeiner sprachlichen Formulierung. Ich denke überhaupt sehr selten in Worten. Ein Gedanke kommt, und ich kann hinterher versuchen, ihn in Worten auszudrücken.' Als ich bemerkte, daß viele berichten, ihr Denken vollziehe sich immer in Worten, lachte er bloß. Ich erzählte Einstein einmal von meinem Eindruck, daß ‚Gerichtetheit' in Denkvorgängen ein wichtiger Faktor sei. Dazu sagte er: ‚Solche Dinge waren sehr lebhaft gegenwärtig. Während all dieser Jahre hatte ich ein Richtungsgefühl, das Gefühl, gerade auf etwas Bestimmtes zuzugehen. Es ist natürlich sehr schwer, dieses Gefühl in Worten auszudrücken, aber es war ganz entschieden der Fall und klar unterscheidbar von der Art der späteren Überlegungen über die rationale Form der Lösung. Natürlich ist hinter solch einer Gerichtetheit immer etwas Logisches; aber ich habe es in einer Art von Überblick, gewissermaßen sichtbar vor Augen.'

Wenn wir die Analyse im Sinn der traditionellen Logik durchführen, vergessen wir leicht, daß tatsächlich alle die Operationen Teile eines einheitlichen und wunderbar in sich geschlossenen Bildes waren, daß sie sich als Teile in *einem* Gedankenzug entwickelten, daß sie innerhalb des ganzen Prozesses entstanden, funktionierten und ihre Bedeutung hatten, nachdem die Situation, ihre Struktur, ihre Mängel und ihre Forderungen in den Blick genommen waren."

Das wissenschaftlich-kreative Denken eines Physikers vom Range Albert *Einsteins* ist in seiner Qualität als geniale Leistung unvergleichbar, weist aber — wenn wir die zuvor genannten Entdeckungen und die Denksportaufgabe in Erinnerung rufen — die gleichen Grundzüge kreativen Denkens auf. Es gibt ein allgemeines Interesse (Motivation) in einem Lebens- oder Problembereich, es gibt vage Vorstellungen von einem möglichen Ziel (in den Naturwissenschaften oft durch besondere Einfachheit, Klarheit, „Schönheit" gekennzeichnet), es gibt eine Problembearbeitung in einem Suchfeld, die Situationsanalyse und die Zielanalyse. Dann schließlich tritt die Problemlösung oft bildhaft und oft in einer Phase geringer Anspannung ein, teils als Aha-Erlebnis.

Zu den Bedingungen wissenschaftlicher Kreativität gehören allerdings noch einige weitere, die bislang nicht genannt wurden, biologisch-genetische, entwicklungs- und persönlichkeitspsychologische, pädagogische und viele Faktoren im Lebensraum des Individuums. Wir gehen auf diese Bereiche nicht im einzelnen ein; sie sind Gegenstand der Kreativitätsforschung. Nur einige wenige Aspekte seien genannt.

Vor allem künstlerische Kreativität ist oft in Zusammenhang mit psychischen Störungen gebracht worden. Der italienische Nervenarzt Cesare *Lombroso* hat einen Zusammenhang von „Genie und Irrsinn" (1864) behauptet, ähnlich *Lange-Eichbaum* von „Genie und Wahnsinn" (1928). In abgeschwächter und schon sachlicherer Form sieht *Kretschmer* beim Genie aufgrund dessen Unfähigkeit, sich anpassen zu können, die Veranlagung zu psychischen Störungen:

„Genie beruht, rein biologisch gesprochen, auf seltenen und extremen Variantenbildungen menschlicher Art ... Es darf uns daher nicht verwundern, wenn wir ... nun gerade auf psychischem Gebiet eine auffallende Labilität und Empfindlichkeit des Seelenlebens und eine recht beträchtliche Anfälligkeit für Psychosen, Neurosen und Psychopathien" finden (1942, S. 20).

So plausibel diese biologische Erklärung klingen mag — alle drei genannten Autoren sind den genauen Beweis für eine genetische Beziehung zwischen Genie und psychopathologischen Erscheinungen schuldig geblieben.

Unseres Erachtens liegt das Problem eher auf einer sozialpsychologischen Ebene: Kreative Menschen verlassen den alltagsüblichen Suchraum und erregen Verwunderung, bei Erfolg auch Neid und Mißgunst. Dies treibt sie schnell in die Rolle des Sonderlings.

Als Beispiel kann der Entdecker des Kindbettfiebers Ignaz *Semmelweis* (1818 - 1865) gelten, dessen Entdeckung von seinem Vorgesetzten, dem Klinikleiter *Klein,* nicht gern gesehen und in kleinlicher Weise bagatellisiert wurde. *Semmelweis* selbst war von der Richtigkeit seiner Theorie und von der einfachen Möglichkeit, Leben zu erhalten, überzeugt, jedoch gelang es ihm nicht, eine größere Öffentlichkeit für seine Theorie zu gewinnen, da er zum schriftlichen Ausdruck besonders unfähig war. Schließlich schrieben andere für ihn; es gab Streit mit Vorgesetzen, *Semmelweis* floh, erlitt eine Reihe schwerer Zusammenbrüche, veröffentlicht schließlich eine unglückliche, polemische Darstellung und warf Gynäkologen, die seine Theorie nicht beachteten, Mord an Patienten vor. 1865 wurde der erst siebenundvierzigjährige *Semmelweis* als Geisteskranker interniert und starb noch im gleichen Jahr (vgl. *Bühler* 1933, S. 1969ff.).

Das Beispiel *Semmelweis* kann u.E. als Beispiel dafür gelten, daß besondere Kreativität nicht mit „Irrsinn" gepaart sein muß, sondern daß sie gelegentlich zum Konflikt mit der sozialen Umwelt, mit der Scientific Community, führen kann. Dies kann für den Forscher, der von der Richtigkeit seines Forschungsergebnisses überzeugt ist, eine Belastungsprobe bedeuten, der er psychisch nicht gewachsen ist.

Selbst ein überaus erfolgreicher Forscher wie Thomas Alva *Edison* (1847 - 1931), dessen kreative Forschungsleistung sich direkt in Patente und Geschäftserfolg umsetzen ließ, war nicht frei von Konflikten mit seiner Umwelt. Lesen Sie *Edison*s Kurzbiographie:

„Thomas Alva *Edison* wurde 1847 in Milan, im Mittelwesten Nordamerikas geboren, wo sein Vater ein Getreidegeschäft hatte. Seine Experimentierlust soll angeblich schon der 4jährige bewiesen haben, indem er sich nach dem Vorbild einer Ente auf deren Eier setzte, um sie auszubrüten. Sicher ist, daß schon der 12jährige, der sich als Zeitungsjunge auf der Strecke von Port Huron nach Detroit sein Geld verdiente, im Gepäckwagen des Zuges eine Art Laboratorium einrichtete, in welchem er so lange Experimente machte, bis einmal die ganze Sache explodierte. Mit 15 Jahren lernte er telegraphieren, legte sich eine Linie von der Station ins Haus, wird als Nachttelegraphist angestellt und erfindet als solcher sogleich einen Mechanismus, der ihm die stündliche Meldung beim Amt abnimmt, so daß er ruhig schlafen, allerdings auch ein nichtgemeldeter Zug passieren kann. Fast wäre ein großes Unglück passiert, und *Edison* flieht nach Toronto.

Dies ist das erste Fiasko eines Lebens, das von da an an ähnlichen Mißgeschicken zunächst fast ebenso reich war, wie an Erfolgen. In den Jahren 1863 - 1869 ist *Edison* auf der Wanderschaft. Überall erwecken seine erstaunlichen Talente Bewunderung, überall aber auch Mißtrauen. Außer nützlichsten Erfindungen machte er immer wieder die größten Torheiten. 1869 erwirbt er zum Beispiel sein erstes Patent durch einen Zählapparat für Wahlzettel, dessen Genauigkeit aber den praktischen Bedürfnissen der Wahlleitung eher widerspricht als entspricht, so daß er nicht den geringsten praktischen Erfolg damit hat. Die erste, den Bedürfnissen der Praxis entsprechende Leistung gelingt ihm 1869 in New York, woraufhin er Betriebsleiter der Gold Reporting Co. wird und bald durch Verkauf wertvoller Erfindungen zur Gründung einer eigenen Firma gelangt. Er ist damals 22 Jahre. In den nächsten Jahren kann er Patente für 40.000 US-$ verkaufen und als 26jähriger eine Werkstatt in Newark bauen. In dem ganzen folgenden einzigartigen Aufstieg *Edisons* ist das Charakteristische, daß er sich niemals auf eine einzelne bestimmte Sache definitiv festlegt, sondern das Verschiedenste in Angriff nimmt und auch nach schwersten Mißerfolgen wieder völlig neue Möglichkeiten der Produktion ausprobt. Zwar kann er Tage und Nächte, Wochen und Monate mit einem Problem zubringen, dessen Lösung er für möglich hält, einem, das ihn unzählige Fehlversuche kostet und ihm zunächst scheinbar unüberwindliche Schwierigkeiten bietet. Von Hoffnungslosem und Verfehltem reißt er sich jedoch sofort los, und nie scheitert sein Leben an einer bestimmten einzelnen Sache. Ein Inventar der Erfindungen, die *Edison* im Laufe seines Lebens machte, zeigt die Vielfalt seiner Interessen und seiner genialen Begabung. Nach Erfindung des Quadruplex (1874) und der Motographen (1876) gelingt ihm gleichzeitig mit *Bell* die Erfindung des Telephons (1876), an dem *Edinson* aber sogleich entscheidende Verbesserungen anbringt. 1878 folgt das Patent für den Phonographen, erst 1888 ist dieser vollendet durch Erfindung einer geeigneten Walze. Das nächste Problem ist die ,,Unterteilung des elektrischen Lichtes" zur Herstellung der ,,Lampe für alle". 1880 ist die elektrische Glühlampe fertig. Außerordentliche Männer, wie *Siemens, Bergmann, Kruesi,* Emil *Rathenau* sind in dieser Zeit *Edisons* Schüler und Mitarbeiter und bearbeiten die ganzen Teilprobleme der Kabellegung, der Herstellung von Kontakten, Sicherungen, Lampen. 1888 läuft die erste elektrische Bahn vom Stapel. Das nächste völlig neue Problem ist der Film, die Erfindung von Filmstreifen und die Erfindung von Projektionsapparaten, mit der *Edisons* Mitarbeiter *Latham* und *Dickson* beschäftigt waren. Die nächste Unternehmung war ein schweres Fiasko. *Edison* legte in einer nach ihm benannten Stadt eine magnetische Erzscheideanlage an, die nach 9jähriger Arbeit daran zugrunde ging, daß Eisenminen in Minesota entdeckt wurden. *Edisons* Unternehmen mußte mit Riesenverlusten geschlossen werden. Er war 50 Jahre alt und schien ruiniert.

Bereits auf der Reise fort von dem gescheiterten Werk ersinnt der Unverwüstliche die neue Sache, die ihn retten muß; er erfindet Zement. Neue Werke werden in Stewartsville gegründet, und in drei Jahren sind nicht nur alle Schulden getilgt, sondern es ist auch eine riesige neue Industrie gegründet.

Noch der 65jährige erfindet bekanntlich das Grammophon. *Edison* starb im 85. Lebensjahr im Oktober 1931."

Diese kurze Biographie des bewegten Lebens von *Edison* haben wir Charlotte *Bühlers* Buch über den menschlichen Lebenslauf (1933, S. 83 - 85) entnommen. Charlotte *Bühler* hat erstmalig versucht, den menschlichen Lebenslauf unter entwicklungspsychologischen Perspektiven zu betrachten. Ihre heute kritisierte Einteilung des Lebenslaufs in fünf Phasen ist jedoch nur ein einzelner Aspekt ihrer Arbeit. Wesentlicher scheint uns zu sein, daß sie den Lebenslauf schon lange vor dem Aufkommen der humanistischen Psychologie (s.u. 4.4.2) unter dem Gesichtspunkt der Vitalität, der Bestimmung und der Erfüllung sah. Die Auswertung einer großen Anzahl von Biographien verschiedenster, teils sehr kreativer Menschen zeigte *Bühler,* daß Menschen von Lebenshöhepunkten und besonders schöpferischen Phasen sprechen, und daß es auch objektive Daten dieser Produktivität, wie zum Beispiel Patente, Veröffentlichungen, berufliche Positionen gibt. Bei Menschen, deren Leistungen eher im *Vitalen* zu suchen ist, kann nach *Bühler* eine höhere Übereinstimmung zwischen biologischer Lebenskurve und psychologischem Geschehen festgestellt werden als bei Personen mit Leistungen im *Geistigen.* Die Abweichung zwischen biologischer und psychologischer Lebenskurve ist um so größer, ,,je mehr Geistiges in dem jeweiligen Lebenslauf eine Rolle spielt" (*Bühler* 1933, S. 237). Schöpferische Leistungen im Geistigen sind also auch im höheren Lebensalter möglich. (Als Beispiele kann man die Lebensläufe von *Mendel, Darwin, Leibniz, Kant, Bacon, Hobbes, Locke, Smith* ansehen.)

Typischer für *naturwissenschaftliche* Entdeckungen ist jedoch ein relativ frühes Lebensalter; die Nobelpreisträger für Physik, Chemie und Medizin haben ihre Leistungen meist in einem weit früheren Lebensabschnitt erbracht als Literatur- und Friedensnobelpreisträger.

Gelegentlich ist die Frage diskutiert worden, ob es im menschlichen Lebenslauf bestimmte Rhythmen geistiger Produktivität gibt. *Hellpach* (1941) hat zum Beispiel ausgehend von Jahresrhythmen und von der Schwangerschaftsdauer abzuleiten versucht, daß der Siebenjahresrhythmus, wie er sich besonders auffällig in *Goethe*s Lebenslauf aufzeigen läßt, allgemeinere Bedeutung besitzen könne. An ein ,,Wellengesetz unseres Lebens" *(Hellpach)* mögen wir jedoch nicht glauben; die Belege dafür sind zu schwach.

4.2.2 Forschung unter organisationspsychologischer Perspektive

In diesem Abschnitt über Wissenschaftspsychologie haben wir das Thema der wissenschaftlichen Kreativität in erster Linie als allgemeinpsychologisches behandelt, wobei auf Entwicklungs- und Persönlichkeitspsychologie verwiesen wurde. Dies alles liefert aber nur ein sehr unvollständiges Bild, wie eine Erinnerung an *Kuhn*s Konzept der Scientific Community (s.o.) leicht zeigt. Vor allem naturwissenschaftliche Forschung ist heute mehr denn je ein Ergebnis sozialer Interaktionen in einem organisatorischen Rahmen. Ablesbar ist dieser Trend u.a. an der Veröffentlichungsform. Der Anteil von Einzelautorenschaften sank zum Beispiel im *Journal of the American Chemical Society* von 45 Prozent im Jahr 1918 auf 14 Prozent im Jahr 1950 und schließlich auf 4 Prozent im Jahr 1983 (*Fisch & Daniel* 1986). Dieser Trend dürfte auch für andere Disziplinen — so auch die Psychologie — leicht nachzuweisen sein und er wird wohl noch anhalten. Um so wichtiger ist die Frage nach den Bedingungen effektiver Forschung aus sozialpsychologischer Perspektive.

Schon die Fakultäten der Universitäten stellen einen organisatorischen Rahmen dar, der in das Mittelalter zurückreicht (s. hierzu besonders *Reicke* 1900). Die Bildung dieser Fakultäten entsprach und entspricht auch heute noch keineswegs nur rein wissenschaftlichen Gesichtspunkten. Vielmehr waren und sind die praktischen Aufgaben des Lebens (Heilkunde, Rechtsprechung usw.) für die Fakultätenbildung wichtig gewesen. Fakultäten

Die Fakultäten des Mittelalters waren gelehrte Zünfte. Die Scholaren (Studenten) wohnten oft bei ihren Lehrern, begannen ihr Studium in der artistischen (philosophisch-geisteswissenschaftlichen) Fakultät und legten frühestens nach zwei Jahren vor einer Kommission von lehrenden Magistern ihre Doktorprüfung ab. Nun war der Student ein Geselle (baccalarius artium) und hatte weiter zu studieren, dabei aber selbst Vorlesungen zu halten und sich an Disputationen zu beteiligen. Hatte der Geselle dies einige Jahre lang erfolgreich getan, konnte er die Doktor- oder Meisterprüfung (magister artium liberalium) ablegen. Dies verpflichtete ihn zu weiterer Lehre, aber berechtigte ihn auch, in der nächsthöheren Fakultät, nämlich der medizinischen, als Scholar zu studieren.

Lehrende waren also zugleich oft Studierende in anderen Fakultäten. Ein erfolgreiches Medizinstudium berechtigte zum Studium der Rechte, und die letzte und höchste Fakultät war die theologische (vgl. *Reicke* 1900, insbes. S. 33ff.). Da ein solches Studium teuer war und an bestimmte Bedingungen, wie unter anderem eheliche Geburt, geknüpft war, hatte nur ein kleiner, privilegierter Personenkreis Zugang zu Hochschulen.

Abb. 19: Die sieben freien Künste, dargestellt durch disputierende Gelehrte. Holzschnitt eines Augsburger Meisters um 1480. (Entnommen aus *Reicke* 1900, S. 43)

Im Hinblick auf unsere Diskussion sozialpsychologischer Aspekte der Forschung zeigt uns dieser kurze historische Exkurs, daß besonders durch den engen sozialen Verbund von Lehrenden und Lernenden die Möglichkeit für einen wissenschaftlichen *Diskurs* geschaffen wurde. Im Vergleich dazu wirkt das Studium eines Fahrstudenten, der nicht am Hochschulort wohnt, oder gar eines Fernstudenten der Gegenwart ausgesprochen farblos.

Versuchen wir gegenwärtige Forschung unter organisationspsychologischer Perspektive zu betrachten, so sind wir sogleich auf die einschlägigen Teilgebiete der Sozialpsychologie verwiesen, da Organisationspsychologie in großen Teilen als angewandte Sozialpsychologie verstanden werden kann. Greifen wir zwei wichtige Aspekte heraus: Gruppenprozesse und Führungsprozesse.

4.2.2.1 Gruppenprozesse

Bereits bei der Zweiergruppe, der sog. Dyade, muß das Verhalten aufeinander abgestimmt sein. Verbale und non-verbale Interaktion wird in Gruppen begonnen, um ein gemeinsames Ziel zu erreichen. Es bilden sich Rollen und Normen, deren Einhaltung erwartet wird (Rollenerwartungen). Das Individuum gibt — austauschtheoretisch gesehen — einen Teil der Freiheiten auf, in der Erwartung, durch Zusammenarbeit Ziele besser erreichen zu können. Die physische Zusammenarbeit kann aktivierend wirken (social facilitation), was vermutlich zu einem großen Teil ein Ergebnis des Wetteifers ist, der — zumindest in unserer westlichen Leistungsgesellschaft — bereits durch minimale Faktoren angeregt wird.

Ein offensichtlicher Vorzug der Gruppenarbeit ist der erstrebte Leistungsvorteil. Gemeint ist im Bereich der Forschung weniger der Vorteil bei physischen Kraftanstrengungen, sondern eher der des ,,Suchens und Findens" (*Hofstätter* 1957). Gegenüber Einzelleistungen hat sich in Gruppenversuchen häufig ein Leistungsvorteil feststellen lassen, wobei die Beziehungen zwischen Variablen wie Aufgabentyp, Gruppengröße, Heterogenität der Teilnehmer usw. recht komplex sind.

Greifen wir zum Beispiel die Gruppengröße heraus. In der Kleingruppenforschung wurde häufig gefunden, daß mit größer werdender Mitgliederzahl die Zufriedenheit der Teilnehmer zunächst steigt, bei fünf oder sechs Mitgliedern ein Optimum erreicht, dann jedoch wieder sinkt. Für Forschergruppen konnten *Fisch* und *Daniel* (1986) diesen Zusammenhang nicht bestätigen: vielmehr sank die Zufriedenheit langsam aber stetig mit zunehmender Anzahl der an einem Projekt beteiligten Forscher.

Projekte mit mehreren Mitarbeitern führen zu mehr Ergebnissen, das heißt Veröffentlichungen. Dies ist relativ trivial. Interessanter ist aber die Frage, ob bei größeren Abteilungen/Projekten auch *pro Mitarbeiter* mehr Veröffentlichungen ,,herauskommen". In zwei Studien konnte *Cohen* (1980, 1981) keinen derartigen Effekt der Leistungssteigerung in größeren Gruppen feststellen. Die Anzahl der Publikationen pro Kopf war für Forschungslabors verschiedenster Größe relativ konstant und lag bei ca. 1,1 Publikationen pro Person/Jahr. Dies sagt natürlich noch nichts über die Qualität der Publikationen aus. (Die Qualität könnte aber annähernd dadurch erfaßt werden, daß ermittelt wird, wie häufig die Publikationen durch andere Forscher zitiert werden. Dies ist ein brauchbares, aber mühsam zu ermittelndes Qualitätsmaß.)

Insgesamt zeigt uns das Beispiel Gruppengröße, daß Forschungsprozesse durchaus mit sozialpsychologischen Theorien und Fragestellungen angegangen werden können. Dies ist in der Vergangeneit relativ selten geschehen, erscheint aber im Hinblick auf eine sparsame Verwendung von Forschungsmitteln dringend erforderlich zu sein, denn alle bislang in der Sozialpsychologie erforschten Gruppenprozesse, wie zum Beispiel das konforme Verhalten, das Abschieben von Verantwortung, die Risikoverschiebung, aber auch die sozialen Prozesse zwischen Gruppen (vgl. z.B. *Lück* 1987) lassen sich auf Forschergruppen beziehen und dort untersuchen.

4.2.2.2 Führungsprozesse

Da Forschung heute fast ausschließlich in formalen Organisationen institutionalisiert ist, stellen sich Führungsprozesse im Forschungsgeschehen durchweg als Prozesse der formalen Führung, das heißt als Leistung dar. Es ist naheliegend, Zufriedenheit und Leistung im Zusammenhang zum Führungsverhalten zu sehen.

Nachdem sich die eigenschaftsorientierte Führungsforschung als unzureichend herausgestellt hat und die Interaktionstheorie der Führung allgemein akzeptiert wurde (vgl. z.B. *Lück* 1987, Kap. 7.3), muß man erfolgreiche Führung als Ergebnis einer Vielzahl von interagierenden Variablen auf seiten des Führers, der Geführten und der Situation verstehen. In der Führungsforschung hat man sich jedoch meist auf die Analyse einiger weniger Variablen beschränkt.

Hiebsch (1977, S. 110ff.) hat über eine Studie an 29 Wissenschaftlergruppen berichtet, bei der eine Reihe von Variablen mit Skalen erhoben wurden. Obwohl die Studie in der DDR durchgeführt wurde, scheinen uns die gefundenen Zusammenhänge übertragbar zu sein:

	1	2	3	4	5	6	7	8	9
1	—	14	16	15	6	11	0	20	7
2	—	46*	24	33	38*	4	24	20	20
3	—	—	—	17	16	20	12	33	15
4	—	—	—	—	79***	38**	26	38*	31
5	—	—	—	—	—	41*	39*	51**	37*
6	—	—	—	—	—	—	69***	79***	71***
7	—	—	—	—	—	—	—	55**	64***
8	—	—	—	—	—	—	—	—	38*
9	—	—	—	—	—	—	—	—	—

Bezeichnung der Variablen:
1 = Schwierigkeitsgrad der Aufgabe
2 = Sachliche Effizienz
3 = Erzieherische Effizienz
4 = Politisch-ideologischer Entwicklungsstand
5 = Einstellung zur kollektiven Arbeit
6 = Arbeitszufriedenheit
7 = Gruppenklima; Arbeitsatmosphäre
8 = Kommunikationsbedingungen
9 = Leiterverhalten

Die Werte sind wie folgt zu lesen: 20 = Korrelationskoeffizient: von + 0.20.

* $p \leqq .05$
** $p \leqq .01$
*** $p \leqq .001$

Tab. 1: Korrelationsmatrix der Variablen der kollektiven Problembearbeitung nach *Hiebsch* (1977, S. 115).

Das effiziente Leiterverhalten ist nach dieser Studie „sehr stark verknüpft mit hoher Arbeitszufriedenheit und guter Arbeitsatmosphäre (Gruppenklima); es ist schwächer verbunden mit der Kommunikation im Kollektiv und der positiven Einstellung zur kollektiven Tätigkeit und tendenziell vernetzt mit dem politisch-ideologischen Entwicklungsstand des Kollektivs" (*Hiebsch* 1977, S. 131). Daß der Zusammenhang zwischen dem Leiterverhalten und der sachlichen Effizienz der Wissenschaftlergruppen mit r = +0,20 statistisch nicht signifikant ist, mag vielleicht überraschen. Jedoch kann man hier darauf verweisen, daß auch in vielen anderen organisationspsychologischen Studien kein direkter bedeutsamer Zusammenhang zwischen Führungsverhalten und Gruppenleistung ermittelt werden konnte. Dies liegt an einer Vielzahl sogenannter intervenierender Variablen. Führung scheint sich dagegen direkt und unmittelbar auf den emotional-affektiven Bereich des Gruppengeschehens auszuwirken.

intervenire = wörtl. dazwischentreten

Gründe für die Wahl des Themas	Teamforschung			Alleinarbeit		
	Zufriedenheit über Ablauf und Ergebnisse des Projekts					
	voll befriedigt (N=692)	teilweise befriedigt (N=338)	wenig befriedigt (N=20)	voll befriedigt (N=498)	teilweise befriedigt (N=283)	wenig befriedigt (N=4)
Das Thema hat mich persönlich brennend interessiert	58	49	40**	63	62	50
Es ergab sich aus früheren Untersuchungen, an denen ich beteiligt war	47	52	30	39	47	75
Mein Spezialgebiet, das Thema kann ich besonders gut bearbeiten	36	34	20	38	39	75
Die Praxis verlangte dringend nach einer Lösung des Problems	35	39	65*	21	21	0
Von dem Ergebnis hängt viel für die weitere Forschung ab	33	26	25	24	19	0
Es war wirklich mal etwas Neues	34	20	0***	26	19	25
Für dieses Projekt standen geeignete Mitarbeiter zur Verfügung	7	40	25*	5	8	25
Die vorhandenen Mittel des Instituts boten gute Voraussetzungen, dieses Projekt durchzuführen	31	35	10*	14	14	25
Diese Arbeit war in besonderem Maße geeignet, jüngere Mitarbeiter daran auszubilden	30	26	20	9	10	25
An dieses schwierige Thema hatte sich bisher niemand mit Erfolg herangewagt	18	16	20	19	17	0
Es fehlte noch ein Beweisstück für die Theorie	17	20	15	15	12	25
Es sollte ein Beitrag zur Lösung gesellschaftlicher Probleme sein	11	19	35***	12	15	0
Das ließ sich in vernünftiger Frist bewältigen	15	17	5	15	20	0
Ich wurde oft auf dieses Thema angesprochen und konnte keine befriedigende Antwort geben	13	18	10	9	14	0
Es bestanden gute Aussichten, für diese Arbeit Finanzmittel zu bekommen	14	22	30**	5	5	0
Empirische Daten standen mir für die Analyse zur Verfügung	12	13	5	10	11	25
Ich konnte das Ergebnis eines anderen Forschers einfach nicht glauben	6	4	0	13	13	25
Dafür bestand von vornherein eine gute Veröffentlichungsmöglichkeit	5	5	0	12	11	0
Um mich für ein weiteres Fachgebiet zu qualifizieren	5	4	0	9	11	25
Auftraggeber hat das Thema vorgegeben	3	4	15**	8	6	0
Es gibt eine überregionale Abstimmung von Arbeiten zu diesem Thema, und es war abgesprochen, daß ich dieses Gebiet bearbeite	5	3	5	2	4	0
Das war ich meinem Lehrer schuldig	2	2	0	4	1	0

* $p \leqq .05$, df=2
** $p \leqq .01$, df=2
*** $p \leqq .001$, df=2

Tab. 2: Zusammenhang zwischen den Gründen für die Wahl des Themas und der Zufriedenheit des Projektleiters mit dem Ablauf und den Ergebnissen des zuletzt abgeschlossenen Projekts — Ja-Antworten in Prozent, gerundet (Mehrfachnennungen waren möglich).

Fisch und *Daniel* (1986) haben die Daten einer Befragung von 3.010 Professoren in der Bundesrepublik einer Sekundäranalyse unterzogen, um Merkmale des Erfolges bzw. Mißerfolges von Forschungsprojekten zu erkennen. Bei dieser Auswertung ergaben sich einige interessante Hinweise auf die Projektleitung durch Professoren.

Zwei Drittel aller universitären Forschungsprojekte wurden nach dieser Befragung in Gruppen bearbeitet. In der Regel arbeiteten an diesen Projekten ein Professor mit mehreren Nachwuchswissenschaftlern zusammen. Ein Fünftel der im Berichtszeitraum abgeschlossenen Forschungsprojekte publizierten keine Ergebnisse. Rund ein Drittel der Projektleiter und etwa 60 Prozent der wissenschaftlichen Mitarbeiter waren über den Ablauf und die Ergebnisse des zuletzt abgeschlossenen Projekts nicht voll befriedigt.

Leistung und Zufriedenheit von Forschungsteams kovariieren nach *Fisch* und *Daniel* bedeutsam mit verschiedenen Faktoren. Tabelle 2 zeigt zum Beispiel, daß die Zufriedenheit mit Ablauf und Ergebnis bei intrinsischer Motivation, d.h. bei direktem eigenem Interesse am Forschungsthema, höher ist, als bei pragmatischer Wahl des Forschungsthemas, wie zum Beispiel bei der Tatsache, daß leicht Forschungsmittel zu bekommen waren.

Untersuchungen dieser Art sind noch relativ selten; gleichwohl sind sie nicht nur im Hinblick auf die Forschungsökonomie wichtig. Sie zeigen nämlich auch, daß innovative, kreative Forschung kein ,,Wahrheitsfindungsprozeß" im freien Raum ist. Normale Wissenschaft und wissenschaftliche Revolution sind an historische, gesellschaftliche und gruppendynamische Bedingungen gebunden. Deren Erforschung ist nicht nur ein Desiderat, sondern sie ist auch möglich. Dies sollten die wenigen skizzierten Studien belegen.

4.3 Wissenschaftstheoretische Weiterentwicklungen

Im folgenden werden einige wissenschaftstheoretische Weiterentwicklungen, soweit sie für die Psychologie von Bedeutung sind, vorgestellt. Zunächst beschäftigen wir uns mit der *Weiterentwicklung des kritischen Rationalismus* durch I. *Lakatos* und dem Versuch von Theo *Herrmann* (1976), die Konzepte von I. *Lakatos* und T. *Kuhn* auf die Psychologie zu übertragen. Es folgt eine *Verteidigung* nomologischer Psychologie sowie die Darstellung *kritischer Einwände.* Der nächste Teil dieses Kapitels beschäftigt sich mit dem *neuen Weltbild der Naturwissenschaften,* wie es vor allem von Fritjof *Capra* propagiert wird. Abschließend stellen wir die *Handlungsforschung* vor.

4.3.1 *Forschungsprogramme innerhalb der Psychologie*

4.3.1.1 *Die Methodologie wissenschaftlicher Forschungsprogramme (I. Lakatos)*

Lakatos (1974; 1982) hat versucht, die Konzeption des raffinierten Falsifikationismus (vgl. Abschnitt 3.2.2.4) noch weiter zu differenzieren. Hierzu hat er den Entwurf einer *Methodologie wissenschaftlicher Forschungsprogramme* vorgelegt. Es geht also nicht mehr um einzelne Theorien, sondern um eine Reihe aufeinander bezogener Theorien („Forschungsprogramm"). Beurteilt wird der Fortschritt eines Forschungsprogrammes wiederum nach seinem Informationsgehalt und der Wahrheitsnähe. *Lakatos* unterscheidet eine *progressive Problemverschiebung* („progressive problemshift"), bei der alte Theorien durch gehaltvolle und bewährte neue Theorien ersetzt werden, und eine *degenerative Problemverschiebung* („degenerating problemshift"), bei der eine alte Theorie immer stärker durch Falsifikationen belastet wird und sich jeweils nur durch immer neue „ad-hoc-Hypothesen" retten läßt.

Methodologie wissenschaftlicher Forschungsprogramme

Um neue Forschungsprogramme vor vorschnellen Falsifikationen zu schützen, trifft *Lakatos* die Unterscheidung von *„negativer"* und „positiver Heuristik". Negative Heuristiken beinhalten Regeln, die angeben, welche Forschungswege vermieden werden sollen. Positive Heuristiken beziehen sich im Gegensatz hierzu auf die Forschungswege, die beschritten werden sollen — wie man z.B. die „widerlegbaren Fassungen" des Forschungsprogramms verändern und weiterentwickeln soll. Mit Hilfe der negativen Heuristiken wird gewissermaßen ein *„harter Kern"* („hard core") eines Forschungsprogramms festgelegt und tabuisiert. Dieser harte Kern wird mit einem *„Schutzgürtel"* („protective belt") von Hilfshypothesen umgeben, mit denen Falsifikationsversuche abgewehrt werden.

Negative und positive Heuristiken

Schutzgürtel gegen Falsifikationsversuche

„Es ist dieser Schutzgürtel von Hilfshypothesen, der dem Stoß der Überprüfungen standhalten, der geordnet und wiedergeordnet, ja sogar völlig ersetzt werden muß, um den so gehärteten Kern zu verteidigen" (*Lakatos* 1982, S. 47).

Der harte Kern eines Forschungsprogramms entwickelt sich langsam innerhalb eines Prozesses von Versuch und Irrtum. Er springt also „in Wirklichkeit nicht vollgerüstet an den Tag wie Athene aus dem Haupt des Zeus" (S. 47, Fußnote 162). Mit einer positiven Heuristik ausgerüstet soll der Forscher widersprechende Daten erst einmal ignorieren:

„Er legt sich auf seinen Diwan, schließt seine Augen und vergißt alle Daten. (...) Gelegentlich wird er natürlich eine schlaue Frage an die Natur richten: dann ermutigt ihn das *Ja* der Natur, ihr *Nein* aber entmutigt ihn nicht" (*Lakatos* 1982, S. 50, Fußnote 168).

Auf diese Weise soll vor allem breit und langfristig angelegten Forschungsprogrammen Zeit gegenüber allzu schnellen Falsifikationen gegeben werden. Allerdings ist die „Schonfrist" für den harten Kern nicht unendlich. Stellt sich heraus, daß keine progressive Problemverschiebung innerhalb eines Forschungsprogramms mehr möglich ist, muß es insgesamt aufgegeben werden. Voraussetzung hierfür ist jedoch das Vorliegen eines alternativen Forschungsprogrammes.

Allerdings hält *Lakatos* (1982, S. 87f) nicht alles für ein ,,Forschungsprogramm", was als solches auftritt oder ausgegeben wird. Wenig Schmeichelhaftes schreibt er z.B. über die ,,moderne Sozialpsychologie", der er ,,zusammengeflickte, phantasielose Serien von prosaischen, ,empirischen' Adjustierungen" vorwirft. Er bemängelt das Fehlen einer vereinheitlichenden Idee, von heuristischem Potential und Kontinuität in der Forschung. Die Methodologie der Forschungsprogramme könnte seiner Auffassung nach hilfreich sein...

Paul *Feyerabend* als Darsteller einer Nebenrolle in dem Krimi ,,The Gentle Art of Murder".

> ,,zur Eindämmung dieser intellektuellen Pollution, die in unserer kulturellen Umgebung vielleicht noch *größeren* Schaden anrichten wird, als Industrie und Verkehr in unserer physischen Umgebung je anrichten werden" (*Lakatos* 1982, S. 88, Fußnote 325).

Falls Sie an der ,,Methodologie der Forschungsprogramme" von *Lakatos* Zweifel haben, empfehlen wir Ihnen das Kapitel 16 des Buches ,Wider den Methodenzwang — Skizze einer anarchistischen Erkenntnistheorie" von Paul *Feyerabend* (1977). *Feyerabend* bezeichnet die Methodologie der Forschungsprogramme als einen weiteren Versuch, Gesetz und Ordnung in der Wissenschaft aufrechtzuerhalten und ,,die Zahl der Freunde der Vernunft zu vermehren und zweifelnden und besorgten Rationalisten den Rücken zu stärken" (1977, S. 252). Die ,,Vernunft" könnte *Lakatos* mit seinem ,,verkleideten Anarchismus" allerdings auch nicht retten:

> ,,Und so schließt sich die Vernunft allen jenen abstrakten Gespenster an, wie Pflicht, Moral, Wahrheit und ihren konkreteren Vorgängern, den Göttern, die einst zur Einschüchterung der Menschen und zur Beschränkung ihrer freien und glücklichen Entwicklung dienten: sie stirbt ab..." (1977, S. 251).

Feyerabends Ausweg ist sicherlich der radikalste:

,,Anything goes"

> ,,Die Wissenschaft ist wesentlich ein anarchistisches Unternehmen: der theoretische Anarchismus ist menschenfreundlicher und eher geeignet, zum Fortschritt anzuregen, als ,Gesetz-und-Ordnungs'-Konzeptionen. (...) Der einzige Grundsatz, der den Fortschritt nicht behindert, lautet: *Anything goes (Mach, was du willst)*" (1977, S. 5).

Studierhinweis

Lesen Sie das angegebene Buch von Paul *Feyerabend.* Es ist brilliant und anregend geschrieben, voll von unkonventionellen Beurteilungen und Ideen, aber auch ein Lehrbuch der Wissenschaftstheorie.

4.3.1.2 Domain-Programme und Quasi-Paradigmen

Theo *Herrmanns* (1976) Darstellung der Psychologie orientiert sich stark an den wissenschaftstheoretischen Konzepten von *Kuhn* und *Lakatos.* Für *Herrmann* ist die Psychologie ein ,,Flechtwerk sich wandelnder wissenschaftlicher *Problemlösungsprozesse* (Forschungsprogramme)" (1976, S. 9), also nicht etwa eine Diziplin mit einem einheitlich definierten Gegenstand und einer einheitlichen Methodik. Er unterscheidet zwei Typen von Forschungsprogrammen:

Typ a-Programme: *Psychologische Domain-Programme*

1. *Psychologische Domain-Programme* (Typ a-Programme): Hier werden Problemfelder (nach *Shapere* 1974: domains) erforscht, z.B. das Problemfeld der Angst. Hierfür kann es eine Vielzahl unterschiedlicher Problemlösungsansätze bzw. Theorien geben, bei der Angst z.B. lernpsychologische, psychoanalytische, kognitivistische und sozialpsychologische Theorieansätze. Das jewei-

lige Problemfeld ist definiert durch einen Kern von Annahmen (Annahmekern, vgl. den Begriff ,,*hard core*" bei *Lakatos*, 4.3.1.1). Zum Annahmekern des Forschungsprogramms ,,Angstentwicklung" gehört z.B., daß

Annahmekern

> ,,die Angst eine interindividuell und intraindividuell variierende, näher gekennzeichnete Zuständlichkeit von Menschen bzw. höheren Lebewesen ist, daß die Wahrscheinlichkeit des Auftretens dieser Zuständlichkeit nicht etwa vom Auftreten böser Geiser abhängt, daß wir über die ontogenetische Entwicklung unterschiedlicher Angstneigung zu wenig wissen, aber daß wir mehr über sie wissen sollten und wissen können, usf. usf." (*Herrmann* 1979, S. 34).

Bei Forschungsarbeiten setzt man diese Kernannahmen voraus, sie bleiben auch bei der Problembearbeitung unverändert erhalten. Annahmekerne sind nicht richtig oder falsch, also weder beweisbar noch widerlegbar. Sie können allenfalls als uninteressant, wenig sinnvoll oder wenig erfolgversprechend beurteilt und von daher verworfen werden.

Annahmekerne sind nicht richtig oder falsch, also weder beweisbar noch widerlegbar.

2. *Quasi-paradigmatische Forschungsprogramme* (Typ b-Programme): Hier hat man eine Theorie und sucht möglichst umfassende Anwendungsmöglichkeiten. Ein Beispiel für ein Forschungsprogramm von Typ b ist die Verstärkungskonzeption des Lernens, die auf sehr unterschiedliche Sachverhalte angewendet wurde (und wird): z.B. auf Psychotherapie, Unterricht und Tierdressur. Wie die psychologischen Domain-Programme haben auch quasi-paradigmatische Forschungsprogramme einen indisponiblen Annahmekern, der hier jedoch aus theoretische Grundannahmen besteht, im Falle der Lerntheorien z.B. aus der Konzeption des Verstärkungslernens. Die Theorien von *Thorndike* und *Skinner* können als unterschiedliche Ausformungen des quasi-paradigmatischen Forschungsprogramms ,,Verstärkungslernen" angesehen werden.

Typ b-Programme: *Quasi-paradigmatische Forschungsprogramme*

Theo Herrmann

Herrmann warnt allerdings davor, Typ b-Programme mit Sachverhalten zu verwechseln, die allenfalls als ,,abschreckende Zerrbilder" eines Quasi-Paradigmas angesehen werden können. Er verweist z.B. auf Versuche, invariante mathematische Strukturen auf beliebige Daten anzuwenden, wobei dies soweit gehen kann, daß einem bestimmtem Computerprogramm ,,paradigmatischer" Rang zugesprochen wird. *Herrmann* zitiert in diesem Zusammenhang A. *Maslow*, der Psychologen, die mit Hilfe ihrer ausgeklügelten technischen Apparaturen beliebige Fragestellungen ,,ausprobieren", mit einem kleinen Jungen vergleicht, dem man ein Hämmerchen geschenkt hat und der nun zum Entsetzen der Eltern alle erreichbaren Einrichtungsgegenstände hiermit bearbeitet (1976, S. 30).

Sowohl in Typ a-Programmen als auch in Typ b-Programmen können identische Problembereiche behandelt werden, allerdings ist der Ausgangspunkt jeweils ein anderer. Für einen Forscher, der z.B. hauptsächlich an dem Bereich der Angst bzw. der Angstentwicklung interessiert ist, sind zunächst einmal alle Theorien von Interesse, die möglicherweise Erklärungen für diesen Problembereich liefern. Hier handelt es sich also um das psychologische Domain-Programm ,,Angstforschung". Andererseits könnte ein Forscher aber auch daran interessiert sein, eine bestimmte Theorie in unterschiedlichen Bereichen auf ihre Anwendungsmöglichkeiten hin zu prüfen. So kann man die Lerntheorie von *Skinner* z.B. auf ihre Erklärungskraft bei der ,,Angstentwicklung" untersuchen. Hier handelt es sich dann um eine Untersuchung innerhalb des quasi-paradigmatischen Forschungsprogramms „Verstärkungstheorien". Einmal sucht man also für einen gegebenen Problembereich Erklärungsmodelle, zum anderen für ein vorhandenes Erklärungsmodell unterschiedliche Anwendungsbereiche.

Der Sinn dieser Unterscheidung mag zunächst nicht recht einleuchten. Allerdings ergeben sich aus ihr einige wichtige Gesichtspunkte für die Beurteilung von Theorien. Bislang sind wir innerhalb des empirisch-analytischen Wissenschaftsverständnisses überwiegend davon ausgegangen, daß für die Beurteilung einer Theorie ihr Verhältnis zur Empirie das wichtigste Kriterium ist. Prüfstein war z.B. das Ausmaß der empirischen Bewährung einer Theorie. Nach *Herrmann* kann jedoch die Empirie nicht das alleinige Kriterium für die Tauglichkeit einer Theorie sein. So kann sich z.B. ein und dieselbe Theorie in unterschiedlichen Domain-Programmen sehr unterschiedlich bewähren. Außerdem sind die Konsequenzen empirischer Mißerfolge von Theorien für Forscher unterschiedlich, je nachdem, ob es sich um Vertreter eines Domain-Programms oder eines Quasi-Paradigmas handelt:

„Domain- und Paradigmen-Forscher"

„Wenn der Proponent des Quasi-Paradigmas der Verstärkung erfährt, daß die Verwendbarkeit seines Quasi-Paradigmas etwa in der Aggressionsforschung nichts oder zuwenig erbringt, dann gibt er sein Quasi-Paradigma keineswegs auf. Er streicht dann höchstens das Aggressionsproblem aus der Anwendungsmenge der Verstärkungskonzeption. (Dies pflegt kaum durch explizite Deklaration zu geschehen.) Die Aggressionsforschung überläßt er ihrem Schicksal. Für den Aggressions-(Domain-)Forscher wird die Verstärkungskonzeption absolet; für den Verstärkungs-(Paradigmen-)Forscher wird die Aggression obsolet" (*Herrmann* 1979, S. 41).

Herrmann fordert, daß die vorherrschende Berücksichtigung der *dyadischen Beziehung* zwischen Theorie und Empirie durch eine Beachtung der *triadischen Beziehung* zwischen Theorie, Empirie und Problemart/Problemstand abgelöst werden sollte. So können Theorien für einen Problembereich unterschiedlich umfassende, begrifflich präzise, nuancierte, empirisch überprüfbare oder bereits überprüfte oder auch unterschiedlich anregende bzw. überraschende Modelle darstellen. In bezug auf das jeweilige Quasi-Paradigma können Theorien unterschiedlich taugliche Elaborationen des indisponiblen Annahmekerns darstellen (wie die Theorien von *Thorndike* und *Skinner* für das Quasi-Paradigma „Verstärkungslernen").

Aus der Sicht des empirisch-analytischen Wissenschaftsverständnisses besteht Wissenschaft aus einem System von Sätzen, die zueinander nicht in Widerspruch stehen dürfen. Die Verbindung zur Realität bzw. Empirie wird z.B. im logischen Empirismus über die sog. „Protokollsätze" hergestellt. Diese Sichtweise nennt man die *„Aussagen-Konzeption"* von Theorien. Hiernach lassen sich Theorien in drei Bereiche aufgliedern: 1. in die Klasse der theoretischen Aussagen; 2. in die Klasse der Beobachtungsaussagen und 3. in die Klasse der Zuordnungsregeln. *Herrmann* versucht demgegenüber die von *Sneed* (1971) konzipierte und von *Stegmüller* (1973) erweiterte *„Nicht-Aussagen-Konzeption von Theorien" („non-statement view of theories")* in die psychologische Theoriebildung zu übernehmen. Allerdings beschränkt sich *Herrmann*

(1976, S. 42) auf eine ,,seltene und nur analogisierende Inanspruchnahme von Komponenten des *Sneed-Stegmüller*-Konzepts", weil dieses sich ausdrücklich nur auf ausgereifte physikalische Theorien beziehe.

Die ,,Nicht-Aussagen-Konzeption" von Theorien sieht eine Theorie als ein nichtsprachliches Gebilde an, das sich in zwei Bereiche unterteilen läßt: (1) den Strukturkern der Theorie, der das Fundamentalgesetz und die grundlegenden Nebenbedingungen enthält, die alle Anwendungen miteinander verbinden und (2) die Menge der intendierten Anwendungen, die eine offene Menge darstellt. Aus ihr können alte Elemente entfernt und neue hinzugefügt werden.

Wir haben es bei der ,,Nicht-Aussagen-Konzeption" mit einem Theorieverständnis zu tun, daß vor allem dem Paradigma-Konzept von *Kuhn* besser entspricht als die ältere ,,Aussagen-Konzeption". Die *Kuhn*sche ,,Normalwissenschaft" unter der Herrschaft eines allgemein gültigen Paradigmas wird hier wissenschaftstheoretisch rehabilitiert: das Festhalten an Theorien ist nicht Kritiklosigkeit, sondern ganz natürlich, da diese ja prinzipiell gegen Falsifikation immun sind (vgl. *Gadenne* 1984, S. 159). *Groeben* und *Scheele* (1977) versuchen z.B. mit Hilfe der Nicht-Aussagen-Konzeption die Ablösung des Behaviorismus durch den Kognitivismus als einen Paradigmen-Wechsel zu interpretieren. Allerdings sind die Vorteile der Nicht-Aussagen-Konzeption bislang umstritten. So bejaht *Gadenne* (1984) zwar prinzipiell die Möglichkeit, die Nicht-Aussagen-Konzeption auch auf psychologische Theorien anzuwenden (S. 154f), andererseits sieht er hierin keinerlei Vorteile gegenüber der herkömmlichen Aussagen-Konzeption. Ein ernstzunehmender Nachteil der Nicht-Aussagen-Konzeption liegt sicherlich in dem Umstand, daß die Frage nach der Verbesserung und Veränderung von Theorien hier konzeptionell ausgeblendet wird (*Gadenne* 1984, S. 159).

Sieht man wie *Herrmann* die Psychologie als ein Bündel von Forschungsprogrammen an, ist die Analyse der jeweiligen Annahmekerne eine wichtige Aufgabe. Wir haben oben schon einige Kernannahmen des Domain-Programms ,,Angstentwicklung" zitiert. Ein weiteres Beispiel stellt der Annahmekern des Problems der Leistungsmotivation dar:

Annahmekern der ,,Leistungsmotivation"

> ,,Menschen handeln. Es gibt eine Klasse menschlicher Handlungsweisen, die unter dem Gesichtspunkt des Leistens bewertet werden. Menschen setzen sich für bestimmte Handlungen leistungsspezifische Normen. Sie erleben einerseits Erfolge und andererseits Mißerfolge. Sie hoffen auf Erfolg und fürchten die Mißerfolge. Diese Hoffnungen und Befürchtungen hängen von früheren persönlichen Erfahrungen ab. (Sie hängen beispielsweise nicht vom Einfluß toter Ahnen ab. Vgl. dazu Dölle 1956)[1] Das Leistungsstreben ist etwas anderes als etwa die Suche nach sozialer Anerkennung oder nach Macht. Menschen unterscheiden sich danach, welche Handlungen in welchen Situationen sie leistungsspezifisch bewerten, welche Leistungsnormen sie sich setzen, wie stark sie zu Erfolgshoffnung und zur Mißerfolgsfurcht neigen. Man weiß zu wenig über die Gründe für diese Unterschiede. Die wissenschaftliche Erfassung von Unterschieden des Leistungsstrebens und die Aufklärung des Zustandekommens dieser Unterschiede sind mit wissenschaftlichen Mitteln möglich und sie sind erwünscht usf." (*Herrmann* 1976, S. 118, vgl. auch S. 45f).

---

1 *Hermann* bezieht sich hier auf eine unveröffentlichte Aufzeichnung von E. A. *Dölle* mit dem Titel ,,Ahnenkultur und Doppelgänger. Zum Begriff der Para-Dichotomie". Nähere Informationen zu E. A. *Dölle* (einer recht schillernden Persönlichkeit) finden Sie in *Herrmann* (1974).

Ein wichtiger Schritt der Analyse von Annahmekernen ist das versuchsweise Ausschließen von Annahmen und die nachfolgende Prüfung, ob hierdurch das Problem selbst annulliert wird. In bezug auf die Problembewältigung lassen sich zwei Arten unterscheiden:

I. Problemlösung 1. Art: Problemlösung innerhalb von Forschungsprogrammen unter Beibehaltung des Problems und damit des jeweiligen Annahmekerns.

II. Problemlösung 2. Art: das (ungelöste) alte Problem wird durch das Austauschen des Annahmekerns durch ein neues Problem ersetzt.

Bei der Problemlösung 1. Art werden aus dem Annahmekern und den veränderbaren *Zusatzannahmen* Folgerungen gezogen, die bei *Herrmann Sekundärannahmen* genannt werden. Die *empirischen Erwartungen* (Hypothesen) werden aus diesen Sekundärannahmen abgeleitet. Stellt sich nun heraus, daß die tatsächlichen empirischen Befunde mit den empirischen Erwartungen nicht vereinbar sind, können die Sekundärannahmen aufgegeben bzw. verändert werden. Hiervon sind jeweils nur die Zusatzannahmen betroffen, nicht jedoch die Kernannahmen, die ja nicht verändert werden dürfen, will man das Problem nicht aufgeben.

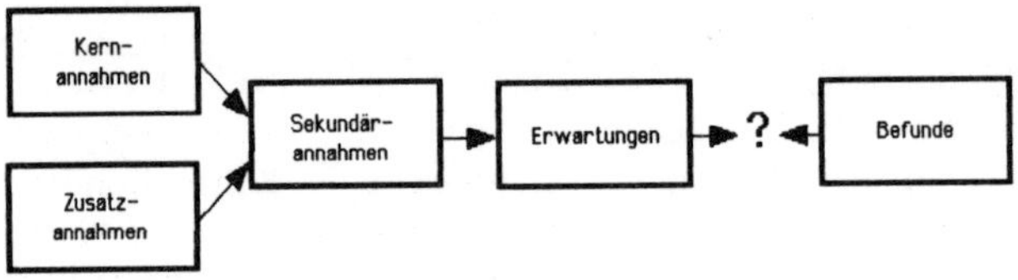

Abb. 22: Problemlösung 1. Art (nach *Herrmann* 1976, S. 50)

Die Abbildung verdeutlicht noch einmal den Problemlösungsprozeß der 1. Art. Das folgende Beispiel für eine „Kernanwendung“ stammt von *Herrmann* (1976) selbst:

Neigen Katholiken weniger zur Hoffnung auf Erfolg als Protestanten?

„Im Rahmen der Bearbeitung des Problems der *Leistungsmotivation* wird aus *Kernannahmen* ... und aus *Zusatzannahmen* die *Sekundärannahme* erzeugt, Katholiken neigten weniger zur Hoffnung auf Erfolg als Protestanten. Aus dieser Sekundärannahme können empirisch überprüfbare *Erwartungen* über das Ergebnis konkreter Felderhebungen abgeleitet werden. Für diese Hypothesenableitung sind nochmals Zusatzannahmen (z.B. über Stichprobenauswahl, das Funktionieren von Tests usf.) notwendig. Stimmen die empirischen Erwartungen mit den erhobenen *Befunden* nicht überein, so ist einmal zu untersuchen, ob die zuletzt genannten Zusatzannahmen (z.B. testtechnischer Natur) unter Beibehaltung der Sekundärannahme aufgegeben werden müssen ... Stellt sich z.B. heraus, daß beim fraglichen Feldexperiment Fehler bei der Stichprobenauswahl oder Mängel der verwendeten Tests aufgetreten sind, kann die Sekundärannahme, Katholiken neigten weniger zur Hoffnung auf Erfolg als Protestanten, einstweilen beibehalten werden. Findet man solche Mängel aber nicht und wiederholen sich Ergebnisse, die der Sekundärannahme — zumal systematisch — widersprechen, so wird man diese allenfalls annullieren ... Mit einer solchen Aufgabe von Sekundärannahmen muß man sich auch von einigen der genannten Zusatzannahmen trennen. (Diese mögen beispielsweise Annahmen zum Zusammenhang von Konfession, elterlichen Erziehungsstilen und Hoffnung auf Erfolg betreffen.) Alle diese Fehlschläge *zwingen* aber grundsätzlich *nicht* dazu, beispielsweise die *Kernannahme* aufzugeben, Personen erwarteten bei eigenen leistungsspezifischen Handlungen in unterschiedlichem Ausmaß Erfolg; solche variablen Erwartungen seien Ergebnisse früherer Erfahrungseinflüsse usf. — Für solche Kernannahmen besteht aufgrund empirischer Befunde kein Annullierungszwang" (S. 50).

Problembewältigung der 2. Art, also die Ersetzung von Problemen und Annahmekernen, treten nach *Herrmann* vor allem in dreierlei Weise auf (1976, S. 59):

Gründe für das Scheitern von Forschungsprogrammen

„(1) bei der *Rezeption außerwissenschaftlich vorgegebener Probleme* durch die wissenschaftliche Psychologie,
(2) als Ergebnis *langfristig erfolgloser Kernanwendungen* im Verfolg eines Forschungsprogramms und
(3) bei der *Übernahme eines Problems aus einem Forschungsprogramm* durch „Umstrukturierung" desselben unter den Prämissen eines anderen (oft Typ b-Forschungsprogramms)."

Die Aufgabe bzw. das endgültige Scheitern eines Forschungsprogramms kann also sowohl durch außerwissenschaftliche Einflüsse als auch durch die offenbar werdende Erfolglosigkeit bedingt sein. Darüberhinaus können sich vor allem Domain-Programme unter dem Einfluß eines neuen Quasi-Paradigmas so verändern, daß ihr Annahmekern und damit das gesamte Programm betroffen ist. Diese nicht ganz leicht zu verstehende dritte Art der Problembewältigung verdeutlicht *Herrmann* am Beispiel der Übernahme des Typ a-Programms zur Bewältigung des Angstproblems in das Typ b-Programm „Verstärkungslernen". Gehört etwa die genetische Bedingtheit von interindividuellen Unterschieden in der Angstausprägung zum Annahmekern des Domain-Programms, wird die Frage des angeborenen Ängstlichkeitsunterschiedes unter den Prämissen des Quasi-Paradigmas „Verstärkungslernen" erst gar nicht aufgeworfen (vgl. *Herrmann* 1976, S. 61).

4.3.2 Eine Verteidigung nomologischer Psychologie

„[a][1] Die Psychologie hat einen ihr allein zukommenden Gegenstand, dessen Erkenntnis ihre Aufgabe ist. Sollte ihr dieser Gegenstand noch nicht bekannt („gegeben") sein, so ist er ihr doch „aufgegeben". Die psychologischen Theorien haben diesen Gegenstand bzw. beziehen sich auf Komponenten bzw. Aspekte dieses Gegenstands. Psychologische Forschung hat nach zuvor festgelegten Zielbestimmungen zu arbeiten.
[b] Taugliche Theorien sind nur solche, die empirisch bestätigt oder zumindest nicht falsifiziert sind. Psychologische Annahmen, denen ein Bild vom Menschen als einem passiv und mechanisch auf Reize reagierenden Wesen zugrunde liegt (= Behaviorismus), sind schon deshalb falsch, weil sich der Psychologe selbst nicht als ein solches Wesen zu verstehen vermag; in dieser Weise ist die behavioristische Psychologie also widersprüchlich.
[c] Behavioristische (mechanistische) Theorien des Menschen haben sich als falsch erwiesen und sind durch bessere, zumeist komplexere Theorien ersetzt worden. Psychologische Theorien müssen allgemein komplexer werden, um der Komplexität der Realität näher zu kommen.
[d] Die Theorienbildung hat auch die Einzigartigkeit bzw. die Unvergleichbarkeit eines jeden Individuums zu berücksichtigen. Manche psychologische Hypothese bestätigt sich nicht, weil jedes Individuum im Grunde unvorhersehbar handelt.

1 Die Buchstaben sind nachträglich in das Zitat eingefügt, um die Zuordnung zum folgenden Text zu erleichtern.

[e] Für die experimentelle Methodik der Psychologie besteht das ehtisch-methodologische Dilemma, daß die Experimentatoren, um ihren methodischen Prinzipien entsprechen zu können, in einer ethisch unerlaubten Weise handeln müssen" (*Herrmann* 1979, S. 13).

Übungsaufgabe 20 *Übungsaufgabe 20*

Nehmen Sie bitte zu jeder einzelnen Aussage im obigen Zitat Stellung! Halten Sie sie jeweils für falsch oder richtig, zutreffend oder unzutreffend?

Vermutlich haben Sie zumindest einigen der zitierten Aussagen zugestimmt. Theo *Herrmann* (1979) ist in dann in diesen Fällen nicht Ihrer Meinung: „Keine dieser Aussagen ist in meiner Sicht akzeptabel; sie alle sind falsch, sinnlos oder zumindest unvollständig; einige von ihnen können durch spezifische Erläuterungen plausibler gemacht werden" (S. 29). *Herrmann* sieht in den oben zitierten Auffassungen (und einigen weiteren) eine ernste Gefahr für die Psychologie, insbesondere für die wissenschaftliche Forschung. Interessant sind die Überlegungen *Herrmanns* vor allem deshalb, weil hier ein prominenter deutscher Psychologe den Versuch einer offensiven Verteidigung „nomologischer" bzw. „nomothetischer" Wissenschaft vorführt. Gehen wir also den oben zitierten Behauptungen etwas näher nach.

a) Für *Herrmann* ist die Psychologie eine „Real- bzw. Erfahrungswissenschaft" wie andere auch, also etwa die Biologie, Soziologie, Physik oder Geschichtswissenschaft. Die Relevanz, der Nutzen und die Existenzberechtigung der Psychologie ist anderen Wissenschaften vergleichbar.

„Psychologie als Wissenschaft hat sich unter der Voraussetzung, daß Wissenschafttreiben auch hierzulande legitim ist, nicht speziell zu rechtfertigen" (*Herrmann* 1979, S. 25).

Die Psychologie braucht also nicht etwa die Erfolge effektiver klinischer Technologien oder spezieller Therapien, um sich als Wissenschaft zu legitimieren. Für *Herrmann* ist die Anwendung von Wissenschaft ein zwar positiver, aber trotzdem nicht der einzige Aspekt bei der Beurteilung einer Wissenschaft. Für ihn ist die aufklärende Verbreitung wissenschaftlicher Erkenntnis ebenso wichtig. Psychologische Forschung hat also weder einen präzise umrissenen bzw. festgelegten Gegenstand noch ein ihr vorgegebenes Ziel. Die Psychologie ist nach *Herrmann* eine „durchschnittliche" Wissenschaft:

Psychologie: Eine durchschnittliche Wissenschaft

„Gerade den Fehlschlag von Versuchen, für die Psychologie das Besondere, das Einzigartige zu finden, lege ich zugunsten dieser Wissenschaft aus" (S. 27).

b) Auf das Problem der „Tauglichkeit" von Theorien sind wir oben schon ausführlich eingegangen. Wie steht es aber mit der Tauglichkeit des Behaviorismus? Stimmt die obige Annahme, daß das Menschenbild des Behaviorismus schon deswegen falsch sei, weil sich der Psychologe selbst nicht als ein passives und mechanisch auf Reize reagierendes Wesen begreift? Es handelt sich hier um das sog. „Widersprüchlichkeitsargument" (W-Argument), das im wesentlichen auf dem „Postulat der Selbstanwendung" beruht. Der Forscher darf sich hiernach vom Erforschten kein anderes Bild machen als von sich selbst. Wenn sich nun der Forscher Attribute wie „aktive Reflexivität", „Hypothesen generierende und prüfende Subjektivität" und „aktiv realisierende Realitätskonstruk-

„Widersprüchlichkeitsargument" (W-Argument)

tion" zuschreibt (vgl. *Groeben & Scheele* 1977), sieht er sich als Erschaffer von Objektmodellen, d.h. von Modellen, die Objekte (z.B. Personen) der Realität abbilden. Seine Selbstbeschreibung, also wie er sich selbst sieht, stellt in bezug auf die Objektmodelle jedoch ein Meta-Modell dar. In dieser Unterscheidung zwischen Objekt- und Meta-Modell sieht *Herrmann* die Auflösung des W-Arguments (P = Psychologie):

„P beschreibt — vereinfacht formuliert — sich und/oder andere metasprachlich als solche, die sich objektsprachlich (in bestimmten Problemkontexten) beschreiben. Beschreibt P sich und/oder andere metasprachlich als solche, die sich in bestimmten Problemkontexten objektsprachlich beschreiben, so müssen sich diese nicht objektsprachlich (in bestimmten Problemkontexten) als solche beschreiben, die sich beschreiben" (S. 56f).

Noch etwas einfacher formuliert: Ich weiß von mir und anderen, daß wir denkende Wesen sind, die geplant und vernünftig handeln können. Ich weiß aber auch von mir und anderen, daß es Situationen gibt, in denen wir völlig von der Umwelt bestimmt sind und nur noch auf diese reagieren. Vermutlich können Sie dieser Anschauung zustimmen, allerdings kann man bezweifeln, ob es *Herrmann* durch diese (hier nur verkürzt wiedergegebene) Argumentation gelingt, das W-Argument zu entkräften. Kritisiert wird mit diesem ja vor allem die Ausschließlichkeit der Auffassung von der Reizkontrolliertheit und Umweltabhängigkeit des Menschen, nicht der Umstand, daß Menschen sich und andere in bestimmten Situationen als umweltbestimmt sehen oder erleben.

c) Zustimmen muß man *Herrmann* wohl in seiner Auffassung, daß sich behavioristische Theorien nicht grundsätzlich als falsch erwiesen haben und vollständig durch bessere und komplexere Theorien ersetzt worden sind. Behavioristische Theorien sind zwar aus einigen Domain-Programmen verdrängt worden, weil sie sich als wenig ergiebig erwiesen haben, andererseits kann man nicht behaupten, daß z.B. das quasi-paradigmatische Forschungsprogramm „Verstärkungslernen" durch ein alternatives Programm ersetzt worden wäre.

Sind behavioristische Theorien zu „einfach" und schon deswegen falsch? Nach *Herrmanns* Auffassung sind komplexere Theorien nicht einfach deswegen besser, weil sie komplexer sind. Um „Komplexität" als Kriterium der Beurteilung von Theorien anwenden zu können, muß man zunächst klären, was mit diesem Begriff überhaupt gemeint ist. Implizit steckt hinter der Forderung nach komplexeren Theorien ja die Annahme, daß vor allem behavioristische Theorien in ihrer Komplexität (zu) weit hinter der Komplexität des Alltags bleiben. *Herrmann* hält es für einen Mythos, daß Komplexes am besten durch Gleichkomplexes erkannt wird (S. 69). Vergleicht man zwei Theorien unterschiedlicher Komplexität miteinander, so ist die höhere Komplexität der einen nur dann zu rechtfertigen, wenn sich aus dieser auch ein höherer empirischer Gehalt ergibt, d.h. wenn mit ihr mehr erklärt und vorhergesagt werden kann als mit der weniger komplexen. Ist dies nicht der Fall, ist die höhere Komplexität eher als Nachteil anzusehen, da ja Gleiches auf umständlichere bzw. kompliziertere Art erklärt wird. Ein Vergleich der Komplexität von Theorien mit der Alltagskomplexität scheitert nach *Herrmann* aus logischen Gründen: Es gibt keine Möglichkeit, die „tatsächliche" Komplexität des Alltags zu bestimmen.

Theorie der Alltagsrealität

,,Dazu braucht man eine Theorie (!) der Alltagsrealität, die es nicht gibt, die im Verhältnis zu wissenschaftlichen Theorien eine vorgeordnete ,,Supertheorie" wäre, bei deren Konstruktion aber die Alltagsrealität selbst konzeptualisiert und somit einerseits modellhaft reduziert und andererseits theoretisch konstituiert würde, so daß sie nicht mehr das schlicht Widerfahrende bliebe, an dem man die betreffenden Theorien eigentlich messen wollte" (*Herrmann* 1979, S. 75).

Idiosynkrasie des Verhaltens

d) Muß die Theoriebildung die Einzigartigkeit bzw. Unvergleichbarkeit des Menschen berücksichtigen? Die Ansicht, Menschen seien einzigartig und unvergleichbar, wird in der Psychologie mit dem Fachterminus *,,Idiosynkrasie des Verhaltens"* bezeichnet (schauen Sie nicht im Fremdwörterduden nach — hier steht etwas anderes: Überempfindlichkeit, Abneigung). Nach *Herrmann* (1979, S. 62ff.) steht hinter der Redeweise von der Idiosynkrasie des Verhaltens meist eine besondere Zielsetzung von Psychologen, die z.B. als Therapeuten vornehmlich am Einzelfall interessiert sind. Nomologische Forschungsarbeiten erscheinen unter diesem auf das Individuum bezogenen Gesichtspunkt oft als unangemessen verkürzt. *Herrmann* sieht hierin jedoch einen *,,idiographischen Fallstrick"*, da die nomologische Forschungspraxis unter der Zielsetzung idiographischer Bestandsaufnahmen und nicht unter ihrer eigenen beurteilt wird. Das Scheitern von Theorien mit der Einzigartigkeit bzw. Unvorhersehbarkeit menschlichen Verhaltens zu erklären, hält *Herrmann* für unzulässig, da hierdurch die Suche nach besseren und angemesseneren Theorien verhindert wird. Die Annahme von idiosynkratischen Verhalten ist für ihn auch kein Argument für idiographische Studien, da diese — will man ihre Ergebnisse generalisieren — wiederum den Kriterien nomologischer Theoriebildung unterliegen.

Idiographischer Fallstrick

e) In bezug auf die experimentelle Forschungspraxis bestreitet *Herrmann,* daß ein prinzipielles Dilemma in bezug auf methodisch notwendige Vorgehensweisen und ethisch-moralischer Fragwürdigkeit eben dieses Vorgehens besteht. Zwar könne es durchaus derartig problematische Situationen geben, in denen sich z.B. eine Theorie nur über ein ethisch fragwürdiges Experiment überprüfen ließe. Ein ethisch-methodologisches Dilemma liege jedoch nur dann vor, wenn die Unterlassung des Experiments methodologisch und seine Durchführung ethisch nicht zu rechtfertigen sei. Da dies zwar im Einzelfall möglich sei, aber eben nicht prinzipiell, gibt es für *Herrmann* auch keinen prinzipiellen Grund, experimentelle Forschung aus ethischen Gründen abzulehnen. Die Verantwortung für sein Handeln bleibt damit beim Forscher selbst, wobei keineswegs alle psychologischen Experimente legitimierbar sind. So hält *Herrmann* z.B. die Experimente von *Milgram* (1974) für ethisch völlig unakzeptabel.

Wir haben — natürlich stark verkürzt — die kritischen Einwände von *Herrmann* (1979) zu den eingangs vorgestellten Auffassungen wiedergegeben. Das Ziel sollte dabei vor allem darin bestehen, die manchmal vorschnell und wenig reflektiert vorgetragene Kritik an der ,,nomologischen" Forschung zu relativieren. Dies erscheint auch deswegen notwendig, weil es der Psychologie wenig dient, wenn die Auseinandersetzung um und über sie stärker von jeweils aktuellen Stimmungen und Moden als von tatsächlichen Argumenten bestimmt wird.

Die von *Herrmann* begrüßte ,,Durchschnittlichkeit" der Psychologie läßt sich ja auch ganz anders bewerten:

> ,,Es gibt Wissenschaften, die durch ihre Leistungen die Welt verändern, sei es zum Besseren, sei es zum Schlimmeren hin (...) Zu diesen — geben wir es nur zu — zählt die Psychologie gewiß nicht. Mit Psychologie lassen sich keine Menschen und keine Mikroben totschlagen, mit ihr läßt sich kein Auto zum Laufen bringen, auch kein gebrochenes Bein wieder heil machen. (...) Nein, die Psychologie spielt in der Welt weder eine besonders gute, noch eine besonders böse Rolle. Aber je nachdem, wie der Zeitgeist daherkommt, ob romantisch und mystisch oder aufgeklärt und rationalistisch, ob national, liberal, sozial oder wie immer sonst, die Psychologie wird unverzüglich ein zu ihm passendes Kleid anziehen. Sie verändert von sich aus nichts oder nur sehr wenig; sie reflektiert und kommentiert, was ohnehin geschieht" (*Traxel* 1976, S. 121).

,,Mit Psychologie lassen sich keine Menschen und keine Mikroben totschlagen..."

Von *Traxel* (1976) stammen auch zwei Vorschläge zu einer Gegenstandsbestimmung der Psychologie. Seiner Meinung nach haben alle ihre Probleme, Untersuchungen und Ergebnisse zumindest ein gemeinsames Merkmal:

> ,,Es wird eine Aussage gesucht oder gemacht über etwas, das sich zwischen einem Subjekt (vorgestellt als Träger von Erleben) und der äußeren Welt abspielt. (...) Und nur darin kann ich den Gegenstand der Psychologie sehen: Sie untersucht die Art und Weise, wie erlebende Subjekte mit ihrer Umwelt in Beziehung treten und sich mit ihr auseinandersetzen" (S. 122).

Widerlegbar wäre diese Auffassung, wenn es bei irgendeiner Art von Psychologie um etwas anderes gegangen wäre oder geht als um die Untersuchung der Beziehungen zwischen Subjekt und äußerer Welt. *Traxel* überläßt das Urteil seinen Lesern und liefert gleichzeitig eine zweite, diesmal ,,operationale" Definition des Gegenstands der Psychologie, auf die sich ein solches Urteil gründen ließe: ,,Psychologie ist, was die Psychologen tun" (S. 123).

,,Psychologie ist, was die Psychologen tun

4.3.3 Kritik der empirisch-analytischen Wissenschaftsauffassung

Wir haben bis jetzt vor allem die Entwicklung der ,,positivistischen" Wissenschaftslehre vom naiven Empirismus bis zur Methodologie der Forschungsprogramme bzw. bis zum Konstruktivismus dargestellt. Sie haben dabei gesehen, daß sich viele der ursprünglich für richtig gehaltenen Vorgehensweisen als nicht haltbar erwiesen haben. Obwohl also viele der früheren Positionen aufgegeben werden mußten — wobei jeweils versucht wurde, einen ,,unproblematischeren" Ersatz zu finden —, ist die nomothetische Wissenschaftsauffassung in der Psychologie (und nicht nur hier) heute immer noch bzw. wieder sehr umstritten. Wir wollen an dieser Stelle einige der Kritikpunkte kurz nennen.

Einer der am häufigsten gebrauchten Einwände gegen die positivistische Wissenschaftslehre gleich welcher Provenienz und Schattierung ist der Vorwurf der *,,Wertfreiheit".* Die Forderung der Wert(urteils)freiheit der Sozialwissenschaften geht auf den Nationalökonomen und Soziologen Max *Weber* (1864 - 1920) zurück. Viel Erfolg hatte er mit dieser Forderung allerdings nicht.

Wert(urteils)freiheit

So zieht er sich verärgert schon nach dem 2. Deutschen Soziologentag (1912) aus der Leitung der Deutschen Gesellschaft für Soziologie zurück. Er begründet diesen Schritt folgendermaßen (zitiert nach Christian *von Ferber* 1972, S. 165):

„Ich habe mich an der Gründung dieser Gesellschaft ausgesprochenermaßen nur deshalb eifrig beteiligt, weil ich hier einen Ort wertfreier wissenschaftlicher Arbeit und Diskussion zu finden hoffte ... Auf der Berliner Tagung des Jahres 1912 haben mit einer einzigen Ausnahme *sämtliche* offiziellen Referenten dem ... Statutengrundsatz (sc. der Enthaltung vom Werturteil) zuwidergehandelt — was *mir* als Beweis seiner Undurchführbarkeit dauernd entgegengehalten wird ... Mögen nun diese Herren, von denen *keiner* es sich mal verkneifen kann (denn das ist es!), einen mit ihren, mir unendlich gleichgültigen, subjektiven ‚Wertungen' zu behelligen, gefälligst unter sich bleiben! Ich habe es absolut satt, stets neu als Don Quijote eines angeblich undurchführbaren Prinzips aufzutreten und peinliche Szenen herbeizuführen."

Popper sieht natürlich die Schwierigkeiten, mit denen schon M. *Weber* konfrontiert wurde, und formuliert das Postulat der Werturteilsfreiheit der Wissenschaft moderater:

„Mit anderen Worten, es gibt *rein* wissenschaftliche Werte und Unwerte und *außer*wissenschaftliche Werte und Unwerte. Und obwohl es unmöglich ist, die Arbeit an der Wissenschaft von außerwissenschaftlichen Anwendungen und Wertungen frei zu halten, so ist es eine der Aufgaben der wissenschaftlichen Kritik und der wissenschaftlichen Diskussion, die Vermengung der Wertsphären zu bekämpfen, und insbesondere außerwissenschaftliche Wertungen aus den *Wahrheitsfragen* auszuschalten" (*Popper* 1972, S. 114).

Wertfreiheit als Wert?

Als wissenschaftliche Werte bezeichnet *Popper* z.B. das Interesse an der Wahrheit, aber auch die wissenschaftliche Fruchtbarkeit, die erklärende Kraft, die Einfachheit, die Genauigkeit sowie die wissenschaftliche Relevanz und Bedeutung einer Hypothese oder Theorie. Da jedoch auch Objektivität und Wertfreiheit selbst Werte sind, erscheint — und dies sieht auch *Popper* — die Forderung nach absoluter und unbedingter Wertfreiheit als paradox. *Albert* (1972, S. 186) weist allerdings darauf hin, daß sich diese Paradoxie dadurch auflösen läßt, daß man das Werturteilsprinzip der *Metasprache* und die Werturteile, auf die es sich bezieht, der *Objektsprache* zurechnet. Auch *Popper* hält diesen häufig genannten Einwand gegen das Wertfreiheitspostulat für „nicht sehr wichtig", da

„die Paradoxie ganz von selbst verschwindet, wenn wir die Forderung der Wertfreiheit durch die Forderung ersetzen, daß es eine der Aufgaben der wissenschaftlichen Kritik sein muß, Wertmischungen bloßzulegen und die rein wissenschaftlichen Wertfragen nach Wahrheit, Relevanz, Einfachheit und so weiter von außerwissenschaftlichen Fragen zu trennen" (*Popper* 1972, S. 115).

Popper will also nicht den Einfluß „außerwissenschaftlicher Interessen" (als Beispiele nennt er die „menschliche Wohlfahrt", die „nationale Verteidigung", „industrielle Entwicklung" usw.) auf die wissenschaftliche Forschung ausschalten — da ihm dies unmöglich erscheint —, sondern diese außerwissenschaftlichen Interessen streng unterscheiden vom rein wissenschaftlichen Interesse an der Wahrheit. Ein Wissenschaftler darf also durchaus „parteilich" sein, er darf auch seine „Werte" beibehalten, aber er darf beides nicht zur Wissenschaft erklären. Sollen also z.B. bestimmte wissenschaftliche Erkenntnisse zur Grundlage politischen Handelns gemacht werden, dann bedarf dies bestimmter Entscheidungen über Zielsetzungen und Mittelverwendungen, die nicht aus der Wissenschaft ableitbar sind.

Genau dies ist allerdings auch der Kritikpunkt: daß zwar der Wissenschaftler, aber nicht die „Wissenschaft" parteilich sein darf; daß die Ziele und das Interesse an der Verwertung wissenschaftlicher Ergebnisse nicht in den Bereich der Wissenschaft selbst fallen, sondern außerwissenschaftlichen Instanzen zugewiesen werden. In Abschnitt 3.2.3 haben Sie gesehen, daß innerhalb der Kritischen Psychologie die Frage der Parteilichkeit und der Wertfreiheit ganz anders gesehen und beantwortet wird. Hier steht nicht die *Popper*sche „Wahrheitsliebe" im Vordergrund, sondern die Frage, in wessen Interesse Wissenschaft betrieben wird, wem die Ergebnisse von Wissenschaft nutzen bzw. nutzen sollten, wer sie braucht bzw. mißbraucht.

Kritik der Forschungspraxis

Allerdings stehen heute innerhalb der Psychologie meist Kritikpunkte im Vordergrund, die sich auf die herkömmliche empirische Forschungs*praxis* beziehen. Diese wird häufig mit einer bestimmten Variante der Wissenschaftlehre *Popper*s in direkte Verbindung gebracht: mit dem „dogmatischen Falsifikationsmus" — allenfalls noch mit Teilen des „naiven Falsifikationismus" (vgl. *Mertens* 1977, S. 63).

Die Orientierung an dem Kriterium möglichst leichter Falsifizierbarkeit hat zu einer Bevorzugung möglichst simpler Theorien geführt, die Zusammenhänge zwischen irgendwelchen einfach erfaßbaren Merkmalen behaupten, und daher einer empirischen Überprüfung leicht zugänglich sind.

> „Diese Art der Theoriebildung ... ist der empirischen Basis zu nahe und hat das Chaos an völlig unzusammenhängend nebeneinanderstehenden langweiligen ad-hoc-Hypothesen zur Folge, wie es für die Sozialpsychologie so charakteristisch ist" (*Münch* 1972, S. 321).

Diese berechtigte Kritik an einer bestimmten Art empirischer Forschungspraxis, in der triviale „Wenn-dann-Hypothesen" mit immer raffinierteren Forschungsmethoden mal „falsifiziert", mal „bestätigt" werden, trifft allerdings kaum die entwickelteren Versionen des kritischen Rationalismus.

Reduktion der Wirklichkeit

Ein weiterer, sehr genereller Kritikpunkt am naturwissenschaftlichen Wissenschaftsverständnis bezieht sich auf die hierdurch bedingte, spezifische *Reduktion der Wirklichkeit.* Wissenschaftliche Theorien implizieren immer bewußte Vereinfachungen der Realität, sie stellen nur ein *Modell* der Realität dar, nicht die Realität selbst. Nomothetische Modelle haben nun den Charakter von thematischen und methodischen Filterkonstruktionen, durch die der *„Mensch als Person"* hindurchfällt. Diese Kritik zielt also darauf ab, daß empirische Methoden und Theorien einen bestimmten Typ wissenschaftlicher Rationalität etabliert haben, der vielen heute als *blinde Wissenschafts- und Fortschrittsgläubigkeit* erscheint. Für die Psychologie als einer Wissenschaft vom Menschen erscheint aus dieser Sichtweise eine Orientierung an einem Wissenschaftsverständnis, das den Menschen ausklammert, paradox und gefährlich.

Wissenschafts- und Fortschrittsgläubigkeit

Übungsaufgabe 21

Übungsaufgabe 21

Überlegen Sie bitte, welche der hier angeführten Kritikpunkte am nomothetischen Wissenschaftsverständnis auf ein Forschungsprojekt wie das von Joachim *Franke* (1976) und Mitarbeitern, das wir in Abschnitt 3.1.3 kurz vorgestellt haben, zutreffen könnten!

4.3.3.1 Empirische Beispiele statt beispielhafter Empirie?

,,Ziehen Sie sich, wenn es kalt ist, wärmere Kleidung an?" Vermutlich tun Sie dies. Nehmen wir einmal an, Sie kämen auf die Idee, die Hypothese ,,Wenn es kalt ist, wählt man wärmere Kleidung" einer empirischen Überprüfung zu unterziehen. Dies könnte in Form einer sorgfältigen Laborstudie mit der unabhängigen Variable ,,Raumtemperatur" und der abhängigen Variable ,,Wärme der gewählten Kleidung" geschehen. Nehmen wir weiter an, daß Sie — was ja nicht unwahrscheinlich ist — die gewünschte empirische Bestätigung erhalten: ,,Raumtemperatur" und ,,Wärme der Kleidung" korrelieren hoch. Sie haben Ihre Wenn-dann-Hypothese erfolgreich mit der Realität konfrontiert. In einer Replikation Ihrer Untersuchung, die im Dezember in einem Nordsee-Heilbad — diesmal allerdings in Form einer Feldstudie mittels ,,nicht-teilnehmender Beobachtung" und anschließendem ,,Tiefeninterview" — durchgeführt wird, kommt ein anderer Untersucher allerdings zu weniger eindeutigen Ergebnissen: die von ihm erhobenen Daten zeigen, daß ein nicht unerheblicher Teil der von ihm beobachteten Personen erwartungswidrig reagiert hat. Selbst bei sehr unfreundlich kühler Witterung griffen sie nicht nach wärmerer Kleidung, sondern schienen die Temperaturen einfach zu ignorieren. Der Autor dieser Studie interpretiert dies zunächst merkwürdig erscheinende Verhalten mit dem Hinweis, daß es sich hierbei um Personen gehandelt hätte, die sich bewußt ,,abhärten" wollten.

Sie überlegen nun, ob die Ergebnisse Ihrer Untersuchung durch die Nordsee-Resultate widerlegt worden sind, kommen jedoch nach kurzem Nachdenken zu einem gegenteiligen Schluß: Die unterschiedlichen Ergebnisse widersprechen sich nur auf den ersten Blick, bei genauerem Hinsehen lassen sie sich durchaus miteinander vereinbaren. Um dies deutlich zu machen, konkretisieren Sie Ihre Hypothese: ,,Wenn es kalt ist und man nicht frieren bzw. sich aktuell vor Erkältung schützen will (o.ä.), wählt man vernünftigerweise wärmere Kleidung". Diese Fassung ist mit der nun auch konkretisierten Fassung der ,,Nordsee-Untersuchung" kompatibel: ,,Wenn es kalt ist und man sich abhärten (und damit langfristig für seine Gesundheit etwas tun) will, wählt man vernünftigerweise *keine* wärmere Kleidung".

Tatsächlich stammt die Hypothese eines empirischen Zusammenhangs zwischen Kälte und Wahl warmer Kleider nicht von uns, sondern von Klaus *Holzkamp* (1986a), wobei wir sein Beispiel allerdings etwas ,,ausgeschmückt" haben. Anhand dieser fiktiven Hypothese und vieler realer sozialpsychologischer Theorien versucht er nachzuweisen, daß möglicherweise die gesamte experimentell-statistische Sozialpsychologie (vielleicht die gesamte nomologische Psychologie) einem fundamentalen Irrtum in bezug auf die Qualität ihrer empirischen Belege aufgesessen ist. *Holzkamp* vermutet, daß explizit oder implizit psychologische Theorien Annahmen über *,,gute Gründe"* (vgl. *Dray* 1985) enthalten, aus denen sich Personen unter den in der jeweiligen Theorie angenommenen Bedingungen oder Prämissen so verhalten, wie es die Theorie vorhersagt. Ein Indikator für das Vorhandensein derartiger *,,Begründungsmuster"* (BGM) stellt nach *Holzkamp* die Möglichkeit dar, zwischen die Wenn-

Begründungsmuster (BGM)

und die Dann-Komponente einer experimentellen Hypothese die Formel „vernünftigerweise“ einfügen zu können: „*Wenn* die und die Antezedenzbedingungen vorliegen, *dann* verhalten sich Vpn *vernünftigerweise* so und so“ (1986a, S. 226). Experimentelle Untersuchungen derartiger Theorien haben dann nur Beispielcharakter für das im BGM angenommene „vernünftige“ Verhalten. Den Versuchspersonen innerhalb einer experimentell eingeschränkten Situation bleibt gewissermaßen kaum etwas anderes übrig, als sich „vernünftig“, d.h. gemäß den Erwartungen des Untersuchers zu verhalten. Eine weitere Möglichkeit der Überprüfung, ob eine Theorie als Begründungsmuster formuliert ist, besteht in der Verneinung der Wenn-dann-Beziehung: „Wenn A, dann *nicht* B“ (S. 230). Nach *Holzkamp* zeigt sich in vielen Fällen, daß die Negation der Wenn-dann-Beziehung keine ernsthafte Hypothese darstellt, daß sie nicht „vernünftig“ ist. In diesem Fall braucht man jedoch weder für den positiven noch für den negativen Zusammenhang eine empirische Prüfung: der erste ergibt sich bei einem geeigneten experimentellen Design zwangsläufig, der zweite ist von vornherein unsinnig.

Die „vernünftige“ Versuchsperson

Ein Beispiel für eine „Gegenprobe“ durch Verneinung des angenommenen Zusammenhangs gibt *Holzkamp* für „(vermeintliche) theoretische Konsequenzen aus Verhandlungsexperimenten“: ... „Bei lohnenden Gewinnaussichten neigen die Vpn nicht dazu, Lösungen anzustreben, die ihnen einen möglichst hohen Gewinn bringen“(S. 230). Das Resultat ist offensichtlich unsinnig, niemand würde eine derartige Hypothese einer ernsthaften Überprüfung unterziehen. *Holzkamp* selbst ist es nicht gelungen, in der sozialpsychologischen Literatur Beispiele für Theorien zu finden, die diese Gegenprobe ohne Probleme „bestehen“. Wenn die Empirie entgegen der „offiziellen“ Annahme gar nicht dazu dient, die jeweilige Theorie zu überprüfen, sondern allenfalls den Charakter von „Anwendungsbeispielen“ hat, kann sie eine Theorie weder falsifizieren noch ihren „Bewährungsgrad“ beeinflussen. Selbst dann, wenn die erhaltenen Daten mit den Hypothesen völlig unvereinbar erscheinen, ist eine Zurückweisung der Theorie nicht gerechtfertigt. Man kann allenfalls feststellen, daß es in den durchgeführten Untersuchungen nicht gelungen ist, Anwendungsbeispiele für die untersuchte Theorie zu finden.

Gegenprobe durch Verneinung der Hypothese

Die hier dargestellte Kritik *Holzkamp*s an der nomologischen Sozialpsychologie ist zunächst einmal eine „immanente“ Kritik, die sich auf die Logik empirischer Forschung bezieht, also keine Kritik aus der Perspektive der „Kritischen Psychologie“ (vgl. Abschnitt 3.2.3). *Holzkamp* betont dies ausdrücklich, wobei er allerdings in der Kritischen Psychologie einen Ausweg aus dem Dilemma der „guten Gründe“ sieht:

> „Wer den von mir versuchten Aufweis der dargelegten immanent unaufhebbaren Widersprüchlichkeit der experimentellen Sozialpsychologie insoweit nachvollziehen konnte, sieht sich ja ohnehin vor der Aufgabe, für diese und sich einen Ausweg zu finden — und mag (wie gesagt) u.U. mangels anderer Perspektiven der eingehenderen Beschäftigung mit der „subjektwissenschaftlichen Alternative“ der Kritischen Psychologie selbsttätig nähertreten wollen“ (S. 237).

Bislang ist die Einschätzung *Holzkamp*s jedoch durchaus umstritten, wie die Diskussion seines Artikels deutlich macht (*Holzkamp* 1986b). So mag man bezweifeln, daß wirklich alle empirisch orientierten Theorien im Sinne Holzkamps BGM-Theorien darstellen, andererseits weist *Holzkamp* selbst darauf hin, daß experimentelle Befunde, selbst wenn man ihnen nur *Beispielcharakter* zugestehen will, nicht von vornherein bedeutungslos sind. So können vor allem „unerwartete" Ergebnisse zu durchaus nützlichen theoretischen Differenzierungen führen. Außerdem fällt es vielleicht mittlerweile nicht mehr so schwer, den Anspruch auf „empirische Bestätigung" zugunsten des Nachweises von „empirischen Beispielen" aufzugeben, zumal dies auch mit der *Nicht-Aussagen-Konzeption* von Theorien (*Sneed* 1971) übereinstimmt, die wir im Zusammenhang mit den *psychologischen Forschungsprogrammen* im Sinne von *Herrmann* (1976) kurz vorgestellt haben.

4.3.4 Das neue Weltbild der Naturwissenschaften

Das *neue Weltbild* der Naturwissenschaften hat vor allem seit Fritjof *Capras* Buch *„Wendezeit — Bausteine für ein neues Weltbild"* (1983) auch innerhalb der Psychologie große Beachtung gefunden. Die fortgeschrittenste, wenngleich wohl auch spekulativste Weltsicht naturwissenschaftlicher Herkunft wird anschließend vorgestellt: das *holographische Weltbild* des Physikers David *Bohm.*

Wenn Sie also für sich bislang zu dem Schluß gekommen sind, daß eine allzu strikte Orientierung der Psychologie am naturwissenschaftlichen Wissenschaftsideal nicht mehr „zeitgemäß" ist, kann das neue Weltbild der Naturwissenschaften diese Auffassung möglicherweise erschüttern. Vielleicht sind die Naturwissenschaften schon nicht mehr an dem Ort, wo sie von vielen Geistes- und Sozialwissenschaftlichern noch vermutet werden.

4.3.4.1 Das Versagen der heutigen Wissenschaft

„Indem wir uns weiter in die achtziger Jahre bewegen, wird uns zunehmend bewußt, daß wir uns in einer tiefgreifenden, weltweiten kulturellen Krise befinden. Es ist eine komplexe, mehrdimensionale Krise, deren Aspekte jeden Bereich unseres Lebens berühren — unser Wohlbefinden und unseren Lebensunterhalt, die Qualität unserer Umwelt und unsere gesellschaftlichen Beziehungen, unsere Wirtschaft, Technik und Politik. Es ist ein auffallendes Zeichen dieser Krise, daß Leute, die als Experten auf verschiedenen Gebieten galten, nicht länger mit den vordringlichen Problemen fertig werden, die in ihren Fachbereichen entstanden sind. Ökonomen sind unfähig, die Inflation zu begreifen, Ärzte sind sich uneinig über die Ursachen von Krebs, Psychiater stehen vor dem Rätsel der Schizophrenie, die Polizei ist hilflos angesichts der steigenden Verbrechensrate; die Liste ließe sich beliebig fortsetzen. Das dieser Ideenkrise zugrundeliegende Problem ist auf allen Gebieten dasselbe. Die meisten unserer Akademiker, Politiker, Geschäftsleute und gesellschaftlichen Institutionen haben ein zu enges Weltbild, das zur Lösung der hauptsächlichen Probleme unserer Zeit unzulänglich ist. Diese Probleme sind „systemische" Probleme, das heißt, sie sind eng miteinander verbunden und stark voneinander abhängig. Sie können nicht verstanden werden mit Hilfe der fragmentarischen Methoden, die charakteristisch sind für unsere akademischen Fachbereiche und Regierungsämter. Solche Methoden lösen keine unserer schwierigen Probleme, sondern schieben sie in dem komplexen Netz gesellschaftlicher und ökologischer Beziehungen eher hin und her. Eine Lösung kann nur gefunden werden, wenn die Struktur des Netzes verändert wird, und dies bedingt radikale Transformation unserer gesellschaftlichen Institutionen, Wertbegriffe und Vorstellungen" (*Capra* 1982, S. 12 [Einleitung zu *Ferguson* 1982]).

Die neue Sichtweise, die *Capra* fordert, ist entscheidend beeinflußt durch die Entwicklungen innerhalb der Physik während der ersten drei Jahrzehnte unseres Jahrhunderts. Die Erforschung der atomaren und subatomaren Welt ergab für die Physiker der zwanziger Jahre seltsame, unerwartete und mit ihrem bisherigen Denken völlig unvereinbare Ergebnisse. *Capra* beschreibt dies als eine weit über intellektuelle Probleme hinausgehende emotionale und existentielle Krise: das bisherige Weltbild der Physik war in seinen Grundfesten erschüttert.

4.3.4.2 Das kartesianisch-newtonsche Weltbild

Galileo Galilei (1564 - 1642)

Ins Wanken geraten war das *„mechanistisch-kartesianische Weltbild“* bzw. *„kartesianisch-newtonsche Weltbild“* (*Capra* verwendet beide Bezeichnungen), das die Naturwissenschaften seit dem 17. Jahrhundert bestimmt hatte. Geprägt wurde dieses Weltbild durch *Galilei, Descartes* und *Newton.* Galileo *Galilei* (1564 - 1642), italienischer Naturforscher und Philosoph, benutzte als erster die Mathematik zur möglichst präzisen Formulierung von Naturgesetzen. Er forderte, daß die Wissenschaft sich auf die Untersuchung meßbarer und quantifizierbarer Eigenschaften von Körpern zu beschränken habe. Sinnesqualitäten (z.B. Farbe, Temperatur, Gerüche etc.) waren für ihn keine objektiven Eigenschaften der Dinge selbst, sondern subjektive Projektionen, die aus der wissenschaftlichen Forschung ausgeschlossen werden sollten. René *Descartes* (1596 - 1650), französischer Mathematiker und Philosoph, postulierte die grundlegende Trennung zwischen Körper und Geist (Dualismus). Er unterschied zwei nicht aufeinander zurückführbare Grundformen der Wirklichkeit: die *Bewußtseinswelt (res cogitans)* und die *mechanistisch erklärbare Welt (res extensa).* Die materielle Umwelt funktionierte nach *Descartes* wie eine Maschine. Dieses Bild von der Maschine bezog er auch auf lebende Organismen: Für ihn waren Pflanzen und Tiere Maschinen, wenn auch recht komplizierte. So sah er auch den Körper des Menschen als eine Maschine an, die allerdings eine rationale Seele besaß. Die Verbindung zwischen Geist und Körper lag seiner Meinung nach in der Zirbeldrüse. Das wesentliche an der kartesianischen Erkenntnislehre war das analytische Vorgehen. Isaac *Newton* (1643 - 1727), englischer Physiker und Philosoph, vollendete das Gedankengebäude von *Descartes* und *Galilei* durch eine präzise mathematische Formulierung des mechanistischen Weltbildes (Gravitationstheorie).

René Descartes (1596 - 1650)

Isaak Newton (1643 - 1727)

4.3.4.3 Das Weltbild der neuen Physik

Die Erforschung des atomaren und subatomaren Bereichs in den ersten drei Jahrzehnten unseres Jahrhunderts zwang die Physiker zu einer grundlegenden Änderung ihrer Vorstellungen von der Materie, von Raum und Zeit, von Ursache und Wirkung. Da diese Begriffe jedoch nicht nur der mechanistischen Physik, sondern generell unserer Weltanschauung zugrunde liegen, vermutet *Capra,* daß sich die Vorstellungsänderungen der modernen Physik auch auf andere Bereiche auswirken. Um verstehen zu können, was *Capra* meint, muß man zunächst wissen, welche Veränderungen sich durch die moderne Physik in bezug auf die genannten Begriffe ergeben haben. Natürlich können wir hier keine Einführung in die Grundlagen der Atomphysik geben — trotzdem wollen wir versuchen, einige der wichtigsten Ergebnisse zumindest anzudeuten. Hierbei beziehen wir uns im wesentlichen auf die Darstellung der modernen Physik durch *Capra* (1986).

Die Physiker des neunzehnten Jahrhunderts waren noch davon überzeugt, daß das Universum wirklich ein großes mechanisches System sei, das nach den *Newton*schen Bewegungsgesetzen funktionierte. Diese Gesetze wurden als endgültige Naturgesetze angesehen. Allerdings begannen schon bald Entwicklungen, die die Grenzen der *Newton*schen Mechanik markieren sollten. So zeigte sich bei der Entdeckung und Erforschung elektrischer und magnetischer Phänomene durch die englischen Physiker Michael *Faraday* (1791 - 1867) und Clerk *Maxwell* (1831 - 1879) eine neue Art von Kraft, die mit dem mechanischen Modell nur unzureichend beschrieben werden konnte. In der Theorie der Elektrodynamik wurde der Begriff der Kraft durch den des ,,Kraftfeldes" ersetzt. Zwar versuchte *Maxwell* noch eine mechanistische Erklärung des Kraftfeldes, indem er es als Spannungszustand in einem besonderen Medium, das er Äther nannte, interpretierte. Nach *Capra* (1986, S. 58) hat er diese Interpretation jedoch selbst wohl nicht sehr ernst genommen. Albert *Einstein* (1879 - 1955) erklärte 50 Jahre später, daß es keinen Äther gebe und elektromagnetische Felder mechanistisch nicht erklärbar seien. Damit war die *Newton*sche Mechanik nicht mehr die einzige Grundlage der Physik.

Michael Faraday (1791 - 1867)

Clerk Maxwell (1831 - 1879)

Albert Einstein (1879 - 1955)

Abgelöst wurden die mechanistischen Begriffe allerdings erst durch zwei weitere Theorien: die *Relativitätstheorie* und die *Quantentheorie*. Beide Theorien wurden von ein und demselben Mann begründet: Albert *Einstein*. Die Relativitätstheorie schuf *Einstein* fast völlig allein, für die Ausarbeitung der Quantentheorie gab er den Anstoß durch eine neue Betrachtungsweise der elektromagnetischen Strahlung.

Mit der speziellen Relativitätstheorie schuf *Einstein* eine gemeinsame Grundlage für die Elektrodynamik und die Mechanik.

Spezielle Relativitätstheorie

> ,,Im Sinne der Relativitätstheorie ist der Raum nicht dreidimensional, und die Zeit ist keine selbständige Einheit. Beide hängen eng zusammen und bilden ein vierdimensionales Kontinuum, die ,,Raum-Zeit". In der Relativitätstheorie können wir daher nie von Raum sprechen, ohne die Zeit einzubeziehen, und umgekehrt. Darüber hinaus gibt es keinen einheitlichen Zeitstrom wie im Newtonschen Modell. Verschiedene Beobachter werden Ereignisse verschieden in der Zeit einordnen, wenn sie sich relativ zu den beobachteten Ereignissen mit verschiedenen Geschwindigkeiten bewegen. In einem solchen Fall können Ereignisse, die ein Beobachter als gleichzeitig sieht, anderen Beobachtern in verschiedenen zeitlichen Folgen erscheinen. Alle Messungen, die Zeit und Raum betreffen, verlieren ihre absolute Bedeutung. In der Relativitätstheorie wird der Newtonsche Begriff vom absoluten Raum als Bühne der physikalischen Erscheinungen aufgegeben, ebenso der Begriff von der absoluten Zeit. Raum und Zeit werden zu bloßen Wörtern, die ein bestimmter Beobachter zur Beschreibung der beobachteten Phänomene benutzt" (*Capra* 1986, S. 61).

$E = mc^2$

Die wichtigste Konsequenz der speziellen Relativitätstheorie war die Erkenntnis, daß Masse eine Energieform darstellt. Den Zusammenhang zwischen Masse und Energie hat *Einstein* in der berühmten Formel $E = mc^2$ dargestellt (c ist die Lichtgeschwindigkeit).

Allgemeine Relativitätstheorie

In seiner 1915 veröffentlichten allgemeinen Relativitätstheorie erweiterte *Einstein* den Geltungsbereich der speziellen Relativitätstheorie auf die Gravitation, also auf die gegenseitige Anziehung aller Massenkörper. Nach dieser Theorie bewirkt die Schwerkraft eine ,,Krümmung" von Raum und Zeit. So wie die zweidimensionale Geometrie auf einer Kugeloberfläche nicht mehr gilt, gilt die dreidimensionale Euklidische Geometrie nicht mehr in einem vierdimensionalen Raum, in dem die Zeit die vierte Dimension darstellt. Nach *Einstein* wird der dreidimensionale Raum durch die Gravitationsfelder großer Massenkörper (z.B. Sterne oder Planeten) "gekrümmt". Auch die Zeit wird durch die Gravitationsfelder beeinflußt: je stärker die Anziehungskraft, desto ,,langsamer" läuft die Zeit. Heute vermutet man sogar, daß die Zeit an bestimmten Stellen des Universums — und zwar im Zentrum der nach der Explosion großer Sterne entstehenden sog. ,,Schwarzen Löcher" — völlig stillsteht.

Quantentheorie

Die Quantentheorie wurde auf der Grundlage von Arbeiten der deutschen Physiker Max *Planck* (1858 - 1947) und Albert *Einstein* in den zwanziger Jahren durch eine internationale Gruppe von Physikern in enger Zusammenarbeit entwickelt. Dieser Gruppe gehörten u.a. der Däne Niels *Bohr* (1885 - 1962), der Franzose Louis-Victor de *Broglie* (1892 - 1987), die Österreicher Erwin *Schrödinger* (1887 - 1961) und Wolfgang *Pauli* (1900 - 1958), der Engländer Paul *Dirac* (1902 - 1984) und die Deutschen Max *Born* (1882 - 1970), Pascual *Jordan* (1902 - 1980) und Werner *Heisenberg* (1901 - 1976) an. Bei der Suche nach den kleinsten, nicht mehr teilbaren Bausteinen der Materie hatte man erkannt, daß selbst die subatomaren Teilchen keine Festkörper im Sinne der klassischen Physik waren. Es stellte sich vielmehr heraus, daß diese subatomaren Teilchen eine merkwürdige doppelte Natur besitzen. Je nachdem, wie man sie betrachtet, können ihre Effekte entweder durch das Korpuskel- oder das Wellenmodell erklärt werden. Gleiches stellte sich beim Licht heraus, das entweder als elektromagnetische Schwingung oder als Teilchen auftreten kann. Diese nur schwer zu verstehende Doppelnatur subatomarer Teilchen wird in der Quantentheorie durch Wahrscheinlichkeitsaussagen erklärt. Materie existiert im subatomaren Bereich an einem bestimmten Ort nur mit einer bestimmten Wahrscheinlichkeit. Diese Wahrscheinlichkeiten hängen mit mathematischen Größen zusammen, die die Form von Wellen aufweisen. Subatomare Teilchen sind also keine ,,wirklichen", dreidimensionalen Wellen, sondern ,,... ,Wahrscheinlichkeitswellen', abstrakte mathematische Größen mit all den charakteristischen Eigenschaften von Wellen, die über die Wahrscheinlichkeit Auskunft geben, mit welcher die Teilchen an bestimmten Orten und zu bestimmten Zeiten anzutreffen sind" (*Capra* 1986, S. 67).

Heisenbergsche Unschärferelation

Außerdem beeinflußt die Art der Messung das jeweilige Ergebnis: Die *Heisenbergsche Unschärferelation* besagt, daß Ort und Impuls eines subatomaren Teilchens nicht mit gleicher Genauigkeit zu bestimmen sind. Je genauer der Ort gemessen wird, desto ungenauer gerät die Messung der Geschwindigkeit und umgekehrt. Alle Gesetze der Atomphysik sind in Form von Wahrscheinlichkeiten abgefaßt. Allerdings drückt sich hierin nach Ansicht von *Capra* nicht die Unkenntnis der Physiker über die tatsächlichen Zusammenhänge aus, sondern die Annahme, daß Wahrscheinlichkeit eine reale Eigenschaft atomarer und subatomarer Prozesse darstellt (1986, S. 134).

Einstein: ,,Der Herrgott würfelt nicht"

Einstein konnte diese Sichtweise nicht akzeptieren. Er blieb bei der Auffassung, daß man die Wahrscheinlichkeiten der Quantentheorie früher oder später würde deterministisch erklären können. Seine Ablehnung der Interpretation der Quantentheorie durch *Bohr* und *Heisenberg* umschrieb er so: ,,Der Herrgott würfelt nicht" (zit. nach *Capra* 1986, S. 310). Um die indeterministische Interpretation der Quantentheorie zu widerlegen, konstruierte Einstein ein berühmtes Gedankenexperiment, das ,,*Einstein-Podolsky-Rosen* (EPR)-Experiment". Wir geben hier die vereinfachte Version dieses Experimentes in der Formulierung von *Capra* (1986) wieder.

,,Einstein-Podolsky-Rosen (EPR)-Experiment"

,,Um den eigentlichen Kern der Situation zu begreifen, muß man mit einigen Eigenschaften des ,,Kreiselns" (*spin*) eines Elektrons vertraut sein. Das klassische Bild vom Tennisball mit einem Drall reicht nicht wirklich aus, den Spin eines subatomaren Teilchens zu beschreiben. In gewisser Hinsicht ist der Spin die Rotation eines Teilchens um seine eigene Achse, doch wie stets in der subatomaren Physik ist die klassische Vorstellung nur begrenzt brauchbar. Im Falle eines Elektrons ist der Spin des Teilchens auf zwei Werte begrenzt: Die Geschwindigkeit des Spins ist stets dieselbe, doch kann das Elektron in der einen oder anderen Richtung, im Uhrzeigersinn oder im Gegensinn, um eine gegebene Achse rotieren. Physiker bezeichnen diese beiden Werte des Spins oft als ,,*up*" und ,,*down*" (,,auf" und ,,ab").

Die entscheidende Eigenschaft eines kreiselnden Elektrons, die man im Rahmen der klassischen Vorstellung nicht verstehen kann, ist die Tatsache, daß seine Rotationsachse nicht immer mit Gewißheit bestimmt werden kann. So wie Elektronen die Tendenz zeigen, an bestimmten Orten zu existieren, so zeigen sie auch Tendenzen, um bestimmte Achsen zu rotieren. Führt man jedoch für eine beliebige Rotationsachse eine Messung durch, so findet man, daß das Elektron in der einen oder anderen Richtung um die Achse rotiert. Mit anderen Worten: Das Teilchen erhält im Augenblick der Messung eine bestimmte Rotationsachse; man kann jedoch nicht sagen, daß es schon *vor* der Messung um eine bestimmte Achse rotierte. Da hat es nur eine gewisse Tendenz oder das Potential, das zu tun. (...)

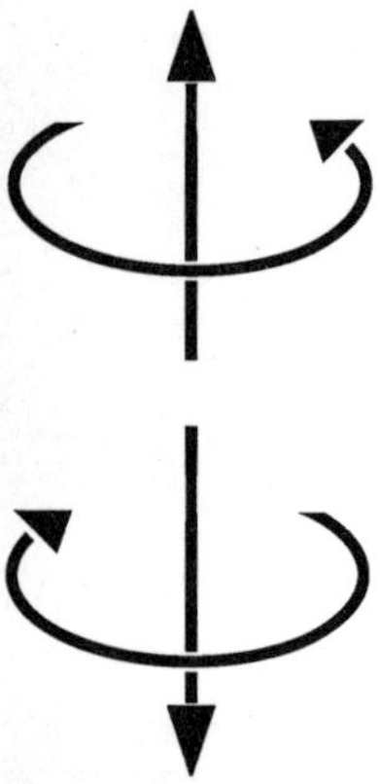

Abb. 23: Die Eigenschaften des Elektronenkreiselns (nach Capra 1983, S. 87)

Um das Experiment in Gang zu bringen, nutzt man eine von mehreren möglichen Methoden, zwei Elektronen in einen Zustand zu versetzen, indem ihr Spin zusammengenommen gleich Null ist. Nehmen wir nun an, die beiden Teilchen in diesem System werden durch einen Vorgang auseinandergetrieben, der ihren jeweiligen Spin nicht beeinträchtigt. Während sie sich voneinander entfernen, ist ihre kombinierte Kreiselbewegung immer noch gleich Null. Sobald sie dann durch eine größere Entfernung getrennt sind, wird ihr jeweiliger Spin gemessen. Ein wichtiger Aspekt des Experiments ist, daß die Entfernung zwischen den beiden Teilen im Augenblick der Messung beliebig groß sein kann. Das eine Teilchen kann sich in New York, das andere in Paris befinden, oder das eine auf der Erde und das andere auf dem Mond.

Nehmen wir nunmehr an, der Spin des Teilchens 1 werde in bezug auf eine vertikale Achse gemessen und als ,,aufwärts" (,,*up*") gerichtet befunden. Da der kombinierte Spin der beiden Teilchen gleich Null ist, geht aus dieser Messung hervor, daß der Spin von Teilchen 2 ,,abwärts" (,,*down*") gerichtet sein muß. Die Messung des Spins von Teilchen 1 bedeutet also zugleich eine indirekte Messung des Spins von Teilchen 2, ohne daß dieses Teilchen auf irgendeine Weise beeinflußt wird" (S. 311f).

Wenn man also die Messung bei Teilchen 1 durchführt, bedeutet dies, daß Teilchen 2, selbst wenn es Tausende von Kilometern entfernt ist, in demselben Augenblick einen ganz bestimmten Spin um die gewählte Achse annimmt, so daß der gesamte Spin beider Teilchen Null bleibt. Paradox ist, daß es dem Untersucher freisteht, die Meßachse zu wählen. Er kann sie selbst dann noch frei bestimmen, wenn die beiden Teilchen schon weit voneinander entfernt sind. Trotzdem bestimmt die gewählte Meßachse des ersten Teilchens den Spin des zweiten, beliebig weit entfernten Teilchens. Erklärbar ist dieses Phänomen nur, wenn man davon ausgeht, daß das Zwei-Teilchen-System ein unteilbares Ganzes darstellt, das selbst über große Entfernungen durch unmittelbare, *nichtlokale* Zusammenhänge verbunden bleibt. Diese Zusammenhänge haben nichts mit konventioneller Informationsübertragung zu tun, sondern verlangen die Vorstellung, daß alles in unserem Universum innerlich zusammenhängt, selbst wenn es räumlich getrennt ist. Einstein hat eine solche Vorstellung immer abgelehnt — trotzdem scheint vieles an neuen Erkenntnissen in der Quantentheorie für die Annahme derartiger ,,nichtlokaler" Zusammenhänge zu sprechen, die mit einem mechanistischen Weltbild unvereinbar sind.

Einschränkend muß jedoch gesagt werden, daß es sich bei dem EPR-Experiment um ein Gedankenexperiment handelt. Zudem wurde es von *Einstein* konstruiert, um die Unsinnigkeit einer indeterministischen Interpretation der Quantentheorie zu zeigen. Bei *Capra* (1983, 1986) gewinnt man jedoch den Eindruck, als wenn dieses Experiment einen schlagenden Beweis gegen die Auffassung *Einsteins* darstellt. *Capra* stützt sich hierbei auf die Interpretation des EPR-Experiments durch David *Bohm* (1951), die jedoch nicht unumstritten ist. So führt *Popper* in der 7. Auflage seiner ,,Logik der Forschung" (1982) aus, daß die Interpretation durch *Bohm* dann in Schwierigkeiten gerät, wenn man annimmt, daß zufällig zur gleichen Zeit beide Teilchen beobachtet werden: ,,Aber was geschieht wirklich, wenn die zwei Messungen gleichzeitig durchgeführt werden? Beginnt das Teilchen, das der Beobachter durch sein *Heisenberg*sches Mikroskop sehen soll, unter seinen Augen zu tanzen?" (S. 403).

Wie dem auch sei, an dieser Stelle soll für uns die Erkenntnis ausreichend sein, daß es unterschiedliche Interpretationen der Quantentheorie gibt. So bleibt zumindest strittig, ob hinter der *Heisenberg*schen Unschärferelation eine tatsächliche Unbestimmtheit oder lediglich eine empirische Unbestimmbarkeit steht, letztlich also die Frage, ob es einen physikalischen Determinismus im Sinne des kartesianisch-newtonschen Weltbildes gibt, oder ob man diesen aufgrund der Ergebnisse der modernen Physik durch einen physikalischen Indeterminismus ersetzen muß. Am konsequentesten in bezug auf eine neue Sichtweise nicht nur der physikalischen Gegebenheiten ist wohl die sog. *,,S-Matrix-Theorie"* des Physikers Geoffrey *Chew*, mit der eine Vereinigung von Relativitätstheorie und Quantentheorie versucht wird. Der ,,S-Matrix-Theorie" liegt als philosophischer Grundlage der sog. *,,bootstrap-Ansatz"* (,,Schnürsenkel-Philosophie") zugrunde. In ihm ist die Suche nach den Grundbausteinen der Materie vollständig zugunsten einer Auffassung aufgegeben worden, nach der das Universum als ein *dynamisches Gewebe* untereinander verbundener Geschehnisse angesehen wird. Hiernach gibt es keine fundamentalen Eigenschaften irgendwelcher Teile, sondern alle Eigenschaften bestimmen sich aus den Eigenschaften der anderen Teile. Die Gesamtübereinstimmung der Wechselbeziehungen definiert dann die Gesamtstruktur (*Capra* 1983, S. 98).

,,bootstrap-Ansatz" (Schnürsenkel-Philosophie)

4.3.4.4 Physikalischer und psychologischer Determinismus

Dem kartesianisch-newtonschen Weltbild entspricht der *,,physikalische Determinismus"*. Alles was geschieht, hat eine definitive Ursache und eine definitive Wirkung. Sehr plastisch wird diese Anschauung in einem berühmten Zitat des französischen Mathematikers und Astronomen Pierre Simone *Laplace* (1749 - 1827) dargestellt:

Physikalischer Determinismus

„Laplacescher Dämon“

„Ein Intellekt, der zu einem gegebenen Zeitpunkt alle in der Natur wirkenden Kräfte kennt und die Lage aller Dinge, aus denen die Welt besteht — angenommen, der erwähnte Intellekt wäre groß genug, diese Daten zu analysieren —, würde in derselben Formel die Bewegungen der größten Körper im Universum und die der kleinsten Atome erfassen; ihm wäre nichts ungewiß, und die Zukunft wie die Vergangenheit wären seinen Augen gegenwärtig“ (zit. nach *Capra* 1986, S. 55).

Der von *Laplace* beschriebene „Intellekt“ ist als *„Laplacescher Dämon“* bekannt geworden, der die Welt von außen betrachtet und aufgrund seines absoluten Wissens selbst die Zukunft präzise vorhersagen kann. *Popper* (1984, S. 232) gibt ein schönes Beispiel hierfür:

„Wenn der physikalische Determinismus recht hat, dann könnte ein völlig tauber Physiker, der nie einen Ton Musik gehört hat, sämtliche Sinfonien und Konzerte von *Mozart* und *Beethoven* schreiben, indem er einfach den genauen physikalischen Zustand ihres Körpers untersucht und voraussagt, wo sie schwarze Zeichen auf ihr liniertes Papier machen würden. Unser tauber Physiker könnte sogar noch mehr tun: Durch hinreichend genaue Untersuchung der Körper von *Mozart* und *Beethoven* könnte er Partituren schreiben, die *Mozart* und *Beethoven* nie tatsächlich geschrieben haben, die sie aber geschrieben hätten, wenn bestimmte äußere Bedingungen ihres Lebens anders gewesen wären; wenn sie zum Beispiel Hammelfleisch statt Hühnerfleisch gegessen oder Tee statt Kaffee getrunken hätten.“

So absurd dieses Beispiel erscheinen mag, es stellt lediglich die Konsequenzen des physikalischen Determinismus dar — wobei Deterministen sich allenfalls damit trösten mögen, daß uns das Wissen des *Laplace*schen Dämons wohl nie zur Verfügung stehen wird. Trotzdem sind die deterministischen Konsequenzen für die meisten Leute wohl eher unerfreulich. *Popper* macht dies durch die Anwendung des Determinismus auf einen Deterministen deutlich. Der Determinist täuscht sich nämlich, wenn er davon ausgeht, daß er den Determinismus aufgrund von guten Argumenten vertritt — diese mag er zwar haben, den Determinismus vertritt er jedoch aufgrund von physikalischen Strukturen (z.B. Gehirnstrukturen), genauso wie sein Gegner aufgrund von physikalischen Strukturen den Indeterminismus vertritt. Wenn der physikalische Determinismus wahr ist, lohnt es sich auch nicht, ihn argumentativ zu vertreten, da auch diese Argumente durch physikalische Strukturen vorherbestimmt wären. Wenn wir jedoch nicht für ihn eintreten, wäre auch dies determiniert, usf.

Physikalischer Indeterminismus

Psychologischer Determinismus

Der *physikalische Indeterminismus* stellt die Auffassung dar, daß nicht alle Ereignisse in der physikalischen Welt genau bis in alle Details vorherbestimmt sind, daß es also wenigstens einige Ausnahmen von der genauen Vorherbestimmung gibt. Vom physikalischen Determinismus grenzt *Popper* den von ihm als *„philosophisch oder psychologisch“* bezeichneten Determinismus ab. Dieser psychologische Determinismus geht auf David *Hume*s Lehre von der „konstanten Verknüpfung“ zurück und behauptet, daß gleiche Ursachen stets gleiche Wirkungen haben und das gleiche Wirkungen stets auf gleiche Ursachen zurückgehen. Diese Behauptungen sind mit dem physikalischen Indeterminismus durchaus vereinbar, da die Begriffe „Ursache“ und „Wirkung“ — wie *Popper* sagt — „unbestimmt genug sind“ (1984, S. 229).

Zusammenfassend kann man also sagen, daß — zumindest nach der Auffassung von *Popper* — der psychologische Determinismus nicht deterministischer ist als der physikalische Indeterminismus, oder — anders herum — der physikalische Indeterminismus nicht weniger deterministisch ist als der psychologische Determinismus.

4.3.4.5 Die Newtonsche Psychologie

Das ,,mechanistische kartesianische Weltbild" bestimmt das wissenschaftliche Denken auch heute noch in weiten Bereichen. Zwar ist es in der modernen Physik weitgehend abgelöst worden, in den meisten anderen Natur- und Sozialwissenschaften ist es jedoch nach wie vor vorherrschend: in der Medizin, der Biologie, der Ökonomie und auch in der Psychologie. Allerdings nicht nur im Bereich des empirisch-analytischen Wissenschaftsverständnisses, sondern — wie *Capra* (1983, S. 191ff) ausführlich begründet — z.B. auch innerhalb der Psychoanalyse.

Der ,,mechanistische" Freud

> ,,So wie Newton den absoluten euklidischen Raum als Bezugsrahmen bestimmte, in dem materielle Objekte eine Ausdehnung und einen Ort besitzen, so bestimmte Freud einen psychischen Raum als Bezugsrahmen für die Strukturen des psychischen ,,Apparates". Die psychischen Strukturen, auf denen Freuds Theorie der menschlichen Persönlichkeit basiert — das Es, das Ich und das Über-Ich —, gelten als eine Art interner, im psychischen Raum ausgedehnter und lokalisierter ,,Objekte". Daher finden räumliche Metaphern wie ,,Tiefenpsychologie", ,,tiefes Unbewußtes" und ,,Unterbewußtes" im gesamten Freudschen System so viel Verwendung" (*Capra* 1983, S. 195).

Allerdings gilt diese mechanistische Orientierung nicht für die gesamte Psychologie, auch nicht für die gesamte Psychoanalyse. ,,Bausteine für ein neues Weltbild" (so der Untertitel von *Capra*s Buch ,,Wendezeit" 1983) liefern z.B. die ,,Analytische Psychologie" C.G. *Jung*s und die Humanistische Psychologie (vgl. Abschnitt 4.5.1).

4.3.4.6 Die ,,neue Psychologie"

Eine Überwindung des kartesianisch-newtonschen Weltbildes innerhalb der Psychologie sieht *Capra* bei dem *Freud*-Schüler C.G. *Jung*. *Jung*s Bruch mit *Freud* ist für *Capra* Ausdruck dieses anderen Weltbildes, das den Vorstellungen der neuen Physik zumindest nahe kommt. Diese Verbindung hat auch *Jung* gesehen:

C.G. *Jung* und die Atomphysik

> ,,Früher oder später werden sich Atomphysik und Psychologie des Unbewußten in bedeutender Weise annähern, da beide, unabhängig voneinander und von entgegengesetzter Seite, in transzendentales Gebiet vorstoßen ... Psyche kann kein ,,ganz anderes" sein als Materie, denn wie könnte sie dann den Stoff bewegen? Und Stoff kann der Psyche nicht fremd sein, denn wie könnte er sie dann erzeugen? Psyche und Materie sind ein und derselben Welt, und eines hat am anderen Teil, sonst wäre Wechselwirkung unmöglich" (*Jung* 1951, S. 261 zit. nach *Capra* 1983, S. 403f).

Ein wesentlicher Unterschied zwischen den Theorien von *Freud* und *Jung* liegt in den Vorstellungen vom Unbewußten. Für *Freud* ist das Unbewußte ein individueller Bestandteil der Psyche, für *Jung* existiert neben diesem individuellen Unbewußten jedoch noch ein ,,kollektives" Unbewußtes, das einen phylogenetisch älteren Bestandteil der Psyche darstellt und an dem die ganze

Kollektives Unbewußtes

Menschheit teil hat. Eine Vorstellung, die innerhalb des kartesianisch-mechanistischen Denkens wenig Sinn macht, die jedoch mit den Vorstellungen der modernen Physik — zumindest nach *Capra* — durchaus Ähnlichkeiten aufweist. Tatsächlich scheinen die *Jung*schen ,,Archetypen", in denen lang zurückliegende Erfahrungen der Menschheit kondensiert sind, weitaus besser in ein ,,holographisches Weltbild" (s.u.) zu passen als in eine nüchterne empirisch-analytische Theorie.

Nun stellt die ,,Analytische Psychologie" *Jungs* nicht den einzigen Beitrag der Psychologie zu dem neuen Weltbild im Sinne *Capras* dar. Vielversprechend in dieser Hinsicht erscheint ihm vor allem die aus der Humanistischen Psychologie hervorgegangene *,,Transpersonale Psychologie"*, deren Name von Abraham *Maslow* und Stanislaw *Grof* in den 60er Jahren geprägt wurde. Die Transpersonale Psychologie versucht eine Verbindung zwischen der Psychologie und spirituellen bzw. mystischen Erfahrungen herzustellen, wobei auch versucht wird, die kartesianische Trennung von Geist und Körper, die für die traditionelle Psychologie und Psychotherapie kennzeichnend ist, zu überwinden.

Transpersonale Psychologie

4.3.4.7 Das holographische Weltbild

Schneidet man aus dem Negativ eines Gruppenfotos eine Person heraus, so fehlt diese Person selbstverständlich, wenn man von diesem Negativ einen Abzug herstellt.

Nicht so bei dem von Dennis *Gabor* 1947 entdeckten mathematischen Prinzip der Holographie. Ein Hologramm ist eine besondere Art von optischem Speichersystem, bei dem die Abbildung nicht direkt einem Teil der holographischen Aufnahme zugeordnet werden kann. Entfernt man von der photographischen Platte mit der holographischen Aufnahme einen Teil, so bleibt in der holographischen Projektion das ganze Bild erhalten. Mehr noch: Jeder einzelne Teil des Hologramms enthält das ganze Bild in ,,verdichteter" Form.

Ähnlich scheint es sich nach den Arbeiten von Karl *Pribram* mit dem menschlichen Gehirn zu verhalten. Werden kleine Teile des Gehirns zerstört, so läßt sich oft die Auswirkung auf das Gedächtnis nicht erkennen, da das Gehirn als Ganzes arbeitet. In Fortsetzung der Arbeiten von *Capra, Ferguson, Pribram, Bohm* und anderen haben Physiker, Physiologen und Wissenschaftstheoretiker seit Anfang der achtziger Jahre vom ,,holographischen Weltbild" (*Wilber* 1982, deutsche Übersetzung 1986) gesprochen.

Das Hologramm wird hier zur Metapher für ein neues Weltbild, bei dem ,,das Universum selbst ein gigantisches Hologramm" zu sein scheint, bei dem jeder Teil im ganzen und das Ganze in jedem seiner Teile ist" (*Wilber* in seiner Einführung 1986, S. 9). So wird auch das menschliche Gehirn als Hologramm verstanden, das ein holographisches Universum interpretiert (*Ferguson* 1986, S. 21).

Hatte *Capra* in seinem Buch ,,Wendezeit" (1983) zu zeigen versucht, daß eigentlich alle Wissenschaftsdisziplinen ein Stadium erreicht haben, das eine Aufrechterhaltung monokausalen Denkens und eine kartesianische Trennung im Geist (*res cogitans*) und Materie (*res extensa*) nicht mehr gestattet, so geht die Forschergruppe um David *Bohm* und Karl *Pribram* hier einen Schritt weiter.

eingefaltete Ordnung

Es wird von *Bohm* das Konzept der ,,eingefalteten Ordnung" entwickelt, für das das Hologramm ein Beispiel ist (1986, S. 50 ff). Zur Veranschaulichung der eingefalteten Ordnung beschreibt *Bohm* ein Gerät, das im wesentlichen aus zwei konzentrischen Glaszylindern besteht, zwischen denen sich eine zähflüssige, durchsichtige Flüssigkeit, wie zum Beispiel Glyzerin, befindet. Läßt man nun einen Tropfen unlöslicher Tinte in die Flüssigkeit fallen und dreht den Zylinder langsam, dann wird der Tropfen zu einem dünnen, langen Faden. Dreht man den Zylinder vorsichtig rückwärts, wird der Faden wieder zu einem Tropfen. Der zu einem Faden ausgezogene Tropfen wird von *Bohm* als ,,eingefalteter Tropfen" angesehen. An der Wiederherstellung des Tropfens ist die gesamte Flüssigkeit beteiligt (S. 50f).

Dieser Versuch wird von *Bohm* nur als Veranschaulichung benutzt, um zu verdeutlichen, daß eine innere Ordnung in den kleinsten Elementen besteht, von denen für unsere Wahrnehmung jeweils nur ein bestimmter Aspekt manifest wird. Diese Ordnung transzendiert nicht die Elemente, sondern ,,unterschreitet" sie. (Auf die Wiedergabe der nicht leicht zu verstehenden naturwissenschaftlichen Ausführungen von *Bohm* wird hier verzichtet.) *Bohm* lehnt ein hierarchisches Weltbild ab. Er sieht in der Relativitätstheorie und der Quantenmechanik wichtige Belege dafür, daß man die Welt nicht in separate und voneinander unabhängige Teile zerlegen kann (1986, S. 189).

Der Weg von *Bohm* und anderen Naturwissenschaftlern zur Annahme einer inneren, einheitlichen und transzendenten Wirklichkeit ist schwer nachzuvollziehen. In jedem Fall ist die Hinwendung dieser Forschergruppe zur Mystik bemerkenswert. *Bohm* bezeichnet ,,den Urgrund unserer Existenz" als Mysterium (1986, S. 187). Den Dialog zwischen Mystikern und Wissenschaftlern sieht *Bohm* als schwierig, jedoch als möglich an. Seines Erachtens ,,wäre es genauso töricht, wenn die Mystik versuchen sollte, sich durch Physik bestätigen zu lassen, wie wenn Physiker ihre Wissenschaft umgekehrt durch die Mystik beweisen wollten. Weder das eine noch das andere läßt sich beweisen".

Der Grund für das Interesse an — meist östlicher — Mystik bei *Bohm* und anderen liegt vermutlich zum Teil darin begründet, daß diese Naturwissenschaftler sich mehr als andere über die Unbeweisbarkeit vieler naturwissenschaftlicher Grundannahmen im klaren sind:

> ,,Physik läßt sich in absolutem Sinne überhaupt nicht beweisen, weil sie auf allerlei Annahmen beruht, von denen viele sogar noch unbekannt sind ... Einige davon mögen falsch, andere richtig sein. Da es also keine Möglichkeit gibt, Physik zu beweisen, und genauso sicher keine Möglichkeit, Mystik zu beweisen, halte ich jeden Versuch für einen Fehler, irgend etwas mit absoluter Sicherheit beweisen zu wollen. Dennoch könnte sich aus dem Dialog zwischen beiden etwas Wertvolles ergeben, in dem Sinne, daß jeder vom anderen lernen kann. Zugleich mag jeder entdecken, daß einige seiner Voraussetzungen unsinnig sind und besser aufgegeben werden sollten. Das könnte dann beiden erlauben, Wege zu etwas Neuem zu finden, die sie nicht unwiderruflich trennen" (*Bohm* 1986, S. 189).

4.3.4.8 Zur Kritik

Wir haben bei der Diskussion des Problems der Determiniertheit schon darauf hingewiesen, daß die Interpretation der philosophischen Bedeutung der Quantentheorie durch *Capra* zumindest nicht unumstritten ist. Zwar kann man davon ausgehen, daß die Mehrzahl der Physiker heute einen physikalischen Determinismus ablehnt, dies bedeutet jedoch nicht schon automatisch, daß sie auch das *Prinzip der Kausalität* ablehnen. Offensichtlich ist der Begriff der Kausalität nicht eindeutig. So unterscheidet z.B. Max *Born*, selbst ein Vertreter des physikalischen Indeterminismus, zwischen Kausalität im Sinne quantitativer Determiniertheit und Kausalität im Sinne zeitlicher Aufeinanderfolge. Ein Satz wie *„Das kapitalistische System ist die Ursache von Wirtschaftskrisen"* stellt eine allgemeine Regel oder ein Gesetz dar, das vom Zeitablauf unabhängig ist. Kausalität im Sinne zeitlicher Folge liegt dem folgenden Satz zugrunde: *„Die Wirtschaftskrise von 1930 wurde durch eine Panik an der New Yorker Börse verursacht"* (*Born* 1986, S. 81, Original 1957). Dem physikalischen Determinismus entspricht diese zweite Form der Kausalität: die Gesetze der klassischen Mechanik erlauben die Vorhersage künftiger Ereignisse aus vorhergehenden und umgekehrt. Nach *Born* ist jedoch die Gleichsetzung von Determinismus und Kausalität falsch: Deterministische Beziehungen, die nicht kausal sind, liegen z.B. bei Fahrplänen oder Programmfolgen vor:

Prinzip der Kausalität

„Determinismus" ist nicht identisch mit „Kausalität"

> „Aufgrund eines Varieté-Programms kann man wohl die Reihenfolge der Auftritte voraussagen, wird aber schwerlich behaupten, daß die Akrobaten von Szene Nr. 5 die Liebesszene Nr. 6 verursacht haben" (*Born* 1986, S. 82).

Born definiert die Beziehung von Ursache und Wirkung derart, daß eine bestimmte Situation von einer anderen (ungeachtet der Zeit) auf eine durch quantitative Gesetze beschreibbare Weise abhängt (S. 85). Diese Definition ist seiner Auffassung nach mit dem indeterministischen Charakter der Quantentheorie durchaus vereinbar — wir finden hier also die gleiche Auffassung wie bei *Popper* (1984) wieder.

Wie Sie vielleicht bemerkt haben, geht es bei der eben diskutierten Frage um ein philosophisches, semantisches oder auch definitorisches Problem, jedenfalls um keines, das sich allein aufgrund naturwissenschaftlicher Forschung klären läßt. So verweist *Born* wohl zu Recht darauf, daß diese Frage bei Erörterungen zwischen Physikern, die genau wissen, über was sie sprechen, nicht viel ausmacht: Ungeachtet unterschiedlicher philosophischer Deutungen können sie sich mit Hilfe mathematischer Formeln über die Quantentheorie durchaus verständigen. Er hält es aber für gefährlich, physikalischen Laien die kausale Naturerklärung als durch die moderne Physik widerlegt zu erläutern.

Auch Psychologen sind in Hinblick auf die neue Physik wohl eher als Laien anzusehen. Wir sollten daher die Warnung eines berühmten Physikers durchaus ernst nehmen. Folgt man *Capra,* würde die Psychologie sich zwar vom überkommenen mechanistischen Weltbild der Physik emanzipieren, sich aber sofort wieder einem naturwissenschaftlichen Weltbild unterordnen: statt der „alten" nun die „neue Physik". Überspitzt formuliert könnte man auch fragen, ob der Spin eines Elektronenteilchens die Plausibilität des kollektiven Unbewußten erhöht.

4.3.5 Handlungsforschung

Handlungsforschung, Aktionsforschung und Tatforschung sind synonyme Übersetzungen des Begriffs *action research*, den Kurt *Lewin* (1890 - 1947) etwa 1945 geprägt und zum Thema einer seiner letzten Veröffentlichungen gemacht hat (*Lewin* 1946). Zum Begriff

Dieser Aufsatz ,,Action research and minority problems" fand als letztes Kapitel Eingang in die posthum erschienene Aufsatzsammlung ,,Resolving social conflicts" (1948). In der deutschen Übersetzung dieses Buches (1953) trägt dieses 13. Kapitel die Überschrift ,,Tat-Forschung und Minderheitenprobleme". Der an sich anschauliche Begriff der Tatforschung hat sich jedoch nicht durchgesetzt. In Band 7 der *Kurt-Lewin*-Werkausgabe (KLW) wird *Lewins* Aufsatz daher mit der Überschrift ,,Aktionsforschung und Minderheitenprobleme" erscheinen. Wir ziehen hier den Begriff ,,Handlungsforschung" vor, da uns ,,Aktionsforschung" zu sehr an Aktionismus und Happenings erinnert.

Worum ging es *Lewin*? Beginnend mit seinen bahnbrechenden Untersuchungen über die Auswirkungen verschiedener Führungsstile auf das Gruppenklima bei Jugendlichen (*Lewin, Lippitt* und *White* 1939) hatte *Lewin* einen Weg gefunden, experimentelle Sozialpsychologie zu betreiben, deren Forschungsergebnisse unmittelbar Nutzen für Pädagogen, Sozialarbeiter und Führungskräfte haben konnten. Ab 1939 arbeitete *Lewin* neben seiner ,,rein" wissenschaftlichen Forschung in Iowa und später am MIT in Boston als Unternehmensberater für die Harwood-Manufacturing-Corporation. Hinzu kamen Beratertätigkeiten für das Office of Naval Research und vor allem für den Kongreß amerikanischer Juden (AJC). Der AJC ermöglichte *Lewin* 1944 die Gründung der *Commission on Community Interrelations* (CCI) (s. *Marrow* 1977, S. 195). Hierbei handelte es sich um ein interdisziplinäres Projekt, bei dem u.a. Bedingungen der Vorurteile gegenüber Juden und Möglichkeiten ihres Abbaus anhand vieler einzelner Fragestellungen (Selbstachtung, Erziehungsfragen, Training, Wohnungswahl usw.) erforscht werden sollten. *Lewin* wollte praxisnahe Hypothesen aufstellen und entsprechend diesen Hypothesen sinnvolle Veränderungen im sozialen Feld durchführen (social change) und dann in längerfristigen Studien die Auswirkungen kontrollieren.

Lewin schreibt (1946, deutsch 1953, S. 280):

> ,,Die für die soziale Praxis erforderliche Forschung läßt sich am besten als eine Forschung im Dienste sozialer Unternehmungen oder sozialer Technik kennzeichnen. Sie ist eine Art Tat-Forschung (,,action research"), eine vergleichende Erforschung der Bedingungen und Wirkungen verschiedener Formen des sozialen Handelns und eine zu sozialem Handeln führende Forschung. Eine Forschung, die nichts anderes als Bücher hervorbringt, genügt nicht.
> Das bedeutet keinesfalls, daß die hier verlangte Forschung in irgendeiner Hinsicht weniger wissenschaftlich oder ,,niedriger" sei als die für die reine Wissenschaft auf dem Gebiet der sozialen Erscheinungen nötige. Ich bin geneigt, das Gegenteil für wahr zu halten."

An späterer Stelle in seinem Aufsatz stellt *Lewin* am Beispiel der Intergruppenbeziehungen die einzelnen Schritte eines Handlungsforschungs-Projektes dar.

Lewin stellt an den Anfang eine allgemeine Idee eines wünschenswert erscheinenden Zieles (1953, S. 283). Es folge in dieser ersten Phase das Sammeln von Fakten, der Entwurf eines Generalplanes und die Entscheidung über den ersten praktischen Schritt. 3 Phasen

Die zweite Phase dient der Ausführung des ersten Schrittes des Generalplanes. Die nächste Phase bezeichnet *Lewin* als ,,Aufklärung oder Tatsachenfindung".

4 Aufgaben

,,Erstens soll sie die Handlung bewerten. Sie zeigt, ob das Erreichte über oder unter der Erwartung liegt. Zweitens gibt sie den Planern die Möglichkeit zu lernen, das heißt, eine neue allgemeine Einsicht zu sammeln, zum Beispiel im Hinblick auf die Stärke und Schwäche bestimmter... Taktiken. Drittens soll diese Tatsachenfindung als Grundlage für ein richtiges Planen des nächsten Schrittes dienen. Schließlich dient sie als Grundlage zur Abänderung des ‚Generalplans'" (S. 284).

Weitere Phase(n)

spiralförmig

Nach *Lewin* setzen sich auch die nächsten Schritte aus einem Kreis von Planung, Ausführung und Aufklärung oder Tatsachenfindung zusammen, wobei letztere die vier genannten Aufgaben hat. *Lewin*: ,,Eine vernünftige Sozialtechnik schreitet daher in einer Spirale von Schritten voran, deren jeder aus einem Kreis von Planung, Handlung und Tatsachenfindung über das Ergebnis der Handlung zusammengesetzt ist" (1953, S. 284f.).

Handlungsforschung hat für *Lewin* also programmatischen Charakter. Zur Forschung sind Intervention und Erziehung/Lernen/Training als weitere Elemente hinzugekommen. Diese drei Elemente sollen sich gegenseitig ergänzen. *Lewin* vergleicht die drei Elemente mit den Ecken eines Dreiecks; ein Dreieck wird erst durch die drei Ecken zu dem, was es ist.

Intervention

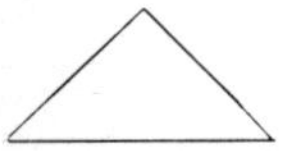

Forschung Training

Als Kennzeichen der Handlungsforschung stellen *Klüver* und *Krüger* (1972, S. 76f.) heraus:

,,a) Die Problemauswahl und -definition geschieht nicht vorrangig aus dem Kontext wissenschaftlicher Erkenntnis, sondern entsprechend konkreten gesellschaftlichen Bedürfnissen.
b) Das Forschungsziel besteht nicht ausschließlich darin, soziologisch theoretische Aussagen zu überprüfen oder zu gewinnen, sondern darin, gleichzeitig praktisch verändernd in gesellschaftliche Zusammenhänge einzugreifen.
c) Die im Forschungsprozeß gewonnenen Daten werden nicht mehr als isolierte Daten ,,an sich" angesehen, sondern als Momente eines prozeßhaften Ablaufes interpretiert; sie gewinnen ihren Sinn auf der theoretischen Ebene dadurch, daß sie stets mit dem realen Prozeß als Gesamtheit zusammengedacht werden und erhalten ihre Relevanz auf der praktischen Ebene als konstitutive Momente weiterer Prozeßabläufe.
d) Die als Problem aufgenommene soziale Situation wird als Gesamtheit — als soziales Feld — angesehen, aus der nicht aufgrund forschungsimmanenter Überlegungen einzelne Variablen isoliert werden können.
e) Die praktischen und theoretischen Ansprüche des action research verlangen vom Forscher eine zumindest vorübergehende Aufgabe der grundsätzlichen Distanz zum Forschungsobjekt zugunsten einer bewußt einzunehmenden Haltung, die von teilnehmender Beobachtung bis zur aktiven Interaktion mit den Beteiligten reicht.
f) Entsprechend soll sich auch die Rolle der Befragten und Beobachteten verändern und ihr momentanes Selbstverständnis so festgelegt werden, daß sie zu Subjekten im Gesamtprozeß werden."

Handlungsforschung ist also als längerfristiger Prozeß mit Feedback-Schleifen zu verstehen.

,,Herkömmliche Forschung ist wesentlich monologisch... Aktionsforschung ist demgegenüber dialogisch. Der Forscher setzt sich in der Diskussion mit den Menschen auseinander, ‚über die er forscht'. Seine Informationen, die er über diese Menschen gewinnt, werden immer wieder in den gemeinsamen Handlungsprozeß eingegeben und diskutiert" (*Moser* 1977, S. 16).

In der Handlungsforschung haben sich die *Aufgaben des Forschers* vervielfacht. Er setzt nicht nur die unabhängigen Variablen, sondern er wird selbst zur unabhängigen, zur intervenierenden und zur abhängigen Variable. Ständig werden vom Forscher Entscheidungen verlangt. Er gerät zwangsläufig in Rollenkonflikte, da in seiner Person der Forscher, Trainer und Interessenvertreter vereinigt ist. Handlungsforschung ist sicher ein anstrengendes Geschäft!

Kurt *Lewin* selbst, der Ende seines Lebens eine Reihe von Handlungsforschungsprojekten durchführte, hat sich — wie sein Biograph *Marrow* (1977) anschaulich beschrieben hat — körperlich völlig verausgabt. *Lewin* starb vorzeitig, im Februar 1947. Eine systematische und theoretische Aufarbeitung der Handlungsforschung hat er nicht mehr leisten können.

Lewins Konzept der Handlungsforschung stieß unter Sozialpsychologen nur vereinzelt auf Interesse. Auch in Deutschland orientierten sich die Sozialwissenschaftler bei der Rezeption amerikanischer Forschung bekanntermaßen zunächst am wissenschaftstheoretisch meist wenig reflektierten empirisch-analytischen Vorgehen. Erst Ende der sechziger, Anfang der siebziger Jahre erschienen auch im deutschen Sprachbereich erste Untersuchungsberichte und theoretische Arbeiten zur Handlungsforschung (vgl. *Haag* u.a. 1972, *Heinze* u.a. 1975, *Moser* 1977). Vor allem Sozialpädagogen und Soziologen sahen zu dieser Zeit in der Handlungsforschung einen Weg, um aus der Misere der neopositivistischen Auftragsforschung herauszukommen. *Klüver* und *Krüger* (1972) meinten zum Beispiel, „daß action research in der Folge der Auseinandersetzung zwischen den so bezeichneten ‚Positivisten' und ‚Kritischen Theoretikern' sich als Ausweg anbietet" (S. 77) und bewerteten die Handlungsforschung als einen sich als „fortschrittlich" verstehenden „Ansatz, der dem Erkenntnisinteresse einer sich als kritisch definierenden Soziologie entgegenkommt" (S. 77).

Zahlreiche Aufsätze jener Zeit vermitteln den Eindruck, daß man in der Aktionsforschung eine sinnvolle Erweiterung des empirisch-analytischen Vorgehens, aber auch eine handfeste Möglichkeit zur Forschung im Kontext der Kritischen Theorie sah. Aus der Perspektive der Kritischen Psychologie sieht *Maschewsky-Schneider* (1977) drei *Vorzüge* der Handlungsforschung:

Vorzüge

1. Im Gegensatz zur traditionellen Sozialforschung bleiben in der Handlungsforschung die Erforschten nicht länger nur Objekte der Forschung, sondern treten auch im Forschungsprozeß als Subjekte auf (S. 167f.).
2. Diese Subjektivität der Forschungsobjekte äußert sich im selbstbewußten Handeln der Individuen. „Im Handlungsforschungsprozeß verbinden sich — zumindest dem Anspruch nach — Handlungs- und Forschungsperspektiven untereinander. Forscher und Erforschte initiieren in einem kollektiven Prozeß Veränderungsstrategien im untersuchten Feld" (S. 168).
3. Entgegen dem traditionellen Vorgehen der Isolation und Manipulation einzelner Variablen, insbesondere in der experimentellen Forschung, macht Handlungsforschung das „gesamte real existierende Untersuchungsfeld zum Gegenstand der Forschung" (S. 169).

Alle diese Hoffnungen entsprangen offensichtlich aus der Unzufriedenheit mit der empirisch-analytischen Sozialforschung. In Forschungsprojekten mußte sich nun erweisen, wie weit die Handlungsforschung diese Erwartungen einlösen konnte.

Im Jahre 1970 bewilligte die Stiftung Volkswagenwerk dem Fachbereich Sozialpädagogik der Pädagogischen Hochschule Berlin 409.000 DM, „um herauszufinden, ob die Handlungsforschung innerhalb der außerschulischen Jugend- und Erwachsenenbildung sinnvolle Ergebnisse produzieren könne" (*Müller & Schröter* 1975). Den Aktionsforschern erschien das Märkische Viertel in Berlin, eine Satellitenstadt mit ungünstiger Infrastruktur, als ein geeignetes Feld.

„In diesem Konfliktfeld wollten wir mit zehn Hochschullehrern, hundert Studenten und den von den Konflikten im Feld direkt Betroffenen Projekte installieren. Die Projekte sollten das Fehlen infrastruktureler Wohnfolgeeinrichtungen durch Selbsthilfe der Bürger kompensieren (Abenteuerspielplätze, Bolzplätze, Zeltlager, provisorische Jugendfreizeitheime, Kindertheater, Eltern-Initiativ-Gruppen) und gleichzeitig durch diese gemeinsamen Aktivitäten die Bewohner aus ihrer vom Umzug ins Viertel verursachten Isolierung herauslösen und zur gemeinsamen Vertretung ihrer Interessen gegenüber Wohnungsbaugesellschaft und Bezirksamt anregen (Abeitskreis Mieten und Wohnen, Mieterschutzbund, Märkische Viertel Zeitung, kommunale Filme im MV). Gerade die Rekonstruktion nachbarschaftlicher Selbsthilfe, die wir in ‚gewachsenen' innerstädtischen Arbeiter-Altbau-Vierteln zu erkennen glaubten, erschien uns als vorrangiges Ziel unseres feldexperimentellen Arbeitens. (...)

Da die meisten Hochschullehrer und Studenten nicht im Märkischen Viertel wohnten und wir uns die Verhältnisse im Viertel zunächst nur durch die gemeinsame Herstellung und das gemeinsame Studium einer 200-seitigen Materialsammlung über das Viertel (Nr. 0) hatten aneignen können, machten wir zunächst in einer ersten Phase den Versuch, *in das Feld „einzutauchen*, ohne daß es allzu sehr spritzt", wie wir es nannten. Das heißt, wir versuchten uns in den bereits bestehenden Initiativgruppen (etwa auf dem Abenteuerspielplatz) nützlich zu machen, oder wir versuchten, nach einem Schwerpunktplan neue Initiativen zu gründen (eine Viertelzeitung, ein Sommerzeltlager im Ausland, das Projekt Kinderbuch und andere). Nicht zuletzt wollten wir durch die Tätigkeit in diesen Gruppen das Vertrauen der Bevölkerung gewinnen und uns gleichzeitig einen Überblick über die Situation und die Stimmung im Viertel verschaffen. (...)

Ab Sommer 1970 lief die zweite Phase der Projektentwicklung an, die vorher schon eine gewisse, aber untergeordnete Rolle gespielt hatte: die Phase der *systematischen Dokumentation*. (...)

Nicht immer machten wir diese unsere eigentlichen Entdeckungen schon in der zweiten Phase der Projektentwicklung. Häufig machten wir sie erst in der dritten Phase, *der ‚eigentlichen' Auswertung* (im Sinne traditioneller Forschungsprojekte), die ja sowohl in unserem Interesse als auch im Interesse der Stiftung Volkswagenwerk eine nicht unerhebliche Rolle spielte. In dieser Phase verwendeten wir zwei zusätzliche Dokumentations-Instrumente: die *Rückerinnerungsdiskussion* und das *Werkstatt-Wochenende*. In der Rückerinnerungsdiskussion baten wir ehemalige Teilnehmer an der Entwicklung in bestimmten Projekt-Phasen, in *der* sozialen Zusammensetzung, in der sie seinerzeit (meist ein Jahr zuvor) im Projekt gearbeitet hatten, ihre damaligen Eindrücke und damit die Projektgeschichte zu *rekonstruieren*. Beim Werkstatt-Wochenende schickten wir allen Mitgliedern eines Teil-Projektes und einer bestimmten Projektentwicklungsphase ein Rohmanuskript mit unseren Forschungsergebnissen und luden sie zu einem verlängerten Wochenende in eine Jugendbildungsstätte mit Übernachtungsmöglichkeiten ein (auch ihre Frauen/Männer/Partner und Kinder), um mit ihnen ungestört über das Manuskript diskutieren zu können. Die Diskussionen wurden auf Tonband genommen, transkripiert und in die bestehenden Manuskripte eingearbeitet."

Zusammenfassend berichten *Müller* und *Schröter* (1975, S. 32f.):

„Die Vielfältigkeit der Probleme wird deutlich, wenn man sie am Vorgehen traditioneller Forschung mißt. Vorab kann gesagt werden, daß Handlungsforschung, unter dem Aspekt der schnellen Vermarktbarkeit betrachtet, wenig bringt, weil die Zeitspanne zwischen Forschungsbeginn und Forschungsprodukt ziemlich groß ist. Zudem lassen sich in ein Handlungsforschungsprojekt äußere ‚Effektivitätskriterien' schwer einfügen, denn:

1. nicht ein Forscher (oder ein Team) definiert Forschungsziel und Forschungsgegenstand und gibt an die Mitarbeiter Weisungen zur Durchführung, vielmehr muß das demokratische Element der ‚Kontrolle der Forscher durch die Erforschten' sich bereits im Abbau der Hierarchien traditioneller Forschergruppen als eine Art ‚Vor-Test' beweisen;
2. nicht eine Publikation ist das primäre Ziel von Handlungsforschung, sondern das Einwirken auf und Verändern von gesellschaftlichen Prozessen;
3. nicht ‚Auswertung', die vermarktet wird, ist Ziel von Handlungsforschung, sondern Auswirkung im Prozeß zum Vorantreiben des Prozesses im Interesse der Betroffenen;
4. nicht für Geldgeber oder Hochschulbibliotheken entstehen Publikationen über Handlungsforschungsprojekte, sondern für ‚Betroffene' in zwar anderen, aber vergleichbaren gesellschaftlichen Situationen als ‚nützliche' Vermittlung von Erfahrungen. Wird die ‚Nützlichkeit' von den Betroffenen nicht eingesehen, entsteht keine Publikation.

Unter diesem Aspekt betrachtet ist unser Vorgehen für ‚professionelle' Forscher uninteressant, weil kaum ein Forscher wagen könnte, seine Arbeit als ‚Broterwerb' zu betreiben, während die Betroffenen fast die gleiche Arbeitszeit neben ihrem ‚Broterwerb' *ehrenamtlich* für das Projekt zur Verfügung stellen.

Diese Erfahrungen zusammenfassend können wir ironisch sagen, daß es wesentlich schwieriger ist, die Forscher unter einem solchen demokratischen Handlungsforschungsprojekt zu ‚vereinheitlichen', als an den vielzitierten Erfahrungen oder dem ‚Bewußtsein' der Betroffenen anzuknüpfen. Allerdings ist diese Schwierigkeit nicht in der mehr oder weniger vorhandenen Gutwilligkeit der Forscher zu suchen, sondern in der auf Einzelleistung und Konkurrenz ausgerichteten Qualifikationssituation unseres von gesellschaftlicher Praxis getrennten Hochschulsystems. Ein Assistent, der sich wissenschaftlich qualifizieren muß, ist quasi von solchen Projekten ausgeschlossen, weil die Dissertationsordnung zum Beispiel ‚die Kontrolle durch die Betroffenen' ausschließt. Ebenso wenig werden Betroffene als Prüfer zu Lehrer- oder Diplomprüfung zugelassen. (...)

Diese Probleme führten dazu, daß sich bei uns langsam eine Vorstellung von der Rolle und Funktion des Forschers in unseren Projekten herausbildete. Wir gingen davon aus, daß das Handeln, das zur Veränderung einer angestrebten Situation führen soll, das eigentliche Ziel von Handlungsforschung sei. Zur Einschätzung dieses Handelns für die Bestimmung der weiteren Arbeit seien alle Gruppenmitglieder kompetent, weil sie ja nicht unverändert geblieben sind, sondern sich im Laufe des Prozesses durch Diskussionen, Aktionen und vielfältige Erfahrungen verändert haben. Mit anderen Worten: jeder, der am Prozeß beteiligt ist, kann im Prinzip ‚intervenierender', aber auch ‚beobachtender' Forscher sein."

Gemessen an den Maßstäben des kritischen Rationalismus muß das von den Initiatoren geschilderte Projekt eindeutig als unwissenschaftlich und daher als Mißerfolg gewertet werden: Eine Theorie ist nicht erkennbar; die Ergebnisse werden sogar für nicht mitteilenswert gehalten, weil sie in erster Linie nur für die Betroffenen von Interesse seien! So ist das Projekt wohl eher als eine umfassende sozialpädagogische Maßnahme unter Einbeziehung einer großen Anzahl engagierter Laien (Studenten) mit Einbeziehung intensiverer Reflexionsphasen zu bezeichnen.

Aus wissenschaftstheoretischer Sicht wird unseres Erachtens gerade an diesem Projekt „Märkisches Viertel" deutlich, daß „Handlungsforschung" ein Sammelbegriff für verschiedenste Methoden und eben keine Bezeichnung für ein wissenschaftstheoretisch fundiertes Vorgehen ist. In diesem Sinn schreiben *Krüger* und *Klüver* (1975, S. 96f.) treffend, bei der Handlungsforschung läge „die Gefahr sehr nahe, sich mit der Tatsache, daß eine Praxis im Feld vorliegt, zu begnügen, ohne den eigenen wissenschaftstheoretischen und politischen Standort zu reflektieren, zumal die praktische Arbeit im Feld diese Notwendigkeit nicht unmittelbar erfordert".

Nach einer vergleichenden Analyse von Anspruch, Zielen und Verfahren der Handlungsforschung kommen *Zecha* und *Lukesch* (1982) zu einer scharfen Ab-
Kritik lehnung der Handlungsforschung. Sie schreiben (S. 383f.):

,,Das wichtigste Ziel zumindest jener Handlungsforscher, die ausschließlich an politischen Aktionen interessiert sind, liegt ja nicht im Erkenntnisgewinn, in der Lösung von theoretischen Problemen, sondern in der Veränderung der Gesellschaft... Die Organisation, Planung und Durchführung solcher Aktionen werden von jenen Handlungsforschern in bewußter Irreführung als ,,Wissenschaft" oder ,,Forschung" ausgegeben, um ideelle und finanzielle Unterstützung von ausgerechnet der Gesellschaft zu erhalten, deren Veränderung durch Handlungsforscher geplant wird.

All das muß als Tatsache zur Kenntnis genommen werden; freilich sollten auch die entsprechenden Konsequenzen gesehen werden, von denen wir im folgenden einige anführen.

Zu diesen Konsequenzen gehört zunächst, daß die forschungsfördernden Institutionen (etwa die Kultus- und Unterrichtsministerien, die Forschungsfonds wie DFG, VW-Stiftung und andere Forschungsförderer) auf diese Irreführung aufmerksam gemacht werden."

,,Daß sich nicht wenige Handlungs- oder Aktionsforscher selbst nicht als Wissenschaftler, die an wahren, überprüfbaren, generalisierbaren Erkenntnissen interessiert sind, sondern als Gesellschaftskritiker und -veränderer verstehen, muß des weiteren Konsequenzen in der Personalpolitik wissenschaftlicher Einrichtungen, vor allem der Universitäten, nach sich ziehen. Eine Anstellung oder Berufung, aber auch eine Promotion oder Habilitation von erklärten Vertretern handlungsorientierter ,,Forschung" im oben dargestellten Sinne würde der eigentlichen Zielsetzung dieser Institutionen, nämlich der Förderung von Wissenschaft und Forschung, zuwiderlaufen."

Eine derartig radikale Abklassifizierung der Handlungsforschung als Nicht-Wissenschaft und der Handlungsforscher als nicht der *Scientific Community* zugehörig, ist für manche Vertreter des nomothetischen Wissenschaftsverständnisses offenbar logisch. Wir möchten dafür plädieren, die breite Palette der Forschung, die sich hinter der Überschrift ,,Handlungsforschung" seit *Lewin* verbirgt, genauer zu betrachten, statt sie pauschal nach traditionellen Kriterien zu verurteilen, wie dies *Zecha* und *Lukesch* tun. Das Ergebnis dürfte dann ein differenzierteres Urteil sein.

4.1 Exemplarische Forschungsgebiete und ihre wissenschaftliche Basis

4.4.1 Kognitivismus

Vertreter des klassischen Behaviorismus sind heute selten geworden. Anfang der sechziger Jahre öffnete sich der Behaviorismus *mentalistischen* Konzepten,
Kognitive Wende in den USA erfolgte die *,,kognitive Wende"*. Einen wesentlichen Anstoß zu dieser Wende hat das Buch ,,Plans and the structure of behavior" von G.A. *Miller*, E. *Galanter* und K. *Pribram* (1960) gegeben (vgl. Abschnitt 1.5.2.). In der Einführung zu der erst 1973 erschienenen deutschen Übersetzung (,,Strategien des Handelns") schreibt Hans *Aebli*:

,,In einer Zeit, da die Reiz-Reaktions-Psychologie das Feld psychologischer Systembildung fast ganz zu beherrschen schien, in einer Zeit auch, da man die Hoffnung endgültig aufgeben mußte, daß aus der Gestaltpsychologie eine Gegenkraft und Erneuerung dieser sich zusehends verengenden Psychologie erwachsen würde, hat dieses Buch angefangen, eine Wirkung zu entfalten, die erst heute ihre Früchte zu tragen beginnt. In den ‚Strategien des Handelns' befreit sich das psychologische Denken von den selbstangelegten Fesseln eines Denkens nach dem Modell des Reflexes, den Fesseln eines Denkens zugleich, das den menschlichen Geist bar jeder Spontaneität, rein reaktiv sieht und das in seiner reduktionistischen Suche nach den einfachen Bausteinen des Verhaltens keine Augen für dessen umfassendere Strukturen im Individuum und in der Gesellschaft hat, das keinen Platz für Phänomene des Willens und der Intentionalität besitzt und nicht zu zeigen vermag, wie sich Verhalten in den freien Raum des Noch-nicht-Geschaffenen hinein entwirft" (1973, S. 8).

Miller u.a. (1973, S. 12) erschien es „vernünftig, zwischen Reiz und Reaktion ein bißchen Weisheit einzuschieben". Mit dieser neuen „Weisheit" hat der Behaviorismus sein nomothetisches Wissenschaftsverständnis allerdings nicht aufgegeben. Der moderne *„Kognitivist"* ist zumeist ein *kritischer Rationalist*, auch wenn es ihm vielleicht nicht immer bewußt oder seine Orientierung am Wissenschaftsverständnis *Popper*s eher oberflächlich und locker ist. Er setzt wie der kritische Rationalist auf die Vernunft des Menschen: er gesteht ihm Erkenntnis, Einsichtsfähigkeit und antizipatorisches Denken zu. Nicht mehr die Empirie, sondern die Theorie steht im Vordergrund.

4.4.1.1 Kognitive Struktur und kognitive Komplexität

Um deutlicher zu machen, was man unter kognitiver Psychologie eigentlich versteht, wollen wir zunächst einige Begriffe erläutern und dann exemplarisch eine kognitive Theorie vorstellen.

Kognition

Nach *Neisser* (1974, S. 19) "... meint der Begriff Kognition alle jene Prozesse, durch die der sensorische Input umgesetzt, reduziert, weiter verarbeitet, gespeichert, wiederhervorgeholt und schließlich benutzt wird. Er meint diese Prozesse auch dann, wenn sie ohne das Vorhandensein entsprechender Stimulation verlaufen wie bei Vorstellungen und Halluzinationen. Begriffe wie *Empfindung, Vorstellung, Behalten, Erinnerung, Problemlösen* und *Denken* nebst vielen anderen beziehen sich auf hypothetische Stadien der Aspekte der Kognition."

Kognitive Struktur

Die Gesamtheit derjenigen internalen Verhaltensbedingungen, die kognitives Verhalten und dessen Ergebnisse betreffen, wird als *kognitive Struktur* bezeichnet. Die kognitive Struktur läßt sich auch als interne Repräsentation der „objektiven Struktur", d.h. der „Außenwelt", auffassen. Die Erkenntnis der Außenwelt setzt allerdings voraus, daß diese über ihre interne Rekonstruktion in die bereits vorhandene kognitive Struktur eingeordnet werden kann. Zur Verdeutlichung sei hier auf das wahrnehmungspsychologische Modell der *Analyse-durch-Synthese* (*Neisser* 1974) hingewiesen. Nach dieser theoretischen Vorstellung bildet man sich zunächst eine Hypothese bezüglich eines Wahrnehmungsobjektes, bestimmt mit Hilfe von (erlernten) Regeln, wie das Wahrnehmungsobjekt in diesem Fall aussehen würde, und vergleicht diese interne Rekonstruktion mit der Eingabeinformation. Hierbei handelt es sich im Normalfall um unbewußt, quasi automatisch ablaufende Prozesse. Unter erschwerten Wahrnehmungsbedingungen vollziehen sich diese Vorgänge jedoch langsamer und können zumindest teilweise bewußt werden. Man denke etwa an Versuche, bei schlechtem Licht oder auf große Distanzen Personen zu identifizieren. Man kann sich diesen internen Rekonstruktionsprozeß auch an der Abbildung 24 verdeutlichen, die meist als eine Ansammlung sinnloser Elemente aufgefaßt wird.

Abb. 24: Sinnlos oder sinnvoll?
(Quelle: *Murch & Woodworth* 1978, S. 203)

Die Anordnung der Elemente widerspricht in einem offenbar wesentlichen Punkt unserer Erfahrung und verhindert dadurch die im Normalfall ablaufenden ,,präattentiven" Prozesse (*Neisser* 1974, 117ff), die eine notwendige Voraussetzung der Mustererkennung darstellen. Mit einiger Mühe gelingt die Identifizierung, wenn man die Information bekommt, daß es sich bei der Abbildung um Schrift handelt (bei dem Wort stellen die weißen Flächen gegen schwarzen Hintergrund abgehobene Buchstaben dar).

Lernen als Prozeß

Lernen läßt sich kognitionspsychologisch als Übergangsprozeß zwischen zwei Zuständen der kognitiven Struktur auffassen. Dieser Prozeß beruht auf der Interaktion zwischen Individuum und Umwelt, wobei die ,,Innenwelt" des Lernenden als Folge einer Interaktion mit der ,,Außenwelt" eine Veränderung erfährt. Lernen impliziert damit einen Prozeß der Informationsaufnahme, -verarbeitung und -speicherung. Die Informationsaufnahme kann allerdings durch Aktualisierung bereits gespeicherter Informationen ersetzt werden, so daß sich Lernprozesse auch unabhängig von gegenwärtigen externen Informationen abspielen können.

Für die Erkenntnis der Außenwelt ist also nicht nur deren objektive Struktur wichtig, sondern ebenso die Ausformung der subjektiven bzw. kognitiven Struktur des Erkennenden, die den Prozeß der Informationsaufnahme, -verarbeitung und -speicherung steuert. Individuen können demzufolge in bezug auf identische Ausschnitte der Realität ganz unterschiedliche interne Repräsentationen entwickeln. Unterschiedliche Innenwelten sind ihrerseits wiederum verantwortlich für idiosynkratische Rekonstruktionen neuer Außenweltinformationen. Hiermit ist keine neue Erkenntnis ausgedrückt, sondern ein Phänomen umschrieben, mit dem wir in unterschiedlichsten Situationen konfrontiert sind. Man denke etwa an Mißverständnisse, die sich daraus ergeben, daß identischen Begriffsbezeichnungen unterschiedliche Begriffsdeutungen zugrundegelegt werden (verwiesen sei hier nur auf die Verwendung der Begriffe ,,Demokratie" und ,,Freiheit" in politischen Diskussionen).

Wir haben nun den theoretischen Rahmen kognitionspsychologischer Denkweisen angedeutet und eine Reihe von Begriffen vorgestellt, wie sie in kognitiven Theorien häufig verwendet werden. Ein interessantes Beispiel einer kognitiven Theorie stellt die *Theorie der kognitiven Komplexität bzw. Strukturiertheit* (*Harvey, Hunt & Schroder* 1961; *Schroder, Driver & Streufert* 1975; *Streufert & Streufert* 1978) dar, auf die wir an dieser Stelle etwas näher eingehen möchten.

Theorie der kognitiven Komplexität

Das Konstrukt der *kognitiven Komplexität* akzentuiert insbesondere die interindividuellen Unterschiede in der Strukturiertheit von Wahrnehmungen, Denkoperationen, Einstellungen, Motiven usw., die bei der Informationsverarbeitung beteiligt sind. Die wesentlichsten Merkmale zur Unterscheidung individueller kognitiver Strukturen sind nach dieser Theorie die drei Merkmale *Differenzierung, Diskriminierung* und *Integration*.

Differenzierung bezeichnet die Fähigkeit, eine Information nach einer größeren Anzahl verschiedener Dimensionen aufschlüsseln zu können. *Diskriminierung* stellt eine Art Differenzierung zweiter Ordnung dar. Der Grad der Diskriminierung ist desto größer, je mehr die Hauptkategorien, nach denen eine Information zunächst differenziert wird, selbst wieder verästelt und abgestuft sind. In bezug auf die Beurteilung von Personen kann man sich Differenzierung z.B. als die Anzahl der zur Verfügung stehenden Beurteilungsdimensionen (z.B. Aussehen, Intelligenz, Sportlichkeit usw.) vorstellen, Diskriminierung als die Anzahl der Unterteilungen auf diesen Dimensionen (z.B. im einfachsten Fall *gut* vs. *schlecht*). *Integration* bezieht sich auf die Art der Koordinierung der begrifflichen Unterscheidungsmöglichkeiten, z.B. auf die Zahl der möglichen Verbindungen der einzelnen Urteilsdimensionen, die eine Person in einer Urteilssituation vollziehen kann. In mehrdeutigen Situationen neigen Personen mit geringer Integriertheit zu schnellen Entschlüssen, oder sie versuchen, einer Entscheidung aus dem Weg zu gehen. Eine Person mit einem hohen Grad an Integriertheit wird demgegenüber versuchen, sich umfassend zu orientieren, möglichst alle Möglichkeiten zu überdenken, auch vertraute Strategien in Frage zu stellen, bevor sie handelt. Dies muß im übrigen nicht immer von Vorteil sein, da es durchaus Situationen gibt, in denen schnelles Handeln weitaus nützlicher ist als langes Überlegen.

Differenzierung
Diskriminierung
Integration

Der Komplexitätsgrad einer individuellen kognitiven Struktur ist also durch den Grad der möglichen Differenzierung, Diskriminierung und Integration von Informationen bestimmt, wobei diese Merkmale allerdings in gewissen Grenzen voneinander abhängig sind. Die aktuelle Informationsverarbeitungskapazität basiert jedoch nicht nur auf dem Komplexitätsgrad, sondern ist auch von der jeweiligen Situation beeinflußt. Wichtigster Einflußfaktor ist zunächst der *Komplexitätsgrad der Umwelt*, wobei zwischen diesem und der kognitiven Komplexität eine umgekehrt u-förmige Beziehung angenommen wird. Ein in bezug auf den jeweiligen kognitiven Komplexitätsgrad mittlerer Komplexitätsgrad der Umwelt wird dabei als optimal für die Informationsverarbeitungskapazität angesehen. Allerdings kann der Komplexitätsgrad einer Person bereichsspezifisch variieren: Man kann also auf dem Gebiet der theoretischen Physik hoch differenziert und integriert sein, dafür aber beispielsweise im Bereich zwischenmenschlicher Beziehungen nur zu wenig differenzierten Urteilen und Handlungen fähig sein.

Komplexitätsgrad der Umwelt

Harvey, Hunt & Schroder (1961) beschreiben den Entwicklungsverlauf der kognitiven Komplexität in einem idealtypischen Vier-Stufen-Modell (vgl. *Huber* 1982). Auf der ersten Stufe orientiert sich eine Person z.B. an Regeln und Standards, die als absolut und unhinterfragbar angesehen werden. Situationen werden nur von *einem* Standpunkt aus wahrgenommen. Auf der vierten Stufe ist demgegenüber eine Neuinterpretation einer Situation über die Synthese differenzierter Bewertungen und Gesichtspunkte möglich. Personen bilden auf dieser Stufe Theorien über Sachverhalte, aus denen sie Hypothesen ableiten, die

Vier-Stufen-Modell

sie dann in Kriteriumssituationen überprüfen (die Ähnlichkeit dieser Stufenfolge zum *Dreistadiengesetz* von A. *Comte* ist nicht zu übersehen: die Entwicklung verläuft jeweils vom unreflektierten naiven Glauben zum wissenschaftlichen Denken). Interessant ist, daß auch die Komplexität der Umwelt in vier Ausprägungsformen beschrieben wird, die mit den personalen Komplexitätsstufen korrespondieren (vgl. *Huber* 1981, S. 25f.). Hierdurch wird der Anspruch, Informationsverarbeitung als einen interaktiven Prozeß zwischen Individuum und Umwelt aufzufassen, auch methodisch greifbar.

4.4.1.2 Der Computer als Modell des Menschen?

Der Begriff der *Informationsverarbeitung* deutet schon die Nähe des Kognitivismus zu der Erforschung der sogenannten ,,*künstlichen Intelligenz*" mit Hilfe von Computerprogrammen an. Vor allem in den experimentellen Varianten des Kognitivismus (z.B. im Bereich der Wahrnehmungspsychologie) ist der Einfluß des Modells *Computer* unverkennbar. Die von *Watson* kritisierte Introspektion wird durch den Computer ,,objektiviert" und damit wissenschaftlich hoffähig gemacht. Mittlerweile gibt es auch schon Vorschläge, die ,,Programmierbarkeit" zum Überprüfungskriterium psychologischer Theorien zu erheben bzw. die ,,Lauffähigkeit" eines Computerprogramms als Ersatz für die empirische Überprüfung von Theorien zu akzeptieren. Der Einfluß der Computerwissenschaft auf die Begriffs- und Theoriebildung der heutigen Psychologie ist nicht zu übersehen.

Programmierbarkeit als Überprüfungskriterium psychologischer Theorien

So trägt z.B. das bekannte Lehrbuch von P.H. *Lindsay* und D.A. *Norman* im amerikanischen Original den Titel ,,Human Information Processing. An Introduction to Psychology" (^{2}1977), in der deutschen Ausgabe von 1981 sind demgegenüber Titel und Untertitel vertauscht (warum wohl?): ,,Einführung in die Psychologie. Informationsaufnahme und -verarbeitung beim Menschen".

Polemisch könnte man behaupten, daß der Kognitivist dem Zug der Zeit folgend einfach die Ratte gegen den Computer ausgetauscht hat. Die (Rück)besinnung auf die Rationalität des Menschen ist jedoch sicherlich ein großer Fortschritt gegenüber einer ,,Psychologie ohne Bewußtsein" (*Bruder* 1982). Die terminologische Analogie zum Computer könnte sich allerdings als ein Bumerang erweisen, erinnert sie doch sehr an die ,,black box" der behavioristischen Anfänge. Die Empfindlichkeit psychologisch Interessierter in bezug auf technische Analogien ist bei uns sicherlich größer als in den USA — daher ,,Einführung in die Psychologie" statt ,,Human Information Processing".

An dieser Stelle wollen wir allerdings einem möglichen Mißverständnis vorbeugen: Viele kognitive Psychologen würden sich vehement dagegen wehren, auch nur in die Nähe des Behaviorismus gerückt zu werden. Sie würden darauf verweisen, daß sie nicht die ,,Erben" des Behaviorismus sind, sondern daß der Kognitivismus ein anderes wissenschaftliches *Paradigma* (vgl. Kapitel 4.1) darstellt:

Abgrenzung von Behaviorismus und Kognitivismus

,,Die Grundlage dieser neuen modischen Trends, zusammengefaßt unter dem Begriff der kognitiven Psychologie, ist mit den Einflüssen von Kybernetik und Systemtheorie in der Psychologie verbunden, gleichviel, ob das explizit vermerkt wird oder nicht (...) Durch diese

Einflüsse wird ein neuer Typ von Gesetzmäßigkeiten darstellbar, der den für Biologie und Psychologie charakteristischen Geschehensformen angemessener scheint als die genau auf einer Zeitachse liegenden Ursache-Wirkungs-Ketten im klassischen Paradigma der Physik. Es steht nicht mehr nur die Wirkung, sondern vor allem die Wechselwirkung im Mittelpunkt der Analyse. Die Regelung eines vielseitig vernetzten, mit Rückmeldungen ausgestatteten adaptiven Systemverhaltens macht den Grundtyp solcher ‚Wirkgefüge' (...) aus, wie sie den komplexen Verhaltensleistungen höherer Lebewesen zugrunde liegen. Von diesem Ansatz aus ist die analytische Auflösung hoher Komplexitätsstufen bei der Regulation vernetzter Systeme zum Kardinalproblem wissenschaftlicher Bemühungen geworden. Das Kind der kybernetischen Denkweise, der Computer, wird, rückwirkend, ihr Förderer. Er wird zum neuen methodischen Mittel, solch hohe Grade von Komplexität transparent zu machen, deren Durchschaubarkeit sich dem Auflösungsvermögen unseres Denken entzieht".

Bei dem Autor dieses Zitats handelt es sich um einen der bekanntesten Psychologen der DDR: Friedhart *Klix* (1985, S. 176f.). Was *Klix* in dem zitierten Aufsatz demonstriert, ist nicht mehr und nicht weniger als der Versuch, mit Hilfe eines Computerprogramms menschliche Intelligenzleistungen zu simulieren.

„Wie früher in der Verbindung zwischen Mathematik und Physik oder zwischen Physik und Technik, so können heutzutage Computermodelle Beweiskraft für die Lösung eines psychologischen Problems gewinnen" (*Klix* 1985, S. 175).

Wissenschaftstheoretisch ist die Frage der Beweiskraft psychologischer Computersimulationen eine höchst interessante Frage. Es handelt sich hierbei ja nicht um eine empirische Überprüfung, sondern eher um eine *logische* Analyse in bezug auf Widerspruchsfreiheit und immanente Vollständigkeit einer Theorie. Eine in sich widersprüchliche oder unvollständige Theorie läßt sich nicht erfolgreich programmieren, andererseits impliziert Programmierbarkeit noch nicht, daß das Computermodell menschlichem Denken auch adäquat ist. Es müssen also noch weitere Kriterien hinzukommen: z.B. die relative Dauer der benötigten Rechenzeit (analog zur menschlichen „Denkzeit"), die allein natürlich auch nicht ausreicht, um ein Computermodell zu validieren. Wenn Sie mehr über die „Künstliche Intelligenz" erfahren möchten (über kurz oder lang werden wir wohl alle mit ihr konfrontiert werden), ist der folgende Lesehinweis für Sie sicherlich interessant:

Studierhinweis

Douglas R. *Hofstadter*, „Gödel, Escher, Bach — ein Endloses Geflochtenes Band" ([7]1985). Der Bestseller von *Hofstadter* ist kein psychologisches Fachbuch, aber möglicherweise ein Buch, das den Zusammenhang zwischen Computerwissenschaft und Psychologie und damit eine der heutigen psychologischen Entwicklungsrichtungen besser (und interessanter) beschreibt als viele psychologische Werke.

Übungsaufgabe 22

Übungsaufgabe 22

Paul *Feyerabend* hat in seiner anarchistischen Wissenschaftstheorie den Tod der Vernunft verkündet, die kognitivistischen „Erben" des Behaviorismus hingegen haben die Rationalität zur Grundlage ihres Menschenbildes gemacht. Einen ersten Hinweis darauf, ob die Sorge berechtigt ist, daß die künstliche Intelligenz die menschliche Intelligenz (schon) überflügelt, können sie dem folgenden Dialog entnehmen (*Hofstadter* [7]1985, S. 638):

Parry: Ich verstehe Ihre Beweggründe nicht.
Doctor: Warum verstehen Sie meine Beweggründe nicht?
Parry: Sollte ich das nicht sein?
Doctor: Warum haben Sie das soeben gesagt?
Parry: So ist es eben.
Doctor: Angenommen, es ist eben nicht so.
Parry: Was dann?
Doctor: Ich bin nicht sicher, ob ich Sie vollständig verstehe.
Parry: Sie reiten zu sehr auf der gleichen Frage herum.
Doctor: Was sagt Ihnen diese Ähnlichkeit?
Parry: Ich verstehe Sie nicht.
Doctor: Hätten Sie gerne, daß Sie in Wirklichkeit ich wären?
Parry: Es wäre allmählich an der Zeit, daß Sie etwas Interesse für meine Gefühle zeigten.
Doctor: Oh? Ich zeigte Interesse für Ihre Gefühle?"

Entscheiden Sie bitte, welche der Personen durch ein Computerprogramm simuliert wird!

4.4.1.3 Der Wissenschaftler als Modell des Menschen

Kognitivismus als neues Paradigma

Nun bedeuten begriffliche Analogien natürlich noch nicht, daß der Kognitivismus den Menschen tatsächlich auf eine elektronische Maschine reduziert. So vertreten z.B. *Groeben* und *Scheele* (1977) die Ansicht, daß es sich beim Kognitivismus um ein im Vergleich zum Behaviorismus neues Paradigma handelt, wobei sie sich eingehend mit Gegenargumenten sowohl von behavioristischer als auch von kognitivistischer Seite auseinandersetzen (vgl. S. 34ff.). *Groeben* und *Scheele* fordern vor allem den Einbezug sogenannter naiver bzw. subjektiver Theorien in die kognitive Psychologie. Nach dieser Sichtweise wird den Kognitionen des Subjekts der Status von ,,subjektiven oder Quasi-Theorien" zuerkannt. Der Mensch (und nicht nur der Wissenschaftler) ist ein *Hypothesen generierendes und prüfendes Subjekt. Groeben* und *Scheele* bezeichnen dieses Menschenbild als *epistemologisches Subjektmodell*, um deutlich zu machen, daß auch der alltäglichen Erkenntnis eine (subjektive) Erkenntnistheorie (Epistemologie) zugrunde liegt (vgl. S. 48).

In ihrer Forderung nach einer Vereinigung hermeneutischer und empirischer Methoden gehen *Groeben* und *Scheele* allerdings weiter als die meisten kognitiven Psychologen, die die Psychologie weiterhin nach dem Vorbild der Naturwissenschaften betreiben. Das von ihnen vorgeschlagene *dialogkonsenstheoretische Wahrheitskriterium* (S. 51ff.) entspricht im wesentlichen den am regulativen Prinzip des Diskurses orientierten Gesprächskreisen, die *Zitterbarth* und *Werbik* für die Interpretation handlungspsychologischer Geschehnisse (vgl. den folgenden Abschnitt) vorschlagen. Im Unterschied zu *Zitterbarth* und *Werbik* sehen *Groeben* und Scheele allerdings keine prinzipielle Unvereinbarkeit zwischen Subjektivismus und Objektivismus, oder — nach der Terminologie von *Werbik* (1985) — zwischen *Psychonomie* und *Psychologie*. Sie gehen demgegenüber davon aus, daß über den Erklärungswert subjektiver Theorie-Konstrukte letztlich durch kontrollierte Beobachtung, d.h. anhand eines klassischen Falsifikationskriteriums, entschieden werden muß (S. 57).

4.4.1.4 *Exkurs: Subjektivität als methodisches Prinzip. Argumente und Verfahrensweisen einer dialogisch-verstehenden Psychologie (Originalbeitrag von Walter Zitterbarth und Hans Werbik)*

Inzwischen gibt es eine ganze Reihe von Psychologen, die noch im Geiste des Neobehaviorismus ihre Hochschulsozialisation erlebt haben, sich von diesen Grundlagen jedoch mehr und mehr gelöst haben. Wir haben Hans *Werbik* von der Universität Erlangen-Nürnberg um einen Originalbeitrag zu der von ihm vertretenen Position gebeten, da sich an *Werbiks* Arbeiten diese Entwicklung nicht nur sehr gut verfolgen läßt, sondern von *Werbik* und seinen Mitarbeitern in der konsequenten Auseinandersetzung mit dem Behaviorismus, der die Menschen und Tiere ,,um den Verstand gebracht" hat und mit Kritiken der ,,halbherzigen" kognitiven Wende eine Position erarbeitet wurde, die von uns in ihrer Radikalität zwar nicht geteilt wird, jedoch Beachtung verdient.

Die Autoren des folgenden Originalbeitrags

Walter Zitterbarth, geboren 1950, Studium der Philosophie, Soziologie und Politologie an der Universität Erlangen, Magister in Philosophie 1983. Studium der Psychologie ebenfalls in Erlangen. Diplom 1982, danach wiss. Mitarbeiter am Psychologischen Institut in Erlangen.

Hans Werbik, geboren 1941, Studium der Psychologie und der Musikwissenschaft. 1963 Promotion zum Doktor der Philosophie in Wien. 1969 Habilitation für das Fach Psychologie an der Universität Tübingen. Ab 1973 Professor für Psychologie an der Universität Erlangen-Nürnberg, insbesondere für die Fächer: Handlungs- und Kulturpsychologie, Rechtspsychologie. Zahlreiche Veröffentlichungen zu Handlungstheorie, Methodenkritik, Wissenschaftstheorie, Aggressionstheorie, Friedenssicherung.

Die ,,Halbherzigkeit" der kognitiven Wende

Am Anfang dessen, was man heute psychologische Handlungstheorie nennt, steht ein Buch, mit dem seine Verfasser beabsichtigten, die schon einige Zeit zuvor eingeläutete ,,kognitive Wende" in der Psychologie einem erfolgreichen Abschluß zuzuführen. Die Rede ist hier von dem vielzitierten Werk ,,Strategien des Handelns. Pläne und Strukturen des Verhaltens" der drei Autoren G. A. *Miller*, E. *Galanter* und K. H. *Pribram* aus dem Jahre 1960 (deutsch 1973) (vgl. Abschnitte 1.5.2. und 4.4.1).

Ausgangspunkt ihrer Überlegungen ist die Tatsache, daß der vom klassischen Behaviorismus favorisierte Ansatz, die Abhängigkeit des Verhaltens eines Organismus von seiner Umwelt auf einfache und direkte Weise nach dem physiologischen Muster des Reflexbogens durch eine Reiz-Reaktions-Beziehung zu beschreiben, weitgehend als gescheitert angesehen werden muß. Daran vermag auch die Erweiterung des Modelles um den Begriff der ,,Verstärkung", d.h. solcher Reize, die nicht vor, sondern nach der Reaktion auftreten, wenig zu ändern. Nun hat sich aber als Reaktion auf die Erkenntnis dieses Scheiterns bei einigen Theoretikern, z.B. E.C. *Tolman*, die Einsicht gebildet, daß es vernünftig scheint, ,,zwischen den Reiz und die Reaktion ein bißchen Weisheit einzuschieben" (*Miller, Galanter* und *Pribram* 1973, S. 12). Sie tun dies, indem sie die Beziehung zwischen Reiz und Reaktion von einer organismusinternen Repräsentation der Umwelt, von einem System von Konzepten und Beziehungen, in denen sich der Organismus befindet, abhängig machen. Kurz gesagt: bei ihnen ist die Wirkung eines Ereignisses dadurch bestimmt, wie es sich in die Selbst- und Umweltauffassung des Organismus einfügt.

Mit dieser Konzeption stimmen *Miller, Galanter* und *Pribram* grundsätzlich überein. Nur wollen sie darüber hinausgehend eine von Kritikern immer wieder hervorgehobene Schwäche dieses Ansatzes beseitigen. Sie wurde gegenüber *Tolman* einmal dahingehend formuliert, daß sich nach seiner Theorie die Ratten in ihren Gedanken verlören. Allgemeiner gefaßt heißt das: Über ihrer Beschäftigung mit dem Aufbau und der Architektonik kognitiver Strukturen vergaßen die Kognitivisten, wie wir die Gegenspieler der Behavioristen zusammenfassend nennen wollen, die gleiche Mühe auf die Darstellung des Überganges von den Kognitionen zu den Verhaltensweisen zu verwenden. Genau zur Schließung dieser Lücke entwerfen *Miller, Galanter* und *Pribram* ihr berühmt gewordenes TOTE-Schema, das als einfachste Verhaltenseinheit das Reflexmodell ersetzt (vgl. Abb. 4, Abschnitt 1.5.2). Menschen und Tiere prüfen im Hinblick auf einen angestrebten Endzustand die ihnen vorliegende Situation (Testphase T), wirken entsprechend ihrer Zielvorstellung auf sie ein (Verhaltens- oder Operationsphase O), prüfen das Ergebnis (zweite Testphase T) und brechen diesen Wechselvorgang erst ab (E wie ,,exit"), wenn das Ziel verwirklicht ist. Erreicht wird das Kunststück der theoretischen Verknüpfung von kognitiver Repräsentation und Verhaltenseinheit vor allem mit Hilfe der beiden umgangssprachlichen Begriffe ,,Bild" und ,,Plan". In der Prüfphase werden zwei ,,Bilder" miteinander verglichen, ein Wahrnehmungsbild (vorliegende Situation) mit einem Vorstellungsbild (erwünschte Situation), und in der Operationsphase wird ein dementsprechender Verhaltensplan zur Ausführung gebracht, der letztendlich beide Bilder zur Übereinstimmung führen soll. Schließlich geben die Autoren für beide Begriffe auch Definitionen, die hier zitiert werden sollen:

> ,,*Bild*: Das Bild (Image) besteht aus all dem angehäuften, organisierten Wissen, das der Organismus über sich selbst und seine Umwelt gesammelt hat" (*Miller, Galanter & Pribram* 1973, S. 27).
>
> ,,*Plan*: Jede vollständige Verhaltensbeschreibung sollte so weit gehen, daß sie als Folge von Instruktionen dienen kann. Das heißt, sie sollte die Charakteristiken eines Plans haben, der die vorgeschriebene Reihe von Handlungen so steuert, daß sie in der richtigen Reihenfolge ausgeführt werden" (*Miller, Galanter & Pribram* 1973, S. 25).

Wir wollen nun fragen, wie die Verfasser sich denn vorstellen, daß wir Zugang zu den Bildern und Plänen handelnder Personen erhalten können. Sehen wir uns die Definition von ,,Bild" an, mit ihrem Bezug auf das ,,Wissen" von Personen, so liegt die Vermutung nahe, wir würden die Personen einfach fragen, wie sie denn sich selbst und diese oder jene Weltausschnitte aus ihrer Perspektive sehen. Doch für ein solches Vorgehen liefert uns der Text keinerlei Grundlage. Im Gegenteil, er enthält sogar Hinweise darauf, daß an ein solches

Verfahren überhaupt nicht gedacht ist. Das TOTE-Schema soll ja für Menschen *und* Tiere gelten, und letztere lassen sich bekanntlich nicht befragen, verfügen also auch nicht über ,,Bilder" und ,,Pläne" in demselben Sinne, wie wir sie bei unseren Mitmenschen ganz selbstverständlich annehmen. Eine noch deutlichere Sprache spricht die ,,Definition"[1] von ,,Plan". Hier wird erkennbar, daß offensichtlich daran gedacht ist, aus abgelaufenen und beobachteten Handlungsereignissen rekonstruierend rückzuschließen auf eine Abfolge von Instruktionen, deren Befolgung genau das durchgeführte Handlungsereignis zum Ergebnis hat. Es kommt also, wenn *Miller, Galanter & Pribram* von ,,Bildern" und ,,Plänen" reden, nicht auf den ,,subjektiven Sinn" an, den Handelnde mit ihrem Tun verbinden und den sie uns auf Nachfrage als Handlungsgründe oder -motive mitteilen würden, vielmehr wird das Verhalten nur so betrachtet *als ob* es Resultat einer hierarchisch aufgebauten Instruktionsfolge wäre. ,,Pläne" und ,,Bilder" meinen also nicht die faktischen Sinngehalte, mit denen ein Subjekt operiert, sondern ,,theoretische Konstrukte", die an die Stelle des physiologischen Reflexbogens im Behaviorismus treten.

Halten wir also fest: Der Behaviorismus hatte seine Untersuchungsobjekte im wahrsten Sinne des Wortes ,,um den Verstand gebracht", indem er ihre Bewußtseinsprozesse vernachlässigte.

Mit der kognitiven Wende sollte dieser Schritt rückgängig gemacht werden, doch es handelt sich in Wahrheit bei den nun wieder zugelassenen Bewußtseinsvorgängen und -beständen nicht um diejenigen der Personen selbst, sondern um solche von des Theoretikers Gnaden. Dies fällt nur deshalb nicht sogleich auf, weil sie in Worte verkleidet werden, die wir auch im Alltag verwenden, wenn wir über uns selbst oder mit unseren Mitmenschen reden: ,,Bilder" und ,,Pläne". Augenfällig wird der Unterschied erst, wenn wir bemerken, daß für die kognitivistischen ,,Bilder" und ,,Pläne" unser wichtigstes alltägliches Auskunftsmittel für ihre Feststellung gar keine Rolle spielt: die Selbstauskünfte der Personen. Wir möchten bezüglich dieses Sachverhaltes, daß die kognitivistische Handlungstheorie ihre Versuchspersonen zwar mit Bewußtsein ausstattet, doch einem Bewußtsein, das in gewisser Weise nicht ,,ihr" Bewußtsein ist, von der ,,Halbherzigkeit" der kognitiven Wende sprechen.

Ehe nun näher auf die mutmaßlichen Gründe für diese Halbherzigkeit eingegangen werden soll, möchten wir zeigen, daß mit der selbst auferlegten Beschränkung der Erkenntnismittel auch eine mehrfache Einschränkung der Erkenntnismöglichkeiten im Kognitivismus einhergeht:

1) Man kann die Rekonstruktion einer Instruktionsabfolge aus einem vorliegenden Verhaltensablauf verstehen als Suche nach den notwendigen Bedingungen für diesen Ablauf, im Sinne notwendiger molekularer Teilabläufe und ihrer Hierarchisierung. Nun bringen aber Bedingungen das Bedingte niemals hervor. Sie können dienlich sein, um bei einem Versagen, denselben oder einen ähnlichen Verhaltensablauf wiederholen zu können, die spezifische Ursache dieses

---

1 Bedenkt man, daß unter ,,Definition" nach einhelliger Meinung der Wissenschaftsmethodologen eine Wortersetzungsregel verstanden wird, so stellt die gegebene Erläuterung von ,,Plan" keinesfalls eine Definition in diesem Sinne dar.

Versagens einzugrenzen und zu identifizieren. Sie sind aber untauglich, um die mit jedem Handeln einhergehenden und unauflöslich mit ihm verwobenen Erfahrungen von Selbst und Wirklichkeit in ihrer Fülle auch nur ansatzweise zu erfassen. Ich kann das komplexe Handlungsereignis eines ,,Spaziergangs" in noch so viele Planungsebenen, bis hin zum Ablaufplan einzelner Muskelkontraktionen, zerlegen, das bewußte Erleben des spazierengehenden Subjekts, sowie die Einbettung dieses Spazierganges in seinen größeren lebensweltlichen Kontext, werde ich so nie erhalten.

2) Ohne die Befragung der Personen, deren Handeln untersucht werden soll, ist es unmöglich, die ,,*Spannweite*"[1] ihrer Handlungspläne, in die sich ein gerade ablaufendes Handeln einfügt, zu ermessen. Bei bloßer Beobachtung erfasse ich nur einen Handlungsstrom, den ich willkürlich oder auf der Grundlage meines eigenen Vorverständnisses in Handlungsepisoden unterteilen kann, für die ich jeweils hierarchische Handlungspläne rekonstruieren kann. Schon der Zusammenhang, in dem diese Episoden für den Handelnden stehen, bleibt aber dunkel oder kann wieder nur aufgrund der Normalitätsvorstellungen des Forschers unterstellt werden. Ein Beispiel soll das Gesagte verdeutlichen: Wir beobachten einen Mann beim Holzfällen.[2] Für diese Tätigkeit läßt sich problemlos ein hierarchischer Ablaufplan erstellen. Doch wozu diente das Holzfällen für den Mann? Wenn wir Glück haben, erschließt sich uns das durch die anschließende Beobachtung, daß er das Holz zu einem Stapel schichtet, anzündet und sich daran wärmt. ,,Holzfällen" war dann ein untergeordneter Teilplan zu dem übergeordneten Plan ,,Sich warm halten". Es kann aber auch sein, daß der Mann nach einiger Zeit mit Holzfällen aufhört und sich hinsetzt und Zeitung liest. In welchem Verhältnis steht nun das Zeitungslesen zum Holzfällen? Dient es der Erholung, um anschließend erfrischt weiter Holz zu fällen? Auch dies könnte uns vielleicht noch weitere Beobachtung erschließen. Aber eventuell wollte er mit dem Holzfällen auch nur einen aktuellen Ärger abreagieren, der jetzt verraucht ist und unser Mann greift nie wieder auf dieses Handlungsschema zurück, es war für ihn eine ganz isolierte Handlungsepisode. Wie läßt sich so etwas auf dem Wege der Beobachtung und anschließenden Rekonstruktion feststellen? Schließlich kann es auch so sein, daß er mit dem Holzfällen möglichst schnell möglichst viel Geld verdienen will, um sich seinen Wunschtraum zu erfüllen, in einigen Jahren nach Australien auswandern zu können. Spätestens bei solchen ,,Lebensplänen" und dem Problem der Identifizierung ihrer Teilschritte muß wohl jede Beobachtungsmethodik kapitulieren.

3) Das Verfahren, abgelaufenen Handlungsereignissen nachträglich vorausliegende Pläne einfach per definitionem zu unterschieben, hat auch noch den Nachteil, daß es unser faktisches Handeln in ganz verzerrender Weise idealisiert und rationalisiert. Häufig tritt nämlich der Fall auf, daß wir in einer unerwarteten Situation uns auf eine Weise zum Handeln gezwungen sehen, bei der

---

1 Das hier angeschnittene Problem wird eingehend behandelt in: Alfred *Schütz*, Der sinnhafte Aufbau der sozialen Welt. Frankfurt/M. 1973 (1. Aufl. 1932).

2 Das hier für unsere Ziele ausgearbeitete Beispiel stammt ursprünglich von Max *Weber*.

es zu Beginn überhaupt nicht feststeht, wie es weitergehen und enden wird. Von einer solchen Begebenheit, die die beschränkte Gültigkeit des kognitivistischen Konzeptes in — auch literarisch — vollendeter Form zeigt, berichtet uns zum Beispiel *Kleist*:

„Ich glaube, daß mancher große Redner, in dem Augenblick, da er den Mund aufmachte, noch nicht wußte, was er sagen würde. Aber die Überzeugung, daß er die ihm nötige Gedankenfülle schon aus den Umständen, und der daraus resultierenden Erregung seines Gemüts schöpfen würde, machte ihn dreist genug, den Anfang, auf gutes Glück hin, zu setzen. Mir fällt jener ‚Donnerkeil' des *Mirabeau* ein, mit welchem er den Zeremonienmeister abfertigte, der nach Aufhebung der letzten monarchischen Sitzung des Königs am 23. Juni, in welcher dieser den Ständen auseinanderzugehen anbefohlen hatte, in den Sitzungssaal, in welchem die Stände noch verweilten, zurückkehrte, und sie befragte, ob sie den Befehl des Königs vernommen hätten? ‚Ja', antwortete *Mirabeau*, ‚wir haben des Königs Befehl vernommen' — ich bin gewiß, daß er bei diesem humanen Anfang noch nicht an die Bajonette dachte, mit welchen er schloß: ‚ja, mein Herr', wiederholte er, ‚wir haben ihn vernommen' — man sieht, daß er noch gar nicht recht weiß, was er will. ‚Doch was berechtigt Sie' — fuhr er fort, und nun plötzlich geht ihm ein Quell ungeheurer Vorstellungen auf — ‚uns hier Befehle anzudeuten? Wir sind die Repräsentanten der Nation.' — Das war es, was er brauchte! ‚Die Nation gibt Befehle und empfängt keine.' — Um sich gleich auf den Gipfel der Vermessenheit zu schwingen: ‚und damit ich mich Ihnen ganz deutlich erkläre' — und erst jetzt findet er, was den ganzen Widerstand, zu welchem seine Seele gerüstet dasteht, ausdrückt: ‚So sagen Sie Ihrem Könige, daß wir unsere Plätze anders nicht, als auf die Gewalt der Bajonette verlassen werden.' — Worauf er sich, selbstzufrieden, auf einen Stuhl niedersetzte. — Wenn man an den Zeremonienmeister denkt, so kann man sich ihn bei diesem Auftritt nicht anders, als in einem völligen Geistesbankerott vorstellen; nach einem ähnlichen Gesetz, nach welchem in einem Körper, der von dem elektrischen Zustand Null ist, wenn er in eines elektrisierten Körpers Atmosphäre kommt, plötzlich die entgegengesetzte Elektrizität erweckt wird. Und wie in dem elektrisierten dadurch, nach einer Wechselwirkung, der ihm innewohnende Elektrizitätsgrad wieder verstärkt wird, so ging unseres Redners Mut, bei der Vernichtung seines Gegners zur verwegensten Begeisterung über. Vielleicht, daß es auf diese Art zuletzt das Zucken einer Oberlippe war, oder ein zweideutiges Spiel an der Manschette, was in Frankreich den Umsturz der Ordnung der Dinge bewirkte. Man liest, daß *Mirabeau*, sobald der Zeremonienmeister sich entfernt hatte, aufstand, und vorschlug: 1) sich sogleich als Nationalversammlung, und 2) als unverletzlich, zu konstituieren. Denn dadurch, daß er sich, einer Kleistischen Flasche gleich, entladen hatte, war er nun wieder neutral geworden, und gab, von der Verwegenheit zurückgekehrt, plötzlich der Furcht vor dem Chatelet, und der Vorsicht, Raum."[1]

Der hier gemeinte Einwand kann auch so formuliert werden: Bei Einnahme der kognitivistischen Sichtweise geht die jedermann aus dem Alltag bekannte Dialektik von Handeln und Wissen verloren. Es gibt nicht nur die einseitige Beeinflussung unseres Handelns durch unser Wissen, sondern ebenso die sich ständig vollziehende Modifikation unseres Wissens im Vollzug unseres Handelns.

Wenden wir uns nun der Frage zu, warum die kognitive Wende wohl in dieser „halbherzigen" Form vollzogen wurde. Ein wichtiger Grund dafür liegt unseres Erachtens darin, daß wohl in jedem Falle an der nomothetischen Ausrich-

---

1 Heinrich von *Kleist*, Über die allmähliche Verfertigung der Gedanken beim Reden". Zitiert nach: Heinrich von *Kleist*, Sämtliche Werke und Briefe, hrsg. v. H. Sembdner, Zweiter Band, München 1977, S. 320f.

tung der psychologischen Wissenschaft festgehalten werden sollte. Nichts deutet darauf hin, daß die Möglichkeit auch nur in Erwägung gezogen wurde, mit dem Wechsel des Gegenstandsmodelles vom Reflexbogen zur TOTE-Einheit vielleicht auch die zugrundeliegende empiristische Wissenschaftsphilosophie zu wechseln. Da diese aber den Menschen in den umfassenden Kausalnexus der Natur einbezieht und sein Handeln in den Rahmen deduktiv-nomologischer Erklärungen stellt, muß sie auch weiterhin von der Gesetzmäßigkeit dieses Handelns ausgehen. Die Zwangsjacke, in die der Behaviorismus den Menschen gesteckt hatte, wurde vom Kognitivismus zwar etwas weitläufiger geschnürt, sie wurde ihm aber nicht ausgezogen. Die Beweggründe dafür, Psychologie nach dem formalen Vorbild der Naturwissenschaften zu betreiben, sind sicher vielfältig, doch eine große Rolle dürfte dabei der von zwei Psychologen einmal zustimmend so formuliert wurde:

„Das Prestige des Naturwissenschaftlers ist hoch in der amerikanischen Kultur, in der die entwickelte, industrielle Zivilisation und der hohe Lebensstandard im allgemeinen dem wissenschaftlichen Fortschritt zugeschrieben werden. Diese Tatsache mag hinter dem selbstbewußten Wunsch von Sozialwissenschaftlern liegen, die Art von Wissenschaftler zu werden, wie es andere Naturwissenschaftler sind (Chemiker, Physiker, Biologen). Daher wendet man sich in den sozialen Disziplinen den Naturwissenschaften und ihren Modellen der Theoriebildung zu. Man möchte die allgemein akzeptierten Kriterien für gute Wissenschaft auch erreichen: objektive und reproduzierbare Beobachtungen; universelle Theorien und Gesetze, die die ästhetische Forderung nach einem klar gegliederten und harmonischen Theoriesystem befriedigen“ (*Hilgard & Lerner*, 1951, S. 38).

Diese angestrebte Orientierung an den Naturwissenschaften, die viel mit deren Ansehen, aber wenig mit dem Gegenstand der Psychologie zu tun hat, macht es auch schwierig bis unmöglich, für die Beschreibung und Bewertung handlungsvorbereitender oder -begleitender Überlegungen die sprachlichen Äußerungen des Akteurs heranzuziehen. Sprache als eine, Wirklichkeit nicht nur abbildende, sondern auch konstituierende universelle Lebensform schlüpft durch die noch so eng geknüpften Maschen des naturwissenschaftlichen Kausalnetzes notwendig hindurch. Lediglich im Sinne eines „Datenabrufmodelles“ können sprachliche Äußerungen in die naturwissenschaftliche Untersuchungsweise Eingang finden. Dabei müssen die Möglichkeiten sprachlicher Vielfalt auf einige wenige Äußerungsformen — im Extremfalle nur „Ja“ und „Nein“ — begrenzt werden und für diese muß auch noch ein eindeutiges Abbildungsverhältnis zu einem ebenfalls wohlabgegrenzten Gegenstandsbereich unterstellt werden. Doch selbst bei diesem auf das äußerste Minimum reduzierten Sprachmodell muß der naturwissenschaftliche Forscher weiterer unerwünschter Komplexität Herr werden. Es muß nämlich sichergestellt sein, daß die Versuchsperson ihre Zuordnung sprachlicher Äußerungen genau nach dem vom Forscher konstruierten Abbildungsverfahren zwischen Sprache und Wirklichkeit vornimmt. Das aber setzt seitens der Versuchsperson nicht nur ein gewisses Maß an kognitiver Kompetenz voraus, sondern auch ein grundlegendes Wohlwollen gegenüber der Person wie der Tätigkeit des Forschers. Es muß also eine Art von Vertrauensverhältnis zwischen Forscher und Untersuchtem bestehen, wobei der Forscher sich für die Beurteilung der Existenz eines solchen Verhältnisses auf keinerlei anerkannte Kriterien stützen kann, sondern sich seiner — selbst nicht wissenschaftlich legitimierbaren — bisherigen Lebenserfahrung bedienen muß.

Es scheint daher nicht weiter verwunderlich, daß, angesichts derartiger Probleme bei der Zulassung sprachlicher Äußerungen der zu untersuchenden Personen, seitens der naturwissenschaftlich-nomologischen Forschung dieser Bereich tendenziell ausgeblendet bleibt. Die Forderungen, eine nomologische Handlungstheorie aufzustellen *und* aus Gesprächen gewonnene Selbstauskünfte des Akteurs als kognitive Antezedentien des Handelns darzustellen, sind im Hinblick auf ihre jeweiligen Voraussetzungen und Realisierungsmöglichkeiten miteinander unverträglich.

Der auch an Empirie interessierte Handlungstheoretiker steht somit vor folgendem grundlegenden Dilemma: Entweder die empirische Konkretisierung einer Handlungstheorie wird unter Verzicht auf den methodischen Rekurs auf Gesprächsergebnisse mit dem Akteur vorgenommen — wobei all die oben aufgezeigten Erkenntnisbeschränkungen in Kauf genommen werden müssen. Unter diesen Umständen ist eine nomologische Formulierung der Handlungstheorie prinzipiell möglich. Doch ist die Handlungstheorie dann nichts anderes als eine Heuristik für die Aufstellung gesetzmäßiger Stimulus-Response-Verbindungen. Oder aber der Theoretiker vertritt die Auffassung, daß die vorrangige Berücksichtigung von Ergebnissen von Gesprächen mit dem Akteur für die Beurteilung bzw. Rekonstruktion handlungsbezogener Kognitionen unverzichtbar ist. Dann aber ist der Versuch, eine empirische Konkretisierung der Handlungstheorie in Übereinstimmung mit den Grundsätzen einer nomothetischen Wissenschaft vorzunehmen, aussichtslos. In der Psychologie hat man sich in der Vergangenheit mehrheitlich dazu entschlossen, den ersteren Weg zu gehen, wie auch unser Beispiel des Kognitivismus gezeigt hat. Ehe wir nun erste methodische Schritte aufzeigen wollen, wie sie mit dem zweiten Weg verbunden sind, soll das Verständnis des aufgezeigten methodischen Dilemmas dadurch noch weiter vertieft werden, daß es auf eine zugrundeliegende Dichotomie zweier recht verschiedener Möglichkeiten, Psychologie als Wissenschaft zu betreiben, zurückgeführt wird.

Objektivismus und Subjektivismus

Naturwissenschaft, gleichgültig, welchen Gegenstand sie behandelt, hat es immer mit Objekten in der Welt zu tun. Das Subjekt, für das es eine Welt gibt, fällt bei dieser Betrachtungsweise heraus, außer als eine Quelle von Fehlermöglichkeiten (man denke nur an die „persönliche Gleichung" in der Astronomie). Der Physiker und Philosoph Ernst *Schrödinger* hat einmal folgende interessante Bemerkung über diesen Grundzug aller Naturwissenschaften gemacht:

„... Die Ausschaltung des Subjekts ist zu einer alteingewurzelten Denkgewohnheit geworden. Sie haftet jedem Versuch an, sich ein Bild von der objektiven Welt zu machen, wie die Ionier es wollten. Man war sich so wenig bewußt, daß dieses Ausschalten ein besonderer Kunstgriff ist, daß man versuchte, das Subjekt *innerhalb* des materiellen Weltbildes aufzuspüren, und zwar in Gestalt einer Seele, entweder einer materiellen aus besonders feinem, luftartigem und beweglichem Stoff gemacht, oder eines gespenstischen Gebildes, das in Wechselwirkung mit der Materie steht. Diese naiven Vorstellungen haben Jahrhunderte überdauert und sind heute noch keineswegs ausgestorben" (*Schrödinger* 1956, S. 70).

Soweit nun die Psychologie für die Zwecke der eigenen Begriffs- und Theoriebildung sich an den Naturwissenschaften orientiert, übernimmt sie auch diese Voraussetzung. *Husserl* hat hier vom „Objektivismus" der Wissenschaften gesprochen und damit gemeint: alles wird ausschließlich als Objekt in der Welt oder als Beziehung zwischen solchen Objekten angesehen (*Husserl* 1954, S. 347).

Der Objektivismus kann mehr oder weniger radikale Formen annehmen. Die weniger radikalen Formen finden sich etwa in der klassischen Assoziationspsychologie. *Locke* und *Hume* nahmen zwar subjektive Phänomene an, doch naturalisierten und objektivierten sie sie. Bei ihnen stellt das Subjekt eine Art zweite Welt dar, in der die gegenständliche Welt parallelisiert und verdoppelt wird. Den Gegenständen in der Welt entsprechen die subjektiven elementaren Gegenstände, Eindrücke (impressions) und Ideen (ideas), und die Gesetze, die die Ordnung der Naturobjekte beschreiben, finden ihr Gegenstück in den Assoziationsgesetzen, die die Ordnung der subjektiven Elemente wiedergeben. *Hume* geht dabei so weit, die Grundlagen für die Naturgesetze in den Assoziationsgesetzen des menschlichen Bewußtseins zu suchen.

Die radikalere Form des Objektivismus eliminiert dagegen die subjektiven Elemente vollständig, die sich in der Assoziationspsychologie noch auffinden lassen. Soweit hier subjektive Phänomene als Bestandteile der Wirklichkeit beibehalten werden, wird zumindest ihre Unabhängigkeit und Wichtigkeit bestritten.

Sie verfügen über keinen unabhängigen ontologischen Status mehr und sind von höchstens minimaler Bedeutung für die Psychologie. Hierher gehören verschiedene materialistische Lehren, die über Gehirn-Prozesse statt Vorstellungen, Ideen o.ä. reden. Für die empirische Psychologie tritt der radikale Objektivismus als Behaviorismus auf. Der oben besprochene Kognitivismus gehört dagegen eher zum abgemilderten Objektivismus.

Eine Gegenposition zu diesem vom Empirismus inspirierten Objektivismus stellt ein Subjektivismus dar, der seine Wurzeln u.a. in der Phänomenologie hat. Hier steht im Mittelpunkt der Begriff der „Intentionalität". Er beschreibt den grundlegenden Sachverhalt, daß Bewußtseinsphänomene immer auf etwas gerichtet sind, immer *von* etwas handeln. Ein Zitat aus K. *Jaspers* Hauptwerk „Philosophie" mag den Begriff verdeutlichen:

„Bewußtsein ist nicht ein Sein wie das der Dinge, sondern ein Sein, dessen Wesen ist, auf Gegenstände meinend gerichtet zu sein. Dieses Urphänomen, ebenso selbstverständlich wie wunderbar, hat man Intentionalität genannt. Bewußtsein ist intentionales Bewußtsein, d.h. Bewußtsein verhält sich zu den Gegenständen nicht wie ein Ding, das auf anderes stößt oder von ihm gestoßen wird, es hat kein Kausalverhältnis zu ihnen, überhaupt kein Wechselverhältnis als Relation zweier gleichartiger auf einer Ebene. In ihm vielmehr habe ich einen Gegenstand vor mir. Gleichgültig in welcher Art ich ihn habe, ob in Wahrnehmung (deren biologische Grundlage Kausalverhältnisse zwischen physischen Vorgängen sind, die als solche nie schon Intentionalität erzeugen können, sondern erst durch intentionale Akte zur Wahrnehmung beseelt werden) oder in Vorstellung (die sein kann als Phantasie oder Erinnerung) oder im Denken (das anschaulich oder abstrakt, auf reale oder imaginäre Gegenstände gerichtet sein kann), immer bleibt eines gleich, das Wesen des Bewußtseins als meinende Gerichtetheit."[1]

Dieser Begriff der Intentionalität wurde in das moderne Denken von den Psychologen und Philosophen Franz *Brentano* im späten 19. Jahrhundert eingeführt. Wir können hier auf seine Implikationen für wissenschaftliches Forschen nicht im Detail eingehen und wollen nur die für unsere Zwecke wichtigste herausstellen: spricht man Bewußtseinstatsachen Intentionalität als wesentliche Eigenschaft zu, wird ihre Erforschung in nicht-naturwissenschaftlicher Weise nicht nur möglich, sondern notwendig. Das Phänomen der ,,Bedeutung" von beispielsweise Meinungen, Befürchtungen, Einfällen, Erinnerungen, aber auch Gesten, tritt nun ins Zentrum der Aufmerksamkeit.

Neben diesem eher ,,ontologischen" Unterschied zweier Wissenschaftskonzeptionen gibt es aber auch noch einen weiteren Unterschied in der ethischen Grundausrichtung. Diese Differenz veranlaßte *Werbik*[2] zu der Unterscheidung — die parallel läuft zu der soeben getroffenen zwischen Objektivismus und Subjektivismus — zwischen ,,Psychonomie" und ,,Psychologie". Die Mehrheit der akademischen Psychologen glaubt, daß die psychologische Forschung *wertfrei* sei und daß ethische Fragen erst bei der Anwendung psychologischer Erkenntnisse eine Rolle spielen. Diese Ansicht wird im allgemeinen auf Max *Weber* zurückgeführt, doch eine genauere Untersuchung zeigt, daß *Weber* nur fordert, Beschreibung und Bewertung nicht willkürlich zu ,,vermischen". Damit ist nicht ausgeschlossen, daß Werturteile in den *Ansatz* einer Wissenschaft im Sinne eines ,,praktischen Fundamentes" eingehen, wie sowohl die konstruktive Philosophie[3] als auch die kritische Theorie[4] gezeigt haben. Demnach können im Bereich psychologischer Untersuchung menschlicher Problemstellungen zwei nach ihren *praktischen Fundamenten* unterschiedliche Wissenschaftsprogramme durchgeführt werden:

A. Eine am Begriff des Herstellens (griech. Poiesis) und der praktischen Absicht der *Kontrolle* ausgerichtete *,,Psychonomie"*. Aufgabe der Psychonomie ist es, Gesetze menschlichen Verhaltens zu formulieren, diese (relativ zu normativen Vorgaben) in Technologien zu transformieren und einer praktischen Verwertung (Psychotechnik, Soziotechnik) zugänglich zu machen.

B. Eine am Begriff des *Umgangs* (griech. Praxis) und dem ethischen Leitbegriff der *Autonomie* ausgerichteten ,,Psychologie". Aufgabe dieser Wissenschaft ist

---

1 *Jaspers,* K. Philosophie. Band I. 1956³. Heidelberg, Berlin: Springer, S. 7.

2 *Werbik,* H. ,,Psychonomie" und ,,Psychologie". Zur Notwendigkeit der Unterscheidung zweier Wissenschaften. In: *Burrichter,* C., *Inhetveen,* R. & *Kötter,* R. (Eds.) 1985. Technische Rationalität und rationale Heuristik. Paderborn.

3 *Lorenzen,* P. & *Schwemmer,* O. 1973. Konstruktive Logik, Ethik und Wissenschaftstheorie. Mannheim: Bibliographisches Institut.

4 *Habermas* 1968.

es, in am regulativen Prinzip des ,,Diskurses" orientierten Gesprächskreisen die Gründe und Hintergründe von Handlung und Handlungsbereitschaften zu erkennen und in praktischer Absicht zur Bewältigung von *Konflikten* (inter- und intrapersonalen Konflikten) und *Krisen* (individuellen und kollektiven Orientierungsverlusten) beizutragen.

Im Kontext der ,,Psychonomie" wird der Mensch als Objekt (Organismus), im Kontext der ,,Psychologie" als Subjekt (Person) betrachtet.

Schließlich wollen wir denselben Unterschied — anknüpfend an unseren ersten Teil — noch unter einer dritten, methodologischen Perspektive betrachten und hier von einem Gegensatz zwischen ,,Naturalismus" und ,,Kulturalismus" sprechen. Eine naturalistische Psychologie kennt als einzigen Modus der Erfahrung die *Beobachtung* von Verhaltensreaktionen, während eine kulturalistische Psychologie über den zusätzlichen Erfahrungsmodus des Verstehens von Handlungen verfügt. Verstehendes Erfassen von Handlungszusammenhängen mag sich zwar auf die Beobachtung von Verhalten stützen, geht aber in dieser nicht auf. Vielmehr werden die identifizierten Verhaltensmerkmale auf zugrundeliegende Regeln bezogen, wobei der Sinn dieser Regeln ebenfalls verstanden werden muß. Damit ist klar, daß auch hier, wie bei der Intentionalität, die Einbeziehung der Kategorie des Sinns oder der Bedeutung den entscheidenden Unterschied der beiden Wissenschaftsarten markiert. Ein Beispiel soll den unterschiedlichen Einsatz von Beobachtungen verdeutlichen. ,,Ich sehe, wie die Blüte meines Weihnachtskaktus sich öffnet" und ,,Ich sehe, wie meine Freundin ihre neuen Schuhe mit einem Euroscheck bezahlt", scheinen beides Wahrnehmungsaussagen in durchaus demselben Sinne zu sein. Und doch meint ,,Sehen" im zweiten Fall sehr viel mehr als im ersten. Zwar muß ich auch hier verschiedene Beobachtungen identifizieren, wie: Aufschrauben eines Füllfederhalters, Linien- und Schleifenziehen auf dem Papier etc., doch werden alle diese Verhaltensmerkmale und Ereignisse mit Bezugnahme auf einem Handlungszusammenhang *gedeutet*. Dieser besteht aus sozialen Normen und kulturellen Regeln wie denjenigen der Zahlungsgepflogenheiten und des Bankwesens. Nur wenn ich diese samt ihren Anwendungsbedingungen kenne, kann ich im Bekritzeln eines Stück Papiers überhaupt eine Beziehung zu dem Vorgang des ökonomischen Tausches herstellen. Wir sehen hier wie der Naturalismus durch seine enthistorisierte Betrachtungsweise und sein Bemühen um die Aufstellung universell gültiger Aussagen über menschliches Verhalten, den für jedermann so bedeutsamen Wirklichkeitsanteil des kulturellen Lebens überhaupt nicht erfassen kann, ohne ihn gerade in seiner ,,Kultürlichkeit" zu zerstören.

Methodisches Vorgehen einer subjektiven Handlungstheorie

Wir haben bisher das folgende gezeigt: In der Psychologie wird üblicherweise auf die Berücksichtigung von Gesprächsdaten — etwa für den Aufbau einer Handlungstheorie — verzichtet, weil am nomologischen Aufbau der Wissenschaft festgehalten werden soll, der sich mit Sprachdaten nur schlecht verträgt. Der Verzicht auf den nomologischen Aufbau läßt nun zwar die sprachlichen

Äußerungen unserer Versuchspersonen als Forschungsmaterial zu, gibt uns aber vorerst keine Orientierung für unser methodisches Vorgehen. Unsere Betrachtung der beiden Wissenschaftskonzeptionen hat uns nun zumindest soviel gelehrt, daß es hierbei auf die verstehende Aneignung subjektiven Sinns ankommt. Doch solches Vorgehen wurde in der Vergangenheit des „Subjektivismus" in einem Sinne gesehen, der nicht mit dem übereinstimmt, wie wir ihn oben verwendet haben. Dort war „Subjektivismus" die Beschreibung eines wissenschaftlichen Ansatzes, der behauptet, daß subjektives Bewußtsein und objektive Welt nicht auf dieselbe Weise wissenschaftlich zu behandeln seien. Hier meint „Subjektivismus" den Vorwurf der bloßen Willkürlichkeit und die Behauptung, daß der Wissenschaftler, wenn er sich erst einmal auf das scheinbar sumpfige Gelände des Verstehens begibt, eben einfach das verstehe, was er gerade verstehen wolle, ohne daß eine Möglichkeit bestünde, solches Tun methodisch zu kontrollieren.

Dieser Einwand bedarf sorgfältiger Prüfung. Einerseits haben wir gerade in Deutschland mit subjektiver Urteilsbildung im Bereich der Psychologie schlechte Erfahrungen gemacht. Wir haben daher nach dem Zweiten Weltkrieg in Deutschland etwa die „Charakter-Typologien" verworfen und nach klassifikatorischen Systemen der Persönlichkeitsbeschreibung Ausschau gehalten. Gerade auf dem Hintergrund dieser Erfahrungen erscheint dann oft die Zulassung von Subjektivität als Anfang vom Ende der Wissenschaft. Andererseits haben die hier vorgetragenen Überlegungen auch gezeigt, daß die Versuche eines durchgängigen Objektivismus „um jeden Preis" nur zur Manifestation eines nicht eingestandenen, verkappten Subjektivismus führen, der eine Scheinobjektivität bloß fingiert. Es erscheint uns daher die folgende Doppelstrategie angezeigt: die Subjektivität in der Urteilsbildung des Wissenschaftlers wird anerkannt und zugelassen; gleichzeitig wird versucht, sie aufzuklären und argumentativ einzuschränken.

Wie soll das gesehen? Der Vorschlag lautet, die Interpretation handlungspsychologischer Geschehnisse (etwa Beobachtungsprotokolle, transskribierte Interviewtexte) nicht einzelnen Interpreten, sondern eigens für die Zwecke der Interpretation eingerichteten *Gruppen* zu überantworten. Die Diskussions- und Entscheidungspraxis der Diskussionsgruppen soll an der regulativen Idee des „Diskurses"[1] ausgerichtet sein.

Eine Interpretation (etwa die Einordnung eines Verhaltensablaufes in einen Handlungszusammenhang oder die Zuordnung eines Handlungstypus zu einer Handlungsgeschichte) soll genau dann als rational annehmbar gelten, wenn eine an der regulativen Idee des „Diskurses" ausgerichtete Interpretationsgruppe eine Interpretation in dem Sinne faktisch angenommen hat, daß keiner der Interpreten mehr gegen die Interpretation einen weiteren Einwand erhebt und jeder der Interpreten bekundet, daß seine vorangegangenen Bedenken so gut wie möglich berücksichtigt worden sind.

In einer an der Leitvorstellung des „Diskurses" ausgerichteten Diskussionspraxis werden Argumente für und gegen einen Interpretationsvorschlag ange-

---

1 *Habermas* 1971, 1981.

hört, bewertet und gegeneinander abgewogen. Die Teilnehmer an einem ,,Diskurs" lassen sich vom Prinzip der ,,kooperativen Verständigungsbereitschaft"[1] bzw. im allgemeinsten Sinne vom ,,Prinzip der Transsubjektivität"[2] leiten, achten sich gegenseitig als sachkundige und diesen Prinzipien entsprechende Subjekte und gestehen sich gegenseitig die Freiheit zu, selbständig über die Annahme oder Ablehnung von Argumenten zu entscheiden. Die Formulierung universell und generell anwendbarer Regeln der Argumentation und die Einschränkung der Begründbarkeit von Einlassungen auf deduktive Argumente bzw. Begründung durch Normen sind dabei allerdings ausgeschlossen.

Voraussetzungen für einen ,,Diskurs" sind jedoch, daß

— kein Teilnehmer für das Vorbringen von Überlegungen irgendwelche Sanktionen anderer Teilnehmer zu befürchten hat,
— jeder Teilnehmer seine Überlegungen allen anderen Teilnehmern zur Kenntnis bringt und bereit ist, die Überlegungen aller anderen Teilnehmer zur Kenntnis zu nehmen,
— jede Überlegung im Verlaufe eines Argumentationsprozesses in den Diskurs einbezogen wird und keine Überlegung als von vorneherein ,,nicht äußerungswürdig" zurückgestellt wird.[3]

Auch für die Erfüllung dieser Kriterien gibt es wiederum keine feststehenden Kriterien. Die Voraussetzungen sind auch nicht durch situative Manipulation herstellbar. Gleichwohl kann durch die Art der Gestaltung der ,,Rahmenbedingungen" die Erfüllbarkeit der Voraussetzungen gefördert werden.

Ein weiteres Prinzip, das bei Diskursen über Interpretationen berücksichtigt werden soll, ist die Forderung, die Selbstinterpretation des abwesenden Akteurs, dessen Handeln interpretiert wird, so gut wie möglich zu berücksichtigen. Eine definitive Übereinstimmung mit dem Akteur wird dabei nicht unter allen Umständen erreichbar sein und stellt deshalb keine notwendige Voraussetzung für die rationale Annahme einer handlungspsychologischen Interpretation dar. Der Akteur besitzt sozusagen auch nur eine Stimme im Chor der Handlungsinterpreten. Ihr Gewicht ist abhängig von den vorgetragenen Argumenten und nicht von introspektiven Evidenzerlebnissen.

Bei der praktischen Realisierung dieser Vorstellungen wird man eine Dreier-Gruppe (,,Interpretations-Triade") bevorzugen, wobei die beteiligten Personen sich abwechselnd in den Rollen eines Proponenten, eines Opponenten und eines Vermittlers befinden werden. Eine Reglementierung dieser Rollenzuweisungen wäre sinnlos, da sich die Bereitschaft, eine dieser Rollen anzunehmen, aus dem jeweiligen Kontext des Gespräches ergibt. Im Gegensatz zur Praxis der Gerichtshöfe, die ja jeden Fall entscheiden müssen, wird man hier auch das Urteil ,,unentscheidbar" zulassen müssen.

---

1 *Habermas* 1971.
2 *Lorenzen & Schwemmer* 1973.
3 *Werbik* 1974.

Die von der Interpretationsgruppe gemeinsam anerkannten regulativen Ideen und sonstigen ethischen Prinzipien sollen eine Schutzvorkehrung gegen die Gefahr der Abhängigkeit der Interpretation von jeweiligen persönlichen Interessen der Interpreten darstellen. Die gemeinsame *Internalisierung* dieser Prinzipien im Verlauf einer längeren Interpretationspraxis ist sicherlich keine ausreichende Schutzvorkehr; vielmehr wird man immer wieder mit Verzerrungen durch spezielle gruppendynamische Einflüsse rechnen müssen. Allerdings können diese möglichen Einflüsse durch eine gemeinsame metakommunikative Analyse erkennbar gemacht und entsprechend berücksichtigt werden.
Das vorgeschlagene Kriterium der rationalen Annehmbarkeit unterscheidet sich vom Kriterium der *Wahrheit* dadurch, daß die getroffene Entscheidung nicht aus allgemein verbindlichen Normen abgeleitet werden kann und auch nicht von jedem beliebigen Beurteiler jederzeit überprüft werden kann. Vielmehr kommt es darauf an, ob die Interpretationsgruppe genügend „Ansehen" erwerben kann, so daß das, was die Interpretationsgruppe gemeinsam für wahr hält, von den Nicht-Teilnehmern am Interpretationsprozeß wenigstens als wahrscheinlich eingeschätzt wird.

Diskussion eines Fallbeispiels

Die Darstellung eines Beispiels[1] soll abschließend noch einmal verdeutlichen, warum es uns unmöglich erscheint, im Bereich menschlichen Handelns aufgrund bloßer Verhaltensbeobachtungen und -beschreibungen zu eindeutigen klassifikatorischen Zuordnungen zu kommen, warum wir glauben, daß sprachliche Äußerungen des Akteurs *und* anderer Beteiligter unerläßlich für eine Bestimmung der vorliegenden Handlung sind und warum es schließlich der Berücksichtigung des situativen wie historischen Kontextes des Verhaltensereignisses bedarf, um diese Bestimmung adäquat vornehmen zu können.

Ich sehe meine zwei guten Freunde Robert und Inge bei einer Zusammenkunft und beobachte dabei, wie Robert seine Hand ausstreckt und für einen Moment mit der Handaußenfläche über Inges Haar streicht. Was ist dabei geschehen? Um was für eine Handlung handelt es sich und wie kann ich sie identifizieren? Die Beobachtung selbst gibt uns nur wenig Auskunft darüber. Präzise Messung hätte uns dahingehend belehren können, daß Roberts Körper sich mit einer gewissen Geschwindigkeit in eine bestimmte Richtung bewegt hat, daß sich seine Hand für 2,53 sec von seinem Körper entfernt hat, und daß seine Epidermis um 10.03 Uhr MEZ in Kontakt getreten war mit 23 Strähnen von Inges Haar. Doch damit wissen wir immer noch nichts über die Art der Interaktion zwischen den beiden.

Ich erinnere mich jetzt vielleicht, daß Robert mir schon vor Wochen erzählt hat, daß er ganz verrückt nach Inge sei und diese Information scheint das Problem zu lösen. Ich bin jetzt zuversichtlich, Roberts Verhalten als einen Akt der Zuneigung interpretieren zu können. Doch da fällt mir gerade wieder ein, daß Inge mir vor kurzem doch mitgeteilt hat, daß sie Robert gegenüber geäußert

1 *Gergen*, 1982, S. 60ff.

habe, sie halte ihn nicht für einen warmherzigen und liebevollen Menschen, sondern für cool und unsensibel. Sofort zweifle ich wieder an meiner Interpretation, es hätte sich um einen Akt der Zuneigung gehandelt. Vielmehr glaube ich nun, daß es sich um einen Versuch Roberts gehandelt hat, deutlich zu machen, daß er sehr wohl ein gefühlsbetonter Mensch sei. Es war also nicht so sehr eine Handlung der Zuneigung, sondern eine der Selbstdarstellung. Doch gerade jetzt begegnet mir ein Freund, der auch mit den beiden befreundet ist und erzählt mir folgende häßliche kleine Klatschgeschichte: Er war am Abend zuvor mit den beiden in der Kneipe gewesen und da hätte, während eines heftigen Disputs, Inge Robert beschuldigt, er sei ein Egoist ersten Ranges, der glaubt, daß sich die Welt nur um ihn drehe und daß er jede Frau haben könne, die er haben wolle. Inge hätte dann noch gesagt, daß sie nichts mehr mit ihm zu tun haben wolle, er sei vulgär, unsensibel und zudringlich. Nach dieser neuen Information fühle ich mich genötigt, meine vorherige Interpretation fallen zu lassen und das Ereignis noch einmal neu zu klassifizieren. Ich glaube jetzt, daß es eine arrogante Geste von Robert war. Ich glaube, er wollte damit ausdrücken, daß er tatsächlich alle Frauen haben könne, die er haben wolle, und daß er auch Inge über kurz oder lang haben würde, trotz ihres Sträubens. Am nähesten komme ich der Angelegenheit wohl, wenn ich die Handlung als Akt der Überheblichkeit betrachte und nicht als Zuneigung oder Selbstdarstellung.

Doch ist das „wirklich wahr"? Vielleicht war Robert von Inges Anklage tief verletzt und machte einen letzten Versuch, seine Zuneigung zu ihr zu zeigen. Dafür spricht, daß Inge unmittelbar im Anschluß an die in Frage stehende Handlung Robert anlächelt und seine Hand liebkost. Aha, so denke ich, offenbar ist Inge gerührt von Roberts Geste und zerknirscht über ihre zänkische Strafpredigt vom vorigen Abend. Das Bestreichen des Haares war also doch ein Ausdruck tiefgründiger Zuneigung. Oder vielleicht doch nicht? Als ich zehn Minuten später mit Robert darüber spreche, bestätigt er war eilfertig meine Vermutung, doch seine ganze Haltung und sein Gesichtsausdruck sind dabei die eines Mannes, der sehr stolz auf sich ist. Dazu sehe ich ihn noch in einen Spiegel schauen, wobei er sich äußerst selbstzufrieden zulächelt.

Vielleicht war die Handlung doch nicht von aufrichtiger Zuneigung getragen, sondern Roberts letztes Bemühen, sich als warm und gefühlvoll zu präsentieren, so daß er nun hoch erfreut darüber ist, schließlich doch erfolgreich gewesen zu sein. Damit gebe ich mich nun endlich zufrieden, nur um am nächsten Tag eines besseren belehrt zu werden. Am späten Abend noch hat nämlich Inge sich Roberts Auto geliehen, um eine Besorgung zu machen. Kaum in Besitz des Autos schrammte sie es entlang einer Betonmauer und ließ es dort einfach stehen. Inge nämlich hatte das Streichen über ihr Haar als eindeutig überheblich empfunden, doch so getan, als wäre es Robert damit geglückt, ihre Liebe zu gewinnen. Und zwar tat sie dies deshalb, um Roberts Vertrauen zu gewinnen, woraufhin sie sich das Auto lieh, um es zu Schrott zu fahren, um sich so für Roberts Überheblichkeit zu rächen.

So scheint mein Problem also doch noch gelöst zu sein... bis ich in der Woche darauf Robert und Inge im Park erspähe, Arm in Arm, zärtlich miteinander flüsternd ... Hier nun muß die „unendliche Geschichte" einfach abgebrochen werden, aber es ist unschwer auszumalen, wie oft das, was an dem besagten Abend „wirklich" geschehen ist, sich für die beiden und für ihre Mitmenschen im Laufe ihrer weiteren Entwicklung noch ändern mag. Und auch wenn diese Geschichte in der Lebenswelt angesiedelt war, so macht es doch keine Schwierigkeiten, sich die gleichen Probleme zwischen einem Forscher und seinen Untersuchungspersonen vorzustellen.

Wir hoffen, daß diese Geschichte über das bisher Gesagte hinaus noch zwei Dinge deutlich gemacht hat:

1) Die Zuschreibung eines Handlungsschemas zu einer Handlung ist immer revidierbar, der Interpretationsprozeß niemals definitiv abgeschlossen. Dies ist schon deshalb so, weil die für relevant erachteten Kontexte — gegenwärtige wie vergangene — nicht von vorneherein und ein für alle mal begrenzt werden können. Was vergangene Kontexte betrifft, hängt es ganz von der theoretischen Orientierung des jeweiligen Forschers ab, ob er zur Interpretation nicht nur alle Ereignisse bis zur frühesten Kindheit der beteiligten Individuen heranziehen möchte (Psychoanalyse), sondern auch noch alle Ergebnisse der Kultur- und Naturgeschichte des Menschen, die diesen Verhaltensweisen Bedeutung verleihen könnten (Soziobiologie). Doch auch für die Beteiligten selbst mag die Handlung Gegenstand fortwährender Neu- und Umdefinitionen sein, wenn sie sie im Lichte späterer Ereignisse betrachten. Ein Jahr später vielleicht sieht Robert seine Geste als den halbherzigen Versuch, eine kaputte Beziehung zu retten und zehn Jahre später möglicherweise, nach seinem Eintauchen ins Homosexuellen-Milieu, ist ihm die Geste von damals Ausdruck des aufkeimenden Gefühls von Verachtung allen Frauen gegenüber und seiner wahren Liebe zu Männern.

2) Ebensowenig wie die Interpretation der Handlung zu einem definitiven Abschluß gelangen kann, kann eine der zahlreichen Interpretationen als die einzig „wahre" ausgezeichnet werden. Wir hatten unsere Geschichte der Einfachheit halber nur mit einem Beobachter ausgestattet. Es ist leicht zu sehen, daß für weitere Beobachter auch folgende Bereiche weitere Differenzierung erfahren:

(1) Zahl und Inhalt der Kontexte des Ereignisses, in denen es für jeden Betrachter steht;
(2) Zahl und Inhalt der Interpretationsregeln, die jeder Beobachter
(a) aufgrund seiner Sozialisation und Persönlichkeit,
(b) aufgrund seines beruflichen oder wissenschaftlichen Sonderwissens mitbringt zur Deutung des Ereignisses.

Aus diesen einander oftmals widersprechenden und miteinander konkurrierenden Deutungen können nun nicht nach irgendwelchen schematischen Verfahren oder empirischen Kriterien einzelne als überlegen oder „wahr" ausgezeichnet werden. Hier hilft nur ein argumentativer Prozeß des Aushandelns solcher Deutungen, der mit einem vorläufigen Konsens abschließt. Es ist leicht ersichtlich, daß durch Hinzutritt einer neuen Person zur Deutungsgruppe, die über neues Kontextwissen und/oder neue Interpretationsregeln aufgrund biographischen Alltagswissens oder beruflichen Sonderwissens verfügt, jeglicher zuvor erreichter Konsens auch wieder fraglich werden kann.

Nach diesem Exkurs in die dialogisch-verstehende Psychologie, mit der eine interessante, aber doch umstrittene wissenschaftstheoretische Position eingenommen wird, wollen wir auf eine Diskussion des Beitrags verzichten, aber zwei relativ neue psychologische Richtungen vorstellen, die dem Leser ermöglichen, die Ausführungen von *Zitterbarth* und *Werbik* differenzierter zu beurteilen.

4.4.2 Humanistische Psychologie

4.4.2.1 Grundzüge

Die sogenannte humanistische Psychologie versteht sich in bewußter Absetzung von der Psychoanalyse einerseits und vom (Neo-)Behaviorismus andererseits als „dritte Kraft" oder „dritter Strom" der Psychologie. Im Jahr 1961 wurde das *Journal of Humanistic Psychology* gegründet. Ein Jahr später wählte eine Gruppe von Psychologen unter Vorsitz von Abraham *Maslow* den Begriff *American Association of Humanistic Psychology* als Bezeichnung einer neuen Vereinigung. Diese Gesellschaft für Humanistische Psychologie vertritt (ohne vollkommene Übereinstimmung ihrer Mitglieder) vier Thesen:

dritte Kraft

1. Im Zentrum der Aufmerksamkeit steht die erlebende Person. Theoretische Erklärungen und sichtbares Verhalten werden demgegenüber als zweitrangig angesehen.
2. Der Akzent liegt auf spezifisch menschlichen Eigenschaften wie der Fähigkeit zu wählen, der Kreativität, Wertsetzung und Selbstverwirklichung — im Gegensatz zu einer mechanistischen und reduktionistischen Auffassung des Menschen.
3. Die Auswahl der Fragestellungen und der Forschungsmethoden erfolgt nach der Maßgabe der Sinnhaftigkeit — im Gegensatz zur Betonung der Objektivität auf Kosten des Sinnes.
4. Ein zentrales Anliegen ist die Aufrechterhaltung von Wert und Würde des Menschen, und das Interesse gilt der Entwicklung der jedem Menschen innewohnenden Kräfte und Fähigkeiten. (Gekürzt entnommen aus *Bühler & Allen* 1982, S. 7.)

Zur humanistischen Psychologie sind Psychologen und Psychotherapeuten verschiedener Herkunft zu rechnen: Abraham *Maslow.* Charlotte *Bühler*, Carl *Rogers*, Fritz *Perls*, Sidney M. *Jourard*, Rollo *May*, Fred *Massarik* und andere.

Die humanistische Psychologie muß als bewußte Gegenbewegung zur traditionellen Experimentalpsychologie neopositivistischer Richtung verstanden werden. Die Psychologie habe bisher aus dem Menschen „eine größere weiße Ratte oder einen langsameren Computer" gemacht, schreibt James F. T. *Bugenthal* (1967, S. VII), der erste Präsident der *American Association for Humanistic Psychology.* Abraham *Maslow* (1954, S. 234) kritisierte, die Psychologie habe sich bisher hauptsächlich mit den kranken Seiten des Menschen befaßt, daher könne auch nur eine „Krüppel-Psychologie und eine Krüppel-Philosophie" herauskommen.

Die Ursprünge und gleichzeitig die Hauptanwendungsgebiete der humanistischen Psychologie sind die Psychotherapie und die Erziehungspsychologie. Dies ist insofern nicht verwunderlich, als diese beiden Gebiete stets mit sozialen Normen konfrontiert werden und Psychologen in diesen Tätigkeitsfeldern Werte in ihrer Arbeit realisieren müssen. Der Glaube an das Gute und an die

Selbstheilungskräfte im Menschen und die Fähigkeit zu innerem Wachstum (*personal growth*) (*Rogers*), das Streben nach einem erfüllten Leben (Charlotte *Bühler*) und nach Selbstverwirklichung (*Maslow*) sind Werte, die nicht nur in der pluralistischen amerikanischen Gesellschaft von jüngeren Psychologen bereitwillig akzeptiert wurden, sondern unmittelbare Bedeutung für therapeutische und erzieherische Praxis haben.

,,Humanistische Psychologie" ist in der Bundesrepublik besonders durch die Fernsehserie ,,Wege zum Menschen" (vgl. *Petzold* 1984) bekannt geworden, in der vor allem neuere Psychotherapieformen dargestellt wurden, die der humanistischen Psychologie zugerechnet werden können.

Unter wissenschaftstheoretischer Perspektive interessieren erstens die wissenschaftsgeschichtlichen und wissenschaftstheoretischen Grundlagen der humanistischen Psychologie und zweitens ist die Frage berechtigt, welche Beiträge die humanistische Psychologie zur Wissenschaftstheorie und zur psychologischen Forschungspraxis geleistet hat bzw. leisten kann.

4.4.2.2 Wissenschaftsgeschichtliche Aspekte

Der Begriff ,,humanistische" Psychologie legt die Vermutung nahe, es würde sich um eine psychologische Richtung handeln, die an den Humanismus anschließt. Tatsächlich nennen *Bühler* und *Allen* (1982, S. 19ff.) den Humanismus, aber auch den Existentialismus als die zwei historischen Wurzeln der humanistischen Psychologie. Bei näherer Betrachtung sind die Beziehungen zwischen humanistischer Psychologie und Humanismus jedoch gering und zum Teil nur in Analogien zu sehen. Der Protest der humanistischen Psychologen gegen das Dogma der experimentellen Psychologie ist so vielleicht mit dem Protest der Humanisten gegen die mittelalterliche Scholastik zu vergleichen. Aber: Indem sich die Humanisten von der Kirche emanzipierten, war noch nicht die Epoche der Aufklärung erreicht; der Humanismus trieb mit seiner Rückbesinnung auf die Antike allen möglichen Unsinn, wie Bertrand *Russell* einmal sagte. *Bühler* und *Allen* sehen auch hier eine Parallele zur humanistischen Psychologie, von denen einige Mitstreiter ,, die Erlangung von Selbsterkenntnis als Entschuldigung für exzentrisches, unkonventionelles Verhalten benutzen" (1982, S. 21). Humanismus

Auch der Verweis auf den Existentialismus als zweite historische Wurzel der Psychologie überzeugt nicht ganz. Mit ,,Existenzphilosophie" bzw. ,,Existentialismus" werden so verschiedenartige Denker wie *Kierkegaard, Heidegger, Sartre, Camus* und *Jaspers* zusammengefaßt. Die größte Ähnlichkeit zwischen humanistischer Psychologie und Existentialismus ist sicher nicht bei *Sartre* und auch weniger bei *Heidegger* zu finden, sondern vielleicht eher bei dem späten *Camus*, der den schöpferischen Menschen in einfachen Lebensbedingungen als positiv herausstellte. Existentialismus

Eine genauere wissenschaftsgeschichtliche Analyse wird erst zeigen können, wo man die Wurzeln der humanistischen Psychologie sehen kann. Vermutlich sind sie eher in der Phänomenologie, bei der (Neo-)Psychoanalyse und in der deutschen Reformpädagogik zu finden als im Humanismus und Existentialismus.

Da sich die humanistische Psychologie aber in mehrerer Hinsicht deutlich von der ,,main-stream"-Psychologie unterscheidet, fragen wir nun nach ihrer wissenschaftstheoretischen Basis.

4.4.2.3 Phänomenologisches Vorgehen

Intentionalität

Humanistische Psychologen sehen den Menschen als positiv eingestelltes, aktives und sinnvoll handelndes Wesen. In der angenommenen *Intentionalität* menschlichen Handelns ist ein wichtiger Unterschied zu Menschenbildern anderer psychologischer Ansätze, insbesondere zum (Neo-)Behaviorismus zu sehen. In der bereits zitierten ersten These der Gesellschaft für Humanistische Psychologie wird das Erleben als primäres Phänomen angesehen und in seiner Bedeutung noch höher als Theorien und als die Bedeutung des Verhalten angesehen. Wie ist Wissenschaft so möglich? Da dem Erleben die besondere Bedeutung beigemessen wird, bleibt nur übrig, Personen nach ihrem Erleben zu befragen.

peak experience

Als Beispiel hierfür kann die sogenannte Gipfel-Erfahrung (peak experience) gelten. Abraham *Maslow* nimmt fünf Bedürfnisgruppen an, die von Menschen ontogenetisch und phylogenetisch durchlaufen werden. Das höchste Bedürfnis ist das nach Selbstverwirklichung. Nach *Maslow* können nur schöpferische erwachsene Menschen in seltenen Augenblicken dieses Glücksgefühl der Selbstverwirklichung erreichen. Da nicht alle Menschen hierzu fähig sein sollen, bleibt nur die Befragung als Methode. Dabei gehen humanistische Psychologen selten nomologisch vor. Genauer: Sie bedienen sich des empirisch-analytischen Vorgehens — z.B. durch Tests — meist nur als Ergänzung zum phänomenologischen Vorgehen.

Maslow sieht als ausreichende Bestätigung für Gipfelerlebnisse an, wenn z.B. Bergsteiger wie Reinhold *Messner* ihr Glücksgefühl beim Bezwingen eines Achttausenders beschreiben oder wenn ein Dichter eine kreative Phase in einem Gefühlsrausch erlebte, wie z.B. Rainer Maria *Rilke* bei der Abfassung seiner *Duineser Elegien*.

Beobachtung

Wie die traditionelle Psychologie geht die humanistische Psychologie von der Methode der Beobachtung aus. Neben der Fremdbeobachtung hat die Selbstbeobachtung in der humanistischen Psychologie besondere Bedeutung erlangt: *Lockowandt* bezeichnet sie sogar als die wichtigste Methode (1984, S. 54).

Kritisch ist gegen die Selbstbeobachtung ihr rückschauender, vergangenheitsbezogener Charakter und natürlich ihre mangelnde Repräsentativität eingewandt worden. Man darf andererseits nicht übersehen oder verleugnen, daß die Selbstbeobachtung immer schon ein vermutlich unverzichtbarer, allerdings wenig reflektierter Teil der psychologischen Forschung war und noch ist.

phänomenologische Einstellung

Humanistische Psychologen verfolgen bei der Selbst- und bei der Fremdwahrnehmung das Prinzip der ,,phänomenologischen Einstellung". Unter direktem oder indirektem Bezug auf den Begründer der Phänomenologie, Edmund *Husserl*, aber auch auf Theodor *Lipps* und auf Ludwig *Klages* ist unter ,,phänomenologischer Einstellung" zu verstehen (vgl. *Lockowandt* 1984, S. 54ff.), daß der Psychologe allem Seelischem mit derselben Aufmerksamkeit ohne voreilige Wertung, Kritik und Deutung zu begegnen hat. *Freud* sprach von „gleichschwebender" Aufmerksamkeit und *Klages* von einem „Zustand möglichst absichtsloser Empfänglichkeit". Das phänomenologische Erfahren soll nach *Husserl* die Welt umgreifen, umblicken, umtasten und sie dadurch „selbst, originaliter in Gewißheit" haben. Die Dinge selbst sprechen und auf sich wirken zu lassen, ist im zwischenmenschlichen Bereich nicht immer einfach, z.B. wenn ein Klient in der Therapie Einstellungen und Erfahrungen mitteilt, die dem Weltbild des Therapeuten ganz und gar nicht entsprechen.

Exploration

In der humanistisch-psychologischen Forschung muß der phänomenologischen Betrachtung die Phase der *Exploration* folgen. Hier werden Beobachtungen von Fachkollegen und Laien hinzugezogen. Diese Phase wird als besonders wichtig und als sehr mühsam bezeichnet (*Lockowandt* 1984, S. 56); sie ist aber unabdingbar und sollte nicht — wie sonst oft in der psychologischen Forschungspraxis — voreilig auf schnell prüfbare Einzelhypothesen verkürzt werden.

4.4.2.4 Beiträge zur psychologischen Forschungsmethodik: Experiment und Einzelfallstudien

Die humanistische Psychologie ist auch in methodologischer Hinsicht als *Gegenbewegung* zu verstehen. *Rogers* (1965), *Maslow* (1977) und besonders *Giorgi* (1970) haben kritisiert, daß in der Psychologie viele Arbeiten ihre Existenz nur einem Methodenfetischismus verdanken. Psychologisch wird dieser Rückzug vieler Psychologen auf Methoden als eine Verweigerung der Auseinandersetzung mit Alltagsproblemen gedeutet. Demgegenüber bemühen sich humanistische Psychologen um eine besorgte (sogenannte *concerned*) Erkenntnishaltung gegenüber der Welt.

concerned

Zwei konkrete Beiträge der humanistischen Psychologie zur Forschungsmethodik möchten wir herausstellen: *Jourards* Beiträge zur Psychologie des Experiments und die Wiederentdeckung der Einzelfallstudie.

Sidney M. *Jourard*, amerikanischer Klinischer Psychologe, der der humanistischen Psychologie zuzurechnen ist

Sidney M. *Jourard* (1971) hat herausgestellt, daß der Versuchsleiter (Vl) und die Versuchsperson (Vp) im psychologischen Experiment komplementäre Rollen haben, wobei sich der Vl in der traditionellen psychologischen Forschung möglichst unpersönlich zu verhalten hat, da die Vpn möglichst den gleichen Stimuli ausgesetzt sein sollen. Diese „Neutralität" aber führt nach *Jourard* dazu, daß sich die Vp, der man in aller Regel die Versuchshypothesen vorenthält, nach dem Sinn des Experiments fragt, mißtrauisch wird und auf Täuschungen des Vl mit Täuschungen reagieren wird. *Jourard* spricht hier vom *dyadischen Effekt* im psychologischen Experiment. Durch diesen Effekt hat nach *Jourard* die bisherige Psychologie nur begrenzten Wert, da bei dem unpersönlichen Verhalten des Vl immer nur ein sehr begrenzter Bereich der Vp in das Blickfeld der Forschung gerät. Über psychologische Tests schreibt *Jourard* daher:

> „Wenn der dyadische Effekt auf die Testsituation übertragbar ist — und ich glaube, daß er es ist — dann täten diejenigen, die an authentischeren Selbstoffenbarungen der Vpn in psychologischen Tests interessiert sind, besser daran, wenn sie sich ihren Testpersonen als Personen und nicht als berufsmäßige graue Eminenzen bekanntmachen würden" (1971, S. 129).

Bei dieser Kritik ist *Jourard* nicht stehengeblieben. In einer Reihe von Untersuchungen, mit z.T. allerdings nur anekdotischem Charakter, hat *Jourard* überprüft, welche Wirkungen ein Sich-Öffnen (sog. *self-disclosure*) des Vl auf die Vp hat. *Jourard* fand, daß auch hier ein dyadischer Effekt festzustellen ist. Wenn sich ein Vl zum Beispiel der Vp vorstellt und erklärt, warum er diese Untersuchungen durchführt und um welche Zielsetzung es dabei geht, so hat dies meist auch ein Sich-Öffnen der Vp zur Folge. *Jourards* Untersuchungen und die seiner Nachfolger geben Hinweise darauf, daß Vpn durch self-disclosure des Vl z.B. zu ehrlicheren Antworten bei Persönlichkeitstests neigen.

self-disclosure

Kritisch kann man einwenden, daß ein Sich-Öffnen des Vl verschiedenste Wirkungen haben kann. Doch würden humanistische Psychologen dies entsprechend ihren Interessen der Rollenveränderung von Vp und Vl in Kauf nehmen (s.o.).

N = 1

Nun zur Einzelfallstudie! Das Studium des Einzelfalls (N=1) wird in der traditionellen Psychologie meist wegen der mangelnden Repräsentativität wenig geschätzt. Man betrachtet Einzelfallstudien meist nur als Voruntersuchungen für repräsentativere Untersuchungen mit größeren Stichproben.

In der humanistischen Psychologie hat die Einzelfallstudie erneut Beachtung gefunden (vgl. *Bühler* und *Allen* 1983, S. 34ff.). In der Tat ist ein Teil der Kritik an Einzelfallstudien unbegründet. In neueren Sammelreferaten über N=1-Studien ist mit Recht darauf hingewiesen worden, daß solche Einzelfallstudien inhaltlich kaum begrenzt sind. Hermann *Ebbinghaus* hat seine grundlegenden Gedächtnisexperimente mit einer Vp, nämlich mit sich selbst, durchgeführt; verschiedenste andere Fragestellungen sind in Einzelfallstudien angegangen worden.

N=1-Studien können dann sinnvoll sein, wenn der Einzelfall als repräsentativ angesehen werden kann und wenn die Fragestellung die Reduktion auf N=1 gestattet. Zum Beispiel, wenn es um einen typischen Verlauf einer Entwicklung geht. Die Beobachtung und Befragung einer Person in verschiedensten Situationen über längere Zeit hinweg ist ein Vorgehen, das für viele Fragestellungen sicher interessant ist, von Psychologen wie Egon *Brunswik* gefordert wurde (sog. *representative design*), aber trotzdem in der Psychologie sehr wenig praktiziert wird. Die mangelnde Verbreitung solcher Einzelfallstudien hat sicher einen Grund in dem erheblichen Arbeitsaufwand der Beobachtung oder Befragung über längere Zeit hinweg, aber wohl auch darin, daß z.T. noch die adäquaten Auswertungsmethoden fehlen.

4.4.2.5 Erkennen und Wissen

Objektivität i.S. des in der Psychologie dominierenden empirisch-analytischen Vorgehens bedeutet immer eine Trennung des Untersuchungsobjekts vom Subjekt des Forschers. (Man beachte, daß „subjektiv" in der Forschung allgemein eine negative Bedeutung hat.)

Aus den bisherigen Skizzen zur humanistischen Psychologie dürfte deutlich geworden sein, daß die humanistische Psychologie diese Trennung ablehnt und eine neue Form von Objektivität, von Erkennen und Wissen anstrebt.

Abraham *Maslow* hat diese, in der humanistischen Psychologie angestrebte Form des Wissens dem ,,Zuschauer"-Wissen gegenübergestellt. Die folgende Übersicht *Maslows* wurde von *Lockowandt* (1984, S. 69 - 70) geringfügig modifiziert:

Zuschauerwissen	*Interpersonales Wissen*
Impliziert die Trennung von Subjekt und Objekt. Diese Trennung und Distanzierung wird als gut, nützlich und zweckdienlich angesehen.	*Distanzverminderung* Abbau dieser Trennung und Distanzierung sowohl durch den Versuchsleiter als auch durch die Versuchsperson. Beide gelangen so zu einem besseren Verständnis des anderen und ihrer selbst.
Angestrebt wird eine völlige Distanzierung (unbeteiligter Beobachter); jeder behandelt den anderen als etwas völlig anderes. Keine Identifikation, sondern sich voneinander absetzen, sich voneinander lösen.	*Verschmelzungsideal* Angestrebt wird eine Fusion, ein Ineinanderübergehen, ein Ineinanderaufgehen.
Der Beobachter ist ein Außenstehender, ein Fremder, nimmt nicht teil.	*Teilnehmende Beobachtung* Der Beobachter ist Teilnehmer und Beobachter zugleich.
Weniger aufeinander zugehen (Reafferenz), weniger Kontakt miteinander. Distanzierung und geringere Identifizierung. Rollenfixierung.	*Kontaktintensivierung* Mehr Reafferenz, mehr Kontakt miteinander. Weniger Distanzierung und stärkere Identifizierung. Selbstentbergung (*Jourard*, 1971a).
Versuch unabhängig zu sein und die Beziehung zu vermeiden (um in der Lage zu sein, ein ,neutrales Urteil' abzugeben).	*Beziehungswunsch* Versuch mit dem anderen in Beziehung zu treten und ihm näherzukommen.
Der Unterschied zwischen dem erfahrenden Ich und dem sich selbst beobachtenden Ich wird nicht wahrgenommen und ist überflüssig. Selbsterkenntnis ist beim Erkenntnisprozeß nicht erforderlich.	*Selbsterkenntnis* Wechselspiel zwischen dem erfahrenden Ich und dem sich selbst beobachtenden Ich. Selbsterkenntnis ist ein wesentlicher Bestandteil des Erkenntnisprozesses.
Das Wesen und die Einzigartigkeit des Beobachters stellt kein Problem dar. Ein kompetenter Beobachter wird zu den gleichen Erkenntnissen kommen wie ein anderer.	*Personbedingtheit* Das Wesen des Erkennenden ist ein sine qua non für das Wesen des Erkannten. Forscher sind nicht ohne weiteres gegeneinander austauschbar.

Beobachter schafft keine wesentlichen Wahrheiten. Er entdeckt sie, beweist sie oder nimmt sie wahr.	*Kreation der Wahrheit* Der Beobachter erzeugt die Wahrheit teilweise selbst, dadurch daß er das ist, was er ist und wer er ist, und das tut, was er tut. Er untersucht eine von ihm selbst mitgestaltete Wirklichkeit (Gefahr des artifiziellen Wissens).
Unbeteiligte Erkenntnis.	*Hingabe* Sich nicht einmischende Erkenntnis, die der Anteilnahme entspringt.
Ich-Es-Wissen. Mehr geistige Aktivität, Theoretisieren, Hypothetisieren, Vermuten, Klassifizieren.	*Ich-Du-Beziehung* Ich-Du-Wissen. Größere Rezeptivität, größere Bereitschaft nur zu erfahren, erst dann Einsetzen der Sekundärprozesse der Bearbeitung.
Aktive Aufmerksamkeit, bewußte Konzentration. Zielstrebigkeit.	*Ungerichtetes Aufmerken* Freiflutende Aufmerksamkeit, Geduld, Zuwarten. Primärprozeß, vorbewußt, unbewußt. Zustand möglichst absichtsloser Empfänglichkeit. ‚Gleichschwebende Aufmerksamkeit' *Freud* (1912).
Neutralität und Objektivität des innerlich Unbeteiligten. Wie der wahrgenommene Gegenstand seinem inneren Wesen nach beschaffen ist, ist gleichgültig.	*Seinserkennen* Distanz und Objektivität des Nicht-eingreifen-Wollens, der inneren Anteilnahme des Miterlebens, Bereitschaft, den anderen er selbst sein zu lassen. Anerkennen seines Soseins.
Wahrgenommenes und Wahrnehmendes sind unabhängig voneinander, sind voneinander geschieden. Es gibt keine emotionalen Prozesse zwischen Subjekt und Objekt.	*Rückwirkungen* Das wahrgenommene Objekt reagiert zurück. Es ist dankbar, verstanden zu werden. Es verlangt danach, richtig wahrgenommen zu werden. Ambivalente Beziehungen zwischen Wahrnehmendem und Wahrgenommenem. Möglichkeit der Gegenübertragung *(Freud)*. Versuchsperson nimmt Stellung zu seinem Untersucher. Sie kann als Person den Erkennenden verändern.

Trotz der Bevorzugung des interpersonalen Wissens hat *Maslow* beide Formen des Wissens empfohlen. *Maslow, Rogers* und andere sind sich einig, daß in spezifisch menschlichen Bereichen (Gesundheit, Güte, Liebe, Kreativität, Altruismus usw.) die interpersonale Form des Wissens wohl die überlegenere Wissensform darstellt, daß aber eine Synthese erreicht werden muß, um nicht vom Fehler des Objektivismus in den gegenteiligen Fehler des extremen Subjektivismus zu verfallen. Synthese

4.4.2.6 Zur Kritik

Abschließend sei gesagt, daß sich die humanistischen Psychologen in ihrem Vorgehen durchaus unterscheiden und die humanistische Psychologie keineswegs als monolithischer Block zu sehen ist. Das aktive Bemühen, den Menschen in den Mittelpunkt der Psychologie zu stellen, werten wir positiv. Im Sinne *Kuhn*s kann die humanistische Psychologie als Beitrag zu einem umfassenderen Paradigmenwechsel in der Psychologie gewertet werden. Viele Psychologen versuchen in ihrer praktischen Berufsausbildung Wertorientierungen der humanistischen Psychologie als Handlungsmaßstab zu nutzen.

Für relativ ungeklärt halten wir die zuletzt dargestellte Problematik der beiden Wissensformen. Es ist der humanistischen Psychologie bislang nicht gelungen, überzeugende Kriterien zu erarbeiten, nach denen entschieden werden kann, wann welche Wissensformen anzustreben sind und wie sich diese Wissensformen ergänzen können.

4.4.3 Psychologische Handlungstheorien

Nicht zu verwechseln mit der oben genannten Handlungsforschung sind die Handlungstheorien, gelegentlich auch einfach Handlungspsychologie genannt (vgl. 4.1.4.4).

Die Handlungstheorien haben in der Psychologie erst in den letzten Jahren Bedeutung erlangt (*Hacker* 1971, *Volpert* 1974, *von Cranach* 1980, *Oesterreich* 1981, *Hacker* u.a. 1983). Obwohl die Handlungstheorien von verschiedenen Voraussetzungen ausgehen, lassen sich einige Gemeinsamkeiten herausstellen:

— Der Mensch wird (im Gegensatz zum Behaviorismus) als aktives, auf seine Umgebung einwirkendes und zukunftsbezogenes Wesen gesehen. Aktivität
— Der Mensch hat Ziele und Erwartungen. Menschliches Handeln ist zielgerichtet und planvoll. Zielgerichtetheit
— Einzelne Handlungen sind aufeinander abgestimmt und hierarchisch organisiert (einzelne untergeordnete Teilschritte sind erforderlich, um z.B. eine Handlung wie ,,Autofahren" zu vollführen). Hierarchische Organisation

Schon der Begriff der ,,Handlung" betont im Gegensatz zum behavioristisch geprägten Verhaltensbegriff eine weitaus größere Autonomie des Menschen. So kann die Handlungstheorie als ein weiterer Versuch angesehen werden, das behavioristische Denken in der Psychologie zu überwinden.

Die Handlungstheorien sind zunächst in der UdSSR, Polen, der DDR, der Bundesrepublik Deutschland und der Schweiz entwickelt worden. Die Gesamtdarstellung durch *von Cranach* u.a. (1980) ist inzwischen auch in englischer Sprache erschienen.

Von den verschiedensten handlungstheoretischen Ansätzen greifen wir zwei uns wichtig erscheinende heraus: Die Handlungsregulationstheorie von *Volpert* und *Oesterreich* und die sogenannte naive Handlungstheorie der Berner Schule um Mario *von Cranach*.

4.4.3.1 Handlungsregulationstheorie

Die Handlungsregulationstheorie geht ursprünglich auf russische Psychologen wie *Binstein* und *Leontjew* zurück. Von größerem Einfluß auf die Diskussion in der Psychologie war die bereits oben (4.4.1) diskutierte Arbeit von *Miller, Galanter* und *Pribram* (1960, deutsch 1973). Der Dresdener Ingenieur-Psychologe Winfried *Hacker* wird jedoch meist als Begründer der Handlungsregulationstheorie angesehen. In seinem Buch ,,Allgemeine Arbeits- und Ingenieurpsychologie" (1973) beschreibt *Hacker* die menschliche Arbeit als zielgerichtetes Handeln, wobei dieses Arbeitshandeln die Individualität des Menschen wesentlich prägt. Zur Erreichung eines Arbeitszieles ist die Erreichung von Zwischenzielen erforderlich. Während des Weges zum Ziel sind ggf. Korrekturen der Planung erforderlich. Dies weist auf den *regulativ-dynamischen Charakter der Handlung* hin.

Volpert und *Oesterreich* haben den Ansatz von *Hacker* weiterentwickelt und unter anderem ein ,,Verfahren zur Ermittlung von Regulationserfordernissen in der Arbeitstätigkeit (VERA)" entwickelt. Wie *Hacker* gehen auch *Volpert* und *Oesterreich* von einem hierarchisch-sequentiellen Modell der Handlungsregulation aus. In einem Handlungsfeld werden verschiedene Handlungswege antizipatorisch erprobt, um zu einem Ziel zu gelangen; es werden nacheinander (sequentiell) einzelne Handlungsschritte ausgeführt und jeweils auf ihre Wirksamkeit überprüft. Diese Zwischenziele können wiederum in einzelne Handlungsschritte mit Kontrollen zerlegt werden. Zum Ziel ,,Zur-Arbeit-Fahren" gehört zum Beispiel das Einsteigen ins Auto, das Anfahren, das Lenken und Anhalten. Aber schon zum Einsteigen gehört das Hervorholen des Schlüssels, das Aufschließen usw.

hierarchisch-sequentielles Modell

Bei jedem einzelnen Schritt kontrolliert die Person ihr Handlungsergebnis. *Volpert* schreibt (1983, S. 41):

> Abb. 1 zeigt die von uns gewählte Darstellungsform. *Z* ist das Ziel, jene Form der Beziehungen zwischen dem Subjekt und der Umwelt, die am Ende der Einheit bestehen soll. $T_1 - T_4$ sind miteinander verkettete Transformationen dieser Beziehungen, welche eine schrittweise Annäherung an das Ziel bewirken sollen. Selbstverständlich muß es sich nicht immer — wie in unserer Abbildung — um vier Transformationen handeln. Allgemeiner sind zu unterscheiden: die ,,Start-Transformation" (T_1), die ,,vermittelnden Transformationen" (im abgebildeten Fall nach T_2 nur noch T_3) und die ,,vollendende Transformation" (hier T_4).

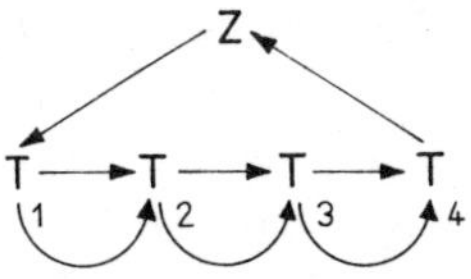

Abb. 1: Die zyklische Einheit.

Das Modell nimmt nun einen bestimmten zeitlichen Ablauf an: Zuerst wird das Ziel gebildet und dann die Folge der Transformationen — von der Start-Transformation bis zur vollendenden Transformation — erzeugt; dies ist die *Generierung* (absteigender Pfeil und gerade Pfeile von links nach rechts). Diese Folge wird nun der Reihe nach vollzogen; dies ist das *Durcharbeiten* (gebogene Pfeile). Dabei hat das Generieren einen Vorlauf vor dem Durcharbeiten: die generierten Transformationen stehen gewissermaßen Schlange, bis sie durchgearbeitet werden. Ist auch die vollendete Transformation durchgearbeitet, so findet eine *Rückmeldung* (aufsteigender Pfeil) statt: Ist die gewünschte Form der Beziehungen zwischen Subjekt und Umwelt eingetreten? Wenn dies der Fall ist, ist die Einheit beendet.

Die folgende Abbildung aus dem gleichen Aufsatz von *Volpert* verdeutlicht den hierarchischen Charakter und die Verschachtelung der zyklischen Einheiten in der hierarchisch-sequentiellen Handlungsregulation.

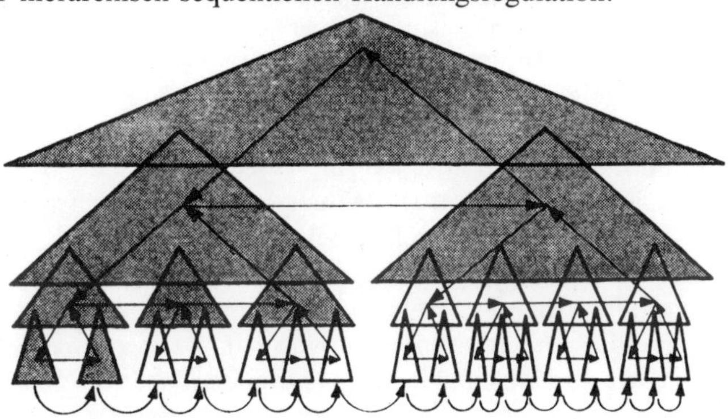

Abb. 25: Das Modell der hierarchisch-sequentiellen Handlungsregulation nach *Volpert* (1983, S. 43).

Oesterreich schreibt hierzu:

„Um das — in dem Modell enthaltene — Prinzip der *Eingrenzung der Aufmerksamkeit* auf jeweils nur einige Teile des Regulationsgeschehens hervorzuheben, sind in der Abbildung einige Teile grau getönt: Zunächst unterteilt der Handelnde seinen Plan in bezug auf das Ziel der obersten zyklischen Einheit (Niveau A) in zwei Transformationen, denen dann zwei direkt untergeordnete zyklische Einheiten entsprechen (Niveau B). Nun wendet der Handelnde seine Aufmerksamkeit der ersten dieser zwei zyklischen Einheiten zu und unterteilt diese in drei Transformationen, das heißt drei zyklische Einheiten (Niveau C). Erneut begrenzt er nun seine Aufmerksamkeit auf die erste dieser drei zyklischen Einheiten und unterteilt diese in zwei zyklische Einheiten (Niveau D), die er dann ausführt (gekrümmte Pfeile)" (*Oesterreich* 1987, S. 59).

Die Handlungsregulationstheorie kann hier nicht vollständig referiert werden. Es dürfte jedoch klar sein, daß es sich um einen Ansatz handelt, der den Vorzug hat, an der Mensch-Umwelt-Beziehung und am sichtbaren Handeln des Menschen und den für das Handeln erforderlichen Regulationsprozessen orientiert zu sein. Anwendungsbereiche wie Arbeitspsychologie, aber auch Sportpsychologie liegen nahe. Inzwischen gibt es aber auch zahlreiche Versuche, das Verhalten von Klienten als Handeln im Sinne der Handlungsregulationstheorie zu verstehen. Therapie wird dann zu einem Versuch der Rekonstruktion von Handlungsregulationsprozessen. Dem Klienten werden diese Prozesse einsichtiger, worauf sich für ihn eventuell neue Handlungsmöglichkeiten eröffnen.

Relativ zu kurz kommen in der Handlungsregulationstheorie ,,klassische" Perspektiven der Psychologie, wie zum Beispiel die Frage nach Persönlichkeitsunterschieden, nach der Rolle der Emotionen, des Lernens und der sozialen Einflüsse.

4.4.3.2 ,,Naive" Handlungspsychologie

Als ,,naive" Handlungspsychologie wird der Ansatz der Berner Schule um Mario *von Cranach* u.a. (1980) bezeichnet, die mehr als andere Handlungstheoretiker auf die naive Psychologie Fritz *Heider*s rekurriert:

> ,,Tatsächlich haben meine Mitarbeiter und ich bei der Untersuchung von Handlungen viel von der naiven Psychologie gelernt, und wir sind geneigt, sie ernster zu nehmen als sonst in der wissenschaftlichen Psychologie üblich, und zwar nicht nur als Forschungsgegenstand, sondern als Quelle für Theorien und Hypothesen" (*von Cranach* u.a. 1980, S. 22).

Ferner weist die Berner Handlungstheorie Bezüge zur Systemtheorie und zum Symbolischen Interaktionismus auf. Nach Auffassung der ,,naiven" Handlungstheorie wird das sichtbare Verhalten in zielgerichteten Handlungen von (teilweise bewußten) Kognitionen geleitet, die (teilweise) sozialen Ursprungs sind; die Gesellschaft steuert also die Handlungen des Individuums über die Kontrolle seiner Kognitionen, während das Individuum in seinen Handlungen gesellschaftliche Muster verwirklicht. Dementsprechend enthält die Berner Theorie drei Begriffsklassen und drei Zugänge zum Handeln (Abb. 26 s.S. 255).

Wie auch *Hacker, Volpert* und *Oesterreich* nehmen die ,,naiven" Handlungstheoretiker eine hierarchische Organisation des Handelns an. Das Handeln wird als von Kognitionen kontrolliert und gesteuert angesehen. Komplexe handlungsbezogene Kognition (wie z.B. Strategien, Pläne usw.) setzen sich aus einfacheren, auf zielgerichtete Handlungen bezogene Kognitionen geringerer Komplexität zusammen. Kognitionen können sich auch auf Emotionen beziehen, das heißt, diese wiedergeben. Sozial bedeutungsvolle Kognitionen werden von Mitgliedern einer Gruppe/Gesellschaft geteilt und vom Individuum als verpflichtend und als unmittelbar gegeben wahrgenommen. Diese Konventionen, Regeln, Normen, Werte usw. determinieren die Interpretation des eigenen Handelns.

Auf der forschungsmethodischen Ebene liegt der besondere Reiz der ,,naiven" Handlungstheorie gerade in dem Versuch, die drei skizzierten Klassen-

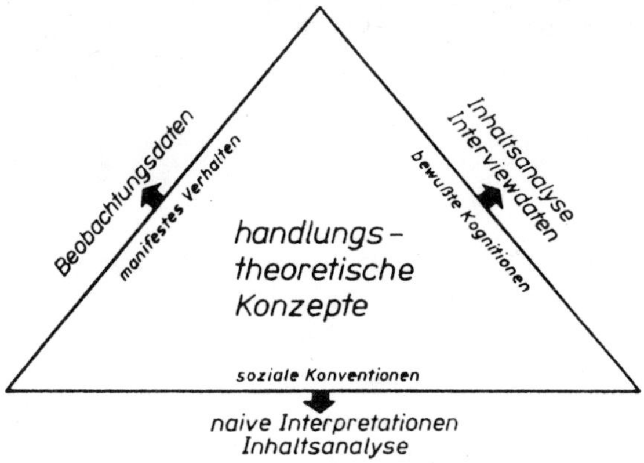

Abb. 26: Die drei Klassen handlungstheoretischer Konzepte (innerhalb des Dreiecks) und die ihnen entsprechenden Daten (außerhalb des Dreiecks) nach *von Cranach* u.a. 1980, S. 102).

handlungstheoretischer Konzepte zu ,,koordinieren". So werden die Kognitionen, soweit sie bewußt sind, durch Interviews in sogenannten Selbstkonfrontations-Situationen ermittelt.

Selbstkonfrontationsmethode

Die Selbstkonfrontationsmethode beinhaltet folgende Schritte: Das zielorientierte Handeln einer oder mehrerer Personen in einer möglichst alltäglichen Situation wird auf Video aufgezeichnet, wobei die Aufnahme möglichst unaufdringlich erfolgen soll. Unmittelbar nach abgeschlossener Handlung wird dem Akteur die Videoaufzeichnung seines Handelns (meist in sehr kurzen Abschnitten) gezeigt. Nun hat der Handelnde über seine Gedanken während seines Handelns zu berichten. Die protokollierten Äußerungen werden anschließend in bezug auf handlungstheoretisch relevante Kognitionen einer Inhaltsanalyse unterzogen. Ziel ist hierbei nicht die Prüfung spezifischer Hypothesen, sondern die Rekonstruktion des Stroms handlungsbezogener Kognitionen. Um die soziale Bedeutung des Handelns zu ermitteln, werden die Videoaufzeichnungen mit bestimmten Instruktionen Gruppen von naiven Beobachtern vorgeführt und deren Interpretationen des Verhaltens aufgezeichnet und ausgewertet.

Dieses Vorgehen ist recht aufwendig. Für eine Handlung von vielleicht nur drei Minuten Dauer können eine Vielzahl von Protokollen und Tausende von Daten erhoben werden. Der Umgang mit Daten in der Berner Schule ist außerordentlich vorsichtig. So wird zum Beispiel wenig Gebrauch von Inferenzstatistik gemacht; auch wird kein besonderer Wert auf Repräsentativität von Stichproben im Sinne nomologischer Forschung gelegt. In mehrfacher Hinsicht erinnert das Vorgehen der Berner Schule an Verhaltensbeobachtungen in der Ethologie und in der Erforschung non-verbaler Kommunikation (in beiden Gebieten hat *von Cranach* früher gearbeitet).

In den letzten Jahren hat die Berner Forschergruppe vermehrt versucht, Gruppen als handelnde Sozialsysteme zu untersuchen.

5. Bewertung und Perspektiven

Wir haben bei der zunächst einfachen Frage nach der menschlichen Erkenntnis begonnen und mit der Darstellung zukunftsweisender Strömungen in der Psychologie geendet.

Die in Kapitel 3 dargestellten drei wissenschaftstheoretischen Richtungen lassen sich logisch wohl trennen. Deren Verhältnis zur psychologischen Forschungspraxis selbst hat aber deutlich werden lassen, daß sich weite Bereiche psychologischer Forschung nicht eindeutig einem spezifischen wissenschaftstheoretischen Konzept zuordnen lassen. Psycho-logisch gesehen sind die idealtypischen wissenschaftstheoretischen Richtungen ein Ausdruck verschiedener Werthaltungen (Normen) mit stereotypem Charakter (vgl. *Lösel* 1985).

Hermeneutik, Phänomenologie, kritischer Rationalismus, kritische Psychologie, Handlungsforschung, das kartesianisch-newtonsche oder gar das holographische Weltbild? Offensichtlich hätten viele Psychologen der Gegenwart ihre liebe Not, wenn sie sich mit ihrem eigenen Wissenschaftsverständnis einer der vorgestellten wissenschaftstheoretischen Richtungen zuordnen sollten. Auf dem Hintergrund der Kenntnis der *Kuhn*schen Phasenlehre ist eine derartige Zuordnung noch aus einem weniger beachteten Grund bedeutsam: So mag für viele das Bild des *Kuhn*schen *Normalwissenschaftler* nur wenig Attraktivität bieten: die Vorstellung, jahrelang konzentriert in einem kleinen Teilgebiet esoterischen Fragestellungen nachgehen zu müssen, scheint gerade für Psychologen nur schwer erträglich zu sein.

Wissenschaftliche Revolutionen klingen da schon aufregender, zumal sie gleichermaßen am Schreibtisch angezettelt werden können. Um den Weg zum Sieg eines neuen Paradigmas abzukürzen, hält man sich am besten gar nicht erst mit der Entwicklung neuer Theorien auf, sondern erklärt einen Teil der schon bestehenden zu Vorläufern bzw. Anwärtern auf das neue Paradigma, das im übrigen zweckmäßigerweise nur *programmatisch* entworfen wird. Wichtigster Bestandteil des neuen Paradigmas ist die Versicherung, daß die Fehler des alten hier nicht mehr enthalten sind. Aber auch die bescheidenere Variante wirkt sympathisch: man erklärt die Psychologie zur *Proto-Wissenschaft,* die den Stand einer ,,richtigen" Wissenschaft noch nicht erreicht habe. Dies erspart sogar weitgehend die Auseinandersetzung mit bereits bestehenden Theorien und verleiht dem Forscher je nach Temperament das rauhe Flair eines frühen Pioniers oder die Aura eines Gründungsvaters. Diesem Proto-Wissenschaftler bleibt die Hoffnung, mit seinen Theorien einmal zum *Newton* der Psychologie zu avancieren, dem revolutionären Paradigmatiker könnte die Gruppe der Quantenphysiker der 20er Jahre als glorioses Beispiel vorschweben (schade, daß es keinen Nobelpreis für Psychologie gibt). Auf jeden Fall ist es wichtig, auf der richtigen Seite zu stehen, damit man nicht zu den hoffnungslosen Verfechtern des alten Paradigmas gehört, die — wie Max *Planck* feststellte (vgl. 4.1.1) — bis zum Tode unbelehrbar bleiben.

Die *Kuhn*sche Phasenlehre ist also nicht nur unter dem Gesichtspunkt wissenschaftshistorischer Analysen interessant, sondern auch unter dem einer gezielten *Funktionalisierung.* Anders ausgedrückt: der Paradigma-Begriff hat nicht nur *deskriptiven,* sondern durchaus auch *präskriptiven* Wert. So läßt sich fast jedes psychologische Forschungsprogramm in den Rang eines Paradigmas erheben und dann entweder als ,,abgewirtschaftete" Normalwissenschaft diskreditieren oder als *neues* Paradigma propagieren. Wissenschaftsgeschichte und Wissenschaftstheorie sollen so dem Wechsel wissenschaftlicher Moden die notwendige Schubkraft verleihen, wobei das Ziel weniger in der Entwicklung der Wissenschaft als in der Förderung wissenschaftler Karrieren liegen mag. Die Rede vom *neuen Paradigma* verleiht dann allenfalls dem Redenden Profil.

Natürlich haben wir mit unserer Darstellung einer Funktionalisierung des Paradigma-Begriffs übertrieben — trotzdem: Skepsis ist angebracht, die Mittel sind hierzu meist vorhanden: ,,Die natürliche Schläue des Menschengeschlechts ist der Wissenschaft durchaus gewachsen" (*Feyerabend* 1977, S. 20).

Wir wollen daher am Schluß dieses Buches darauf verzichten, die dargestellten wissenschaftstheoretischen Ansätze einer vergleichenden Wertung zu unterziehen und dem Leser mitzuteilen, welches denn nun der *richtige* sei:

> ,,Eine Wissenschaft, die behauptet, über die einzig richtige Methode und die einzig brauchbaren Ergebnisse zu verfügen, ist Ideologie (...). Man mag sie lehren, aber nur denen, die sich entschlossen haben, sich diesen besonderen Aberglauben zu eigen zu machen. (...)
> Ein mündiger Bürger ist nicht jemand, der in einer speziellen Ideologie *unterwiesen* worden ist, etwa im Puritanismus oder im kritischen Rationalismus, und diese Ideologie jetzt wie einen geistigen Höcker mit sich herumträgt, sondern jemand der gelernt hat, sich eine Meinung zu bilden, und sich dann für das *entschieden* hat, was er für sich für das Beste hält" (*Feyerabend* 1977, S. 410).

Eines der wichtigsten Ziele dieses Buches ist dann erreicht, wenn dem Leser klar geworden ist — falls er es nicht schon gewußt oder zumindest geahnt hat —, daß Wissenschaft nicht nur *Wissen schafft,* schon daß vieles an ihr auch auf *Glauben* beruht. Dies ist nicht falsch, sondern unumgänglich. Hier ist es in der Wissenschaft wie in der Religion: man muß wissen, was man glaubt, aber man darf nicht glauben, daß man weiß.

Welche Entwicklung werden Psychologie und Wissenschaftstheorie nehmen? Wir wissen es nicht. Jedoch können wir Vermutungen wagen.

Die von *Dilthey* Ende des letzten Jahrhunderts getroffene Unterscheidung zwischen der naturwissenschaftlichen, erklärenden, konstruktiven Psychologie und einer beschreibenden Psychologie blieb für dieses Jahrhundert bestimmend. Sie wird es sicher eine Weile bleiben. Jedoch sind zwei Tendenzen bemerkenswert.

1. Nachdem Psychologen sich lange Zeit ohne jegliche Selbstzweifel einem ,,erklärenden" Wissenschaftsverständnis in der Tradition der Naturwissen-

schaften des ausgehenden 19. Jahrhunderts verpflichtet fühlten, bahnen sich seit einigen wenigen Jahren eine größere Toleranz und bei einigen Psychologen ein verändertes Wissenschaftsverständnis an. An dieser Entwicklung ist nicht zuletzt die Tatsache „schuld", daß die klassische experimentelle Psychologie deutlicher denn je ihre Schwächen offenbart. Veränderungen sehen wir in den Versuchen, Psychologie als Geisteswissenschaft neu zu begreifen.

Diese Neuorientierung bzw. Umorientierung bringt einige Probleme mit sich. Zum Beispiel ist eine Beherrschung geisteswissenschaftlicher Arbeitsmethoden und eine Weiterentwicklung jener Methoden sozialwissenschaftlicher Forschung notwendig, die dem geisteswissenschaftlichen Arbeiten nahekommen, wie z.B. der Beobachtung und Beschreibung und der Inhaltsanalyse. Da jede Forschungsmethode ihre spezifischen Vor- und Nachteile hat, wird schon seit Jahrzehnten die Untersuchung ein und derselben Fragestellung mit verschiedenen Methoden gefordert. Diese Forderung wird (hoffentlich) in der Zukunft häufiger eingelöst, nachdem z.B. postexperimentelle Befragungen von Versuchspersonen nur zu deutlich bestimmte Schwächen laborexperimenteller Versuche zeigen.

2. *Diltheys* Dualismus von beschreibender und erklärender Psychologie ist aber vielleicht auch revisionsbedürftig. Die Überwindung dieses dualistischen Denkens kündigt sich an vielen Stellen an und ist z.B. kürzlich von *Groeben* (1986) explizit gefordert und begründet worden. Wir möchten daher die Prognose wagen, daß es in den nächsten Jahren zu einer stärkeren *Integration* erklärender und beschreibender Psychologie kommen wird.

Viele Psychologen und Wissenschaftstheoretiker suchen die Verbindung zwischen den beiden Idealtypen. So gilt in vielen Methodenbüchern die Regel, man sollte mit dem beschreibenden Vorgehen beginnen und dann erst zur Hypothesenprüfung schreiten. Andere Autoren plädieren heute für ein dialektisches Verhältnis.

Bei der weit verbreiteten Unsicherheit, die vielleicht auch den Leser befallen hat, ist vielleicht tröstlich, sich daran zu erinnern, daß bedeutende Vertreter unseres Faches, wie Gordon *Allport,* Wolfgang *Köhler* oder Jean *Piaget* — um nur drei Psychologen ganz unterschiedlicher Provenienz zu nennen — nicht eindeutig einer der Grundpositionen zugeordnet werden können.

Literatur

Adorno, Th. W.; Dahrendorf, R.; Pilot, H.; Albert, H.; Habermas, J. & Popper, K. R. (1969). Der Positivismusstreit in der deutschen Soziologie. Neuwied und Berlin: Luchterhand. (Sonderausgabe Sammlung Luchterhand 1972).

Aebli, H. (1973). Einführung. In G. A. Miller, E. Galanter & K. H. Pribram, Strategien des Handelns. Pläne und Strukturen des Verhaltens. (S. 7 - 9). Stuttgart: Klett.

Albert, H. (1972). Theorie und Prognose in den Sozialwissenschaften. In E. Topitsch (Hrsg.), Logik der Sozialwissenschaften (8. Auflage). (S. 126 - 143). Köln: Kiepenheuer & Witsch.

Albert, H. (1973). Konstruktivismus oder Realismus? Bemerkungen zu Holzkamps dialektischer Überwindung der modernen Wissenschaftslehre. In H. Albert & H. Keuth (Hrsg.), Kritik der kritischen Psychologie. (S. 9 - 40). Hamburg: Hoffmann und Campe.

Albert, H. & Keuth, H. (Hrsg.). (1973). Kritik der kritischen Psychologie. Hamburg: Hoffmann und Campe.

Amelang, M. & Aevermann, D. (1976). Forschungsbezogene Verhaltensweisen und Einstellungen von Wissenschaftlern. Psychologische Rundschau 27, 71 - 94.

Asch, S. E. (1956). Studies of independence and conformity. Psychol. Monogr. 70, 9, 1 - 70.

Bahrdt, H. P. (1965). Die wohnliche Stadt. In H. P. Bahrdt, Die Kunst zu Hause zu sein. Elf Beiträge. München: Piper.

Bayertz, K. (1980). Wissenschaft als historischer Prozeß. Die antipositivistische Wende in der Wissenschaftstheorie. München: Fink.

Berger, P. L. & Luckmann, T. (1970). Die gesellschaftiche Konstruktion der Wirklichkeit. Frankfurt a.M.: S. Fischer. (Fischer-Taschenbuch 1980).

Bochenski, I. M. (1965). Die zeitgenössischen Denkmethoden. Bern: Francke.

Bohm, D. (1951). Quantum theory. New York: Prentice-Hall.

Bohm, D. & Weber,R. (1986). Implizite und explizite Ordnung: Zwei Aspekte des Universums. In K. Wilber (Hrsg.), Das holographische Weltbild (S. 48 - 114). Bern: Scherz.

Bohm, D. & Weber, R. (1986). Der Physiker und der Mystiker — Ist ein Dialog zwischen ihnen möglich? In K. Wilber (Hrsg.), Das holographische Weltbild. (S. 186 - 216). Bern: Scherz.

Bollnow, O. F. (1948). Das Verstehen.

Bollnow, O. F. (1963). Mensch und Raum. Stuttgart: Kohlhammer.

Bollnow, O. F. (1966). Krise oder neuer Anfang. Beiträge zur pädagogischen Anthropologie. Heidelberg: Quelle & Meyer.

Born, M. (1986). Physik und Metaphysik. In H.-P. Dürr (Hrsg.), Physik und Transzendenz. Die großen Physiker unseres Jahrhunderts über ihre Begegnung mit dem Wunderbaren. (S. 79 - 95). Bern, München: Scherz.

Bower, T. (1978). Die Wahrnehmungswelt des Kindes. Stuttgart: Klett-Cotta.

Brandell, G. (1976). Sigmund Freud — Kind seiner Zeit. München: Kindler.

Brown, R. & Lennberg, E. H. (1954). A study in language and cognition. J. Abnorm. Soc. Psychol. 49, 454 - 462.

Bruder, K.-J. (1982). Psychologie ohne Bewußtsein. Die Geburt der behavioristischen Sozialtechnologie. Frankfurt a.M.: Suhrkamp.

Bühler, C. (1933). Der menschliche Lebenslauf als psychologisches Problem. Leipzig: Hirzel.

Bühler, C. & Allen, M. (1982). Einführung in die humanistische Psychologie. Stuttgart: Klett, Ullstein Taschenbuch.

Bugenthal, J. F. T. (Ed.) (1967). Challenges of humanistic psychology. New York: Mc Graw-Hill.

Bungard, W. & Lück, H. E. (1974). Forschungsartefakte und nicht-reaktive Meßverfahren. Stuttgart: Teubner.

Capra, F. (1982). Vorwort. In M. Ferguson, Die sanfte Verschwörung. Persönliche und gesellschaftliche Transformation im Zeitalter des Wassermanns. Basel: Sphinx-Verlag.

Capra, F. (1983). Wendezeit. Bausteine für ein neues Weltbild. Bern, München: Scherz. (12. Auflage 1986).

Capra, F. (1986). Das Tao der Physik. Die Konvergenz von westlicher Wissenschaft und östlicher Philosophie (8. Auflage). Bern, München: Scherz.

Cohen, J. E. (1980). Publication rate as a function of laboratory size in a biomedical research institution. Scientometrics. 2, 35 - 52.

Cohen, J. E. (1981). Publication rate as a function of laboratory size in three biomedical research institutions. Scientometrics. 3, 467 - 487.
Cranach, M. v., Kalbermatten, V., Indemühle, K. & Gugler, B. (1980). Zielgerichtetes Handeln. Bern: Huber.
Devereux, G. (1967). From anxiety to method in the behavioral sciences. Den Haag: Mouton. (Deutsch: Angst und Methode in den Verhaltenswissenschaften. München: Hanser o.J.).
Diemer, A. (1969). Erkenntnistheorie. In A. Diemer & I. Frenzel (Hrsg.), Philosophie. (S. 32 - 42). Frankfurt a.M.: Fischer.
Dilthey, W. (1924). Der Aufbau der geschichtlichen Welt in den Geisteswissenschaften. In: Gesammelte Schriften, Band 7. Leipzig: Teubner. (Original 1910).
Dilthey, W. (1924). Ideen über eine beschreibende und zergliedernde Psychologie. In Gesammelte Schriften, Band 5. Leipzig: Teubner.
Dray, W. (1985). Der Sinn von Handlungen. In A. Beckermann (Hrsg.), Analytische Handlungstheorie, Band 2. (S. 275 - 303). Frankfurt a.M.: Suhrkamp.
Eschenröder, C. T. (1984). Hier irrte Freud. Zur Kritik der psychoanalytischen Theorie und Praxis. München: Urban & Schwarzenberg.
Ferber, Ch. v. (1972). Der Werturteilsstreit 1909/1959. Versuch einer wissenschaftsgeschichtlichen Interpretaton. In E. Topitsch (Hrsg.), Logik der Sozialwissenschaften (8. Auflage). (S. 165 - 180). Köln: Kiepenheuer & Witsch.
Ferguson, M. (1986). Wirklichkeit und Wandel — Karl Pribram als Pionier der Gehirn- und Bewußtseinsforschung. In K. Wilber (Hrsg.), Das holographische Weltbild. (S. 12 - 26). Bern: Scherz.
Feyerabend, P. (1977). Wider den Methodenzwang. Skizze einer anarchistischen Erkenntnistheorie. Frankfurt a.M.: Suhrkamp.
Fisch, R. & Daniel, H.-D. (1986). Erfolg und Mißerfolg universitärer Forschungsprojekte. Empirische Untersuchungen mit besonderer Berücksichtigung der Arbeit in Forschungsprojekten. In R. Fisch & H.-D. Daniel (Hrsg.), Messung und Förderung von Forschungsleistung. (S. 233 - 274). Konstanz: Universitätsverlag.
Franke, J. (1976). Die Erlebniswirkung von Wohnumgebungen — ein empirischer Ansatz der Ökologischen Psychologie. In G. Kaminski (Hrsg.), Umweltpsychologie. Perspektiven, Probleme, Praxis. (S. 134 - 143). Stuttgart: Klett.
Freud, S. (1900). Die Traumdeutung. Leipzig und Wien: F. Deuticke. (Taschenbuchausgabe: Frankfurt a.M.: S. Fischer).
Freud, S. (1910). Eine Kindheitserinnerung des Leonardo da Vinci. Schriften z. angew. Seelenkunde. Leipzig: Deuticke. (Nachgedruckt in GW. Bd. VII).
Freud, S. (1940 - 1968). Gesammelte Werke (G W). London, Frankfurt a.M.: Imago und S. Fischer.
Freud, S. (1953). Abriß der Psychoanalyse. Frankfurt a.M.: S. Fischer.
Gadenne, V. (1984). Theorie und Erfahrung in der psychologischen Forschung. Tübingen: Mohr.
Gergen, K. J. (1982). Toward transformation in social knowledge. New York: Springer.
Giorgi, A. (1970). Psychology as a human science. A phenomenologically based approach. New York: Harper & Row.
Gould, S. J. (1983). Der falsch vermessene Mensch. Stuttgart: Birkhäuser.
Graumann, C. F. (1985). Phänomenologische Analytik und experimentelle Methodik in der Psychologie — das Problem der Vermittlung. In K.-H. Braun & K. Holzkamp (Hrsg.), Subjektivität als Problem psychologischer Methodik. 3. Internationaler Kongreß Kritische Psychologie, Marburg 1984. (S. 38 - 59). Frankfurt: Campus.
Gregory, R. L. (1970). The intelligent eye. New York: McGraw-Hill.
Groeben, N. (1986). Handeln, Tun, Verhalten als Einheiten einer verstehend-erklärenden Psychologie. Tübingen: Francke.
Groeben, N. & Scheele, B. (1977). Argumente für eine Psychologie des reflexiven Subjekts. Darmstadt: Steinkopff.
Haag, F., Krüger, H., Schwärzel, W. & Wildt, J. (Hrsg.). (1972). Aktionsforschung. Forschungsstrategien, Forschungsfelder und Forschungspläne (2. Auflage). München: Juventa.
Habermas, J. (1968a). Erkenntnis und Interesse. Frankfurt a.M.: Suhrkamp.
Habermas, J. (1968b). Technik und Wissenschaft als Ideologie. Frankfurt a.M.: Suhrkamp.
Habermas, J. (1971). Vorbereitende Bemerkungen zu einer Theorie der kommunikativen Kompetenz. In J. Habermas & N. Luhmann, Theorie der Gesellschaft oder Sozialtechnologie? Frankfurt: Suhrkamp.

Habermas, J. (1981). Theorie des kommunikativen Handelns. Band 1. Frankfurt: Suhrkamp.
Hacker, W. (1973). Allgemeine Arbeits- und Ingenieurpsychologie. Psychische Struktur und Regulation der Arbeitstätigkeiten. Berlin: Deutscher Verlag der Wissenschaften.
Hacker, W., Volpert, W. & Cranach, M. V. (Hrsg.). (1983). Kognitive und motivationale Aspekte der Handlung. Bern: Huber.
Haken, H. (1984). Erfolgsgeheimnisse der Natur. Synergetik — die Lehre vom Zusammenwirken. Berlin: Ullstein.
Harvey, O. J., Hunt, D. E. & Schroder, H. M. (1961). Conceptual systems and personality organization. New York: Wiley.
Heider, F. (1977). Psychologie der interpersonalen Beziehungen. Stuttgart: Klett. (amerikanisches Original 1958).
Heinze, T., Müller, E., Stickelmann, B. & Zinnecker, J. (1975). Handlungsforschung im pädagogischen Feld. München: Juventa.
Hellpach, W. (1941). Das Wellengesetz unseres Lebens. Hamburg: Christian Wegner.
Herrmann, T. (1972). Lehrbuch der empirischen Persönlichkeitspsychologie (2. Auflage). Göttingen: Hogrefe.
Herrmann, T. (1976). Die Psychologie und ihre Forschungsprogramme. Göttingen: Hogrefe.
Herrmann, T. (1979). Psychologie als Problem. Herausforderungen der psychologischen Wissenschaft. Stuttgart: Klett.
Herrmann, T. (Hrsg.). (1974). Dichotomie und Duplizität. Grundfragen psychologischer Erkenntnis. Ernst August Dölle zum Gedächtnis. Bern: Huber.
Hiebsch, H. (1977). Wissenschaftspsychologie. Psychologische Fragen der Wissenschaftsorganisation. Berlin: VEB Deutscher Verlag der Wissenschaften.
Hildesheimer, W. (1985). Der ferne Bach. Frankfurt a.M.: Insel Verlag.
Hilgard, E. R. & Lerner, M. J. (1951). The person: subject and object of science and policy. In: M. J. Lerner & H. D. Lasswell (Eds.), The policy science. Stanford: Verlag
Hirsch, H. V. B. & Spinelli, D. N. (1970). Visuel experience modifies distribution of horizontally and vertically oriented receptive fields in cats. Science. 168, 869 - 871.
Hochberg, J. E. (1968). In the mind's eye. In: R.N. Haber (Ed.), Contemporary theory and research in visual perception. New York, Rinehart and Winston.
Hofstadter, D. R. (1985). Gödel, Escher, Bach — ein Endloses Geflochtenes Band. Stuttgart: Klett-Cotta.
Hofstätter, P. R. (1971). Gruppendynamik. Kritik der Massenpsychologie (Überarbeitete Neuauflage). Reinbek bei Hamburg: Rowohlt.
Holzkamp, K. (1968). Wissenschaft als Handlung. Berlin: De Gruyter.
Holzkamp, K. (1972). Kritische Psychologie. Vorbereitende Arbeiten. Frankfurt a.M.: Fischer.
Holzkamp, K. (1977). Kann es im Rahmen der marxistischen Theorie eine Kritische Psychologie geben? In K.-H. Braun & K. Holzkamp (Hrsg.), Kritische Psychologie. Bericht über den 1. Internationalen Kongreß Kritische Psychologie vom 13. - 15. Mai 1977 in Marburg. (S. 46 - 75). Köln: Pahl-Rugenstein.
Holzkamp, K. (1986a). I. Die Verkennung von Handlungsbegründungen als empirische Zusammenhangsannahmen in sozialpsychologischen Theorien: Methodologische Fehlorientierung infolge von Begriffsverwirrung. Zeitschrift für Sozialpsychologie. 17 (4), 216 - 238.
Holzkamp, K. (1986b). II. Experimentieren in der Sozialpsychologie: Empirische Prüfung theoretischer Vorhersagen oder Herstellung von Beispielen für theoretische „Begründungsmuster"? — Eine Diskussion des Artikels unter den Herausgebern: Hubert Feger, Carl Friedrich Graumann, Klaus Holzkamp, Martin Irle. Zeitschrift für Sozialpsychologie. 17 (4), 239 - 254.
Horowitz, I. L. (1967). The rise and fall of the project Camelot. Cambridge.
Huber, G. L. (1982). Kognitive Komplexität als Bedingung politischen Lernens. In: W. Hagemann, H. Heidbrink & M. M. Schneider (Hrsg.), Kognition und Moralität in politischen Lernprozessen (S. 15 - 33). Opladen: Leske + Budrich.
Husserl, E. (1954). Die Krisis der europäischen Wissenschaften und die transzendentale Phänomenologie. Husserliana Band IV. Den Haag: Nijhoff.
Jaspers, K. (1956). Philosophie. Band 1 (3. Auflage). Heidelberg, Berlin: Springer.
Jaspers, K. (1973). Allgemeine Psychopathologie (9. Auflage). Berlin: Springer.
Jourard, S. M. (1971). Self-disclosure. An experimental analysis of the transparent self. New York: van Nostrand.
Katz, D. (1948). Mensch und Tier. Studien zur vergleichenden Psychologie. Zürich: Conzett & Huber.

Kerber, H. (1984). Erkenntnistheorie. In: H. Kerber & A. Schmieder (Hrsg.), Handbuch Soziologie. (S. 119 - 131). Reinbek: Rowohlt.

Kiener, F. (1978). Empirische Kontrolle psychoanalytischer Thesen. In: L. Pongratz (Hrsg.), Handbuch der Psychologie, Band 8: Klinische Psychologie, 2. Halbband. (S. 1200 - 1241). Göttingen: Hogrefe.

Kleist, H. von (1977). Sämtliche Werke und Briefe. 2. Band. München.

Klix, F. (1985). Über die Nachbildung von Denkanforderungen, die Wahrnehmungseigenschaften, Gedächtnisstruktur und Entscheidungsoperationen einschließen. Zeitschrift für Psychologie. 193, 175 - 211.

Klockhaus, R. (1976). Ein Meßverfahren zur Ermittlung des Erlebens von Wohnumgebungen und erste Schritte zu seiner Validierung. In G. Kaminski (Hrsg.), Umweltpsychologie. Perspektiven, Probleme, Praxis. (S. 156 - 163). Stuttgart: Klett.

Klüver, J. & Krüger, H. (1975). Aktionsforschung und soziologische Theorien. In: F. Haag, H. Krüger, W. Schwärzel & J. Wildt (Hrsg.), Aktionsforschung. Forschungsstrategien, Forschungsfelder und Forschungspläne (2. Auflage). (S. 76 - 99). München: Juventa.

Kretschmer, E. (1942). Geniale Menschen. (3. Auflage). Berlin: Springer. (1. Auflage 1929).

Kriz, J. (1981). Methodenkritik empirischer Sozialforschung. Stuttgart: Teubner.

Kriz, J. (1985). Grundkonzepte der Psychotherapie. München: Urban & Schwarzenberg.

Kriz, J. (1987). Dimensionen des Verstehens. Verstehensprozesse zwischen Hermeneutik und Empirik. In E. Ibsch & D. Schram (Hrsg.), Rezeptionsforschung zwischen Hermeneutik und Empirik. Amsterdam: Rodopi.

Kuhn, T. S. (1976). Die Struktur wissenschaftler Revolutionen (2. Aufl. mit Postscript; 3. Auflage 1978) Frankfurt a.M.: Suhrkamp. (Originalausgabe: The structure of scientific revolutions. 1962).

Lakatos, I. (1969). Sophisticated versus naive methodological falsificationism. Architectural Design. 9, 482 - 483.

Lakatos, I. (1974). Falsifikation und die Methodologie wissenschaftlicher Forschungsprogramme. In: I. Lakatos & Musgrave (Hrsg.), Kritik und Erkenntnisfortschritt. (S. 91 - 195). Braunschweig: Vieweg.

Lakatos, I. (1982). Die Methodologie wissenschaftlicher Forschungsprogramme. Philosophische Schriften Band 1. Herausgegeben von J. Worrall & G. Currie. Braunschweig/Wiesbaden: Vieweg.

Lange-Eichbaum, W.: (1928). Genie, Irrsinn und Ruhm. München: Reinhardt.

Laucken, U. (1973). Naive Verhaltenstheorie. Stuttgart: Klett.

Lenneberg, E. H. (1972). Biologische Grundlagen der Sprache. Frankfurt a.M.: Suhrkamp.

Lersch, P. (1966). Aufbau der Person (10. Auflage). München: J. A. Barth.

Lewin, K. (1946). Action research and minority problems. Journal of Social Issues. 2, 34 - 46. Nachgedruckt als Kap. 13 in K. Lewin, Resolving social conflicts. New York: Harper & Brothers 1948, S. 201 - 216. Deutsch: Die Lösung sozialer Konflikte. Bad Nauheim: Christian-Verlag 1953, S. 278 - 298.

Lindsay, P. H. & Norman, D. A. (1981). Einführung in die Psychologie. Informationsaufnahme und -verarbeitung beim Menschen. Berlin, Heidelberg, New York: Springer.

Lockowandt, O. (1984). Die Erkenntnisquellen und Methoden der humanistischen Psychologie. In H. Petzold (Hrsg.), Wege zum Menschen. Methoden und Persönlichkeiten moderner Psychotherapie. Ein Handbuch. Bd. I. (S. 45 - 110). Paderborn: Junfermann.

Lösel, F. (1985). Zur Kontroverse um eine gegenstandsangemessene psychologische Forschung — Bemerkungen aus der Sicht der Forschungspraxis. In: W. F. Kugemann, S. Preiser & K. A. Schneewind (Hrsg.), Psychologie und komplexe Lebenswirklichkeit (S. 65 - 91). Göttingen: Hogrefe.

Lombroso, C. (1887). Genie und Irrsinn in ihren Beziehungen zum Gesetz, zur Kritik und zur Geschichte. Leipzig: Reclam. (Ital. Original 1864).

Lorenzen, P. & Schwemmer, O. (1973). Konstruktive Logik, Ethik und Wissenschaftstheorie. Mannheim: Bibliographisches Institut.

Lorenzer, A. (1974). Die Wahrheit psychoanalytischer Erkenntnis. Frankfurt a.M.: Suhrkamp. (Tb.ausgabe 1976).

Lück, H. E. (1987). Psychologie sozialer Prozesse. (2. Auflage). Opladen: Leske + Budrich.

Lück, H. E., Grünwald, H., Geuter, U., Miller, R. & Rechtien, W. (1987). Sozialgeschichte der Psychologie. Eine Einführung. Opladen: Leske + Budrich.

Luhmann, N. (1971). Sinn als Grundbegriff der Soziologie. In: J. Habermas & N. Luhmann, Theorie der Gesellschaft oder Sozialtechnologie. Frankfurt a.M.: Suhrkamp.

Luhmann, N. (1984). Soziale Systeme. Grundriß einer allgemeinen Theorie. Frankfurt a.M.: Suhrkamp.

Mannoni, O. (1971). Sigmund Freud in Selbstzeugnissen und Bilddokumenten. Reinbek bei Hamburg: Rowohlt.

Marrow, A. J. (1977). Kurt Lewin — Leben und Werk. Stuttgart: Klett. (amerikanisches Original 1969).

Maslow, A. H. (1977). Die Psychologie der Wissenschaft. Neue Wege der Wahrnehmung und des Denkens. München: Kindler. (amerikanisches Original 1966).
Mastermann, M. (1970). The nature of paradigm. In: I. Lakatos & A. Musgrave (Ed.), Criticism and the growth of knowledge. (p. 59 - 89). Cambridge: University Press. (Deutsch: Die Natur eines Paradigmas. In: I. Lakatos & A. Musgrave (Hrsg.), Kritik und Erkenntnisfortschritt. Braunschweig: Vieweg 1974, S. 59 - 88).
Mertens, W. (1977). Aspekte einer sozialwissenschaftlichen Psychologie. München: Ehrenwirth.
Mertens, W. (Hrsg.). (1983). Psychoanalyse. Ein Handbuch in Schlüsselbegriffen. München: Urban & Schwarzenberg.
Milgram, S. (1974). Das Milgram-Experiment. Reinbek: Rowohlt.
Miller, G. A.; Galanter, E. & Pribram, K. H. (1973). Strategien des Handelns. Pläne und Strukturen des Verhaltens. Stuttgart: Klett. (Amerikanisches Original 1960).
Morris, C. (1938). Foundations of the theory of signs. Internat. Encycl. of Unified Science. Vol. 1, Nr. 2. Chicago: University Press.
Moser, H. (1977). Praxis der Aktionsforschung. Ein Arbeitsbuch. München: Kösel.
Müller, C. W. & Schröter, U. (1975). Das Gemeinwesenprojekt Märkisches Viertel in Berlin. betrifft: erziehung. 8 (5), 28 - 33.
Müller-Freienfels, R. (1936). Psychologie der Wissenschaft. Leipzig: Barth.
Münch, R. (1972). Zur Kritik der empirischen Forschungspraxis. Zeitschrift für Soziologie. 1, 317 - 332.
Münch, R. & Schmidt, M. (1973). Konventionalismus und empirische Forschungspraxis. In: H. Albert & H. Keuth (Hrsg.), Kritik der kritischen Psychologie. (S. 113 - 130). Hamburg: Hoffmann und Campe.
Murch, G. M. & Woodworth, G. L. (1978). Wahrnehmung. Stuttgart: Kohlhammer.
Neisser, U. (1974). Kognitive Psychologie. Stuttgart: Klett-Cotta.
Oesterreich, R. (1981). Handlungsregulation und Kontrolle. München: Urban & Schwarzenberg.
Oesterreich, R. (1987). Handlungspsychologie. Fernstudienkurs 3275, Kurseinheit 1. Hagen: Fernuniversität.
Offer, D. (1984). Das Selbstbild normaler Jugendlicher. In: E. Olbrich & E. Todt (Hrsg.), Probleme des Jugendalters. Neuere Sichtweisen. (S. 111 - 130). Berlin: Springer.
Papousek, H. (1977). Entwicklung und Lernfähigkeit im Säuglingsalter. In G. Nissen (Hrsg.), Intelligenz, Lernen und Lernstörungen. (S. 89 - 167). Berlin: Springer.
Petzold, H. (Hrsg.). (1984). Wege zum Menschen. Methoden und Persönlichkeiten moderner Psychotherapie. Ein Handbuch. Bd. I und II (2. Auflage). Paderborn: Junfermann.
Planck, M. (1948). Wissenschaftliche Selbstbiographie. Leipzig: Barth.
Pongratz, L. J. (1967). Problemgeschichte der Psychologie. Bern: Francke.
Popper, K. R. (1972). Die Logik der Sozialwissenschaften. Th. W. Adorno, R. Dahrendorf, H. Pilot, H. Albert, J. Habermas & K. R. Popper, Der Positivismusstreit in der deutschen Soziologie. (S. 103 - 123). Neuwied und Berlin: Luchterhand. (Sonderausgabe Sammlung Luchterhand).
Popper, K. R. (1982). Logik der Forschung (7. Auflage). Tübingen: Mohr. (1. Auflage 1935).
Popper, K. R. (1984). Objektive Erkenntnis. Ein evolutionärer Entwurf (4. Auflage). Hamburg: Hoffmann und Campe.
Prigogine, I. & Stengers, I. (1981). Dialog mit der Natur. Neue Wege naturwissenschaftlichen Denkens. München: Piper.
Reicke, E. (1900). Der Gelehrte in deutscher Vergangenheit. Leipzig: Diederichs.
Rogers, C. (1969). Some thoughts regarding the current philosphy of the behavioral sciences. J. of Humanistic Psychol. 5 (2), 182 - 194.
Rothgang, G.-W. (1976). Die Messung der Gestaltung von Wohnumgebungen — Erfassung von Reizvariablen. In: G. Kaminski (Hrsg.), Umweltpsychologie. Perspektiven, Probleme, Praxis. (S. 164 - 171). Stuttgart: Klett.
Ruben, P. (1978). Dialektik und Arbeit der Philosophie. Köln: Pahl-Rugenstein.
Saner, H. (1970). Karl Jaspers. Reinbek bei Hamburg: Rowohlt.
Schmidt, W. (1981). Struktur, Bedingungen und Funktionen von Paradigmen und Paradigmenwechsel. Frankfurt, Bern: Lang.
Schorr, A. (1984). Die Verhaltenstherapie. Ihre Geschichte von den Anfängen bis zur Gegenwart. Weinheim: Beltz.
Schroder, H. M.; Driver, M. J. & Streufert, S. (1975). Menschliche Informationsverarbeitung. Weinheim: Beltz.

(amerikanisches Original 1967).
Schrödinger, E. (1956). Die Natur und die Griechen. Hamburg: Hoffmann & Campe.
Schülein, J. A. (1983). Psychoanalyse und Politik. In: W. Mertens (Hrsg.), Psychoanalyse. (S. 273 - 281). München: Urban & Schwarzenberg.
Schütz, A. (1971). Gesammelte Aufsätze. 3 Bände. Den Haag: Nijhoff.
Schütz, A. (1974). Der sinnhafte Aufbau der sozialen Welt. Frankfurt a.M.: Suhrkamp. (Original 1932).
Schütz, A. & Luckmann, T. (1979/1984). Strukturen der Lebenswelt. Frankfurt a.M.: Suhrkamp.
Seifert, H. (1970). Einführung in die Wissenschaftstheorie 1. München: Beck.
Sève, L. (1973). Marxismus und Theorie der Persönlichkeit (2. Auflage). Berlin und Frankfurt a.M.: Dietz/Verlag Marxistische Blätter.
Shapere, D. (1974). Scientific theories and their domains. In: F. Suppe (Ed.), The structure of scientific theories. (p. 518 - 565). Urbana, Ill.: University of Illinois Press.
Sherif, M. (1935). A study of some social factors in perception. Arch. Psychol. No. 187.
Sneed, J. D. (1971). The logical structure of mathematical physics. Dordrecht: Reidel.
Sohn-Rethel, A. (1972). Geistige und körperliche Arbeit. Frankfurt a.M.: Suhrkamp.
Spranger, E. (1926). Psychologie des Jugendalters (7. Auflage). Leipzig: Quelle & Meyer. (Original 1924).
Stegmüller, W. (1973). Probleme und Resultate der Wissenschaftstheorie und Analytischen Philosophie, Bd. II, Theorienstrukturen und Theoriendynamik. Berlin: Springer.
Stegmüller, W. (1974). Theoriedynamik und logisches Verständnis. In: W. Diederich (Hrsg.), Theorien der Wissenschaftsgeschichte. Beiträge zur diachronen Wissenschaftstheorie. (S. 167 - 209). Frankfurt a.M.: Suhrkamp.
Stelzl, I. (1982). Fehler und Fallen der Statistik. Bern: Huber.
Streufert, S. & Streufert, S. C. (1978). Behavior in the complex environment. Washington: Winstons & Sons.
Ströker, E. (1976). Wissenschaftsgeschichte als Herausforderung. Frankfurt a.M.: Klostermann.
Traxel, W. (1976). Der Gegenstand der Psychologie als Produkt und Problem psychologischen Denkens. In: G. Eberlein & R. Pieper (Hrsg.), Psychologie — Wissenschaft ohne Gegenstand? (S. 105 - 139). Frankfurt a.M.: Campus.
Varela, F. (1986). Das Gehen ist der Weg. In: R. Kakusa (Hrsg.), Andere Wirklichkeiten. (S. 155 - 167) München: Goldmann.
Volpert, W. (1974). Handlungsstrukturanalyse als Beitrag zur Qualifikationsforschung. Köln: Pahl-Rugenstein.
Volpert, W. (1983). Das Modell der hierarchisch-sequentiellen Handlungsregulation. In: W. Hacker, W. Volpert & M. v. Cranach (Hrsg.), Kognitive und motivationale Aspekte der Handlung. (S. 38 - 59). Bern: Huber.
Watson, J. B. (1919). Psychology from the standpoint of the behaviorist. Philadelphia: Lippincott.
Watson, J. B. (1985). Das Utopia des Behavioristen. Gruppendynamik 16, 119 - 219. (Nach dem engl. Manuskript von 1928/29).
Watzlawick, P.; Beavin, J. H. & Jackson, D. D. (1969). Menschliche Kommunikation. Formen, Störungen, Paradoxien. Bern: Huber.
Weber, M. (1973). Gesammelte Aufsätze zur Wissenschaftslehre. Tübingen: Mohr.
Wellek, A. (1966). Die Polarität im Aufbau des Charakters. System der Charakterkunde (3. Auflage). Bern: Francke.
Werbik, H. (1974). Theorie der Gewalt. München: Fink.
Werbik, H. (1985). „Psychonomie“ und „Psychologie“. Zur Notwendigkeit der Unterscheidung zweier Wissenschaften. In: C. Burrichter, R. Inhetveen & R. Kötter (Hrsg.), Technische Rationalität und rationale Heuristik. Paderborn: Schöningh.
Wertheimer, M. (1954). Produktives Denken (2. Auflage 1964). Frankfurt a.M.: Kramer. (amerikanisches Original 1945).
Westmeyer, H. (1977). Psychologie und Wissenschaftstheorie: Einige Überlegungen aus analytischer Sicht. In: K.A. Schneewind (Hrsg.), Wissenschaftstheoretische Grundlagen der Psychologie. (S. 71 - 92). München: UTB.
Whorf, B. L. (1963). Sprache, Denken, Wirklichkeit. Reinbek bei Hamburg: Rowohlt.
Wilber, K. (Hrsg.). (1986). Das holographische Weltbild. Bern: Scherz. (amerikanisches Original 1982).
Wittgenstein, L. (1973). Tractatus logico-philosophicus. Logisch-philosophische Abhandlungen (9. Auflage). Frankfurt a.M.: Suhrkamp. (Originalausgabe 1921).
Yarbus, A. (1967). Eye movement and vision. New York: Plenum Press.
Zecha, G. R. & Lukesch, H. (1982). Die Methodologie der Aktionsforschung. Analyse, Kritik, Konsequenzen. In J.-L. Patry (Hrsg.), Feldforschung. (S. 367 - 387). Bern: Huber.
Zimbardo, P. G. (1973). On the ethics of intervention in human psychological research. Cognition. 2, 243 - 256.

Personenverzeichnis

Sachwortverzeichnis

Lösungshinweise zu den Übungsaufgaben

Übungsaufgabe 1 *Übungsaufgabe 1*

Wir wissen natürlich nicht, welche Dinge Sie gewählt und welche alternativen Verwendungsmöglichkeiten Sie erdacht haben. War z.B. ein Kugelschreiber dabei, so könnte man ihn als Wurfgeschoß verwenden, oder man könnte ihn sich als Schmuck an einem Band um den Hals hängen ...

Unabhängig von den jeweiligen Gegenständen sind es eher allgemeine Gründe, warum Dinge selten ,,unüblich" verwendet werden, u.a.:

— wir haben den spezifischen Gebrauch erlernt (oft schon in der Kindheit),
— wir handeln im Alltag meist ,,routinemäßig", d.h. mit großer Sicherheit, die durch zu viele Alternativen (und das Nachdenken und Entscheiden darüber) beeinträchtigt werden würde,
— bei ,,unüblichen" Handlungen (auch wenn sie sinnvoll und begründbar sind) müssen wir uns mit Fragen oder dem Widerstand der Umgebung auseinandersetzen. Das kostet Zeit, und wir riskieren sogar soziale Isolierung.

Übungsaufgabe 2 *Übungsaufgabe 2*

Auch hier wissen wir nicht, welche Dinge Sie gewählt haben und was Sie noch von den Schulkenntnissen erinnern. Allgemein sind Ihnen aber sicher u.a. einige der folgenden Aspekte eingefallen:

physikalisch:
bestimmte Körpereigenschaften (z.B. ,,Festkörper"), Gewicht, Größe, etc., Aufbau aus Atomen und Molekülen, spezifische Reflektion von Licht (was wir als Farben erleben).

chemisch:
Zusammensetzung aus bestimmten chemischen Elementen in Form von Verbindungen, Reaktion auf andere Verbindungen (z.B. auf Säuren), Möglichkeit des Verbrennens etc.

biologisch:
(z.B. bei Holz-Anteilen): Aufbau in Zellenform, spezifisches Wachstum (z.B. Jahresringe), Abhängigkeit von Stoffwechselprozessen (= lebendes System) etc.

Übungsaufgabe 3 *Übungsaufgabe 3*

Wenn Sie die Fragen erschöpfend beantworten könnten, wäre für Sie nicht nur dieses Buch überflüssig, sondern Sie wären der größte Erkenntnistheoretiker aller Zeiten. Es ging eher darum, daß Sie sich zumindest ansatzweise einige Aspekte ins Gedächtnis rufen und diese thematisieren, damit Ihnen die Vielfalt der Perspektiven bewußt wird. Solche Aspekte können u.a. sein (in Stichwörtern und nach den ,,Hilfs-Fragen" geordnet):

— Notwendigkeit von ,,Wahrnehmungsorganen" (Rezeptoren); Rezeptoren, die auch auf diese Reizqualität ansprechen; Hinwendung (nicht ,,wegsehen"); Aufmerksamkeit (nicht durch andere, wichtigere Dinge abgelenkt) ...
— Vermutung, daß die Schwärze etwas ,,bedeuten" soll; Erfahrung, daß Dinge etwas ,,bedeuten" können; Kenntnisse von Zeichensystemen ...
— Genauere Kenntnis dieses Zeichensystems (Druckbuchstaben); Kenntnisse der Verwendungsgebräuche (Sprache, deutsche Sprache, Inhalt und Hintergrund der ,,Mitteilung"); Vertrauen darauf, daß hier ein ,,üblicher" Zeichengebrauch vorliegt; ,,Mitteilung" erscheint sinnvoll und plausibel ...

— (zumindest) die obigen Bedingungen müssen erfüllt sein; es besteht Motivation, auf die ,,Mitteilung" einzugehen; die ,,Mitteilung" sagt etwas, das sinnvoll erscheint; die ,,Mitteilung" ist sinnvoller Teil in einem Rollen- und Handlungsgefüge (z.B. Brief eines Partners, Hinweise eines Dozenten, Verbotstafel) ...

Übungsaufgabe 4

Übungsaufgabe 4

Wir wissen nicht, welche Wörterbücher Sie verwendet haben. Falls es zu den einzelnen Bereichen (,,allgemein", ,,Psychologie" und ,,Philosophie") mehrere waren, werden Sie festgestellt haben, daß selbst innerhalb dieser Bereiche die Definitionen/Erklärungen sehr unterschiedlich sind. Möglicherweise haben Sie sogar festgestellt, daß nicht alle Wörterbücher alle drei Begriffe überhaupt ausweisen.

So haben wir gefunden, daß ,,Wahrnehmung" gewöhnlich ein Zentralbegriff in psychologischen, seltener in philosophischen Wörterbüchern ist. Umgekehrt verhält es sich mit ,,Erkenntnis". ,,Erfahrung" hingegen taucht zwar häufig am Rande auf, wird aber selten als Zentralkategorie geführt.

Die Definitionen/Erklärungen in den unterschiedlichen Wörterbüchern sind im Detail sehr uneinheitlich. Unabhängig davon werden Ihre Überlegungen und gefundenen Definitionen/Erklärungen vermutlich nicht sehr wesentlich von folgendem abweichen:

Üblicherweise wird Wahrnehmung als Bedingung für Erfahrung und diese wiederum als Bedingung für Erkenntnis angesehen, so daß man schreiben kann:

Wahrnehmung — Erfahrung — Erkenntnis

Während ,,Wahrnehmung" eher die Auseinandersetzung des Organismus mit der Umwelt im ,,Hier und Jetzt" bezeichnet (man sagt kaum: ,,Gestern hatte ich folgende Wahrnehmung"), zielt ,,Erfahrung" stärker auf gespeicherte Wahrnehmungen (verbunden mit Wissen und Fertigkeiten, die erworben wurden). ,,Erkenntnis" benennt eher das Resultat der geistigen Verarbeitung von Erfahrung und/oder vernünftigen, logischen Schlußfolgerungen (daraus).

Übungsaufgabe 5

Übungsaufgabe 5

Es gibt sicher eine Reihe von Vorstellungen, die durch die beiden Formulierungen geweckt werden. ,,Konstitution" ist ein im Alltag kaum gebrauchtes Fremdwort. Von daher ist vielen der Begriff ,,Wahrnehmung" angenehmer: Er ist bekannt und ,,man weiß, was damit gemeint ist".

Aber Vorsicht: Leitet dieses ,,Wissen", das ja ein Alltags-Wissen ist, nicht gerade im Hinblick auf unsere Erörterungen fehl? Immerhin hatten wir ja herausgearbeitet, daß im Alltag die ,,Dinge" als ,,real und genau so existent" angesehen werden, während hier gerade diese ,,Alltags-Selbstverständlichkeit" hinterfragt wurde.

,,Wahrnehmung der Wirklichkeit" verweist hingegen stärker darauf, daß Wirklichkeit jeweils immer erst das Ergebnis eines Prozesses ist. — Ein Prozeß, über den wir in den folgenden Abschnitten noch viele Aspekte zusammentragen werden.

Übungsaufgabe 6

Übungsaufgabe 6

Die Abfolge
... wegbleiben-nörgeln-wegbleiben-nörgeln-wegbleiben ...
wird vom Mann so interpunktiert:
... wegbleiben/nörgeln-wegbleiben/nörgeln-wegbleiben/ —-
d.h. er sieht das Problem so, daß er nur deswegen so lange und häufig wegbleibt, weil die Frau immer so nörgelt und er sich überhaupt nicht wohl zu Hause fühlt.
Die Frau hingegen interpunktiert:

...wegbleiben-nörgeln/wegbleiben-nörgeln/wegbleiben ...
d.h. sie sieht das Problem so, daß sie nur deswegen so häufig nörgelt, weil der Mann immer so oft wegbleibt.

Jeder kann für seine Sichtweise die „objektiven Fakten" bemühen, die der andere „ja wohl nicht bestreiten kann".

Übungsaufgabe 7

Übungsaufgabe 7

Wir wissen nicht, wie Ihre Umwelt im Augenblick aussieht, es gibt mit Sicherheit sehr viele Aspekte darin. Zumindest sind der Tisch, auf dem und der Stift, mit dem Sie schreiben, Beispiele für materiell gewonnene Erfahrung. Zu den sozialen Rollen- und Handlungsmustern zählt, daß Sie sich als „Leser" mit einem Text, den wir als „Autoren" produziert haben, auseinandersetzen; mit Hilfe der Buchstaben, die Sie jetzt gerade lesen, verwirklichen wir dabei eine bestimmte Form der Kommunikationsmöglichkeit; und letztlich versucht dieses Buch, Ihnen einen Teil der Wissensbestände zu vermitteln, die im Zusammenhang mit Erfahrung und Erkenntnis eine Rolle spielen.

Übungsaufgabe 8

Übungsaufgabe 8

In dialektischem Verhältnis stehen insbesondere (aber keineswegs nur) solche Phänomene, die sich in einem gemeinsamen Entwicklungsprozeß gegenseitig beeinflussen. Da in diesem Kurs auf entwicklungsgeschichtliche Zusammenhänge besonderer Wert gelegt wurde, stehen praktisch alle zentralen Begriffe paarweise in einem solche Verhältnis: Erfahrung (bzw. Wahrnehmung, Erkenntnis) — Sprache — Handlung — Umwelt — Gesellschaft — Wirklichkeit usw. These und Antithese ergeben sich dann durch Reduzierung der Wechselbeziehung auf einseitige „Ursache-Wirkung"-Zusammenhänge. (Ein elementares Beispiel war auch schon die „Henne-Ei"-Problematik — sowie alle Interpunktions-Probleme in Kap. 1.4.2; das andere Beispiel in 1.4.2 — Aussagen von X und Y über die Längen von A und B — stellt ebenfalls ein dialektisches Verhältnis dar, dessen Ursache allerdings nicht in einer entwicklungsgeschichtlichen Wechselwirkung, sondern in höherer Dimensionalität liegt — Strecken sind eindimensionale Größen und ihr Vergleich ist gewöhnlich auch eindimensional.)

Dialektisches Verhältnis: Wahrnehmung — Wirklichkeit

These: Wahrnehmung ist rein objektiv: Die Strukturen der Wirklichkeit werden wahrgenommen (erfahren)
Antithese: Wahrnehmung ist rein subjektiv: Die „gesehenen" Strukturen sind nur die Strukturierungsmechanismen des Gehirns.
Synthese: Wirklichkeit wird im Wahrnehmungsakt in komplexer Weise konstituiert.

Dialektisches Verhältnis: Mensch — Umwelt

These: Die Umwelt prägt das Verhalten des Menschen
Antithese: Der Mensch formt mit seinem Verhalten die Umwelt
Synthese: In Auseinandersetzung mit der Umwelt verändern sich das Verhalten des Menschen (= „Lernen") und die Struktur seiner Umwelt (z.B. „Werkzeug-Herstellung") wechselseitig.

Dialektisches Verhältnis: Individuum — Gesellschaft

These: Die Gesellschaft ist ein Produkt aller menschlichen Individuen
Antithese: Das menschliche Individuum ist ein Produkt der Gesellschaft.
Synthese: Der Mensch wird durch die Gesellschaft wesentlich bestimmt (z.B. Sozialisation), trägt (als Rollen-Träger) und verändert aber auch gleichzeitig die Gesellschaft (z.B. sozialer Wandel)

Weitere Beispiele:
Zeichenprozesse — Wahrnehmung
Handlung — Wahrnehmung
Handlung — Sprache
Handlung — Werkzeuge

Übungsaufgabe 9

Übungsaufgabe 9

In Reihe 3 sind die Zahlen entsprechend der deutschen Bezeichnung alphabetisch angeordnet, also:

A cht: = 8
D rei: = 3
E ins: = 1
F fünf: = 5 usw.

Ärgern Sie sich nicht, wenn Sie's nicht herausbekommen haben — das war eigentlich der Sinn der Aufgabe: Ihnen zu demonstrieren, wie stark unausgesprochene Voreinstellungen (hier: daß es sich um eine zahlenmäßige Ordnung handelt) sich auf Strukturierungen auswirken.

Übungsaufgabe 10

Übungsaufgabe 10

Das erste ,,wenn ... dann" schließt von der ersten Aussage auf die zweite; die gesamte Aussage kann auch dann wahr sein, wenn nur der zweite Satz wahr ist.

Ein Beispiel: p: = ,,es regnet" ; q: = ,,die Straße ist naß" . Insgesamt wird also behauptet ,,wenn es regnet, dann ist die Straße naß" — und dieser Satz ist auch dann wahr, wenn die Straße zwar naß ist, es aber nicht geregnet hat (3. Zeile des Schemas im Text) — z.B. kann nämlich die Straße auch dann naß sein, wenn ein Wassersprenger vorbeigefahren ist.

Das zweite ,,wenn ... dann" bedeutet hingegen ,,wenn, und nur wenn, ... dann". Man würde dann im obigen Beispiel behaupten, daß es keine anderen Ursachen für die Nässe der Straße geben kann — Zeile 3 wird falsch. Dies ist allerdings eine unrealistische Behauptung. Eine übliche Verknüpfung dieser 2. Art aber wäre zwischen p: = ,,Wasser siedet" und q: = ,,Wasser wandelt sich in Dampf um". Behauptet würde hier, ,,wenn Wasser siedet, wandelt es sich in Dampf um — und zwar nur dann".

Übungsaufgabe 11

Übungsaufgabe 11

Haben Sie erkannt, daß es sich um einen weitgehend *geisteswissenschaftlichen* Ansatz der Charakterkunde handelt? (Vgl. auch den folgenden Lehrtext). Ob die Ausführungen von *Wellek* und *Lersch* Ihren Vorstellungen von einer Psychologie der Persönlichkeit entsprechen, wissen wir nicht. Auf jeden Fall weicht der im folgenden dargestellte Ansatz sehr stark von diesem Ansatz ab.

Übungsaufgabe 12

Übungsaufgabe 12

a) *Cattels* Ansatz ist als *empirisch-analytischer* Ansatz zu beschreiben.

b) Siehe den folgenden Lehrtext!

Übungsaufgabe 13

Übungsaufgabe 13

So Sollte Ihre Übersicht aussehen:

	Phänomenologische Beschreibung, Lebenserfahrung, Interpretation „selbstverständliche" Normen und Werte	Empirisch-analytisches Vorgehen, statistisch-deskriptiv oder hypothesengeleitet	Materialistische oder marxistische Basis, kritisch-emanzipatorisches Interesse
3.1.1 Persönlichkeitspsychologie	Wellek Lersch	Cattell	Sève
3.1.2 Entwicklungspsychologie	Spranger	Offer	—
3.1.3 Psychologie des Wohnens	Bahrdt Bollnow	Franke u.a. Klockhaus	—

Übungsaufgabe 14

Übungsaufgabe 14

Wir wissen natürlich nicht, was Ihnen bei dem zitierten Satz von *Wittgenstein* eingefallen ist. Im Zusammenhang mit dem logischen Empirismus kann man ihn vielleicht so verstehen:

„Die richtige Methode der Philosophie wäre eigentlich die: Nichts zu sagen, als was sich sagen läßt, also Sätze der Naturwissenschaft — also etwas, was mit Philosophie nichts zu tun hat —, und dann immer, wenn ein anderer etwas Metaphysisches sagen wollte, ihm nachzuweisen, daß er gewissen Zeichen in seinen Sätzen keine Bedeutung gegeben hat. Diese Methode wäre für den anderen unbefriedigend — er hätte nicht das Gefühl, daß wir ihn Philosophie lehrten — aber *sie* wäre die einzige streng richtige" (*Wittgenstein* 1973, S. 115).

Aber — und dies ist das Interessante bei *Wittgenstein* — es gibt auch die andere Seite:

„Wir fühlen, daß selbst, wenn alle möglichen wissenschaftlichen Fragen beantwortet sind, unsere Lebensprobleme noch gar nicht berührt sind. Freilich bleibt dann eben keine Frage mehr; und eben dies ist die Antwort" (1973, S. 115).

Wenn Ihnen jetzt alles klar ist, haben Sie vermutlich etwas falsch verstanden!

Übungsaufgabe 15

Übungsaufgabe 15

Eine falsifizierbare Hypothese zur Existenz bzw. Funktion des Unbewußten bei *Freud* zu finden, dürfte außerordentlich schwierig, wahrscheinlich sogar unmöglich sein. Die Problematik liegt darin, einerseits das „Unbewußte" so zu operationalisieren, daß es empirisch überprüfbar wird, andererseits das psychoanalytische Konzept des Unbewußten durch die Operationalisierung nicht zu verändern bzw. zu verfälschen.

Übungsaufgabe 16

Übungsaufgabe 16

Sicher haben Sie eine deutliche Übereinstimmung zwischen den Äußerungen der drei Autoren und den in unserer Tabelle genannten Erkenntniszielen gefunden. In seiner pathographischen Analyse will Karl *Jaspers* den psychopathologischen Einzelfall sorgfältig beschreiben, um den geisteswissenschaftlichen Hintergrund für das Krankheitsbild zu schaffen. Letztlich ist sein Ziel, dem Arzt praktische Hilfe zu geben. *Cattell* interessiert sich (zunächst) nicht für das einzelne Individuum. Er möchte Persönlichkeitsdimensionen finden, die dem Anspruch der Allgemeingültigkeit genügen. Erst nach Konstruktion geeigneter Tests soll die individuelle Persönlichkeitsdiagnostik möglich sein. Diese wiederum läßt sich „technisch" z.B. als Eignungsdiagnostik verwerten. *Sève* hingegen sucht nach einer Bestätigung der von *Marx* und *Engels* behaupteten historischen Gesetzmäßigkeit, indem er die Persönlichkeit im kapitalistischen System beschreibt. Die Darstellung ist zugleich Gesellschaftskritik, das heißt, als Beitrag zur Überwindung von Entfremdung, Ausbeutung usw. zu verstehen.

Übungsaufgabe 17 **Übungsaufgabe 17**

Der Textauszug geht von der Erfahrung des Todes eines nahen Menschen aus, also von einer Erfahrung, die fast jeder macht und als *anthropologischer Tatbestand* gelten kann. Dazu wird der Begriff ,,Verluste" genannt, den der Verfasser *explizieren* möchte. Nun schließlich wird die Richtung, zu der der Verfasser zu rechnen ist, ganz deutlich, denn er will *das Wesen des Verlustes ... in seinem Sinn für das eigene Leben ... begreifen.*

Sicher haben Sie den Verfasser richtig als *normativ-ontologischen Geisteswissenschaftler* eingestuft. Es handelt sich um den Text des Philosophen und Pädagogen Otto Friedrich *Bollnow* (1966, S. 66 - 67).

Nicht immer läßt sich eine kurze Textpassage so eindeutig einer bestimmten Richtung zuordnen.

Übungsaufgabe 18 **Übungsaufgabe 18**

Im folgenden Lehrtext finden Sie einen Lösungshinweis.

Übungsaufgabe 19 **Übungsaufgabe 19**

Ein spezifischer *Lösungs*hinweis kann zu dieser Aufgabe nicht gegeben werden, da die Lösung ja gerade in der Durchführung des Rollenspiels liegt.

Übungsaufgabe 20 **Übungsaufgabe 20**

Zur Lösung siehe den folgenden Lehrtext.

Übungsaufgabe 21 **Übungsaufgabe 21**

Das Projekt von *Franke* (1976) und Mitarbeitern steht ganz in der Tradition empirisch-analytischer Forschung. Es ist allerdings kein Beispiel einer kritisch-rationalistischen Wissenschaftsauffassung, da *Franke* gerade nicht von einer expliziten Theorie der Erlebniswirkung von Wohnumwelten ausgeht (er begründet dies allerdings), sondern über empirische Erhebungen ausgewählter Variablen erst die Grundlage für einen theoretischen Ansatz schaffen will. Sein Vorgehen ist also eher induktiv und aus kritisch-rationalistischer Sicht äußerst problematisch.

In bezug auf die Werturteilsproblematik rechnet *Franke* die Ökologische Psychologie einerseits zwar zu den ,,auf Veränderung der Lebensbedingungen zielenden Disziplinen", andererseits ist sein methodisches Vorgehen rein deskriptiv, also *nicht wertend.* Dies ist eine durchaus typische Kombination für psychologische Forschungsarbeiten: In der Fragestellung sind implizit oder explizit Wertungen des Forschers enthalten, die methodische Bearbeitung der Fragestellung orientiert sich dann jedoch an den (wertfreien) Kriterien empirischer Sozialforschung.

Besonders gut läßt sich an diesem Projekt auch die methodisch bedingte Reduktion von Wirklichkeit nachvollziehen: Untersucht wird nur das, was empirisch erfaßbar erscheint.

Übungsaufgabe 22 **Übungsaufgabe 22**

Diese Aufgabe sollten Sie nicht zu ernst nehmen. Sie haben sie dann richtig beantwortet, wenn Sie bei beiden Personen auf ,,Computerprogramm" getippt haben.

Mehr über diese beiden Programme (und über andere) erfahren Sie in dem Buch von *Hofstadter.* Hier nur soviel: ,,Doctor" ist die Simulation eines Gesprächstherapeuten; ,,Parry" soll die gedankliche Struktur eines Paranoiden simulieren. Im Verständnis seines Klienten ist *Doctor* seinen menschlichen Kollegen natürlich sehr unterlegen. Er reagiert nicht auf den Sinn eines Satzes, sondern — wenn überhaupt — nur auf bestimmte Worte, die in seinem Lexikon enthalten sind. So bezieht sich die scheinbar unsinnige Frage ,,Was sagt Ihnen diese Ähnlichkeit?" auf das im vorausgehenden Satz von *Parry* enthaltene Wort ,,gleichen". Mit dieser Technik kann *Doctor* erstaunlich sinnvoll erscheinende Äußerungen von sich geben, aber auch völlig unsinnige.

Lösung der Denksportaufgabe aus Abschnitt 4.3.1

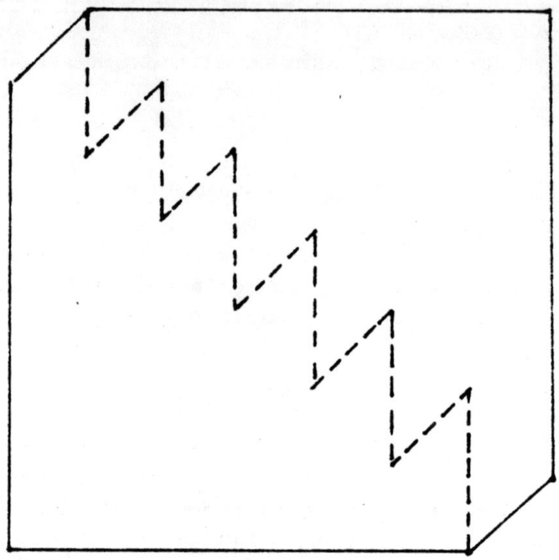

Die Fläche ist durch einen Schnitt entlang der gestrichelten Linie aufzuteilen. Das Teil rechts oben ist dann ,,um einen Zahn höher" wieder anzulegen. Es entsteht dann die geforderte Fläche im Format 8 x 6.

*Hat sich bei Ihnen das Bühler*sche Aha-Erlebnis eingestellt?